Über dieses Buch:

Das Urteil von Nürnberg versucht zum erstenmal nach der Katastrophe eines Krieges die verantwortlichen politischen und militärischen Führer einer Nation juristisch zur Verantwortung zu ziehen und ihre Taten zu sühnen. Das Statut des Internationalen Gerichtshofes, der 1946 in Nürnberg zusammentrat, ermächtigte zu Anklagen wegen Verbrechen gegen den Frieden, wegen Kriegsverbrechen und wegen Verbrechen gegen die Menschlichkeit. Im Verlaufe des Prozesses wurde für diese Anklagepunkte erdrückendes Beweismaterial vorgebracht und von den Richtern geprüft. Die ausführliche Urteilsbegründung ist daher mehr als eine juristische Definition – sie entrollt das Panorama der nationalsozialistischen Herrschaft in Deutschland und wird dadurch zu einem zeitgeschichtlichen Dokument ersten Ranges.

Der Prozeß von Nürnberg eröffnet eine neue Ära des Völkerrechts, wie Professor Dr. Herbert Kraus, einer der Verteidiger in den Nürnberger Prozessen, in seiner Vorbemerkung treffend bemerkt. Staatsmänner und Militärs können bei zukünftigen Entscheidungen nicht mehr damit rechnen, daß ihre Taten als Tabu hingenommen werden. Sie müssen sich verpflichten auf eine ethische und moralische Beachtung der Menschenwürde. Diese Verpflichtung steht außerhalb aller Diskussionen und Einwände, die sich während des Prozesses und in den nachfolgenden Jahren über das Verfahren von Nürnberg ergeben haben. Ein Exempel wurde statuiert, das jeder politisch denkende Mensch zur Kenntnis nehmen muß.

Mit einer Vorbemerkung
von Herbert Kraus

September 1961
Deutscher Taschenbuch Verlag GmbH & Co. KG,
München
Auf Grund der deutschen Erstausgabe (Nymphenburger Verlagshandlung München 1946) neu herausgegeben und mit der amtlichen Ausgabe des deutschen Textes verglichen.
Ausstattung: Celestino Piatti
Gesamtherstellung: C. H. Beck'sche Buchdruckerei,
Nördlingen
Printed in Germany

Das Urteil von Nürnberg
1946

Deutscher
Taschenbuch
Verlag

Die vorliegende Ausgabe gibt den amtlichen Text des Nürnberger Urteils in deutscher Sprache wieder, der vom Archiv des Nürnberger Gerichtshofes ausgegeben wurde, ergänzt durch offizielle Berichtigungen und Hinweise, die in Fußnoten ausgewiesen werden. Die im Text in Klammern gesetzten Buchstaben- und Zifferngruppen beziehen sich auf das Dokumentenmaterial, auf das sich Anklage und Verfahren stützten.

Vorbemerkung

Immer wieder kann man feststellen, in welchem Maße in weiten Kreisen nach wie vor mangelndes oder unzureichendes Wissen und Verständnis der Gründe, Ziele wie Beurteilungsmaßstäbe des größten Strafprozesses der Weltgeschichte bestehen, eines Prozesses, in dem die einflußreichen Männer des am Boden liegenden Deutschen Reiches von einem internationalen Gerichtshof verurteilt wurden, ganz zu schweigen von den zahllos durch diesen Prozeß ans Tageslicht gebrachten Tatsachen.

Und doch ist die Kenntnis dessen bitter nötig, was durch Hunderte von Eidesaussagen – belastende wie entlastende – und durch viele Tonnen aus Felsverstecken, Salinen, Bergwerken oder verschütteten Kellern beigeschaffter Originaldokumente offenbar geworden ist. Ebenso nötig ist aber auch die Kenntnis der ausführlichen Begründung, die der Nürnberger Internationale Militärgerichtshof seinem Verdikt vom 1. Oktober 1946 zugrunde gelegt hat.

Erforderlich ist das alles nicht nur wegen der geschichtlichen Wahrheit, für deren Erkenntnis durch diesen Prozeß ein Ausschnitt des Weltgeschehens in der Zeit der nationalsozialistischen Zwischenherrschaft offengelegt wurde; allerdings nur ein Ausschnitt, der jedoch immerhin die Pforte weit genug geöffnet hat, um sich über Absichten und Taten der maßgeblichen deutschen Machthaber von Gestern ein Urteil bilden zu können.

Notwendig ist dies vor allem, um die Warnungen und Mahnungen dieses Prozesses zu verstehen. Sich ihnen zu verschließen, ist Narrheit und Schuld zugleich. Diese Warnungen und Mahnungen richten sich nicht nur an jene, die in den Regierungen die Geschicke eines Volkes lenken. Sie gehen jeden an, der in Staat oder Wirtschaft für die Erfüllung einer öffentlichen Aufgabe verantwortlich ist: Männer der Industrie, des Handels oder der Finanz, Juristen, Lehrer, Abgeordnete, Ärzte, Soldaten, Verwaltungsbeamte, Journalisten usw.

Besonders den Erziehern an Schulen und Universitäten obliegt die verantwortungsschwere Pflicht, unvoreingenommen und ohne Beschönigung dem kommenden Geschlecht rechtliches, ethisches und historisches Wissen und Urteil über dieses dunkle Kapitel zu vermitteln. Die Erfüllung dieser Aufgabe scheint noch etwas im argen zu liegen.

Ein wirklich großer Gedanke liegt dem Nürnberger Strafverfahren zugrunde: Wer als Treuhänder für Staat und Volk tätig wird, soll die Verantwortung für sein Tun nicht auf den Staat, dieses abstrakte unpersönliche Gebilde, abwälzen können. Er soll selbst mit Leib, Leben und Ehre dafür einstehen müssen, daß die Schranken und Gebote nicht mißachtet werden, die Moral und Recht aufgerichtet haben. Das bezieht sich auf den, der sich schuldhaft an der Entfesselung eines Angriffskrieges beteiligt, vor allen Dingen auch auf jene, welche Unmenschlichkeiten befehlen, ausführen oder dulden, obgleich ihnen die Verhinderung solcher Missetaten möglich war. Wir denken dabei besonders an Massendeportationen, Rassenverfolgung, Zerstörung von Städten, Konzentrationslagergreuel, Bluturteile oder »Euthanasie«.

Von solch persönlicher Verantwortung soll auch höherer Befehl nicht freistellen, und zwar selbst dann nicht, wenn ihn die Staatsspitze erteilte, falls der Befehl verbrecherisch, der Untergebene sich dessen bewußt war und nicht der seltene Fall von Befehlsnotstand vorlag.

Diese Pflichten gebieten dem Täter nicht nur sein heimisches Recht, sondern auch das Völkerrecht.

> »Es ist ja gerade der Wesenskern des Statuts, daß Einzelpersonen internationale Pflichten haben, die über die nationalen Pflichten hinausgehen, welche ihnen der Einzelstaat auferlegt.«

Diese fundamentalen Worte des Nürnberger Internationalen Urteils zwingen zu Besinnung und Einkehr.

Die Deutschen wie auch die anderen Völker müssen sich nach den Erfahrungen der vergangenen Zeit mit den Problemen und Einsichten auseinandersetzen, die dieses Urteil, sowie auch die späteren Nürnberger Militärgerichtsurteile mahnend nahebringen. Wir müssen unsere Vorstellung vom Staate, von seinen Aufgaben und deren Grenzen, ernstlich überprüfen und uns darüber klarzuwerden suchen, daß ihm nicht absolute Macht zukommen kann, daß er als Glied der Völkerfamilie andern Völkern und deren Angehörigen gegenüber Rücksichten und Pflichten hat, und daß er sich bei verbrecherischen Handlungen nicht auf Souveränität oder Staatsräson berufen kann. Wir müssen uns darüber schlüssig werden, wie weit wir ihm dann noch folgen dürfen. Dabei muß uns vor allem klarwerden, welche Grenzen die Gehorsamspflicht gegenüber staatlichem Befehl hat.

An der Spitze steht hier die Achtung der Würde des Menschen als »Grundlage jeder menschlichen Gemeinschaft, des Friedens und der Gerechtigkeit in der Welt«.

Der Wert der Menschenwürde hat einen Mittelpunkt im Nürnberger Prozeß gebildet. Sie wiederherzustellen und im Gesamtbewußtsein zu festigen, war eines der großen Ziele dieses Strafverfahrens. Es ist daher von besonderer Bedeutung, daß im Bonner Grundgesetz die Würde des Menschen als Dachbegriff der von ihm gewährleisteten und für verfassungsfest erklärten Menschenrechte erscheint.

Weiterhin hat dieser Prozeß den Angriffskrieg als das größte Verbrechen erklärt, das die Wurzel unsäglichen Leides ist und viele schreckliche Leidenschaften wachruft. Dafür haben die Verhandlungen schaudervolle Beweise gebracht, die jeden Einsichtigen lehren sollten, durch schillernde Phrasen hindurch den Angriffskrieg kategorisch abzulehnen, im aufgezwungenen Verteidigungskrieg aber nicht zu vergessen, daß der Feind auch Mensch ist. Inzwischen sind – zum Teil zu sehr später Stunde – Verbrechen gegen die Menschlichkeit bekannt geworden, die die in Nürnberg aufgehellten Straftaten nach Maß und Rohheit noch übertreffen. Noch eine andere Wahrheit ist mir während dieses Prozesses mit überwältigender Anschaulichkeit entgegengetreten, die wert scheint, Allgemeingut zu werden: hohe Stellung und Macht sind nichts, die moralische Persönlichkeit alles.

Das Nürnberger Verfahren trägt manche offensichtlichen Mängel an sich, die seinen tieferen Sinn verdunkeln und seinen Wert geschwächt haben. Weder die Staatsanwaltschaft noch die Richter in Nürnberg sind sich darüber im unklaren geblieben. Diese Mängel werden ihm oft vorgehalten, und zwar nicht nur bei uns, sondern auch von einsichtigen Ausländern.

Ein solcher Mangel war es z. B., daß Vertreter der Siegermächte über Besiegte zu Gericht saßen. Dieser Vorwurf wiegt leichter, wenn ein Verfahren fair und anständig mit dem Willen zur Gerechtigkeit durchgeführt wird. Daß dies in Nürnberg der Fall war, kann keiner leugnen, der dort dem Verfahren unvoreingenommen Tag für Tag gefolgt ist, es gar mit den Prozessen vor den nationalsozialistischen Volksgerichten vergleicht. Das beweist aber auch schon ein Studium des Internationalen Urteils und noch mehr der Niederschriften der sich über zwölf Monate erstreckenden Verhandlungen.

Zum andern: Zum Teil wurde Recht angewandt, das erst nach Vollendung der Tat geschaffen worden war. Hauptbeispiel bildet das Verbrechen der Beteiligung an der Entfesselung eines Angriffskrieges. Dieser Einwand, dessen Gewicht besonders der Jurist nicht unterschätzen darf, wird jedoch dadurch in seiner Schwere gemildert, daß der Internationale Militärgerichtshof keinen Angeklagten nur nach rückwirkendem Recht verurteilt hat, sondern, daß außerdem schwere Anklagen auf den für schuldig Befundenen für Taten lasteten, die das längst geltende Recht aller Kulturstaaten mit Strafe bedroht.

Der schwerste Einwand gegen das Nürnberger Verfahren und Urteil ist endlich der, daß nur Anhänger des Hitler-Regimes vor die Schranken des Gerichts gestellt waren, nicht jedoch Kriegsverbrecher aus den Reihen der früheren Gegner Deutschlands. Vergeblich hat die Verteidigung in einer dem Tribunal vor Beginn des Prozesses zugeleiteten Eingabe gegen diese Mängel Verwahrung eingelegt. Sie ist ebenso zurückgewiesen worden wie die Versuche, mit der verderblichen Bedeutung des Vertrags von Versailles zu argumentieren. Der amerikanische Hauptankläger, Justice Jackson, hat hierzu kurz nach Beendigung des Internationalen Prozesses folgende Worte gesprochen:

> »Die Anklage hat einen hohen Standard des Verhaltens gegenüber fremden Nationen und gegenüber dem eigenen Volke als Grundlage der Verurteilung der Deutschen vor-

> geschlagen – ein Standard, an dem ihr eigenes Benehmen in Zukunft gemessen wird. Keines der anklagenden Völker kann lange in seiner eigenen Praxis von diesem Standard abweichen, ohne die Verurteilung und die Verachtung der zivilisierten Welt herauszufordern.«

Dies ist ein Gebot der Gerechtigkeit, deren Kern die Forderung ist, Gleiches gleich zu behandeln.

Der Internationale Militärprozeß kann vor der Weltgeschichte und dem Weltgericht seinen eigentlichen Sinn und seine letzte Rechtfertigung erst dann erhalten, wenn die in Nürnberg zugrundegelegten und proklamierten Regeln allgemein maßgeblich werden und das Verhalten auch der anderen bestimmen.

So muß dieses Urteil allgemeiner Maßstab für das Verhalten der Staaten, Völker und Menschen zueinander werden.

Göttingen,
den 6. Juni 1961

Prof. Dr. jur. Herbert Kraus
ehem. Verteidiger beim
Internationalen Militärgerichtshof Nürnberg

Der internationale Militärgerichtshof in Nürnberg
Mitglieder und stellvertretende Mitglieder des Gerichtshofes

Lord-Richter Lawrence,
Mitglied für das Vereinigte Königreich von Großbritannien und Nordirland, Vorsitzender

Richter Birkett, Stellvertretendes Mitglied

Francis Biddle, Mitglied für die Vereinigten Staaten von Amerika

Richter John J. Parker,
Stellvertretendes Mitglied

Professor Donnedieu de Vabres,
Mitglied für die Französische Republik

Appellationsgerichtsrat R. Falco,
Stellvertretendes Mitglied

Generalmajor I. T. Nikitchenko,
Mitglied für die Union der Sozialistischen Sowjet-Republiken

Oberstleutnant A. F. Wolchkow,
Stellvertretendes Mitglied

Beamte des Generalsekretariats

Brigade-General William L. Mitchell
Generalsekretär (vom 6. November 1945 bis 24. Juni 1946)
Oberst John E. Ray, Generalsekretär (ab 24. Juni 1946)
Harold B. Willey, Generalsekretär (bis 6. November 1945)
Amerikanischer Sekretär (bis 11. Juli 1946)
Walter Gilkyson, Amerikanischer Sekretär (ab 16. Juli 1946)
Ian D. McIlwraith, Britischer Sekretär
Major A. Poltorak, Sowjetischer Sekretär
A. Martin-Havard, Französischer Sekretär
Oberst Charles W. Mays,
Gerichtsmarschall (bis 26. Juni 1946)
Oberstleutnant James R. Gifford,
Gerichtsmarschall (ab 26. Juni 1946)
Oberst Leon Dostert (aus dem Büro des Hauptanklägers der Vereinigten Staaten)
Chef der Dolmetscher (bis 17. April 1946)
Fregattenkapitän Alfred Steer, USNR. (aus dem Büro des Hauptanklägers der Vereinigten Staaten)
Chef der Dolmetscher (ab 18. April 1946)

Anklagevertreter

Vereinigte Staaten von Amerika:
Hauptankläger:
Justice Robert H. Jackson

Vereinigtes Königreich von Großbritannien und Nordirland:
Hauptankläger:
S. M. Generalstaatsanwalt Sir Hartley Shawcross, K. C., M. P.

Französische Republik:
Hauptankläger:
François de Menthon, Auguste Champetier de Ribes

Union der Sozialistischen Sowjet-Republiken:
Hauptankläger:
General R. A. Rudenko

Angeklagte und Verteidiger

Einzelangeklagte:	Verteidiger:
Göring, Hermann Wilhelm	Dr. Otto Stahmer
Heß, Rudolf	Dr. Günther v. Rohrscheidt (bis 5. 2. 1946) Dr. Alfred Seidl (vom 5. 2. 1946)
v. Ribbentrop, Joachim	Dr. Fritz Sauter (bis 5. 1. 1946) Dr. Martin Horn (vom 5. 1. 1946)
Ley, Robert[1]	
Keitel, Wilhelm	Dr. Otto Nelte
Kaltenbrunner, Ernst	Dr. Kurt Kauffmann
Rosenberg, Alfred	Dr. Alfred Thoma
Frank, Hans	Dr. Alfred Seidl
Frick, Wilhelm	Dr. Otto Pannenbecker
Streicher, Julius	Dr. Hanns Marx
Funk, Walter	Dr. Fritz Sauter
Schacht, Hjalmar	Dr. Rudolf Dix Prof. Dr. Herbert Kraus[2]
Dönitz, Karl	Flottenrichter Otto Kranzbuehler
Raeder, Erich	Dr. Walter Siemers
v. Schirach, Baldur	Dr. Fritz Sauter
Sauckel, Fritz	Dr. Robert Servatius
Jodl, Alfred	Prof. Dr. Franz Exner Prof. Dr. Hermann Jahreiss[2]
Bormann, Martin[1]	Dr. Friedrich Bergold

v. Papen, Franz	Dr. Egon Kubuschok
Seyß-Inquart, Arthur	Dr. Gustav Steinbauer
Speer, Albert	Dr. Hans Flaechsner
v. Neurath, Constantin	Dr. Otto Frhr. v. Lüdinghausen
Fritzsche, Hans	Dr. Heinz Fritz Dr. Alfred Schilf[2]
Krupp v. Bohlen und Halbach, Gustav[1]	Dr. Theodor Klefisch Dr. Walter Ballas[2] (bis 15. 11. 1945)
Gruppen und Organisationen:	Verteidiger:
Reichskabinett	Dr. Egon Kubuschok
Führerkorps der Nationalsozialistischen Deutschen Arbeiterpartei	Dr. Robert Servatius
SS und SD	RA. Ludwig Babel (Verteidiger der SS und des SD bis 18. 3. 1946 Verteidiger der SS bis 1. 6. 1946 Mitverteidiger der SS bis 27. 8. 1946) RA. Horst Pelckmann (Mitverteidiger der SS bis 27. 8. 1946 Verteidiger der SS vom 1. 6. 1946) Dr. Carl Haensel[2] (mit RA. H. Pelckmann vom 1. 4. 1946) Dr. Hans Gawlik (Verteidiger des SD vom 18. 3. 1946)
SA	RA. Georg Boehm Dr. Martin Loeffler[2]

Gestapo	Dr. Rudolf Merkel
Generalstab und Oberkommando der Deutschen Wehrmacht	Prof. Dr. Franz Exner (bis 27. 1. 1946) Dr. Hans Laternser (vom 27. 1. 1946)

[1] Alle in der Anklageschrift aufgeführten Angeklagten sind vor Gericht erschienen, außer: Robert Ley, der am 25. Oktober 1945 Selbstmord beging; Gustav Krupp v. Bohlen und Halbach, zufolge seiner ernstlichen Erkrankung; und Martin Bormann, der nicht in Haft befindlich war und gegen den das Gericht in absentia zu verhandeln beschlossen hat.

[2] Es sind nur diejenigen stellvertretenden Verteidiger aufgeführt, die vor dem Gerichtshof gesprochen haben.

Die Anklage

Der Internationale Militärgerichtshof, die Vereinigten Staaten von Amerika, die Französische Republik, das Vereinigte Königreich von Großbritannien und Nordirland und die Union der Sozialistischen Sowjet-Republiken erheben Anklage

gegen

Hermann Wilhelm Göring, Rudolf Heß, Joachim von Ribbentrop, Robert Ley, Wilhelm Keitel, Ernst Kaltenbrunner, Alfred Rosenberg, Hans Frank, Wilhelm Frick, Julius Streicher, Walter Funk, Hjalmar Schacht, Gustav Krupp von Bohlen und Halbach, Karl Dönitz, Erich Raeder, Baldur von Schirach, Fritz Sauckel, Alfred Jodl, Martin Bormann, Franz von Papen, Arthur Seyß-Inquart, Albert Speer, Constantin von Neurath und Hans Fritzsche, und zwar als Einzelpersonen sowie als Mitglieder folgender Gruppen und Organisationen, soweit sie ihnen angehörten: Die Reichsregierung; das Korps der Politischen Leiter der Nationalsozialistischen Deutschen Arbeiterpartei; die Schutzstaffeln der NSDAP (allgemein bekannt als »SS«) einschließlich des Sicherheitsdienstes (allgemein bekannt als »SD«); die Geheime Staatspolizei (allgemein bekannt als »Gestapo«); die Sturmabteilungen der NSDAP (allgemein bekannt als »SA«) und der Generalstab und das Oberkommando der Deutschen Wehrmacht, wie sie in Anhang B angeführt sind,

Angeklagte.

Das Urteil, verkündet am 30. September und 1. Oktober 1946 in Nürnberg[1]

Am 8. August 1945 haben die Regierung des Vereinigten Königreiches von Großbritannien und Nordirland, die Regierung der Vereinigten Staaten von Amerika, die Provisorische Regierung der Französischen Republik und die Regierung der Union der Sozialistischen Sowjet-Republiken ein Abkommen getroffen, wonach dieser Gerichtshof zwecks Aburteilung von solchen Kriegsverbrechern gebildet wurde, für deren Verbrechen ein geographisch bestimmbarer Tatort nicht vorhanden ist. Gemäß Artikel 5 haben die nachfolgend angeführten Regierungen der Vereinten Nationen ihren Beitritt zu dem Abkommen erklärt:

Griechenland, Dänemark, Jugoslawien, die Niederlande, die Tschechoslowakei, Polen, Belgien, Abessinien, Australien, Honduras, Norwegen, Panama, Luxemburg, Haiti, Neuseeland, Indien, Venezuela, Uruguay und Paraguay.

Durch das dem Abkommen angefügte Statut sind die Zusammensetzung, die Zuständigkeit und das Verfahren des Gerichtshofs geregelt worden.

Dem Gerichtshof ist die Vollmacht verliehen worden, alle Personen abzuurteilen, die Verbrechen gegen den Frieden, Kriegsverbrechen und Verbrechen gegen die Menschlichkeit nach den im Statut festgelegten Begriffsbestimmungen begangen haben.

Im Statut ist ebenfalls vorgesehen, daß der Gerichtshof im Prozeß gegen ein Mitglied einer Gruppe oder Organisa-

[1] Das Protokoll gibt hier den deutschen Text des Urteils wieder, wie er in der deutschsprachigen Originalfassung von den Richtern unterschrieben ist. Orthographische und Stilfehler sowie nebensächliche Übersetzungsfehler wurden korrigiert. Unstimmigkeiten zwischen dem englischen und deutschen Originaltext sowie Auslassungen wurden durch Fußnoten richtiggestellt.

tion (in Verbindung mit irgendeiner Handlung, deretwegen der Angeklagte verurteilt wird) erklären kann, daß die Gruppe oder Organisation, deren Mitglied der Angeklagte war, eine verbrecherische Organisation war.

In Berlin wurde am 18. Oktober 1945 gemäß Artikel 14 des Statuts eine Anklage gegen die vorstehend genannten Angeklagten, die durch einen Ausschuß der Hauptanklagevertreter der Signatarmächte als Hauptkriegsverbrecher bezeichnet worden waren, eingereicht.

Eine deutsche Ausfertigung der Anklage wurde jedem in Haft befindlichen Angeklagten wenigstens 30 Tage vor Prozeßbeginn zugestellt.

Diese Anklage legt den Angeklagten Verbrechen gegen den Frieden zur Last, die durch Planen, Vorbereitung, Einleitung oder Durchführung von Angriffskriegen, die zugleich auch Kriege unter Verletzung internationaler Verträge, Vereinbarungen und Zusicherungen waren, begangen wurden; ferner Kriegsverbrechen und Verbrechen gegen die Menschlichkeit. Den Angeklagten wird auch Teilnahme an der Ausarbeitung oder Ausführung eines gemeinsamen Planes oder einer Verschwörung zur Begehung aller dieser Verbrechen zur Last gelegt. Der Gerichtshof ist ferner von der Anklagebehörde ersucht worden, alle die erwähnten Gruppen oder Organisationen im Sinne des Statuts für verbrecherisch zu erklären.

Der Angeklagte Robert Ley beging am 25. Oktober 1945 im Gefängnis Selbstmord. Am 15. November 1945 beschloß der Gerichtshof, den Prozeß gegen den Angeklagten Gustav Krupp von Bohlen und Halbach wegen dessen körperlichen und geistigen Zustandes nicht zu führen, aber die gegen ihn in der Anklageschrift erhobenen Vorwürfe für einen später abzuhaltenden Prozeß zurückzustellen, wenn dies der körperliche und geistige Zustand des Angeklagten gestatten sollte. Am 17. November 1945 beschloß der Gerichtshof, den Prozeß gegen den Angeklagten Bormann gemäß den Bestimmungen des Artikels 12 des Statuts in dessen Abwesenheit zu führen. Nach Verhandlung sowie nach Berücksichtigung ausführlicher ärztlicher Gutachten und einer vom Angeklagten selbst abgegebenen Erklärung entschied der Gerichtshof am 1. Dezember 1945 dahin, daß für eine Verschiebung des Prozesses gegen den Angeklagten Heß im

Hinblick auf seinen geistigen Zustand kein Grund bestehe. Eine gleichartige Entscheidung wurde bezüglich des Angeklagten Streicher getroffen.

Gemäß Artikel 16 und 23 des Statuts wurden die Verteidiger entweder von den in Haft gehaltenen Angeklagten selbst gewählt oder auf deren Verlangen vom Gerichtshof ernannt. In Abwesenheit des Angeklagten Bormann ernannte der Gerichtshof für ihn einen Verteidiger und bestimmte auch Verteidiger zur Vertretung der erwähnten Gruppen oder Organisationen.

Der Prozeß wurde in vier Sprachen geführt: englisch, russisch, französisch und deutsch; er begann am 20. November 1945, und alle Angeklagten, mit Ausnahme Bormanns, erklärten sich »Nicht schuldig«.

Das Beweisverfahren und die Reden der Verteidigung und der Anklagevertretung waren am 31. August 1946 abgeschlossen.

Der Gerichtshof hat 403 öffentliche Sitzungen abgehalten. 33 von der Anklagebehörde benannte Zeugen haben mündlich gegen die einzelnen Angeklagten ausgesagt, und 61 Zeugen, zu denen noch 19 der Angeklagten hinzukommen, sagten für die Verteidigung aus.

Weitere 143 Zeugen machten ihre Aussagen für die Verteidigung in Form schriftlicher Antworten auf Fragebogen.

Der Gerichtshof ernannte beauftragte Richter zur Beweisaufnahme über die Organisationen, und 101 von der Verteidigung beigebrachte Zeugen wurden von den beauftragten Richtern vernommen, und 1809 Affidavits wurden von anderen Zeugen vorgelegt. Ferner wurden 6 Berichte vorgelegt, in denen der Inhalt einer großen Anzahl weiterer Affidavits zusammengefaßt war.

38000 Affidavits, versehen mit 155000 Unterschriften, wurden für die Politischen Leiter vorgelegt, 136213 für die SS, 10000 für die SA, 7000 für den SD, 3000 für den Generalstab und das OKW und 2000 für die Gestapo.

Vor dem Gerichtshof selbst wurden 22 Zeugen für die Organisationen verhört. Die als Beweismaterial zwecks Verfolgung der einzelnen Angeklagten und der Organisationen eingereichten Dokumente belaufen sich auf mehrere Tausend. Es wurde ein vollständiges stenographisches Protokoll von allem, was im Gericht gesprochen worden ist, aufgenommen; ferner wurde eine elektrische Tonaufnahme des ganzen Verfahrens durchgeführt.

Kopien aller im Beweisverfahren seitens der Anklagebehörde vorgelegten Dokumente sind der Verteidigung in deutscher Sprache überlassen worden. Die seitens der Angeklagten für die Heranschaffung von Zeugen und Dokumenten eingebrachten Gesuche haben in gewissen Fällen, infolge der unsicheren Lage im Lande, schwierige Aufgaben gestellt. Es war auch notwendig, die Anzahl der aufzurufenden Zeugen im Sinne des Artikels 18 (c) des Statuts zu beschränken, um einen schnelleren Ablauf des Verhörs zu erzielen. Nach Prüfung hat der Gerichtshof allen jenen Gesuchen stattgegeben, von denen er der Ansicht war, daß sie für die Verteidigung eines Angeklagten oder einer erwähnten Gruppe oder Organisation von Bedeutung waren und nicht eine überflüssige Materialanhäufung darstellten. Zur Heranschaffung der genehmigten Zeugen und Dokumente wurden von dem beim Gerichtshof bestellten Büro des Generalsekretärs die entsprechenden Vorkehrungen getroffen.

Ein großer Teil der dem Gerichtshof seitens der Anklagebehörden vorgelegten Beweisstücke bestand in Dokumenten, die von den alliierten Armeen in deutschen Armeehauptquartieren, Regierungsgebäuden und sonstwo aufgefunden worden waren.

Einige dieser Dokumente wurden in Salzbergwerken gefunden, andere in der Erde vergraben, hinter blinden Mauern versteckt oder an anderen Orten, die, wie man glaubte, vor Entdeckung geschützt waren. So ruht also die Anklage gegen die Beschuldigten in weitem Maße auf von ihnen selbst stammenden Dokumenten, deren Echtheit außer in ein oder zwei Fällen nicht angefochten worden ist.

Die Bestimmungen des Statuts.

Die einzelnen Angeklagten sind auf Grund von Artikel 6 des Statuts angeklagt; dieser Artikel lautet wie folgt:

> »Artikel 6. Der durch die in Artikel 1 erwähnte Vereinbarung zur Aburteilung und Bestrafung der Hauptkriegsverbrecher der europäischen Achsenländer eingesetzte Gerichtshof hat das Recht, Personen abzuurteilen und zu bestrafen, die durch ihre im Interesse der europäischen Achsen-

länder ausgeführten Handlungen, sei es als Einzelperson, sei es als Mitglieder von Organisationen, eines der folgenden Verbrechen begangen haben.

Die folgenden Handlungen oder jede einzelne von ihnen stellen Verbrechen dar, die unter die Zuständigkeit des Gerichtshofs fallen und für die persönliche Verantwortung besteht:

a) Verbrechen gegen den Frieden: nämlich Planung, Vorbereitung, Einleitung oder Führung eines Angriffskrieges oder eines Krieges unter Verletzung internationaler Verträge, Vereinbarungen oder Zusicherungen oder Teilnahme an einem gemeinsamen Plan oder einer gemeinsamen Verschwörung zur Ausführung einer der vorgenannten Handlungen;

b) Kriegsverbrechen: nämlich Verletzungen des Kriegsrechts und der Kriegsbräuche. Solche Verletzungen umfassen, ohne jedoch darauf beschränkt zu sein, Ermordung, Mißhandlung oder Verschleppung zur Zwangsarbeit oder zu irgendeinem anderen Zwecke der entweder aus einem besetzten Gebiet stammenden oder dort befindlichen Zivilbevölkerung, Ermordung oder Mißhandlung von Kriegsgefangenen oder Personen auf hoher See, Tötung von Geiseln, Raub öffentlichen oder privaten Eigentums, mutwillige Zerstörung von Städten, Märkten und Dörfern oder jede durch militärische Notwendigkeit nicht gerechtfertigte Verwüstung;

c) Verbrechen gegen die Menschlichkeit: nämlich Ermordung, Ausrottung, Versklavung, Verschleppung oder andere an der Zivilbevölkerung vor Beginn oder während des Krieges begangene unmenschliche Handlungen; oder Verfolgung aus politischen, rassischen oder religiösen Gründen in Ausführung eines Verbrechens oder in Verbindung mit einem Verbrechen, für das der Gerichtshof zuständig ist, unabhängig davon, ob die Handlung gegen das Recht des Landes, in dem sie begangen wurde, verstieß oder nicht.

Anführer, Organisatoren, Anstifter und Helfershelfer, die an der Fassung oder Ausführung eines gemeinsamen Planes oder einer gemeinsamen Verschwörung zur Begehung eines der vorgenannten Verbrechen teilgenommen haben, sind für alle Handlungen verantwortlich, die von irgendwelchen Personen in Ausführung eines solchen Planes begangen worden sind.«

Diese Bestimmungen bilden das auf diesen Fall anzuwendende Recht und sind als solches für den Gerichtshof bindend. Der Gerichtshof wird sie später eingehender behandeln.

Bevor dies jedoch geschieht, ist es notwendig, einen Überblick über die Tatsachen zu geben. Um den Hintergrund des Angriffskrieges und der Kriegsverbrechen aufzuzeigen, die in der Anklageschrift angeführt sind, wird der Gerichtshof damit beginnen, einen Überblick über einige der auf den ersten Weltkrieg folgenden Ereignisse zu geben. Insbesondere wird er die Entwicklung der Nazi-Partei unter Hitlers Führung bis zur höchsten Machtstellung darstellen, von der aus sie das Schicksal des gesamten deutschen Volkes beherrschte und den Weg für alle jene Verbrechen vorbereitete, deren die Angeklagten beschuldigt sind.

Das Nazi-Regime in Deutschland.
Ursprung und Ziele der Nazi-Partei.

Am 5. Januar 1919, noch keine zwei Monate nach dem Abschluß des Waffenstillstandes, der den ersten Weltkrieg beendete, und sechs Monate vor der Unterzeichnung der Friedensverträge zu Versailles, entstand in Deutschland eine kleine politische Partei, die sich die Deutsche Arbeiterpartei nannte. Am 12. September 1919 wurde Adolf Hitler Mitglied dieser Partei, und auf der ersten am 24. Februar 1920 in München abgehaltenen öffentlichen Versammlung verkündete er das Parteiprogramm: Jenes Programm, das bis zur Auflösung der Partei im Jahre 1945 unverändert beibehalten wurde, bestand aus 25 Punkten, von denen die folgenden fünf wegen des Lichts, das sie auf Angelegenheiten werfen, mit denen der Gerichtshof befaßt ist, von besonderem Interesse sind:

> »Punkt 1: Wir fordern den Zusammenschluß aller Deutschen auf Grund des Selbstbestimmungsrechts der Völker zu einem Großdeutschland.
>
> Punkt 2: Wir fordern die Gleichberechtigung des deutschen Volkes gegenüber den anderen Nationen, Aufhebung der Friedensverträge von Versailles und Saint-Germain.
>
> Punkt 3: Wir fordern Land und Boden (Kolonien) zur Ernährung unseres Volkes und Ansiedlung unseres Bevölkerungsüberschusses.

Punkt 4: Staatsbürger kann nur sein, wer Volksgenosse ist, Volksgenosse kann nur sein, wer deutschen Blutes ist, ohne Rücksicht auf Konfession. Kein Jude kann daher Volksgenosse sein.

Punkt 22: Wir fordern die Abschaffung der Söldnertruppe und die Bildung eines Volksheeres.« (1708-PS, US-255.)

Unter diesen Zielen war dasjenige, das anscheinend als das wichtigste betrachtet und in fast jeder öffentlichen Rede erwähnt wurde, die Beseitigung der »Schmach« des Waffenstillstandes und der Beschränkungen, die durch die Friedensverträge von Versailles und von Saint-Germain auferlegt worden waren. In einer bezeichnenden Rede, die Hitler am 13. April 1923 in München hielt, sagte er zum Beispiel vom Vertrage von Versailles:

»Der Vertrag ist gemacht, um 20 Millionen Deutsche ums Leben zu bringen und die deutsche Nation zugrunde zu richten ... Unsere Bewegung hat seinerzeit bei ihrer Gründung drei Forderungen aufgestellt: 1. Beseitigung des Friedensvertrages; 2. Zusammenschluß aller Deutschen; 3. Grund und Boden zur Ernährung unserer Nation.«[1]

Das Verlangen nach Vereinigung aller Deutschen in einem Großdeutschland sollte bei den Ereignissen, die der Besitzergreifung Österreichs und der Tschechoslowakei vorangingen, eine große Rolle spielen; die Beseitigung des Versailler Vertrags sollte sich bei den Versuchen, die Politik der Deutschen Regierung zu rechtfertigen, als entscheidender Beweggrund herausstellen; die Forderung nach mehr Land sollte die Rechtfertigung für die Beschaffung von »Lebensraum« auf Kosten anderer Völker darstellen; die Ausstoßung der Juden aus der Gemeinschaft der deutschblütigen Rasse sollte Greueltaten gegen das jüdische Volk zur Folge haben; und das Verlangen nach einem nationalen Heere sollte zu Aufrüstungsmaßnahmen im größten Maßstabe und schließlich zum Kriege führen.

Am 29. Juli 1921 wurde die Partei, die sich umbenannt hatte in Nationalsozialistische Deutsche Arbeiterpartei (NSDAP), neu organisiert, und Hitler wurde ihr erster »Vorsitzender«. In diesem Jahr wurde auch die Sturmabteilung – die SA – gegründet, und zwar als private halb-

[1] Die in der deutschen Fassung des Urteils wiedergegebene ungenaue Rückübersetzung dieses Zitats wurde nach dem Originaltext der Hitler-Rede verbessert.

militärische Streitmacht mit Hitler an der Spitze, die angeblich dazu dienen sollte, die Führer der NSDAP vor Angriffen durch andere politische Parteien zu schützen und bei Versammlungen der NSDAP Ordnung zu halten; in Wirklichkeit wurde sie dazu gebraucht, mit politischen Gegnern auf den Straßen zu kämpfen. Im März 1923 wurde der Angeklagte Göring zum Führer der SA ernannt.

Das Wirken der Partei wurde vollkommen vom »Führerprinzip« beherrscht.

Nach diesem Prinzip hat jeder Führer das Recht zu regieren, zu verwalten oder Befehle zu erlassen, unter Ausschaltung jeder irgendwie gearteten Kontrolle und vollständig nach eigenem Ermessen, einzig und allein durch die etwaigen Befehle beschränkt, die er von seinen Vorgesetzten erhielt.

Dieses Prinzip galt in erster Linie für Hitler selbst als den Führer der Partei und in geringerem Maße für alle anderen Parteifunktionäre. Alle Mitglieder der Partei leisteten dem Führer den Eid auf »ewige Treue«.

Es gab nur zwei Wege, auf denen Deutschland die oben erwähnten drei Hauptziele erreichen konnte, nämlich durch Verhandlungen oder durch Gewalt. Die 25 Punkte des Programms der NSDAP erwähnen nicht ausdrücklich die Methoden, derer sich die Führer der Partei zu bedienen beabsichtigten, aber die Geschichte des Nazi-Regimes zeigt, daß Hitler und seine Gefolgschaft nur unter der Bedingung zu Verhandlungen bereit waren, daß ihnen die Erfüllung ihrer Forderungen zugesichert und daß anderenfalls Gewalt angewendet werden würde.

In der Nacht vom 8. November 1923 fand in München ein mißglückter Putsch statt. Hitler und einige seiner Anhänger brachen in eine Versammlung im Bürgerbräukeller, wo der bayerische Ministerpräsident Kahr gerade eine Rede hielt, ein, in der Absicht, ihn zum Entschluß zu zwingen, sofort auf Berlin zu marschieren. Am Morgen des 9. November traf jedoch keine bayerische Unterstützung ein, und es kam zum Zusammenstoß zwischen Hitlers Putschisten und den Streitkräften der Reichswehr und der Polizei. Nur wenige Schüsse fielen, und nachdem ein Dutzend seiner Gefolgsleute getötet worden war, rettete sich Hitler durch die Flucht, und der Putsch nahm damit sein Ende. Die Angeklagten Streicher, Frick und Heß haben alle an dem versuchten Aufstand teilgenommen. Hitler ist später wegen Hochverrats angeklagt und zu einer Gefängnisstrafe verurteilt worden. Die SA wurde verboten. Hitler wurde 1924 aus der Haft entlassen, und im Jahre 1925 wurde die Schutzstaffel – die SS – gegründet, angeblich, um als Hitlers Leibwache zu dienen, in Wirklichkeit jedoch, um politische Gegner zu terrorisieren. Im selben Jahre wurde »Mein Kampf« veröffentlicht, das Buch, in dem die politischen Absichten und Ziele Hitlers niedergelegt waren und das in der Folgezeit als die wahre Quelle der Nazi-Lehre betrachtet wurde.

Die Machtergreifung.

In den acht Jahren, die auf die Veröffentlichung von »Mein Kampf« folgten, hat die NSDAP in ganz Deutschland ihre Tätigkeit stark erweitert, wobei sie der Schulung der Jugend in den nationalsozialistischen Ideen besondere Aufmerksamkeit widmete. Die erste nazistische Jugendorganisation war bereits 1922 ins Leben gerufen worden, aber erst 1925 wurde die Hitler-Jugend von der NSDAP offiziell anerkannt. Im Jahre 1931 wurde Baldur von Schirach, der der NSDAP 1925 beigetreten war, Reichsjugendführer der NSDAP.

Die Partei tat alles, um sich die politische Unterstützung des deutschen Volkes zu sichern. Sie beteiligte sich am Wahlkampf, sowohl für den Reichstag als auch für die Landtage. Die Führer der NSDAP unternahmen keinerlei ernsten Versuch, die Tatsache zu verschleiern, daß ihr Eintritt in das politische Leben Deutschlands lediglich zum Ziele hatte, die demokratische Struktur der Weimarer Republik zu zerschlagen und an ihre Stelle ein totalitäres nationalsozialistisches Regime zu setzen, das ihnen ermöglichen sollte, ihr offen proklamiertes politisches Programm ohne Widerstand zu verwirklichen. Als Vorbereitung auf den Tag, da Hitler in Deutschland zur Macht kommen würde, ernannte er im Januar 1929 Heinrich Himmler zum Reichsführer-SS mit dem Sonderauftrag, die SS zu einem starken Eliteorgan auszubauen, auf das er sich unter allen Umständen würde verlassen können.

Am 30. Januar 1933 gelang es Hitler, sich vom Präsidenten Hindenburg zum Reichskanzler ernennen zu lassen. Die Angeklagten Göring, Schacht und von Papen hatten durch Stimmungsmache eifrig dabei mitgewirkt. Von Papen war am 1. Juni 1932 zum Reichskanzler ernannt worden. Am 14. Juni hob er die Verordnung der Brüning-Regierung vom 13. April 1932 auf, auf Grund deren die nazistischen halbmilitärischen Verbände, einschließlich der SA und SS, aufgelöst worden waren. Dies geschah durch Übereinkommen zwischen Hitler und von Papen, obwohl von Papen leugnet, daß es bereits am 28. Mai vereinbart wurde, wie Dr. Hans Volz in »Daten aus der Geschichte der NSDAP« erklärt; daß aber die Aufhebung das Ergebnis einer Vereinbarung darstellte, hat von Papen im Verhör zugegeben.

Die Reichstagswahlen vom 31. Juli 1932 brachten der NSDAP einen großen Machtzuwachs, und von Papen bot Hitler den Posten des Vizekanzlers an, den dieser jedoch ablehnte. Er bestand darauf, Kanzler zu werden. Im November 1932 wurde dem Präsidenten Hindenburg eine von Großindustriellen und Finanzleuten unterzeichnete Eingabe vorgelegt, in der er ersucht wurde, Hitler mit der Kanzlerschaft zu betrauen. Bei der Sammlung von Unterschriften für diese Eingabe spielte Schacht eine hervorragende Rolle.

Die Wahl am 6. November, die auf die Niederlage der Regierung folgte, verringerte die Zahl der Mitglieder der NSDAP; von Papen machte zwar weitere Anstrengungen, Hitler zur Mitwirkung zu bewegen, aber sie blieben erfolglos. Am 12. November schrieb Schacht an Hitler:

> »Es unterliegt für mich gar keinem Zweifel, daß die gegenwärtige Entwicklung der Dinge nur das eine Ende haben kann, und das ist Ihre Kanzlerschaft. Es scheint, als ob unser Versuch, eine Reihe von Unterschriften aus der Wirtschaft dafür zu bekommen, doch nicht ganz umsonst ist ...« (EC-456, US-773.)

Nach Hitlers Weigerung am 16. November legte von Papen sein Amt nieder, General von Schleicher wurde sein Nachfolger, Papen setzte aber seine Tätigkeit fort. Am 4. Januar 1933 traf er mit Hitler im Hause des Kölner Bankiers von Schröder zusammen, und am 22. Januar wohnte er mit dem Angeklagten Göring und anderen Persönlichkeiten einer Sitzung im Hause des Angeklagten von Ribbentrop bei. Er hatte ferner am 9. Januar eine private Unterredung mit dem Präsidenten Hindenburg, und vom 22. Januar ab führte er amtliche Besprechungen mit Hindenburg über die Bildung einer Hitler-Regierung.

Am Tage seiner Ernennung zum Kanzler hielt Hitler seine erste Kabinettssitzung ab, bei der die Angeklagten Göring, Frick, Funk, von Neurath und von Papen in amtlicher Eigenschaft zugegen waren. Am 28. Februar 1933 wurde das Reichstagsgebäude in Berlin in Brand gesetzt. Dieser Brand wurde von Hitler und seiner Regierung als Vorwand dazu benutzt, am selben Tage eine Verordnung zu erlassen, durch die die verfassungsmäßigen Grundrechte außer Kraft gesetzt wurden. Die Verordnung war vom Präsidenten Hindenburg unterzeichnet und von Hitler und dem Angeklagten Frick – der damals den Posten des Reichsinnenministers bekleidete – gegengezeichnet. Am 5. März wurden Wahlen abgehalten, bei denen der NSDAP 288 Sitze von insgesamt 647 zufielen. Die Hitler-Regierung war eifrig bestrebt, ein »Ermächtigungsgesetz« durchzudrükken, das ihr volle gesetzgebende Macht einschließlich des Rechts, von der Verfassung abzuweichen, verleihen sollte. Sie hatte nicht die notwendige Mehrheit im Reichstag, um dies verfassungsmäßig tun zu können. Sie machte daher Gebrauch von der Verordnung, die die Grundrechte außer Kraft gesetzt hatte, und nahm eine große Anzahl kommunistischer Abgeordneter und Parteifunktionäre in sogenannte »Schutzhaft«. Nunmehr brachte Hitler das »Ermächtigungsgesetz« im Reichstag ein. Nachdem er deutlich hatte erkennen lassen, daß im Falle der Ablehnung weitere Gewaltmaßnahmen getroffen werden sollten, wurde das Gesetz am 24. März 1933 angenommen.

Die Festigung der Macht.

Nachdem die NSDAP auf diese Weise die Macht erlangt hatte, ging sie dazu über, ihren Einfluß auf das Leben der Deutschen nach jeder Richtung auszudehnen. Andere politische Parteien wurden verfolgt, ihr Eigentum und ihre Guthaben beschlagnahmt und viele ihrer Mitglieder in Konzentrationslager geworfen. Am 26. April 1933 gründete

Göring in Preußen die Geheime Staatspolizei – die Gestapo – und sagte dem stellvertretenden Gestapo-Leiter im Vertrauen, daß es ihre Hauptaufgabe sei, politische Gegner des Nationalsozialismus und Hitlers zu beseitigen. Am 14. Juli 1933 wurde ein Gesetz erlassen, das die NSDAP zur einzigen politischen Partei erklärte und die Weiterführung oder Neugründung jeder anderen politischen Partei als verbrecherisch bezeichnete.

Um die vollständige Kontrolle des Regierungsapparates den Händen der Nazi-Führung auszuliefern, wurde eine Reihe von Gesetzen und Verordnungen erlassen, die die Befugnisse der Länder- und Ortsbehörden in ganz Deutschland einschränkte und sie in Unterabteilungen der Reichsregierung verwandelte. Die Volksvertretungen in den Ländern wurden abgeschafft und damit alle Gemeindewahlen. Sodann schritt die Regierung dazu, sich die Kontrolle über die Beamtenschaft zu sichern. Dies wurde erreicht durch einen Zentralisierungsprozeß und durch eine sorgfältige Aussiebung der gesamten Beamtenschaft. Durch ein Gesetz vom 7. April wurde vorgesehen, daß alle Beamten »nichtarischer Abstammung« pensioniert werden sollten, außerdem wurde bestimmt, daß »Beamte, deren frühere politische Tätigkeit nicht Gewähr leistet, daß sie sich vorbehaltlos für den nationalsozialistischen Staat einsetzen, bedingungslos entlassen werden«.

Das Gesetz vom 11. April 1933 bestimmte die Entlassung »aller Beamten, die der Kommunistischen Partei angehören«. Gleichzeitig wurde die gesamte Justiz einer Kontrolle unterworfen. Richter wurden aus politischen oder rassischen Gründen aus ihrem Amt entlassen. Sie wurden bespitzelt und stärkstem Druck unterworfen, zwecks Vermeidung der Entlassung der Nazi-Partei beizutreten. Nachdem das Reichsgericht drei der vier Angeklagten, die man der Mittäterschaft beim Brand des Reichstages bezichtigte, freigesprochen hatte, entzog man ihm die Rechtsprechung über Hochverratsfälle und übertrug sie einem neuerrichteten »Volksgerichtshof«, der aus zwei Richtern und fünf Parteibeamten bestand. Besondere Gerichtshöfe wurden eingerichtet, um politische Verbrechen abzuurteilen, und nur Parteimitglieder wurden zu Richtern ernannt. Die SS nahm aus politischen Gründen Verhaftungen vor und hielt die

Verhafteten in Gefängnissen und Konzentrationslagern fest. Die Richter hatten keine Macht, in irgendeiner Weise einzugreifen. Parteimitglieder wurden begnadigt, die von den Richtern wegen bewiesener Verbrechen verurteilt worden waren. Im Jahre 1935 wurden mehrere Beamte des Konzentrationslagers Hohnstein wegen brutaler Behandlung der Insassen verurteilt. Hohe Nazi-Beamte versuchten, das Gericht zu beeinflussen, und nachdem die Beamten dennoch verurteilt worden waren, wurden sie alle von Hitler begnadigt. Im Jahre 1942 wurden »Richterbriefe« von der Regierung an alle deutschen Richter gesandt, in denen ihnen die »allgemeinen Richtlinien« bekanntgegeben wurden, denen sie zu folgen hatten.

In ihrem Entschlusse, alle Widerstandsquellen zu beseitigen, richtete die NSDAP ihr Augenmerk auf die Gewerkschaften, die Kirchen und die Juden. Im April 1933 befahl Hitler dem verstorbenen Angeklagten Ley, der damals Stabschef der politischen Organisation der NSDAP war, »die Gewerkschaften zu übernehmen«. Die meisten Gewerkschaften Deutschlands waren in zwei großen Verbänden zusammengefaßt, in die »Freien Gewerkschaften« und die »Christlichen Gewerkschaften«. Gewerkschaften außerhalb dieser beiden großen Verbände umfaßten nur 15 Prozent der Gesamtmitgliedschaft der Gewerkschaften. Am 21. April 1933 gab Ley einen NSDAP-Erlaß heraus, in dem er »die Gleichschaltung« der Freien Gewerkschaften für den 2. Mai ankündigte. Der Erlaß befahl den Einsatz von SS und SA für die geplante »Besetzung der Gewerkschaftsgebäude und die Inschutzhaftnahme der in Frage kommenden Persönlichkeiten«. Nach Abschluß dieser Aktion verkündete der offizielle NSDAP-Pressedienst, daß die nationalsozialistische Betriebszellenorganisation »die alte Führerstellung der Freien Gewerkschaften beseitigt« und selbst die Führung übernommen habe. In ähnlicher Weise wurde am 3. Mai 1933 vom NSDAP-Pressedienst verkündet, daß die Christlichen Gewerkschaften »sich bedingungslos der Führung Adolf Hitlers untergeordnet« hätten. An Stelle der Gewerkschaften wurde von der Nazi-Regierung eine »Deutsche Arbeitsfront« (DAF) errichtet, die von der NSDAP kontrolliert war und der praktisch alle Arbeiter in Deutschland beitreten mußten. Die Führer der Gewerkschaften wurden in Haft genommen und Mißhandlungen – von Körperverletzungen bis zum Mord – unterworfen.

In ihren Bemühungen, den Einfluß der christlichen Kirchen, deren Lehren in fundamentalem Gegensatz zu der nationalsozialistischen Philosophie und Praxis standen, zu bekämpfen, ging die Nazi-Regierung langsamer vor. Der letzte Schritt, nämlich das Verbot der Ausübung der christlichen Religion, wurde nicht getan, aber Jahr für Jahr wurden Schritte unternommen, um den Einfluß des Christentums auf das deutsche Volk zu beschränken, da nach den Worten des Angeklagten Bormann in einem amtlichen Schreiben an den Angeklagten Rosenberg »die christliche Religion und die nationalsozialistische Weltanschauung unvereinbar sind«. Im Juni 1941 gab der Angeklagte Bormann einen Geheimerlaß heraus, der sich auf die Beziehungen zwischen Christentum und Nationalsozialismus bezog.

Der Erlaß stellt fest:

> »Zum erstenmal in der deutschen Geschichte hat der Führer bewußt und vollständig die Volksführung selbst in der Hand. Mit der Partei, ihren Gliederungen und angeschlossenen Verbänden hat der Führer sich und damit der deutschen Reichsführung ein Instrument geschaffen, das ihn von der Kirche unabhängig macht ... Immer mehr muß das Volk den Kirchen und ihren Organen, den Pfarrern, entwunden werden ... Niemals aber darf den Kirchen wieder ein Einfluß auf die Volksführung eingeräumt werden. Dieser muß restlos und endgültig gebrochen werden. Nur die Reichsführung und in ihrem Auftrag die Partei, ihre Gliederungen und angeschlossenen Verbände haben ein Recht zur Volksführung.« (D-75, US-348.)

Seit den frühesten Tagen der NSDAP hat der Antisemitismus eine hervorragende Rolle in der nationalsozialistischen Gedankenwelt und Propaganda gespielt. Die Juden, denen man jedes Recht auf deutsche Staatsbürgerschaft absprach, wurden weitgehend für die Schwierigkeiten verantwortlich gemacht, mit denen die Nation in den Jahren nach dem Kriege 1914 bis 1918 zu kämpfen hatte. Weiter wurde die Abneigung gegen die Juden durch Betonung der Überlegenheit der nordischen Rasse und des nordischen Blutes verschärft. Das zweite Kapitel des ersten Bandes von »Mein Kampf« ist der sogenannten »Herrenrasse«-Theorie gewidmet sowie der Lehre von der Überlegenheit der

Arier über alle anderen Rassen und des sich daraus ergebenden Rechts der Deutschen, andere Völker zu beherrschen und für ihre Zwecke zu benützen. Die Verfolgung der Juden wurde mit der Machtübernahme durch die Nazis im Jahre 1933 zur offiziellen Staatspolitik. Am 1. April 1933 wurde von der Nazi-Reichsregierung ein Boykott jüdischer Unternehmungen gebilligt, und in den darauffolgenden Jahren wurde eine Reihe antisemitischer Gesetze erlassen, die die Tätigkeit der Juden in der Beamtenschaft, im Rechtswesen sowie auf journalistischem Gebiet und in der Wehrmacht einschränkten. Im Jahre 1935 wurden die sogenannten Nürnberger Gesetze erlassen, deren wichtigste Folge die war, die Juden der deutschen Staatsbürgerschaft zu berauben. Auf diese Weise wurde den Juden jeder Einfluß auf deutsche Angelegenheiten entzogen und damit eine weitere mögliche Quelle des Widerstandes gegen die Nazi-Politik ausgeschaltet.

Bei der Betrachtung der Niederwerfung des Widerstandes darf das Blutbad des 30. Juni 1934 nicht vergessen werden. Es ist als »Röhm-Putsch« oder »Blutbad« bekannt und enthüllt die Methoden, die Hitler und seine engsten Mitarbeiter, darunter der Angeklagte Göring, anwandten, um jeden Widerstand niederzuschlagen und ihre Macht zu festigen. An jenem Tage wurde Röhm, Stabschef der SA seit 1931, auf Hitlers Befehl ermordet, die »Alte Garde« der SA wurde ohne Gerichtsverfahren und ohne Warnung hingemetzelt. Bei dieser Gelegenheit wurde eine große Anzahl von Leuten umgebracht, die sich zu irgendeinem Zeitpunkt Hitler widersetzt hatten.

Der angebliche Grund für die Ermordung Röhms war, daß er Hitlers Sturz vorbereitete, und der Angeklagte Göring hat ausgesagt, daß er Kenntnis von einem solchen Plan erhalten habe. Ob dies den Tatsachen entspricht oder nicht, mag dahingestellt bleiben.

Am 3. Juli billigte die Reichsregierung Hitlers Vorgehen und bezeichnete es als »gesetzmäßige Notwehr des Staates«.

Kurz darauf starb Hindenburg, und Hitler vereinigte das Amt des Reichspräsidenten und das des Reichskanzlers in seiner Person. Bei einer darauffolgenden, unter Nazi-Druck stehenden Volksabstimmung gaben 38 Millionen Deutsche ihre Zustimmung, und als die Reichswehr den Treueid auf den Führer ablegte, war die ganze Macht in Hitlers Händen.

Deutschland hatte sich damit zur Diktatur mit allen ihren Terrormethoden, ihrer zynischen und offenen Mißachtung allen Rechts bekannt.

Abgesehen von der Politik der Vernichtung aller etwaigen Gegner ihres Regimes, ergriff die Nazi-Regierung entschiedene Maßnahmen, um ihre Macht dem deutschen Volk gegenüber zu steigern. Auf dem Gebiete der Erziehung wurde alles getan, um sicherzustellen, daß die Jugend Deutschlands im Geist des Nationalsozialismus erzogen würde und die nationalsozialistischen Lehren annahm. Schon am 7. April gab das Gesetz, das die Beamtenschaft neu organisierte, der Nazi-Regierung die Möglichkeit, alle dem Staate feindlichen und unzuverlässigen Lehrer zu entfernen; und darauf zahlreiche andere Maßnahmen, die die Gewähr bieten sollten, daß die Schulen mit Lehrern besetzt würden, denen man vertrauen konnte, daß sie ihren Schülern die volle Bedeutung des nationalsozialistischen Glaubens beibringen würden. Außer auf den Einfluß der nationalsozialistischen Erziehung in den Schulen verließen sich die Nazi-Führer auch auf die Organisation der Hitler-Jugend, um die fanatische Unterstützung der jungen Generation zu erhalten. Der Angeklagte von Schirach, der seit 1931 Reichsjugendführer der NSDAP gewesen war, wurde im Juni 1933 zum Jugendführer des Deutschen Reiches ernannt. Bald waren alle Jugendorganisationen entweder aufgelöst oder mit Ausnahme der katholischen Jugend durch die Hitler-Jugend aufgesogen. Die Hitler-Jugend wurde nach strengen militärischen Grundsätzen aufgebaut, und schon im Jahre 1933 stellte die Wehrmacht ihre Mitarbeit zur Verfügung, indem sie der Jugend des Reiches vormilitärische Ausbildung zuteil werden ließ.

Es war das Bestreben der Nazi-Regierung, durch umfangreiche Propagandafeldzüge das deutsche Volk für die Unterstützung ihrer Politik zu einen. Eine Anzahl von Ämtern wurde ins Leben gerufen, deren Aufgabe es war, die Presse, den Rundfunk, den Film, die Verlagsanstalten und so weiter in Deutschland zu kontrollieren und zu beeinflussen und die Betätigung auf den Gebieten der Unterhaltung, der Kultur und der Kunst zu überwachen. Alle diese Stellen unterstanden dem Goebbelsschen Ministerium für

Volksaufklärung und Propaganda, das im Zusammenwirken mit einer entsprechenden Organisation in der NSDAP und der Reichskulturkammer die höchste Instanz für die Ausübung dieser Überwachung war. Der Angeklagte Rosenberg spielte eine führende Rolle in der Verbreitung der nationalsozialistischen Lehren im Namen der Partei, und der Angeklagte Fritzsche erfüllte, zusammen mit Goebbels, die gleiche Aufgabe für den Staat. Größte Bedeutung wurde der höchsten Aufgabe des deutschen Volkes beigelegt, auf Grund seines nordischen Blutes und seiner rassischen Reinheit zu führen und zu herrschen, und so wurde die Grundlage für die Anerkennung der Idee deutscher Weltherrschaft geschaffen.

Durch die wirksame Beherrschung des Rundfunks und der Presse wurde das deutsche Volk während der Jahre nach 1933 der intensivsten Propaganda im Interesse des Regimes unterworfen. Feindselige Kritik, ja, jede Kritik irgendwelcher Art wurde verboten und die schwersten Strafen wurden denen auferlegt, die sich dieser Betätigung hingaben.

Ein unabhängiges, auf Gedankenfreiheit beruhendes Urteil wurde somit zur völligen Unmöglichkeit.

Wiederaufrüstungsmaßnahmen.

In den Jahren unmittelbar nach Ernennung Hitlers zum Kanzler schickte sich die Nazi-Regierung an, das wirtschaftliche Leben Deutschlands und ganz besonders die Rüstungsindustrie neu zu organisieren. Dies geschah im großen Stil und mit äußerster Gründlichkeit.

Es erwies sich als notwendig, eine sichere finanzielle Grundlage für die Aufrüstung zu schaffen, und im April 1936 wurde der Angeklagte Göring dazu ausgewählt, den Bedarf an Rohstoffen und Devisen in Einklang zu bringen, und ermächtigt, jede Betätigung von Staat und Partei auf diesen Gebieten zu überwachen. In dieser Eigenschaft brachte er den Kriegsminister, den Wirtschaftsminister, den Reichsfinanzminister, den Präsidenten der Reichsbank und den preußischen Finanzminister zusammen zu einer Erörterung der Fragen, die mit der Mobilisierung im Zusammenhang standen, und am 27. Mai 1936 widersetzte sich Göring in einer Ansprache vor diesen Männern allen finanziellen Beschränkungen der Kriegsproduktion und fügte hinzu, daß »alle Maßnahmen vom Standpunkt einer gesicherten Kriegführung betrachtet werden müssen«. Auf dem Nürnberger Parteitag 1936 verkündete Hitler die Aufstellung des Vierjahresplans und die Ernennung Görings zum verantwortlichen Generalbevollmächtigten. Göring war bereits im Begriff, eine starke Luftwaffe aufzubauen, und eröffnete am 8. Juli 1938 einer Anzahl führender Flugzeugfabrikanten, daß die deutsche Luftwaffe der englischen bereits an Güte und Stärke überlegen sei. Am 14. Oktober 1938 verkündete Göring auf einer anderen Sitzung, daß Hitler ihn angewiesen habe, ein gewaltiges Rüstungsprogramm durchzuführen, das alle vorherigen Leistungen unbedeutend erscheinen lasse. Er sagte, daß ihm befohlen worden sei, so rasch als möglich eine fünfmal so große Luftflotte als ursprünglich geplant zu schaffen, die Geschwindigkeit der Wiederaufrüstung der Marine und des Heeres zu beschleunigen und sich auf die Herstellung von Angriffswaffen, vor allem schwerer Artillerie und schwerer Tanks, zu konzentrieren. Er legte dann ein bestimmtes Programm für die Erreichung dieser Ziele fest. Der Umfang der erreichten Wiederaufrüstung wurde von Hitler in seinem Memorandum vom 9. Oktober 1939, nach dem polnischen Feldzug, folgendermaßen dargelegt:

> »Die militärische Auswirkung dieser Volkskraft ist in einem Ausmaß vorhanden, das in kurzer Zeit jedenfalls durch keinerlei Anstrengungen wesentlich verbessert werden kann ... Die waffenmäßige Rüstung des deutschen Volkes ist für eine große Anzahl deutscher Divisionen in einem wesentlich stärkeren Ausmaß und in einer besseren Güte vorhanden als etwa im Jahre 1914. Die Waffen selbst sind im großen Durchschnitt so neu, wie dies zur Zeit bei keinem anderen Staat der Welt der Fall ist. Ihre höchste Kriegsverwertbarkeit haben sie in einem erfolgreichen Feldzuge soeben bewiesen ... Es liegt kein Anhaltspunkt dafür vor, daß irgendein Staat der Welt zur Zeit im gesamten über eine bessere Munitionierung verfügt als das Deutsche Reich ... Die Flak-Artillerie besitzt in keinem Land der Welt etwas Vergleichbares.« (L-52, US-540.)

Die deutsche Rüstungsindustrie war ein williges Werkzeug der Nazi-Regierung bei dieser Neu-Organisation des deutschen Wirtschaftslebens für kriegerische Zwecke und war willens, ihre Rolle im Wiederaufrüstungsprogramm zu spielen. Im April 1933 unterbreitete Gustav Krupp von Bohlen Hitler namens des Reichsverbandes der deutschen Industrie einen Plan für die Neugestaltung der deutschen Industrie, der nach seiner Feststellung dadurch gekennzeichnet war, daß er wirtschaftliche Maßnahmen und politische Notwendigkeiten miteinander in Einklang zu bringen strebte. In diesem Plan stellte Krupp fest, daß »die Wendung der politischen Ereignisse den Wünschen entspricht, die ich selbst und der Vorstand schon seit langem gehegt haben«. Was Krupp mit dieser Feststellung gemeint hatte, wird vollkommen klar durch den Entwurf einer Rede, die er im Januar 1944 in der Berliner Universität zu halten beabsichtigte, die aber tatsächlich nie gehalten wurde. In bezug auf die Jahre 1919 bis 1933 schrieb Krupp:

> »Es ist ein einmaliges Verdienst der gesamten deutschen Wehrwirtschaft, daß sie in diesen bösen Jahren nicht untätig gewesen ist, möchte ihre Wirksamkeit auch aus erklärlichen Gründen dem Lichte der Öffentlichkeit entzogen sein. In jahrelanger stiller Arbeit wurden die wissenschaftlichen und sachlichen Voraussetzungen geschaffen, um zu gegebener Stunde ohne Zeit- und Erfahrungsverlust wieder zur Arbeit für des Reiches Wehrmacht bereitzustehen ... Nur durch diese verschwiegene Tätigkeit deutschen Unternehmertums, aber auch auf Grund der mit dem Friedensmaterial inzwischen gewonnenen Erfahrungen konnte nach 1933 unmittelbar der Anschluß an die neuen Aufgaben der Wiederwehrhaftmachung erreicht, konnten dann auch die ganz neuen vielfältigen Probleme gemeistert werden.« (D-317, US-770.)

Im Oktober 1933 zog sich Deutschland von der Internationalen Abrüstungskonferenz und dem Völkerbund zurück. Im Jahre 1935 beschloß die Nazi-Regierung, die ersten öffentlichen Schritte zu unternehmen, um sich ihren aus dem Versailler Vertrag erwachsenden Verpflichtungen zu entziehen. Am 10. März 1935 verkündete der Angeklagte Göring, daß Deutschland eine Luftwaffe aufbaue. Sechs Tage später, am 16. März 1935, wurde ein Gesetz erlassen – unterzeichnet unter anderem von den Angeklagten Göring, Heß, Frank, Frick, Schacht und von Neurath –, das die Militärdienstpflicht einführte und die Aufstellung des deutschen Heeres in einer Friedensstärke von 500000 Mann festlegte. In dem Bestreben, die öffentliche Meinung in anderen Ländern zu beruhigen, kündigte die Regierung am 21. Mai 1935 an, daß Deutschland, trotz der Aufkündigung der Abrüstungsklauseln des Versailler Vertrags, dennoch seine territorialen Begrenzungen achten und den Locarno-Pakt einhalten würde. Nichtsdestoweniger wurde am Tage dieser Bekanntmachung das Reichsverteidigungsgesetz heimlich angenommen[1] und seine Veröffentlichung von Hitler verboten. In diesem Gesetz wurden die Vollmachten und die Pflichten des Kanzlers und der anderen Minister für den Fall festgelegt, daß Deutschland in einen Krieg verwickelt werden sollte. Es geht aus diesem Gesetz klar hervor, daß im Mai 1935 Hitler und seine Regierung das Stadium in der Ausführung ihrer Politik erreicht hatten, das es für sie notwendig machte, den erforderlichen Apparat zur Verwaltung und Regierung Deutschlands, für den Fall, daß ihre Politik zum Kriege führen sollte, bereit zu haben.

Zur gleichen Zeit, als diese Vorbereitung auf den Krieg in der deutschen Wirtschaft vorgenommen wurde, bereitete sich die deutsche Wehrmacht selbst auf einen Wiederaufbau der deutschen bewaffneten Streitkräfte vor.

Die deutsche Marine ging in dieser Hinsicht besonders energisch vor. Die offiziellen deutschen Marine-Geschichtsschreiber Aßmann und Gladisch geben zu, daß der Versailler Vertrag nur wenige Monate nach seinem Inkrafttreten verletzt wurde, insbesondere durch den Bau einer neuen Unterseebootwaffe.

Die Veröffentlichungen von Kapitän Schüssler und Oberst Scherff, die beide mit voller Billigung seitens des Angeklagten Raeder erschienen, waren dazu bestimmt, dem deutschen Volke zu zeigen, wie die Marine sich bemühte, unter Mißachtung des Versailler Vertrags aufzurüsten.

Genaue Einzelheiten über die Schriften wurden während der Beweisaufnahme vorgelegt.

Am 12. Mai 1934 gab der Angeklagte Raeder den streng geheimen Rüstungsplan für die sogenannte dritte Aufrüstungsphase aus. Er enthielt folgenden Satz:

[1] Ungenaue Übersetzung. Es muß richtig heißen: »... das geheime Reichsverteidigungsgesetz angenommen.«

»Alle theoretischen und praktischen R-Vorbereitungen sind in erster Linie auf die Bereitschaft für einen Kampf ohne Anlaufzeit einzustellen.« (C-153, US-43.)

Im Juni 1934, einen Monat später, hatte der Angeklagte Raeder eine Unterhaltung mit Hitler, in der dieser ihn anwies, den Bau von U-Booten und von Kriegsschiffen über 10000 Tonnen, der damals in der Ausführung begriffen war, geheimzuhalten.

Und am 2. November 1934 hatte der Angeklagte Raeder eine weitere Unterredung mit Hitler und dem Angeklagten Göring, bei der Hitler sagte, er betrachte es als lebenswichtig, daß die deutsche Marine »planmäßig vergrößert werde, da kein Krieg geführt werden könne, wenn die Marine nicht in der Lage sei, die Erzeinfuhr aus Skandinavien zu sichern«.

Die großen Bauaufträge, die in den Jahren 1933 und 1934 erteilt wurden, hat der Angeklagte Raeder damit zu entschuldigen gesucht, daß Verhandlungen zu einer Verständigung zwischen Deutschland und Großbritannien im Gange gewesen seien, die Deutschland gestatten würden, über die von den Bestimmungen des Versailler Vertrags gestatteten Grenzen hinaus Schiffe zu bauen. Diese Vereinbarung, die im Jahre 1935 unterzeichnet wurde, beschränkte die deutsche Marine auf eine Tonnage, die einem Drittel der britischen Tonnage gleichkam, mit Ausnahme der U-Boote, bei denen man sich auf 45 Prozent einigte, vorbehaltlich des Rechtes, dieses Verhältnis zu überschreiten, wenn die Britische Regierung im voraus verständigt und ihr Gelegenheit zur Diskussion gegeben werde.

Im Jahre 1937 kam es zum englisch-deutschen Vertrag, in dem sich die beiden Mächte verpflichteten, sich gegenseitig über alle Einzelheiten ihres Bauprogramms zu verständigen, und zwar mindestens vier Monate, bevor sie irgend etwas zur Durchführung unternähmen.

Diese Klauseln wurden zugegebenermaßen von Deutschland nicht eingehalten.

Bei Großkampfschiffen zum Beispiel wurden die Angaben über Wasserverdrängung um 20 Prozent gefälscht, während hinsichtlich der U-Boote die deutschen Geschichtsschreiber Aßmann und Gladisch sagen:

»Es ist höchstwahrscheinlich, daß gerade auf dem Gebiete des U-Boot-Baues Deutschland sich am wenigsten an die

Beschränkungen des deutsch-britischen Vertrages hielt« (D-854, GB-460).

Man kann die Bedeutung dieser Vertragsbrüche ermessen, wenn man den Grund für diese Aufrüstung erwägt. Im Jahre 1940 schrieb der Angeklagte Raeder selbst:

»Der Führer hoffte bis zuletzt, die drohende Auseinandersetzung mit England bis zum Jahre 1944/45 verlegen zu können. Zu diesem Zeitpunkt hätte die Kriegsmarine über einen Flottenbestand verfügt, der eine gewaltige Überlegenheit der U-Boot-Waffe und ein sehr viel günstigeres Stärkeverhältnis in allen anderen Schiffstypen, besonders den für den Hochseekrieg geeigneten, gezeigt hätte.« (C-155, GB-214.)

Wie schon angeführt, verkündete am 21. Mai 1935 die Nazi-Regierung ihre Absicht, die territorialen Begrenzungen des Versailler Vertrags einzuhalten. Am 7. März 1936 marschierten deutsche Truppen unter Mißachtung jenes Vertrags in die entmilitarisierte Zone des Rheinlandes ein. Als Hitler diesen Schritt dem deutschen Reichstag verkündete, versuchte er den Einmarsch durch Hinweise auf die kurz vorher zwischen Frankreich und der Sowjetunion und zwischen der Tschechoslowakei und der Sowjetunion abgeschlossenen Bündnisse zu rechtfertigen. Er versuchte auch der feindseligen Reaktion, die er zweifellos als Folge dieser Vertragsverletzung erwartete, dadurch zu begegnen, daß er sagte:

»Wir haben keinerlei territoriale Ansprüche mehr in Europa.« (2289-PS, US-56.)

Der gemeinsame Plan oder die Verschwörung und der Angriffskrieg.

Nunmehr wendet sich der Gerichtshof der Betrachtung der in der Anklageschrift erwähnten Verbrechen gegen den Frieden zu. Punkt 1 der Anklageschrift beschuldigt die Angeklagten der Teilnahme an einer Verschwörung oder einem gemeinsamen Plan für das Begehen von Verbrechen gegen den Frieden. Punkt 2 der Anklageschrift beschuldigt die Angeklagten, bestimmte Verbrechen gegen den Frieden begangen zu haben, und zwar durch Planung, Vorbereitung, Entfesselung und Führung von Angriffskriegen gegen eine

Anzahl anderer Staaten. Es erscheint zweckmäßig, die Frage des Vorhandenseins eines gemeinsamen Planes und die Frage der Einzelverantwortlichkeit der Angeklagten in einem späteren Teil dieses Urteils zu behandeln.

Die Behauptung der Anklageschrift, nämlich, daß die Angeklagten Angriffskriege geplant oder geführt hätten, sind Anschuldigungen schwerster Natur. Der Krieg ist seinem Wesen nach ein Übel. Seine Auswirkungen sind nicht allein auf die kriegführenden Staaten beschränkt, sondern treffen die ganze Welt.

Die Entfesselung eines Angriffskrieges ist daher nicht nur ein internationales Verbrechen; es ist das größte internationale Verbrechen, das sich von anderen Kriegsverbrechen nur dadurch unterscheidet, daß es in sich alle Schrecken vereinigt und anhäuft.

Die ersten in der Anklageschrift erwähnten Angriffshandlungen bestehen in der Besetzung Österreichs und der Tschechoslowakei; und der erste Angriffskrieg, der unter Anklage gestellt ist, ist der am 1. September 1939 begonnene Krieg gegen Polen.

Vor Prüfung dieses Anklagepunktes ist es notwendig, einige der Ereignisse, die vor diesen Angriffshandlungen lagen, einer genaueren Betrachtung zu unterziehen. Der Krieg gegen Polen kam nicht plötzlich aus heiterem Himmel; das Beweismaterial hat klar ergeben, daß dieser Angriffskrieg wie auch die Besetzung Österreichs und der Tschechoslowakei wohlüberlegt und eingehend vorbereitet war, und daß er erst begonnen wurde, als der geeignete Zeitpunkt gekommen schien, zu dem er als bestimmter Teil eines vorausgesehenen Plans ausgeführt werden konnte.

Denn die Angriffspläne der Nazi-Regierung waren keine Zufälle, die sich aus der politischen Lage des Augenblicks in Europa und der Welt ergaben; sie waren ein wohlüberlegter und notwendiger Teil der Außenpolitik der Nazis.

Die nationalsozialistische Bewegung behauptete von Anfang an, daß ihr Ziel die Einigung des deutschen Volkes im Bewußtsein seiner Mission und seines Schicksalszweckes sei, gegründet auf die ererbten Eigenschaften der Rasse und unter Leitung des Führers.

Zwei Dinge wurden für die Erreichung dieses Zieles als notwendig betrachtet: Die Zerstörung der europäischen

Ordnung, die seit dem Versailler Vertrag bestanden hatte, und die Schaffung eines Großdeutschen Reiches über die Grenzen von 1914 hinaus. Dieses bedeutete notwendigerweise die Besitzergreifung fremden Staatsgebietes.

Wenn diese Ziele erreicht werden sollten, so mußte ein Krieg als unvermeidlich, zumindest aber als höchstwahrscheinlich betrachtet werden. Daher sollte das deutsche Volk mit allen seinen wirtschaftlichen Hilfsquellen zu einer großen politisch-militärischen Armee ausgebaut und dazu geschult werden, einer jeglichen vom Staate angeordneten Politik widerspruchslos zu folgen.

Angriffsvorbereitungen.

In »Mein Kampf« hatte Hitler diese Ansicht ganz klar zum Ausdruck gebracht. Man muß sich daran erinnern, daß »Mein Kampf« nicht einfach ein privates Tagebuch war, in dem Hitler seine geheimen Gedanken niedergelegt hatte. Vielmehr wurde dessen Inhalt von den Dächern geschrien. Es wurde in den Schulen und Universitäten, in der Hitler-Jugend, in der SS und in der SA und vom ganzen deutschen Volk gelesen. Ein Exemplar wurde sogar allen neugetrauten Ehepaaren überreicht. Im Jahre 1945 waren bereits über 6½ Millionen Exemplare verbreitet. Der allgemeine Inhalt ist wohlbekannt. Immer und immer wieder unterstreicht Hitler seinen Glauben an die Notwendigkeit der Gewalt als Mittel zur Lösung internationaler Probleme wie zum Beispiel in dem nachfolgenden Zitat:

> »Den Boden, auf dem wir heute leben, erhielten unsere Vorfahren nicht vom Himmel geschenkt. Sie mußten ihn durch Lebenseinsatz erkämpfen. So wird auch uns in Zukunft den Boden und damit das Leben für unser Volk keine völkische Gnade zuweisen, sondern nur die Gewalt eines siegreichen Schwertes.« (»Mein Kampf« Seite 556, 2662-PS, US-256.)

»Mein Kampf« enthält zahlreiche derartige Stellen, und die Gewalt wird offen als Instrument der Außenpolitik gepriesen. Die genauen Ziele dieser Politik der Gewalt sind gleichfalls in allen Einzelheiten dargelegt. Die allererste Seite des Buches enthält die Erklärung, daß »Deutschösterreich wieder zum großen deutschen Mutterland« zurück müsse, und zwar nicht aus wirtschaftlichen Gründen, sondern mit der Begründung, daß »gleiches Blut in ein gemeinsames Reich« gehöre. Die Wiedergewinnung der deutschen Grenzen von 1914 wird als gänzlich unzureichend erklärt, und wenn Deutschland überhaupt leben soll, muß es als Weltmacht auch die nötige räumliche Größe haben.

»Mein Kampf« wird sogar besonders deutlich bei der Erklärung darüber, wo dieser Gebietszuwachs zu finden sei.

> »Damit ziehen wir Nationalsozialisten bewußt einen Strich unter die außenpolitische Richtung unserer Vorkriegszeit ... Wir stoppen den ewigen Germanenzug nach dem Süden und Westen Europas und weisen den Blick nach dem Land im Osten. Wir schließen endlich ab die Kolonial- und Handelspolitik der Vorkriegszeit und gehen über zur Bodenpolitik der Zukunft.
>
> Wenn wir aber heute in Europa von neuem Grund und Boden reden, können wir in erster Linie nur an Rußland und die ihm untertanenen Randstaaten denken.« (»Mein Kampf«, Seite 743, 2662-PS, US-256.)

»Mein Kampf« ist nicht lediglich als eine literarische Übung zu betrachten und ebensowenig als starre Politik oder als unabänderlicher Plan.

Seine Wichtigkeit liegt in der unmißverständlich aggressiven Haltung, die aus jeder Seite spricht.

Die Planung des Angriffs.

Das in erbeuteten Dokumenten enthaltene Beweismaterial hat gezeigt, daß Hitler vier geheime Konferenzen abgehalten hat, auf die sich der Gerichtshof im besonderen zu beziehen beabsichtigt, da sie auf die Frage des gemeinsamen Planes ein besonderes Licht werfen.

Diese Besprechungen fanden am 5. November 1937, 23. Mai 1939, 22. August 1939 und 23. November 1939 statt.

Während dieser Besprechungen machte Hitler wichtige Erklärungen bezüglich seiner Ziele, welche in ihrer Ausdrucksweise völlig unmißverständlich sind.

Die Dokumente, die festhalten, was bei diesen Besprechungen geschah, wurden von seiten der Verteidigung einer gewissen Kritik unterzogen.

Es wird nicht geleugnet, daß sie im wesentlichen echt seien, aber es wird zum Beispiel gesagt, daß sie nicht wörtliche Protokolle der aufgezeichneten Reden darstellen sollten, daß das Dokument, das die Besprechung am 5. November 1937 behandelt, fünf Tage nach dem Stattfinden dieser Besprechung datiert, und daß die beiden Dokumente, die die Besprechung am 22. August 1939 behandeln, sich voneinander unterscheiden und keine Unterschrift tragen.

Bei aller Berücksichtigung dieser Kritik ist der Gerichtshof der Ansicht, daß diesen Dokumenten der allergrößte Wert zukommt und daß ihre Echtheit und die bedeutsame Wahrheit ihres Inhalts eine feststehende Tatsache ist.

Sie stellen offensichtlich sorgfältig ausgearbeitete Niederschriften der in ihnen geschilderten Ereignisse dar, wurden als solche in den Archiven der Deutschen Regierung aufbewahrt und dort erbeutet. Derartige Dokumente können keinesfalls als reine Erfindungen oder auch nur als ungenau oder entstellt abgetan werden. Sie sind klare Aufzeichnungen von Ereignissen, die tatsächlich stattfanden.

Die Besprechungen vom 23. November 1939 und 5. November 1937.

Es wird vielleicht zweckdienlich sein, zunächst die Besprechung vom 23. November 1939, zu der Hitler seine obersten Befehlshaber zusammenberufen hatte, zu besprechen. Einer der Anwesenden führte das Protokoll. Am Tage der Besprechung waren Österreich und die Tschechoslowakei bereits in das Deutsche Reich eingegliedert, die deutschen Armeen hatten Polen erobert, und der Krieg mit Großbritannien und Frankreich befand sich noch im Stadium des Stillstandes. Dieser Augenblick war zur Betrachtung der Ereignisse der Vergangenheit geeignet. Hitler teilte den Befehlshabern mit, es sei der Zweck der Besprechung, ihnen einen Begriff seiner Gedankenwelt zu geben und sie von seinen Entschlüssen in Kenntnis zu setzen. Dann unterzog er seine politischen Aufgaben seit 1919 einem Rückblick und erwähnte Deutschlands Austritt aus dem Völkerbund, das Verlassen der Abrüstungskonferenz, den Befehl zur Wiederaufrüstung, die Einführung der allgemeinen Wehrpflicht, die Besetzung des Rheinlandes, die Besetzung Österreichs und das Vorgehen gegen die Tschechoslowakei. Er erklärte:

> »Ein Jahr später kam Österreich, auch dieser Schritt wurde für sehr bedenklich angesehen. Er brachte eine wesentliche Stärkung des Reiches. Der nächste Schritt war Böhmen, Mähren und Polen. Aber dieser Schritt war nicht in einem Zuge zu tun. Zunächst mußte im Westen der Westwall fertiggestellt werden. Es war nicht möglich, das Ziel in einem Anhieb zu erreichen. Vom ersten Augenblick an war mir klar, daß ich mich nicht mit dem sudetendeutschen Gebiet begnügen könnte. Es war nur eine Teillösung. Der Entschluß zum Einmarsch in Böhmen war gefaßt. Dann kam die Errichtung des Protektorates, und damit war die Grundlage für die Eroberung Polens gelegt, aber ich war mir zu dem Zeitpunkt noch nicht im klaren, ob ich erst gegen den Osten und dann gegen den Westen oder umgekehrt vorgehen sollte ... Grundsätzlich habe ich die Wehrmacht nicht aufgestellt, um nicht zu schlagen. Der Entschluß zum Schlagen war immer in mir. Früher oder später wollte ich das Problem lösen. Zwangsläufig wurde entschieden, daß der Osten zunächst zum Ausfall gebracht wurde.« (789-PS, US-23.)

Diese Ansprache, in der die Ereignisse der Vergangenheit betrachtet wurden und die die Angriffsabsichten, die von allem Anfang an vorhanden waren, behandelt, stellt das Vorhandensein jeden Zweifels über den Charakter der Aktionen gegen Österreich und die Tschechoslowakei und den Krieg gegen Polen völlig außer Frage.

Waren sie doch alle ganz planmäßig erreicht worden; die Natur dieses Planes muß nunmehr etwas genauer betrachtet werden.

Bei der Besprechung am 23. November 1939 unterzog Hitler das Erreichte einem Rückblick. Bei den früheren Besprechungen, die nunmehr zu betrachten sind, blickte er in die Zukunft und enthüllte seine Pläne vor seinen Helfershelfern. Dieser Vergleich ist lehrreich.

Bei der in der Reichskanzlei in Berlin am 5. November 1937 abgehaltenen Besprechung war Hitlers persönlicher Adjutant, Oberstleutnant Hoßbach, zugegen, der eine eingehende Niederschrift der Besprechung anfertigte, welche er mit 10. November 1937 datierte und unterschrieb.

Anwesend waren außer Hitler die Angeklagten Göring, von Neurath und Raeder in ihrer entsprechenden Eigenschaft als Oberbefehlshaber der Luftwaffe, Reichsaußenminister und Oberbefehlshaber der Marine, sowie Kriegsminister General von Blomberg und General von Fritsch, der Oberbefehlshaber der Armee.

Hitler begann, indem er sagte, daß das Thema dieser Konferenz von so großer Wichtigkeit sei, daß sie in anderen Staaten im Rahmen einer Kabinettssitzung stattgefunden haben würde. Er sagte weiterhin, daß das Thema seiner Rede das Ergebnis seiner eingehendsten Überlegungen und der Erfahrungen sei, die er in den 4½ Jahren seiner Regierung gemacht habe. Er wünschte, daß die Erklärung, die er zu machen beabsichtigte, im Falle seines Todes als sein letzter Wille und Testament betrachtet werde. Hitlers Hauptthema war das Problem des Lebensraumes, und er besprach verschiedene mögliche Lösungen, jedoch nur, um sie wieder fallenzulassen. Dann fuhr er fort, daß aus diesen Gründen die Gewinnung von Lebensraum auf dem europäischen Kontinent notwendig sei, wobei er folgende Worte gebrauchte:

> »Es handele sich nicht um die Gewinnung von Menschen, sondern von landwirtschaftlich nutzbarem Raum. Auch die Rohstoffgebiete seien zweckmäßiger im unmittelbaren Anschluß an das Reich in Europa und nicht in Übersee zu suchen, wobei die Lösung sich für ein bis zwei Generationen auswirken müsse ... Die Geschichte aller Zeiten – römisches Weltreich, englisches Empire – hat bewiesen, daß jede Raumerweiterung nur durch Brechen von Widerstand und unter Risiko vor sich gehen könne. Auch Rückschläge seien unvermeidbar. Weder früher noch heute habe es herrenlosen Raum gegeben, der Angreifer stoße stets auf den Besitzer.« (386-PS, US-25.)

Er schloß mit der folgenden Feststellung:

> »Für Deutschland lautet die Frage, wo größter Gewinn unter geringstem Einsatz zu erreichen sei.« (386-PS, US-25.)

Die Angriffsabsichten Hitlers könnten nicht deutlicher ausgedrückt werden, und die bald darauf folgenden Ereignisse zeigten, wie ernst es ihm um seine Absichten war. Es ist unmöglich, der Behauptung Glauben zu schenken, daß Hitler den Krieg nicht eigentlich gewollt habe; denn nachdem er angedeutet hatte, daß Deutschland mit dem Widerstand Englands und Frankreichs rechnen müsse, und nachdem er die Stärken und Schwächen jener Mächte in dieser und jener Lage beleuchtet hatte, fuhr er fort:

»Zur Lösung der deutschen Frage könne es nur den Weg der Gewalt geben, dieser könne niemals risikolos sein ... Stelle man an die Spitze der nachfolgenden Ausführungen den Entschluß zur Anwendung von Gewalt unter Risiko, dann bleibe noch die Beantwortung der Frage ›wann‹ und ›wie‹. Hierbei seien drei Fälle zu entscheiden.« (386-PS, US-25.)

Bei dem ersten dieser drei Fälle wurde eine hypothetische internationale Situation dargelegt, bei der er spätestens 1943 bis 1945 zur Handlung schreiten würde. Hier sagte er:

»Sollte der Führer noch am Leben sein, so sei es sein unabänderlicher Entschluß, spätestens 1943/45 die deutsche Raumfrage zu lösen. Die Notwendigkeit zum Handeln vor 1943/45 käme in Fall 2 und 3 in Betracht.« (386-PS, US-25.)

Der zweite und der dritte Fall, die Hitler erwähnte, zeigen die klare Absicht, von Österreich und der Tschechoslowakei Besitz zu ergreifen, und in diesem Zusammenhange sagte Hitler:

»Zur Verbesserung unserer militär-politischen Lage müsse in jedem Falle einer kriegerischen Entwicklung unser erstes Ziel sein, die Tschechei und gleichzeitig Österreich niederzuwerfen, um die Flankenbedrohung eines etwaigen Vorgehens nach dem Westen auszuschalten.« (386-PS, US-25.)

Er fügte ferner hinzu:

»Die Angliederung der beiden Staaten an Deutschland bedeutet militärpolitisch eine wesentliche Entlastung infolge kürzerer, besserer Grenzziehung, Freiwerdens von Streitkräften für andere Zwecke und der Möglichkeit der Neuaufstellung von Truppen bis in Höhe von etwa 12 Divisionen.« (386-PS, US-25.)

Dieser Entschluß, von Österreich und der Tschechoslowakei Besitz zu ergreifen, wurde im einzelnen besprochen; der Schritt sollte erfolgen, sobald sich eine günstige Gelegenheit biete.

Die militärische Stärke, die Deutschland seit 1933 aufgebaut hatte, sollte nun besonders gegen die beiden Länder Österreich und Tschechoslowakei gerichtet werden.

Der Angeklagte Göring sagte aus, daß er damals nicht geglaubt habe, Hitler wolle tatsächlich Österreich und die Tschechoslowakei angreifen, und daß der Zweck der Konferenz nur der gewesen sei, auf von Fritsch einen Druck auszuüben, damit er die Aufrüstung des Heeres beschleunige.

Der Angeklagte Raeder sagte aus, daß weder er noch von Fritsch noch von Blomberg geglaubt hätten, Hitler wolle tatsächlich den Krieg, eine Überzeugung, die der Angeklagte Raeder bis zum 22. August 1939 beibehalten haben will. Der Grund für diese Überzeugung war seine Hoffnung, daß Hitler eine »politische Lösung« der Probleme Deutschlands erreichen würde. Aber genaugenommen, bedeutet das nur den Glauben, daß Deutschlands Stellung so gut und Deutschlands bewaffnete Macht so überwältigend sein würde, daß die erwünschten Gebiete kampflos gewonnen werden könnten. Man darf auch nicht vergessen, daß Hitlers verkündete Absicht bezüglich Österreichs in wenig mehr als vier Monaten nach dem Tage der Konferenz tatsächlich durchgeführt wurde, daß binnen weniger als einem Jahr der erste Teil der Tschechoslowakei verschluckt wurde und Böhmen und Mähren wenige Monate später. Falls im November 1937 unter seinen Zuhörern irgendwelche Zweifel bestanden hätten, so konnte vom März 1939 an kein Zweifel mehr darüber herrschen, daß Hitler es mit seinem Entschluß zum Krieg todernst meinte. Der Gerichtshof ist überzeugt, daß der Bericht des Oberstleutnants Hoßbach über die Zusammenkunft im wesentlichen Teil richtig ist und daß die Anwesenden wußten, daß Österreich und die Tschechoslowakei bei der erstmöglichen Gelegenheit von Deutschland annektiert werden würden.

Die Besitzergreifung Österreichs.

Der Einfall in Österreich war eine im voraus geplante Angriffsmaßnahme[1] zur Förderung des Planes, gegen andere Länder Angriffskriege zu führen. Als Ergebnis wurde Deutschlands Flanke geschützt und die Tschechoslowakei[2]

[1] Ungenaue Übersetzung. Es muß heißen: »... ein im voraus geplanter aggressiver Schritt.«

[2] Die richtige Übersetzung muß lauten: »... und diejenige der Tschechoslowakei ...«

erheblich geschwächt. Der erste Schritt zur Ergreifung von »Lebensraum« war getan; viele neue Divisionen ausgebildeter Soldaten waren gewonnen, und durch die Ergreifung ausländischer Devisenreserven war das Aufrüstungsprogramm gestärkt worden.

Am 21. Mai 1935 verkündete Hitler im Reichstag, daß Deutschland keine Absicht habe, sei es, Österreich anzugreifen, sei es, sich in seine inneren Angelegenheiten einzumischen. Am 1. Mai 1936 hat er bei seiner Verkündung friedlicher Absichten die Tschechoslowakei und Österreich in aller Öffentlichkeit in dieser Verbindung zusammen erwähnt, und noch am 11. Juni 1936[1] hat er durch Vertrag die volle Souveränität Österreichs anerkannt.

Im März 1938 hat Deutschland dann tatsächlich von Österreich Besitz ergriffen. Vor jener Zeit hatten die Nationalsozialisten seit einer Reihe von Jahren mit den Nationalsozialisten Österreichs zusammengearbeitet, mit dem Endziel, die Einverleibung Österreichs ins Deutsche Reich zustande zu bringen. Der Putsch vom 25. Juli 1934, der zur Ermordung des Kanzlers Dollfuß führte, hatte die Besitzergreifung Österreichs zum Ziele. Aber der Putsch schlug fehl, und die Folge war, daß die Nationalsozialistische Partei in Österreich verboten wurde. Am 11. Juli 1936 wurde zwischen beiden Ländern ein Vertrag abgeschlossen, dessen Artikel 1 wie folgt lautete:

> »Im Sinne der Feststellungen des Führers und Reichskanzlers vom 21. Mai 1935 anerkennt die Deutsche Reichsregierung die volle Souveränität des Bundesstaates Österreich.«

In Artikel 2 hieß es:

> »Jede der beiden Regierungen betrachtet die in dem anderen Lande bestehende innerpolitische Gestaltung, einschließlich der Frage des österreichischen Nationalsozialismus, als eine innere Angelegenheit des anderen Landes, auf die sie weder unmittelbar noch mittelbar Einwirkung nehmen wird.« (TC-22, GB-20.)

Die nationalsozialistische Bewegung in Österreich setzte jedoch ihre ungesetzliche Tätigkeit heimlich fort; und die Nationalsozialisten Deutschlands gewährten der Partei tatkräftige Unterstützung. Die sich daraus ergebenden »Zwi-

[1] Irrtümliche Datumsangabe. Richtiges Datum: »11. Juli 1936«.

schenfälle« wurden von den deutschen Nationalsozialisten als Vorwand zur Einmischung in österreichische Angelegenheiten benützt. Nach der Konferenz vom 5. November 1937 vermehrten sich diese »Zwischenfälle« rasch. Die Beziehungen zwischen den beiden Ländern verschlechterten sich ständig, und zum Schluß wurde der österreichische Kanzler Schuschnigg von dem Angeklagten von Papen und anderen dazu überredet, um eine Unterredung mit Hitler nachzusuchen, die dann am 12. Februar 1938 in Berchtesgaden stattfand; der Angeklagte Keitel war bei der Konferenz zugegen. Hitler drohte Dr. Schuschnigg mit einem sofortigen Einfall in Österreich. Schuschnigg hat sich schließlich mit der Gewährung einer politischen Amnestie für verschiedene wegen Verbrechen verurteilte Nazis einverstanden erklärt und willigte auch darin ein, das Amt des Ministers des Innern und der öffentlichen Sicherheit, einschließlich der Aufsicht über die Polizei, dem Nazi Seyß-Inquart zu übertragen. Am 9. März 1938 entschloß sich Dr. Schuschnigg zu dem Versuch, die Unabhängigkeit seines Landes durch eine Volksabstimmung über die österreichische Unabhängigkeitsfrage zu erhalten; sie wurde für den 13. März 1938 angesetzt. Zwei Tage später sandte Hitler ein Ultimatum an Schuschnigg: Die Volksabstimmung müsse abgesagt werden. Am Nachmittag und am Abend des 11. März 1938 stellte der Angeklagte Göring eine Reihe von Forderungen an die Österreichische Regierung und drohte in jedem Fall damit, daß bei Nichterfüllung einmarschiert werde. Nachdem sich Schuschnigg mit der Absagung der Volksabstimmung einverstanden erklärt hatte, wurde die weitere Forderung gestellt, daß Schuschnigg zurücktrete und daß der Angeklagte Seyß-Inquart zum Kanzler ernannt werden müsse. Infolgedessen trat Schuschnigg zurück, und Präsident Miklas gab, nachdem er sich zuerst geweigert hatte, Seyß-Inquart zum Kanzler zu ernennen, nach und vollzog die Ernennung.

Mittlerweile hatte Hitler endgültigen Befehl gegeben, daß die deutschen Truppen bei Tagesanbruch am 12. die Grenze überschreiten sollten; Seyß-Inquart wurde angewiesen, Formationen der österreichischen Nationalsozialisten zur Absetzung von Miklas und zur Übernahme der Kontrolle der Österreichischen Regierung einzusetzen.

Nachdem die deutschen Truppen den Marschbefehl erhalten hatten, telephonierte Göring mit der Deutschen Gesandtschaft in Wien und diktierte ein Telegramm, das Seyß-Inquart an Hitler senden sollte, um die bereits angeordnete militärische Aktion zu rechtfertigen. Der Wortlaut des Telegramms war:

> »Die Provisorische Österreichische Regierung, die nach der Demission der Regierung Schuschnigg ihre Aufgabe darin sieht, die Ruhe und Ordnung in Österreich wiederherzustellen, richtet an die Deutsche Regierung die dringende Bitte, sie in ihrer Aufgabe zu unterstützen und ihr zu helfen, Blutvergießen zu verhindern. Zu diesem Zweck bittet sie die Deutsche Regierung um baldmöglichste Entsendung deutscher Truppen.« (2949-PS, US-76.)

Keppler, ein Beamter der Deutschen Gesandtschaft, erwiderte:

> »Also es marschieren SA und SS durch die Straßen, es ist aber sehr ruhig.«

Nach einigen weiteren Erörterungen sagte Göring:

> »Also bitte, legen Sie ihm das Telegramm vor und sagen Sie ihm, wir bitten – er braucht das Telegramm gar nicht zu schicken, er braucht nur zu sagen: Einverstanden.« (2949-PS, US-76.)

Seyß-Inquart hat das Telegramm nie abgeschickt, noch hat er auch nur jemals »einverstanden« telegraphiert.

Es scheint, daß er, sobald er zum Kanzler ernannt worden war, kurz nach 10.00 Uhr abends, Keppler zu sich berief und ihm sagte, er solle Hitler anrufen und ihm Seyß-Inquarts[1] Protest gegen die Besetzung übermitteln. Diese Handlungsweise empörte den Angeklagten Göring, da »sie die Ruhe des Führers stören würde, der am nächsten Tag nach Österreich gehen wollte«.

Ein Beamter des Propagandaministeriums telephonierte mit der Deutschen Botschaft in Wien um 11.15 Uhr nachts, und Keppler sagte ihm: »Richten Sie dem Generalfeldmarschall aus, daß Seyß-Inquart zustimmt«.

Im Morgengrauen des 12. März marschierten deutsche Truppen in Österreich ein, ohne Widerstand zu begegnen. In der deutschen Presse wurde bekanntgegeben, daß Seyß-

[1] Richtige Übersetzung muß lauten: »... und ihm seinen Protest ...«

Inquart zum Nachfolger Schuschniggs ernannt worden war, und das Telegramm, das Göring vorgeschlagen hatte, das aber nie abgesandt worden war, wurde zitiert, um zu zeigen, daß Seyß-Inquart zur Vermeidung von Unruhen um die Entsendung deutscher Truppen ersucht hatte. Am 13. März 1938 erging ein Gesetz zur Wiedervereinigung Österreichs mit dem Deutschen Reich. Seyß-Inquart verlangte von Präsident Miklas, daß er dieses Gesetz unterzeichne; dieser weigerte sich jedoch und trat von seinem Amt zurück. Seyß-Inquart wurde sein Nachfolger und unterzeichnete das Gesetz im Namen Österreichs. Dieses Gesetz wurde dann als ein Reichsgesetz durch ein Gesetz der Reichsregierung vom gleichen Tage angenommen und durch Hitler, Göring, Frick, von Ribbentrop und Heß unterzeichnet.

Hier vor Gericht wurde behauptet, daß die Annexion Österreichs in dem weitverbreiteten Wunsch einer Vereinigung Österreichs und Deutschlands ihre Rechtfertigung gefunden habe, daß die beiden Völker vieles gemein hätten, das diese Vereinigung wünschenswert mache, und daß schließlich dieses Ziel ohne Blutvergießen erreicht worden sei.

Selbst wenn dies alles wahr wäre, wäre es ganz unerheblich, da die Tatsachen klar beweisen, daß die Methoden, derer man sich zur Erlangung jenes Zieles bediente, die eines Angreifers waren. Entscheidend war, daß Deutschlands bewaffnete Macht zum Einsatz für den Fall des Widerstandes bereitstand. Weiterhin zeigt das Hoßbach-Protokoll der Sitzung vom 5. November 1937, daß keine dieser Überlegungen das treibende Motiv für Hitlers Handeln gewesen ist; ganz im Gegenteil, es wurden nur die Vorteile betont, die der militärischen Stärke Deutschlands durch die Annexion Österreichs winkten.

Die Besetzung der Tschechoslowakei.

Die Sitzung vom 5. November 1937 machte es völlig klar, daß Deutschland sich endgültig entschlossen hatte, von der Tschechoslowakei Besitz zu ergreifen. Die einzige Frage, die noch offenblieb, war die Wahl des für die Ausführung geeigneten Zeitpunktes. Am 4. März 1938 schrieb der Angeklagte Ribbentrop an den Angeklagten Keitel, unter Bezugnahme auf einen Vorschlag, den Ribbentrop von dem ungarischen Botschafter in Berlin erhalten hatte, daß mögliche Kriegsziele gegen die Tschechoslowakei zwischen den Heeren Deutschlands und Ungarns erörtert werden sollten. In diesem Briefe sagte Ribbentrop:

> »Ich stehe derartigen Besprechungen nicht ohne Bedenken gegenüber. Falls wir uns mit den Ungarn über mögliche Kriegsziele gegenüber der Tschechoslowakei unterhalten, besteht die Gefahr, daß hiervon auch andere Stellen Mitteilung erhalten.«

Am 11. März 1938 gab Göring gegenüber Herrn Mastny, dem Tschechoslowakischen Gesandten in Berlin, zwei getrennte Erklärungen ab, um ihm zu versichern, daß die Geschehnisse, die sich damals in Österreich abspielten, keinerlei ungünstigen Einfluß auf die Beziehungen des Deutschen Reiches zur Tschechoslowakei haben würden, und betonte, daß Deutschland seinerseits fortfahren werde, sich ernsthaft um die Verbesserung der gegenseitigen Beziehungen zu bemühen. Am 12. März bat Göring Herrn Mastny zu sich und wiederholte diese Zusicherung.

Die Absicht, die Tschechoslowakei einzulullen, während man sich Österreichs bemächtigte, war ein kennzeichnendes Manöver des Angeklagten Göring, das er im Falle Polens wiederholte, als er sich aufs äußerste bemühte, Polen in dem drohenden Konflikt zu isolieren. Am gleichen Tage, dem 12. März, sprach der Angeklagte von Neurath mit Herrn Mastny und versicherte ihm im Namen Hitlers, daß sich Deutschland nach wie vor durch den im Oktober 1935[1] zu Locarno geschlossenen deutsch-tschechoslowakischen Schiedsvertrag gebunden erachte.

Aus dem Beweismaterial geht hervor, daß nach der Besetzung Österreichs durch die deutsche Armee am 12. März und der Annexion Österreichs am 13. März Konrad Henlein, der Führer der Sudetendeutschen Partei in der Tschechoslowakei, Hitler in Berlin am 28. März besuchte. Am folgenden Tage wurde in einer Konferenz zu Berlin, an der Ribbentrop mit Henlein anwesend war, die allgemeine Lage erörtert, und später schrieb der Angeklagte Jodl in sein Tagebuch:

[1] Irrtümliche Datumsangabe im englischen und deutschen Originaltext. Das historisch richtige Datum ist: »Oktober 1925.«

»Führer äußert nach Einverleibung Österreichs, daß ihm die Bereinigung der tschechischen Frage nicht eilt. Man muß erst Österreich verdauen. Trotzdem sollen Vorbereitungen Fall Grün (das ist der Plan gegen die Tschechoslowakei) energisch weitergetrieben werden. Sie müssen auf Grund der veränderten strategischen Lage durch Eingliederung Österreichs neu bearbeitet werden.« (1780-PS, US-72.)

Am 21. April 1938 fand eine Unterhaltung zwischen Hitler und dem Angeklagten Keitel über den Fall »Grün« statt, die klar beweist, daß die Vorbereitungen für den Angriff auf die Tschechoslowakei eingehend erörtert wurden. Am 28. Mai 1938 ordnete Hitler an, daß Vorbereitungen für eine militärische Aktion gegen die Tschechoslowakei für den 2. Oktober zu treffen seien, und von da an wurde der Plan, in der Tschechoslowakei einzufallen, ständig im Auge behalten. Eine von Hitler unterzeichnete Weisung vom 30. Mai 1938 erklärte seinen »unabänderlichen Entschluß, in absehbarer Zeit die Tschechoslowakei durch eine militärische Aktion zu zerschlagen.«[1] (388-PS.)

Wie aus einem erbeuteten Dokument aus den Akten des SD in Berlin hervorgeht, wurde im Juni 1938 ein ausführlicher Plan für die Verwendung des SD in der Tschechoslowakei vorgeschlagen. Dieser Plan sah vor, daß »der SD womöglich den führenden Truppen auf dem Fuße folge« und ähnliche Aufgaben übernehmen solle wie in Deutschland.

Gestapo-Beamte wurden bestimmt, um mit dem SD bei gewissen Aufgaben zusammenzuarbeiten. Besondere Agenten wurden im voraus ausgebildet, um Sabotage zu verhüten, und es war vorgesehen, daß diese Agenten verständigt würden, »rechtzeitig vor dem Angriff ... so daß sie sich verbergen, und Festnahme und Wegschaffung vermeiden könnten ...«

»In der ersten Zeit ist mit Franktireur- oder Partisanenkämpfen zu rechnen, deshalb ist Bewaffnung nötig.« (USSR-509.)

Informationsmaterial war zusammenzustellen, das zum Beispiel folgende Notizen enthielt: »festzunehmen ... zu

[1] Ungenaue Rückübersetzung des Zitats im deutschen Originaltext nach Originaldokument verbessert.

liquidieren ... zu konfiszieren ... Paß entziehen« und so weiter.

Der Plan sah die vorübergehende Aufteilung des Landes in größere und kleinere Gebietsteile vor und zog verschiedene sogenannte »Vorschläge« zur Einverleibung der Bewohner und Gebietsteile der Tschechoslowakei in Erwägung. Der endgültige »Vorschlag« bezog das ganze Land ein, einschließlich der Slowakei und Karpatho-Rußlands, mit einer Bevölkerung von fast 15 Millionen Menschen.

In gewisser Hinsicht wurde dieser Plan im September nach der Konferenz von München abgeändert, aber die Tatsache, daß der Plan aus diesen genauen Einzelheiten bestand und in so kriegerische Sprache gekleidet war, bewies den vorbedachten Plan zur Anwendung von Gewalt.

Am 31. August 1938 hieß Hitler ein Memorandum Jodls vom 24. August 1938 gut, das sich mit der zeitlichen Anordnung für den Einfall in die Tschechoslowakei und der Frage der Verteidigungsmaßnahmen befaßte. Dieses Memorandum enthielt den folgenden Satz:

> »Die Aktion ›Grün‹ wird ausgelöst durch einen Zwischenfall in der Tschechei, der Deutschland den Anlaß zum militärischen Eingreifen gibt. Die Bestimmung des Zeitpunktes dieses Zwischenfalls nach Tag und Stunde ist von größter Bedeutung.« (388-PS, US-26.)

Diese Tatsachen beweisen, daß die Besetzung der Tschechoslowakei in ihren Einzelheiten schon lange vor der Konferenz von München geplant war.

Im September 1938 wurden die Konferenzen und Unterhaltungen mit den militärischen Führern fortgesetzt. Angesichts der außergewöhnlich kritischen Lage, die sich ergeben hatte, flog der britische Premierminister, Herr Chamberlain, nach München und dann weiter nach Berchtesgaden, um Hitler zu besuchen. Am 22. September 1938 traf sich Chamberlain mit Hitler zu weiteren Besprechungen in Bad Godesberg. Am 26. September 1938 sagte Hitler in einer Rede in Berlin in bezug auf diese Unterhaltung:

> »Ich habe ihm weiter versichert, und wiederhole es hier, daß es – wenn dieses Problem gelöst ist – für Deutschland in Europa kein territoriales Problem mehr gibt!
>
> Und ich habe ihm weiter versichert, daß in dem Augenblick, in dem die Tschechoslowakei ihre Probleme löst, das

heißt, in dem die Tschechen mit ihren anderen Minderheiten sich auseinandergesetzt haben, und zwar friedlich und nicht durch Unterdrückung, daß ich dann am tschechischen Staat nicht mehr interessiert bin. Und das wird ihm garantiert! Wir wollen gar keine Tschechen.« (TC-28, GB-22.)

Am 29. September 1938, nach einer Konferenz zwischen Hitler und Mussolini und den britischen und französischen Premiers in München, wurde das Münchener Abkommen unterzeichnet, durch das von der Tschechoslowakei verlangt wurde, der Abtrennung des Sudetenlandes an Deutschland zuzustimmen.

Das »Stück Papier«, das der britische Ministerpräsident nach London zurückbrachte und welches von ihm selbst und von Hitler unterzeichnet war, drückte die Hoffnung aus, daß Großbritannien und Deutschland in Zukunft ohne Krieg miteinander leben könnten. Daß Hitler niemals die Absicht hatte, sich an das Münchener Abkommen zu halten, ist durch die Tatsache erwiesen, daß er kurz darauf den Angeklagten Keitel ersuchte, ihm mitzuteilen, welche Streitkräfte seiner Meinung nach erforderlich seien, um jeden tschechischen Widerstand in Böhmen und Mähren zu brechen. Keitel antwortete am 11. Oktober 1938. Am 21. Oktober 1938 erließ Hitler einen durch den Angeklagten Keitel gegengezeichneten Befehl an die Wehrmacht über ihre zukünftigen Aufgaben, welcher folgendes besagte:

»Erledigung der Rest-Tschechei.

Es muß möglich sein, die Rest-Tschechei jederzeit zerschlagen zu können, wenn sie etwa eine deutschfeindliche Politik betreiben würde.« (C-136, US-104.)

Es ist nicht notwendig, das Beweismaterial über die Ereignisse der darauffolgenden Monate zu überprüfen. Am 14. März 1939 kamen auf Einladung Hitlers der tschechische Staatspräsident Hácha und sein Außenminister Chvalkovsky nach Berlin, um einer Zusammenkunft, bei der unter anderen die Angeklagten Ribbentrop, Göring und Keitel anwesend waren, beizuwohnen. Es wurde Hácha eröffnet, daß, falls er ein Abkommen über die sofortige Einverleibung des tschechischen Volkes in das Deutsche Reich unterzeichne, Böhmen und Mähren vor der Zerstörung gerettet würden. Es wurde ihm mitgeteilt, daß die deutschen Truppen bereits Marschbefehle erhalten hätten und daß jeder Widerstand gewaltsam gebrochen werden würde. Der Angeklagte Göring fügte die Drohung hinzu, daß er Prag vollständig aus der Luft zerstören werde. Vor diese schreckliche Wahl gestellt, unterzeichnete Hácha und sein Außenminister das erforderliche Abkommen um 4.30 Uhr morgens, und Hitler und Ribbentrop gaben ihre Unterschriften im Namen Deutschlands.

Am 15. März besetzten deutsche Truppen Böhmen und Mähren, und am 16. März wurde die deutsche Verordnung, welche Böhmen und Mähren in Gestalt eines Protektorates dem Reich einverleibte, erlassen; diese Verordnung war von den Angeklagten Ribbentrop und Frick unterzeichnet.

Der Angriff gegen Polen.

Im März 1939 war das Projekt der Annektierung Österreichs und der Tschechoslowakei, welches bei der Zusammenkunft am 5. November 1937 von Hitler besprochen worden war, ausgeführt worden. Nun war für die deutschen Führer die Zeit gekommen, weitere Angriffshandlungen, deren Ziel auf Grund dieser Erfolge leichter zu erreichen war, ins Auge zu fassen.

Am 23. Mai 1939 fand in Hitlers Arbeitszimmer in der Neuen Reichskanzlei zu Berlin eine Zusammenkunft statt. Hitler gab seinen Entschluß, Polen anzugreifen, bekannt und führte seine Gründe aus; er besprach die Wirkung, welche dieser Entschluß auf andere Länder haben könnte. Der Zeit nach war diese die zweite der wichtigen Zusammenkünfte, von welchen bereits gesprochen worden ist, und um die volle Bedeutung dessen, was gesagt und getan wurde, zu würdigen, ist es notwendig, in Kürze einige der wichtigsten Ereignisse in der Entwicklung der deutsch-polnischen Beziehungen zu erwähnen.

Bereits im Jahre 1925 war in Locarno ein Schiedsgerichtsvertrag zwischen Deutschland und Polen abgeschlossen worden, welcher für die Regelung aller Streitigkeiten zwischen den beiden Ländern galt. Am 26. Januar 1934 erfolgte eine deutsch-polnische Nichtangriffserklärung, welche im Namen der Deutschen Regierung vom Angeklagten von Neurath unterzeichnet wurde. Am 30. Januar 1934 und wieder am 30. Januar 1937 hielt Hitler im Reichstag Reden, in welchen er seine Absicht ausdrückte, daß Polen und Deutschland in Eintracht und Frieden zusammenarbeiten können. Am 20. Februar 1938 hielt Hitler im Reichstag eine dritte Rede, in deren Verlauf er bezüglich Polens folgendes sagte:

»So gelang es, den Weg für eine Verständigung zu ebnen, die, von Danzig ausgehend, heute trotz des Versuches mancher Störenfriede das Verhältnis zwischen Deutschland und Polen endgültig zu entgiften und in ein aufrichtig freundschaftliches Zusammenarbeiten zu verwandeln mochte... Deutschland wird jedenfalls, gestützt auf seine Freundschaften, nichts unversucht lassen, um jenes Gut zu retten, das die Voraussetzung für jene Arbeiten auch in der Zukunft abgibt, die uns vorschweben: den Frieden.« (2357-PS, GB-30.)

Am 26. September 1938, mitten in der sudetenländischen Krise, hielt Hitler seine bereits zitierte Berliner Rede und erklärte, er habe dem britischen Ministerpräsidenten mitgeteilt, daß, wenn einmal das tschechoslowakische Problem gelöst sei, es für Deutschland keine weiteren territorialen Probleme in Europa gäbe. Nichtsdestoweniger erteilte das OKW am 24. November desselben Jahres einen Befehl an die deutsche Wehrmacht, Vorbereitungen für einen Angriff auf Danzig zu treffen; derselbe lautete:

»Der Führer hat befohlen:

1. ... sind auch Vorbereitungen zu treffen, daß der Freistaat Danzig überraschend von deutschen Truppen besetzt werden kann.« (C-137, GB-133.)

Obwohl Hitler militärische Vorbereitungen für eine Besetzung Danzigs befohlen hatte, erklärte er am 30. Januar 1939 in einer Reichstagsrede:

»In den schwierigen Monaten des letzten Jahres war die Freundschaft zwischen Deutschland und Polen eines der verheißungsvollsten Momente im politischen Leben Europas.« (TC-73, GB-37.)

Fünf Tage früher, am 25. Januar 1939, hatte Ribbentrop in einer in Warschau gehaltenen Rede erklärt:

»So können Polen und Deutschland in vollem Vertrauen auf die sichere Grundlage ihrer gegenseitigen Beziehungen ihrer Zukunft entgegensehen.« (2530-PS, GB-36.)

Nach der Besetzung von Böhmen und Mähren durch Deutschland am 15. März 1939, wobei es sich um einen offenkundigen Bruch des Münchener Abkommens gehandelt hatte, gab Großbritannien am 31. März 1939 eine Zusicherung an Polen ab, daß im Fall einer Handlung, die eine offenbare Bedrohung der polnischen Unabhängigkeit darstelle und der mit allen nationalen Kräften Widerstand zu leisten die Polnische Regierung als lebenswichtig betrachte, sich Großbritannien verpflichtet fühlen werde, Polen sofort jede nur mögliche Unterstützung zu gewähren. Die Französische Regierung nahm dieselbe Haltung ein. In diesem Zusammenhang ist es interessant, festzustellen, daß eines der im gegenwärtigen Prozeß häufig von der Verteidigung vorgebrachten Argumente darin besteht, daß infolge des Stillschweigens anderer Mächte die Angeklagten denken konnten, daß ihr Vorgehen keinen Bruch des Völkerrechts darstelle. Wenigstens die Erklärungen Großbritanniens und Frankreichs zeigten, daß diese Anschauung nicht länger aufrechterhalten werden könnte.

Am 3. April 1939 wurde der Wehrmacht ein vom OKW abgeänderter Befehl erteilt, welcher nach Erwähnung der Danziger Frage auf den Fall »Weiß« (das militärische Deckwort für die deutsche Invasion Polens) Bezug nahm und folgendes besagte:

> »Zum ›Fall Weiß‹ hat der Führer noch folgendes angeordnet:
>
> 1. Die Bearbeitung hat so zu erfolgen, daß die Durchführung ab 1. September 1939 jederzeit möglich ist.
>
> 2. Das OKW ist beauftragt, eine genaue Zeittafel für den »Fall Weiß« aufzustellen und die zeitliche Übereinstimmung zwischen den drei Wehrmachtteilen durch Besprechungen zu klären.« (L-120, GB-41.)

Am 11. April 1939 wurde ein von Hitler unterzeichneter weiterer Befehl an die Wehrmacht erteilt, und in einer der diesem Schriftstück beigefügten Anlagen finden sich folgende Worte:[1]

> »Störungen« – mit Polen – »sind zu vermeiden. Sollte Polen ... eine das Reich bedrohende Haltung einnehmen,

[1] Ungenaue Rückübersetzung des Schriftstücks im deutschen Originaltext des Urteils wurde nach Originaldokument verbessert.

so kann ungeachtet des geltenden Vertrages eine endgültige Abrechnung erforderlich werden.

Das Ziel ist dann, die polnische Wehrkraft zu zerschlagen und eine den Bedürfnissen der Landesverteidigung entsprechende Lage im Osten zu schaffen. Der Freistaat Danzig wird spätestens mit Beginn des Konfliktes als deutsches Reichsgebiet erklärt.

Die politische Führung sieht es als ihre Aufgabe an ... den Krieg auf Polen zu beschränken. Eine zunehmende krisenhafte innere Entwicklung in Frankreich und eine daraus folgernde Zurückhaltung Englands könnte eine derartige Lage ... entstehen lassen.« (C-120, GB-41.)

Trotz des Inhalts dieser beiden Befehle hielt Hitler am 28. April 1939 eine Rede im Reichstag, in welcher er, nach der Schilderung einer seitens der Polnischen Regierung angeblich erfolgten Ablehnung eines von ihm bezüglich Danzigs und des Polnischen Korridors gemachten Vorschlages, folgendes erklärte:

»Ich habe die unverständliche Haltung der Polnischen Regierung tief bedauert, aber das allein ist nicht die entscheidende Tatsache; das Schlimmste ist, daß jetzt Polen, wie vor einem Jahr die Tschechoslowakei, unter dem Drucke eines internationalen Lügenfeldzuges glaubte, daß es Truppen einberufen müsse, obwohl Deutschland seinerseits nicht einen einzigen Mann einberufen und nicht daran gedacht hatte, irgendwie gegen Polen vorzugehen...

Die Absicht eines Angriffs von seiten Deutschlands, die lediglich eine von der Internationalen Presse erfundene Lüge war...« (C-72, GB-43.)

Vier Wochen nach dieser Rede, am 23. Mai 1939, hielt Hitler die bereits erwähnte wichtige militärische Zusammenkunft ab. Unter den Anwesenden waren die Angeklagten Göring, Raeder und Keitel. Der an diesem Tage diensttuende Adjutant war Oberstleutnant Schmundt, der Aufzeichnungen der Vorgänge machte und dieselben mit seiner Unterschrift als eine getreue Wiedergabe bestätigte.

Zweck dieser Zusammenkunft war, Hitler Gelegenheit zu geben, den Befehlshabern der Wehrmacht und ihren Stäben seine Ansicht bezüglich der politischen Lage sowie seine zukünftigen Ziele mitzuteilen. Nach einer Untersuchung der politischen Lage und nach einem Rückblick auf die Ereignisse seit 1933 gab Hitler seine Entscheidung,

Polen anzugreifen, bekannt. Er gab zu, daß nicht der Streit mit Polen bezüglich Danzig der Grund für diesen Angriff war, sondern die für Deutschland bestehende Notwendigkeit, seinen Lebensraum zu vergrößern und seine Lebensmittelversorgung sicherzustellen. Er sagte:

> »Zur Lösung der Probleme gehört Mut. Es darf nicht der Grundsatz gelten, sich durch Anpassung an die Umstände einer Lösung der Probleme zu entziehen. Es heißt vielmehr, die Umstände den Forderungen anzupassen. Ohne Einbruch in fremde Staaten oder Angreifen fremden Eigentums ist dies nicht möglich.«

An einer weiteren Stelle seiner Rede führte er aus:

> »Es entfällt also die Frage, Polen zu schonen, und bleibt der Entschluß, bei erster passender Gelegenheit Polen anzugreifen. An eine Wiederholung der Tschechei ist nicht zu glauben. Es wird zum Kampf kommen. Aufgabe ist es, Polen zu isolieren. Das Gelingen der Isolierung ist entscheidend... Es ist Sache geschickter Politik, Polen zu isolieren.« (L-79, US-27.)

Oberstleutnant Schmundts Niederschrift über diese Zusammenkunft zeigt uns, daß Hitler die Möglichkeit, daß Großbritannien und Frankreich Polen zu Hilfe eilen würden, völlig begriff. Hitler vertrat den Standpunkt, daß, falls deshalb eine Isolierung Polens nicht erreicht werden konnte, Deutschland zunächst Großbritannien und Frankreich angreifen oder jedenfalls seine Kräfte in erster Linie für einen Krieg im Westen zusammenfassen sollte, um Großbritannien und Frankreich schnell zu besiegen, oder wenigstens deren Kampffähigkeit zu zerstören. Nichtsdestoweniger betonte Hitler, daß ein Krieg mit England und Frankreich ein Kampf auf Leben und Tod sein werde, welcher lange Zeit dauern könne, und daß entsprechende Vorbereitungen getroffen werden müßten.

Im Laufe der dieser Konferenz folgenden Wochen wurden andere Zusammenkünfte gehalten und Befehle für die Vorbereitung des Krieges erteilt.

Der Angeklagte Ribbentrop wurde nach Moskau gesandt, um mit der Sowjetunion einen Nichtangriffspakt abzuschließen.

Am 22. August 1939 fand die bedeutende Zusammenkunft statt, die bereits erwähnt worden ist. Die Anklagebehörde hat zwei Beutedokumente ohne Unterschrift als Beweismaterial vorgelegt, die Protokolle jener Besprechungen zu sein scheinen, welche von Personen, die zugegen waren, aufgenommen worden sind. Das erste Dokument trägt die Überschrift: »Die Rede des Führers an die Oberbefehlshaber am 22. August 1939«. Zweck der Rede war, den Entschluß, Polen unverzüglich mit Krieg zu überziehen, anzukündigen. Hitler begann wie folgt:

> »Es war mir klar, daß es früher oder später zu einer Auseinandersetzung mit Polen kommen mußte. Ich faßte den Entschluß bereits im Frühjahr, dachte aber, daß ich mich zunächst in einigen Jahren gegen den Westen wenden würde und dann erst gegen den Osten... Ich wollte zunächst mit Polen ein tragbares Verhältnis herstellen, um zunächst gegen den Westen zu kämpfen. Dieser mir sympathische Plan war aber nicht durchführbar, da sich Wesentliches geändert hatte. Es wurde mir klar, daß bei einer Auseinandersetzung mit dem Westen Polen uns angreifen würde.« (798-PS, US-29.)

Dann erklärte Hitler weiter, warum er zu der Überzeugung gelangt sei, daß der günstigste Augenblick für den Beginn des Krieges gekommen war. »Jetzt« – sagte Hitler – »habe ich Polen, wo ich es haben will... Ich befürchte nur, daß im letzten Augenblick irgendein Schweinehund einen Vermittlungsvorschlag machen wird. Der Anfang zur Zerstörung von Englands Vorherrschaft ist gemacht.«

Dieses Dokument ähnelt sehr einem der im Namen des Angeklagten Raeder als Beweismittel vorgelegten Dokumente. Letzteres ist eine Zusammenfassung derselben Rede, die an dem Tage, an dem sie gehalten wurde, von einem Admiral Böhm an Hand von Notizen, die während der Zusammenkunft gemacht wurden, verfaßt wurde. Im wesentlichen besagt diese Urkunde, daß nunmehr der Augenblick gekommen sei, den Streit mit Polen durch militärische Invasion beizulegen, daß, obwohl ein Konflikt zwischen Deutschland und den Westmächten auf die Dauer gesehen nicht zu vermeiden sei, die Wahrscheinlichkeit eines Beistandes für Polen seitens Großbritanniens und Frankreichs nicht groß sei und daß, selbst wenn ein Krieg mit den Westmächten ausbrechen würde, das erste Ziel die Zerschlagung der polnischen Wehrmacht sein müsse. Es enthält ferner eine Erklärung Hitlers, daß ein geeigneter propagandistischer Grund für die Invasion Polens gegeben würde, dessen Wahrheit oder Unwahrheit nicht von Bedeutung sei, da ja »das Recht auf seiten des Siegers liegt«.

Das zweite Dokument ohne Unterschrift, das von der Anklagevertretung als Beweismittel vorgelegt worden ist, trägt die Überschrift »Zweite Rede des Führers am 22. August 1939«. Es ist in Form von Notizen über die von Hitler angeführten Hauptpunkte gehalten. Einige von ihnen lauten wie folgt:

> »Jeder muß die Ansicht vertreten, daß wir von vornherein auch zum Kampf gegen die Westmächte entschlossen waren, Kampf auf Leben und Tod... Vernichtung Polens im Vordergrund, Ziel ist Beseitigung der lebendigen Kräfte, nicht die Erreichung einer bestimmten Linie. Auch wenn im Westen Krieg ausbricht, bleibt Vernichtung Polens im Vordergrund... Ich werde propagandistischen Anlaß zur Auslösung des Krieges geben, gleichgültig, ob glaubhaft. Der Sieger wird später nicht danach gefragt, ob er die Wahrheit gesagt hat oder nicht. Bei Beginn und Führung des Krieges kommt es nicht auf Recht an, sondern auf den Sieg... Auslösung wird noch befohlen, wahrscheinlich Samstag morgen.« (Das heißt der 26. August.) (1014-PS, US-30.)

Obgleich dieses Dokument als eine zweite Rede bezeichnet wird, ist doch eine so hinreichende Ähnlichkeit mit den beiden vorher erwähnten Dokumenten vorhanden, daß es sehr wahrscheinlich erscheint, daß dieses Dokument einen Bericht über die gleiche Rede darstellt, der nicht so ausführlich gehalten ist wie die beiden anderen, jedoch inhaltlich der gleiche ist.

Diese drei Dokumente beweisen, daß der endgültige Entschluß über den Zeitpunkt von Polens Zerschlagung, die zu einem früheren Zeitpunkt des gleichen Jahres beschlossen und geplant worden war, von Hitler kurz vor dem 22. August 1939 getroffen wurde. Sie beweisen ferner, daß er sich, obwohl er hoffte, einen Krieg mit Großbritannien und Frankreich vermeiden zu können, völlig darüber im klaren war, daß diese Gefahr bestand; er war jedoch entschlossen, dieses Risiko auf sich zu nehmen.

Die Ereignisse der letzten Augusttage bestätigen diese Entschlossenheit. Am 22. August 1939, am gleichen Tage, an dem die eben erwähnte Rede gehalten wurde, schrieb der britische Premierminister an Hitler einen Brief, in dem er sagte:

> »Nachdem unser Standpunkt auf diese Weise vollkommen klar dargelegt ist, möchte ich Eurer Exzellenz wiederholt meine Überzeugung dahingehend zum Ausdruck bringen, daß Krieg zwischen unseren beiden Völkern die größte Katastrophe darstellen würde, die überhaupt eintreten könnte.«[1] (TC-74.)

Am 23. August erwiderte Hitler:

> »Die Frage der Behandlung der europäischen Probleme in friedlichem Sinne kann nicht von Deutschland entschieden werden, sondern in erster Linie von denjenigen, die sich seit dem Verbrechen des Versailler Diktats jeder friedlichen Revision beharrlich und konsequent widersetzt haben. Erst nach Änderung der Gesinnung der dafür verantwortlichen Mächte kann auch eine Änderung des Verhältnisses zwischen England und Deutschland in einem positiven Sinne eintreten.«[2] (TC-74.)

Es folgte eine Reihe von Appellen an Hitler, davon Abstand zu nehmen, den Streit mit Polen bis zum Kriege zu treiben. Diese kamen von Präsident Roosevelt am 24. und 25. August, von Seiner Heiligkeit dem Papst am 24. und 31. August und von Herrn Daladier, Premierminister von Frankreich, am 26. August. Keiner der Appelle fand Gehör.

Am 25. August unterzeichnete Großbritannien einen Beistandspakt mit Polen, durch welchen die Polen gegenüber zu einem früheren Zeitpunkt des Jahres eingegangene Verpflichtung bekräftigt wurde. Dies, zusammen mit der Abgeneigtheit Mussolinis, an Deutschlands Seite in den Krieg einzutreten, ließ Hitler einen Augenblick zögern. Der Einfall in Polen, der am 26. August beginnen sollte, wurde bis nach einem weiteren Versuch, Großbritannien zur Nichteinmischung zu bewegen, verschoben. Hitler erbot sich, mit Großbritannien nach der Beilegung der polnischen Frage ein weitgehendes Abkommen zu treffen. In Erwiderung hierauf machte Großbritannien einen Gegenvorschlag für die Beilegung des polnischen Streitfalles durch Verhandlungen. Am 29. August teilte Hitler dem Britischen Bot-

[1] Ungenaue Rückübersetzung des Dokuments im deutschen Originaltext des Urteils wurde nach Originaldokument verbessert.

[2] Ungenaue Rückübersetzung des Dokuments im deutschen Originaltext des Urteils wurde nach Originaldokument verbessert.

schafter mit, daß die Reichsregierung, obwohl skeptisch hinsichtlich des Ergebnisses, bereit sei, mit einem polnischen Unterhändler in direkte Verhandlungen mit einzutreten unter der Bedingung, daß dieser bis Mitternacht des darauffolgenden Tages, den 30. August, mit unbeschränkten Vollmachten in Berlin eintreffe. Die Polnische Regierung wurde davon unterrichtet. Angesichts des Beispiels von Schuschnigg und Hácha beschlossen sie jedoch, einen solchen Unterhändler nicht zu entsenden. Am 30. August Mitternacht las der Angeklagte von Ribbentrop dem Britischen Botschafter in höchster Geschwindigkeit ein Dokument vor, das die ersten genauen Formulierungen der deutschen Forderungen an Polen enthielt. Er lehnte es jedoch ab, dem Botschafter eine Abschrift des Dokuments zu geben, und erklärte, daß es sowieso schon zu spät sei, da ja kein polnischer Unterhändler eingetroffen sei.

Der Gerichtshof ist der Ansicht, daß die Art und Weise, in der diese Verhandlungen von Hitler und Ribbentrop geführt wurden, zeigen, daß sie nicht mit guten Absichten oder mit dem Willen, den Frieden zu erhalten, begonnen wurden, sondern lediglich einen Versuch darstellten, Großbritannien und Frankreich an der Einhaltung ihrer Polen gegenüber eingegangenen Verpflichtungen zu hindern.

Parallel mit diesen Verhandlungen liefen die erfolglosen Versuche Görings, Großbritannien durch Vermittlung eines Schweden, Birger Dahlerus, zu veranlassen, sein gegebenes Wort zu brechen und dadurch die Isolierung Polens zu erreichen. Dahlerus, der von Göring als Zeuge bestellt wurde, kannte England und englische Belange sehr gut. Er war im Juli 1939 eifrig bestrebt, eine bessere Verständigung zwischen England und Deutschland herbeizuführen in der Hoffnung, einen Krieg zwischen diesen beiden Ländern zu verhüten. Er setzte sich sowohl mit Göring als auch mit amtlichen Londoner Kreisen in Verbindung, und Göring verwendete ihn während der zweiten Augusthälfte als inoffiziellen Mittelsmann für seinen Versuch, die Britische Regierung von ihrer Opposition gegen die Absichten Deutschlands hinsichtlich Polens abzubringen. Dahlerus wußte seinerzeit natürlich weder etwas von Hitlers am 22. August geheim verkündetem Entschluß, noch wußte er von den bereits bestehenden deutschen militärischen Weisungen für den Angriff auf Polen. Wie er in seiner Aussage angab, erkannte er erstmalig am 26. September, nachdem die Eroberung Polens im wesentlichen abgeschlossen war, daß Göring von Anfang an darauf abgezielt hatte, Großbritanniens Zustimmung zur Besitzergreifung Polens durch Deutschland zu erlangen.

Nachdem alle Versuche fehlgeschlagen waren, Deutschland dazu zu bringen, einer Beilegung des polnischen Streitfalles auf einer vernünftigen Grundlage zuzustimmen, erließ Hitler am 31. August seine endgültigen Weisungen, in denen er ankündigte, daß der Angriff auf Polen in den frühen Morgenstunden des 1. September beginnen würde, und Anweisungen gab für den Fall, daß Großbritannien und Frankreich zur Verteidigung Polens in den Krieg eintreten sollten.

Der Gerichtshof ist der Ansicht, daß die Ereignisse der Tage unmittelbar vor dem 1. September 1939 den Entschluß Hitlers und seiner Helfershelfer beweisen, allen Appellen zum Trotz die angekündigte Absicht, um jeden Preis in Polen einzufallen, durchzuführen. Trotz der stets steigenden Gewißheit, daß diese Absicht zum Krieg sowohl mit Großbritannien wie auch mit Frankreich führen würde, war Hitler entschlossen, von dem einmal beschrittenen Weg nicht mehr abzuweichen. Der Gerichtshof hat sich davon völlig überzeugt, daß der von Deutschland am 1. September 1939 begonnene Krieg ganz offensichtlich ein Angriffskrieg war, der sich folgerichtig in einen die ganze Welt umspannenden Krieg entwickeln mußte und die Begehung unzähliger Verbrechen gegen die Gesetze und Gebräuche des Krieges sowie gegen die Menschlichkeit zur Folge hatte.

Die Invasion von Dänemark und Norwegen.

Der Angriffskrieg gegen Polen war nur der Anfang. Der Angriff Nazi-Deutschlands verbreitete sich schnell von Land zu Land. Zeitlich waren Dänemark und Norwegen die beiden ersten Länder, die ihn zu erleiden hatten.

Am 31. Mai 1939 wurde zwischen Deutschland und Dänemark ein Nichtangriffspakt geschlossen und vom Angeklagten Ribbentrop unterzeichnet. Darin wurde feierlich erklärt, daß die Vertragsparteien »fest entschlossen waren, den Frieden zwischen Dänemark und Deutschland unter allen Umständen zu erhalten«. Nichtsdestoweniger fiel Deutschland am 9. April 1940 in Dänemark ein.

Am 2. September 1939, nach dem Ausbruch des Krieges mit Polen, sandte Deutschland eine feierliche Versicherung folgenden Wortlauts an Norwegen:

> »Die Deutsche Reichsregierung ist entschlossen, gemäß den freundschaftlichen Beziehungen, die zwischen Norwegen und Deutschland bestehen, die Unverletzlichkeit und Integrität Norwegens unter keinen Umständen zu beeinträchtigen und das norwegische Staatsgebiet zu respektieren. Wenn die Reichsregierung diese Erklärung abgibt, so erwartet sie natürlich auch ihrerseits, daß Norwegen dem Reich gegenüber eine einwandfreie Neutralität beobachten wird und alle Einbrüche, die etwa von dritter Seite in die norwegische Neutralität erfolgen sollten, nicht dulden wird. Sollte die Haltung der Königlich Norwegischen Regierung im Falle, daß ein derartiger Neutralitätsbruch von dritter Seite wiederkehrt, eine andere sein, so würde die Reichsregierung selbstverständlich genötigt sein, die Interessen des Reiches so wahrzunehmen, wie die sich dann ergebende Lage es der Reichsregierung aufnötigen würde.« (TC-31, GB-79.)

Am 9. April 1940 überfiel Deutschland in Verfolgung seines Feldzugsplanes Norwegen.

Die Idee, Norwegen anzugreifen, stammt anscheinend von den Angeklagten Raeder und Rosenberg. Am 3. Oktober 1939 verfaßte Raeder eine Denkschrift über die »Gewinnung von Stützpunkten in Norwegen«, und unter den darin behandelten Fragen befand sich auch die folgende: »Können Stützpunkte mit militärischer Gewalt gegen den Willen Norwegens gewonnen werden, wenn es unmöglich ist, dies ohne Kampf zu erreichen?« Trotz dieser Tatsache wurden drei Tage später weitere Versicherungen an Norwegen von Deutschland abgegeben, die erklärten:

> »Deutschland hat mit den nordischen Staaten schon früher keine Interessenkonflikte oder gar Streitpunkte besessen und hat sie heute genauso wenig.« (TC-32, GB-80.)

Wieder einige Tage später verfaßte der Angeklagte Dönitz eine Denkschrift über denselben Gegenstand, nämlich über Stützpunkte in Norwegen, und schlug die Errichtung eines Stützpunktes in Trondheim mit dem Alternativprojekt einer Treibstoffzufuhr in Narvik vor. Zur gleichen Zeit stand der Angeklagte Raeder im Briefverkehr mit Admiral Carls, der ihm die Wichtigkeit einer Besetzung der norwegischen Küste durch Deutschland klarmachte. Am 10. Oktober berichtete Raeder an Hitler über die Nachteile, die sich für Deutschland aus einer Besetzung durch die Briten ergäben. In den Monaten Oktober und November fuhr Raeder fort, sich mit der möglichen Besetzung Norwegens im Zusammenhang mit der »Organisation Rosenberg« zu befassen. Die »Organisation Rosenberg« war das Außenpolitische Amt der NSDAP, mit dessen Führung Rosenberg als Reichsleiter betraut war. Anfangs Dezember besuchte der berüchtigte norwegische Verräter Quisling Berlin und wurde von den Angeklagten Rosenberg und Raeder empfangen. Er entwickelte einen Plan für einen Staatsstreich in Norwegen. Am 12. Dezember hatten der Angeklagte Raeder und der Marinestab zusammen mit den Angeklagten Keitel und Jodl eine Besprechung mit Hitler, in der Raeder über seine Unterhaltung mit Quisling berichtete und Quislings Ansichten darlegte. Am 16. Dezember unterhielt sich Hitler selbst mit Quisling über alle diese Fragen. In dem Bericht über die Tätigkeit des Außenpolitischen Amtes der NSDAP für die Jahre 1933 bis 1943 ist unter dem Titel »Politische Vorbereitungen für die militärische Besetzung Norwegens« ausgeführt, daß Hitler in seiner Unterhaltung mit Quisling sagte, er würde eine neutrale Haltung sowohl seitens Norwegens wie seitens ganz Skandinaviens vorziehen, da er nicht wünsche, den Krieg räumlich auszudehnen oder andere Nationen in den Konflikt hineinzuziehen. Sollte der Feind versuchen, den Krieg auszudehnen, so wäre er gezwungen, sich gegen ein derartiges Unternehmen zu schützen. Er versprach Quisling finanzielle Unterstützung und wies die Untersuchung der damit im Zusammenhang stehenden militärischen Fragen einem besonderen militärischen Stab zu.

Am 27. Januar 1940 wurde vom Angeklagten Keitel eine Denkschrift über die Pläne für die Invasion Norwegens verfaßt. Am 28. Februar 1940 trug der Angeklagte Jodl folgendes in sein Tagebuch ein:

»Ich schlage Chef OKW und dann dem Führer vor: ›Fall Gelb‹ « – das ist die Operation gegen die Niederlande –

»und Weserübung« – das ist die Operation gegen Norwegen und Dänemark – »müssen so vorbereitet werden, daß sie zeitlich und kräftemäßig voneinander unabhängig werden.« (1809-PS, GB-88.)

Am 1. März gab Hitler eine Weisung betreffend die »Weserübung« heraus, in der folgende Worte enthalten sind:

»Die Entwicklung der Lage in Skandinavien erfordert es, alle Vorbereitungen dafür zu treffen, um mit Teilkräften der Wehrmacht Dänemark und Norwegen ... zu besetzen. Hierdurch sollen englischen Übergriffen nach Skandinavien und der Ostsee vorgebeugt, unsere Erzbasis in Schweden gesichert und für Kriegsmarine und Luftwaffe die Ausgangsstellung gegen England erweitert werden... Grenzübertritt gegen Dänemark und Landung in Norwegen haben gleichzeitig zu erfolgen... Von größter Bedeutung ist, daß unsere Maßnahmen die nordischen Staaten wie die Westgegner überraschend treffen.« (C-174, GB-89.)

Am 24. März wurden die Flotten-Operationsbefehle für die »Weserübung« ausgegeben, und am 30. März gab der Angeklagte Dönitz als der Oberbefehlshaber der U-Bootflotte seinen Operationsbefehl für die Besetzung Dänemarks und Norwegens heraus. Am 9. April 1940 brachen die deutschen Streitkräfte in Norwegen und Dänemark ein.

Aus dieser Schilderung wird es klar, daß bereits im Oktober 1939 die Frage der Invasion Norwegens erwogen wurde. Die Verteidigung, die in diesem Falle vorgebracht wurde, lautet dahin, daß Deutschland gezwungen war, Norwegen anzugreifen, um einer Invasion durch die Alliierten zuvorzukommen, und daß deshalb Deutschlands Handlung Präventivcharakter hatte.

Es muß daran erinnert werden, daß Präventivhandlungen auf fremdem Gebiet nur im Falle einer »unaufschiebbaren und unabwendbaren Notwendigkeit der Selbstverteidigung, die keine Wahl der Mittel und keinen Augenblick Zeit zur Überlegung läßt« (The Caroline Case, Moore's Digest of International Law, II, 412), gerechtfertigt sind. Wie weit in einflußreichen deutschen Kreisen die Ansicht bestand, daß die Alliierten eine Besetzung Norwegens beabsichtigten, kann nicht mit Sicherheit festgestellt werden. Quisling behauptete, daß die Alliierten mit stillschweigender Zustimmung der Norwegischen Regierung in Norwegen intervenieren würden. Die deutsche Gesandtschaft in

Oslo war nicht dieser Ansicht, obwohl der Marineattaché der Gesandtschaft sie teilte. Das Kriegstagebuch der deutschen Seekriegsleitung enthält unter dem 13. Januar 1940 den Vermerk, daß der Chef der Seekriegsleitung meinte, die günstigste Lösung wäre die Beibehaltung der Neutralität seitens Norwegens, doch hege er die feste Überzeugung, daß England in der nahen Zukunft, gestützt auf die stillschweigende Zustimmung der Norwegischen Regierung, die Besetzung Norwegens beabsichtige.

Die von Hitler am 1. März 1940 für den Angriff auf Dänemark und Norwegen herausgegebene Weisung stellte fest, daß diese Operation »englischen Übergriffen auf Skandinavien und die Ostsee vorbeugen sollte«.

Es muß jedoch daran erinnert werden, daß die Denkschrift des Angeklagten Raeder vom 3. Oktober 1939 keinen Hinweis darauf enthält, daß man den Alliierten zuvorkommen müsse, sondern auf der »Absicht, unsere strategische und taktische Situation zu verbessern«, beruht.

Die Denkschrift selbst trägt die Überschrift: »Gewinnung von Stützpunkten in Norwegen«. Mutatis mutandis gilt die gleiche Bemerkung für die Denkschrift des Angeklagten Dönitz vom 9. Oktober 1939.

Weiter vermerkte der Angeklagte Jodl am 14. März[1] 1940 in seinem Tagebuch:

> »Führer gibt Befehl zur ›W‹« – Weserübung – »noch nicht. Er ist noch auf der Suche nach einer Begründung.«

Und wiederum schrieb er am 13. März:[2]

> »Führer noch nicht entschlossen, wie ›Weserübung‹ zu begründen.« (1809-PS, GB-88.)

Am 21. März 1940 vermerkte er die seitens der Gruppe XXI geäußerten Bedenken über den langen Zeitraum zwischen dem Beziehen der Bereitschaftsstellungen und dem Abschluß der diplomatischen Aktion, und fügte hinzu:

> »Führer lehnt jedes frühere Verhandeln ab, da sonst Hilferufe an England und Amerika ergehen. Wo Widerstand geleistet wird, muß er rücksichtslos gebrochen werden.« (1809-PS, GB-88.)

[1] Irrtümliche Datumsangabe im deutschen Originaltext. Richtiges Datum lautet: »13. März.«
[2] Richtiges Datum lautet: »14. März.«

Am 2. April machte er die Aufzeichnung, daß alle Vorbereitungen beendet sind; am 4. April wurde der Operationsbefehl für die Flotte erlassen; und am 9. April begann der Angriff.

Aus alledem geht klar hervor, daß, als die Pläne für einen Angriff auf Norwegen entworfen wurden, sie nicht gemacht wurden, um einer bevorstehenden Landung der Alliierten zuvorzukommen, sondern höchstens, um vielleicht eine alliierte Besetzung in der Zukunft zu verhindern.

Als die endgültigen Befehle für die deutsche Invasion in Norwegen erlassen wurden, enthält das Tagebuch der Seekriegsleitung die folgende Aufzeichnung unter dem 23. März 1940:[1]

> »... ein massives Eingreifen der Engländer in die norwegischen Hoheitsgewässer ... zur Zeit nicht anzunehmen«.[2] (Dokument Raeder-81)

Und Admiral Aßmanns Eintragung unter dem 26. März sagte:

> »Britische Landung in Norwegen als unbedeutend angesehen.«

Man stützt sich auf Urkunden, die späterhin von den Deutschen erbeutet wurden, um zu beweisen, daß der alliierte Plan für die Besetzung der Häfen und Flughäfen in West-Norwegen ein festgelegter Plan war, obwohl er in allen Punkten bedeutend hinter den deutschen Plänen, unter denen die Invasion tatsächlich ausgeführt wurde, zurückstand.

Diese Urkunden zeigen, daß man sich am 20. März 1940 endlich über einen geänderten Plan geeinigt hatte, daß ein Geleitzug England am 5. April verlassen und die Minenlegung in norwegischen Gewässern am selben Tage beginnen sollte; und daß am 5. April das Auslaufen auf den 8. April verschoben worden war. Diese Pläne waren jedoch nicht der Grund für die deutsche Invasion in Norwegen. Norwegen wurde von Deutschland besetzt, um sich Stützpunkte zu verschaffen, von denen ein wirksamer Angriff auf England und Frankreich vorgenommen werden konnte,

[1] Irrtümliche Datumsangabe, die Eintragung ins Tagebuch der Seekriegsleitung stammt vom 22. März 1940.

[2] Ungenaue Rückübersetzung des Zitats aus dem Englischen nach Originaldokument verbessert.

in Übereinstimmung mit Plänen, die schon lange vor den alliierten Plänen vorbereitet worden waren, auf die man sich jetzt stützte, um die Behauptung der Selbstverteidigung zu beweisen.

Es wurde weiter behauptet, daß auf Grund der von vielen der Signatarmächte zur Zeit der Abschließung des Briand-Kellogg-Paktes gemachten Vorbehalte Deutschland allein entscheiden konnte, ob Vorbeugungsmaßnahmen notwendig waren, und daß seine Auffassung bei der Fällung dieser Entscheidung maßgebend wäre. Ob jedoch die Maßnahmen, die unter dem Vorwand der Selbstverteidigung unternommen wurden, tatsächlich Angriffs- oder Verteidigungsmaßnahmen waren, muß letzten Endes einer Nachprüfung und einem Urteilsspruch unterliegen, wenn das Völkerrecht überhaupt je zur Geltung gebracht werden soll.

Keiner der Angeklagten behauptete, daß außer Deutschland irgendeiner der Kriegführenden die Besetzung Dänemarks plante. Für diese Angriffshandlung wurde niemals eine Begründung gegeben.

Als die deutschen Armeen in Norwegen und Dänemark einmarschierten, wurden der Norwegischen und Dänischen Regierung Noten überreicht, die versicherten, daß die deutschen Truppen nicht als Feinde kämen, daß sie nicht beabsichtigten, die von den deutschen Truppen besetzten Plätze als Stützpunkte für Kampfhandlungen gegen England zu benutzen, solange sie nicht dazu durch Maßnahmen Englands und Frankreichs gezwungen würden, und daß sie gekommen wären, um den Norden gegen die geplante Besetzung von norwegischen Stützpunkten durch englisch-französische Streitkräfte zu schützen.

Die Note fügte hinzu, daß Deutschland nicht beabsichtige, die territoriale Unantastbarkeit und die politische Unabhängigkeit des Norwegischen Königreiches damals oder in der Zukunft zu verletzen. Nichtsdestoweniger behandelte eine Mitteilung der deutschen Kriegsmarine am 3. Juni 1940 die beabsichtigte Verwertung Norwegens und Dänemarks, und schlug eine Lösung zur Erwägung vor, wonach die Gebiete Dänemarks und Norwegens, die im Laufe des Krieges erworben worden waren, auch weiterhin besetzt bleiben und so orientiert werden sollten, daß sie in Zukunft als deutsche Besitzungen angesehen werden konnten.

Auf Grund des zur Verfügung stehenden Beweismaterials ist die Beweisführung unannehmbar, daß die Angriffe auf Dänemark und Norwegen Verteidigungsmaßnahmen waren. Nach Ansicht des Gerichtshofs waren sie Angriffshandlungen.[1]

Der Einfall in Belgien, in die Niederlande und in Luxemburg.

Der Plan für die Besitzergreifung Belgiens und der Niederlande wurde im August 1938 erwogen, als der Angriff auf die Tschechoslowakei entworfen und die Möglichkeit eines Krieges mit Frankreich und England in Erwägung gezogen wurde. Der Vorteil, der für Deutschland darin lag, daß es diese Länder für seine eigenen Zwecke ausnützen konnte, besonders als Luftstützpunkte im Kriege gegen England und Frankreich, wurde hervorgehoben. Im Mai 1939, als Hitler seine unwiderrufliche Entscheidung zum Angriff auf Polen traf und als Folge davon die Möglichkeit eines Krieges mindestens mit England und Frankreich voraussah, sagte er zu seinen militärischen Befehlshabern:

> »Die holländischen und belgischen Luftstützpunkte müssen militärisch besetzt werden. Auf Neutralitätserklärungen kann nichts gegeben werden.« (L-79, US-27.)

Am 22. August desselben Jahres sagte er seinen militärischen Befehlshabern, daß seiner Ansicht nach England und Frankreich »die Neutralität dieser Länder nicht verletzen würden«. Gleichzeitig versicherte er Belgien und Holland und Luxemburg, daß er ihre Neutralität respektieren würde; und am 6. Oktober 1939, nach dem polnischen Feldzug, wiederholte er diese Versicherung. Am 7. Oktober gab General von Brauchitsch der Heeresgruppe B die Anweisung, »sich für den sofortigen Angriff auf holländisches und belgisches Gebiet vorzubereiten, falls die politische Lage dies erforderlich mache«. In einer Reihe von Befehlen, unterzeichnet von den Angeklagten Keitel und Jodl, wurde der Angriff auf den 10. November 1939 angesetzt, wurde aber von Zeit zu Zeit wegen Wetterverhältnissen und Transportschwierigkeiten bis Mai 1940 verschoben.

[1] Genaue Übersetzung muß lauten: »... Handlungen im Sinne eines Angriffskrieges.«

Auf der Konferenz am 23. November 1939 sagte Hitler:

»Wir haben einc Achilles-Ferse: das Ruhrgebiet. Vom Besitz des Ruhrgebietes hängt die Kriegsführung ab. Wenn England und Frankreich durch Belgien und Holland in das Ruhrgebiet vorstoßen, sind wir in höchster Gefahr... Sicher werden England und Frankreich die Offensive gegen Deutschland ergreifen, wenn sie aufgerüstet sind. England und Frankreich haben Pressionsmittel, um Belgien und Holland dazu zu bringen, englische und französische Hilfe zu erbitten. In Belgien und Holland sind die Sympathien für Frankreich und England... Wenn die französische Armee in Belgien einmarschiert, um uns anzugreifen, ist es für uns zu spät. Wir müssen zuvorkommen... Wir werden die englische Küste mit Minen verseuchen, die nicht geräumt werden können. Dieser Minenkrieg mit der Luftwaffe fordert eine andere Ausgangslage. England kann ohne seine Zufuhr nicht leben. Wir können uns selbst ernähren. Die dauernde Minenverseuchung der englischen Küste wird England auf die Knie zwingen. Dies kann aber nur erreicht werden, wenn wir Belgien und Holland besetzt haben... Mein Entschluß ist unabänderlich, ich werde Frankreich und England angreifen zum günstigsten und schnellsten Zeitpunkt. Verletzung der Neutralität Belgiens und Hollands ist bedeutungslos. Kein Mensch fragt danach, wenn wir gesiegt haben. Wir werden die Verletzung der Neutralität nicht so idiotisch begründen wie 1914. Wenn wir die Neutralität nicht verletzen, so tun es England und Frankreich. Ohne Angriff ist der Krieg nicht siegreich zu beenden.« (789-PS, US-23.)

Am 10. Mai 1940 fielen deutsche Streitkräfte in die Niederlande, Belgien und Luxemburg ein. Am selben Tag überreichten die deutschen Botschafter den Niederländischen und Belgischen Regierungen ein Memorandum, das behauptete, daß die britischen und französischen Armeen mit der Einwilligung Belgiens und Hollands durch diese Länder zu marschieren planten, um die Ruhr anzugreifen, und das auf diese Weise den Angriff zu rechtfertigen versuchte. Deutschland jedoch versicherte den Niederlanden und Belgien, daß ihre Integrität und ihre Besitzungen respektiert würden. Ein ähnliches Memorandum wurde Luxemburg am gleichen Tage übergeben.

Der Gerichtshof hat keinerlei Beweismaterial zur Rechtfertigung der Behauptung, daß die Niederlande, Belgien und

Luxemburg von Deutschland angegriffen wurden, weil ihre Besetzung von England und Frankreich geplant worden war. Britische und französische Stäbe hatten bei der Aufstellung gewisser Pläne für militärische Operationen in den Niederlanden zusammengearbeitet, aber der Zweck dieser Pläne war die Verteidigung dieser Länder im Falle eines deutschen Angriffes.

Der Angriff auf Belgien, Holland und Luxemburg entbehrte jeder Berechtigung.

Er wurde in Verfolgung von lange vorher erwogenen und vorbereiteten Maßnahmen ausgeführt und war ganz offenbar eine Angriffskriegshandlung. Der Entschluß zum Angriff wurde ohne jede andere Erwägungen als die der Forderung der aggressiven Politik Deutschlands getroffen.

Der Angriffskrieg gegen Jugoslawien und Griechenland.

Am 12. August 1939 hatte Hitler eine Unterredung mit Ciano und dem Angeklagten Ribbentrop auf dem Obersalzberg. Er sagte damals:

> »Ganz allgemein gesprochen sei es überhaupt das beste, wenn die falschen Neutralen einer nach dem anderen liquidiert würden. Dies ließe sich verhältnismäßig einfach durchführen, wenn jeweils der eine Partner der Achse dem anderen, der gerade einen der unsicheren Neutralen erledigte, den Rücken deckte und umgekehrt. Für Italien sei wohl Jugoslawien als ein derartiger unsicherer Neutraler anzusehen.« (TC-77, GB-48.)

Diese Bemerkung wurde nur zwei Monate nach der Zusicherung Hitlers an Jugoslawien gemacht, daß er dessen Grenze als endgültig und unverletzbar ansähe. Anläßlich des Besuches des Prinzregenten von Jugoslawien in Deutschland am 1. Juni 1939 sagte Hitler in einer öffentlichen Ansprache:

> »... das fest begründete vertrauensvolle Verhältnis Deutschlands zu Jugoslawien wird nun – da wir durch die geschichtlichen Ereignisse Nachbarn mit für immer festgelegten gemeinsamen Grenzen geworden sind – nicht nur einen dauernden Frieden zwischen unseren beiden Völkern und Ländern sichern, sondern kann darüber hinaus auch ein Element der Beruhigung für unseren nervös erregten Kontinent darstellen. Dieser Friede aber ist das Ziel all

jener, die wirklich aufbauende Arbeit zu leisten gewillt sind...« (TC-92, GB-114.)

Am 6. Oktober 1939 wiederholte Deutschland diese Zusicherungen an Jugoslawien, nachdem Hitler und Ribbentrop erfolglos versucht hatten, Italien zu einem Eintritt in den Krieg auf der Seite Deutschlands durch einen Angriff auf Jugoslawien zu bewegen. Am 28. Oktober 1940 fiel Italien in Griechenland ein, aber die Kampfhandlungen blieben erfolglos. Im November schrieb Hitler an Mussolini bezüglich des Angriffes auf Griechenland und die Ausbreitung des Krieges auf den Balkan und erklärte, daß keine militärischen Operationen auf dem Balkan vor nächstem März stattfinden könnten und daß deshalb Jugoslawien, falls überhaupt möglich, durch andere Mittel und auf andere Weise gewonnen werden müsse. Am 12. November 1940 erließ Hitler jedoch eine Weisung zur Fortführung des Krieges, die folgende Worte enthielt:

»Balkan: Ob.d.H. trifft Vorbereitungen, um im Bedarfsfall aus Bulgarien heraus das griechische Festland nördlich des Ägäischen Meeres in Besitz zu nehmen...« (444-PS, GB-116.)

Am 13. Dezember erließ er eine Weisung bezüglich der Aktion »Marita«, der Deckname für den Angriff auf Griechenland, in der er erklärte:

»1. Der Ausgang der Kämpfe in Albanien läßt sich noch nicht übersehen. Angesichts der bedrohlichen Lage in Albanien ist es doppelt wichtig, daß englische Bestrebungen, unter dem Schutze einer Balkanfront eine vor allem für Italien, daneben für das rumänische Ölgebiet gefährliche Luftbasis zu schaffen, vereitelt werden.

2. Meine Absicht ist daher:

a) in den nächsten Monaten in Südrumänien eine sich allmählich verstärkende Kräftegruppe zu bilden,

b) nach Eintreten günstiger Witterung – voraussichtlich im März – diese Kräftegruppe über Bulgarien hinweg zur Besitznahme der ägäischen Nordküste und – sollte dies erforderlich sein – des ganzen griechischen Festlandes anzusetzen...« (1541-PS, GB-117.)

Anläßlich einer Begegnung zwischen Hitler und Mussolini am 20. Januar 1941, bei der unter anderem auch die Angeklagten Ribbentrop, Keitel und Jodl anwesend waren, erklärte Hitler folgendes:

»Der Aufmarsch in Rumänien verfolgt einen dreifachen Zweck:

a) eine Operation gegen Griechenland

b) Schutz Bulgariens gegen Rußland und die Türkei

c) Sicherstellung der Garantie Rumäniens.

... Erwünscht, daß dieser Aufmarsch ohne feindliche Einwirkung zu Ende geführt wird. Deshalb die Karten so spät als möglich aufdecken.

Tendenz wird sein, so spät als möglich über die Donau gehen und darnach so früh als möglich zum Angriff antreten.« (C-134, GB-119.)

Am 19. Februar 1941 erklärte eine OKW-Anweisung betreffs Operation »Marita«:

»Der Führer hat am 18. 2. über die Durchführung Marita entschieden: 1.) Folgende Termine sind vorzusehen: Beginn des Brückenschlages: 28. 2., Donauübergang: 2. 3. ...« (C-59, GB-121.)

Am 3. März 1941 landeten britische Truppen in Griechenland, um den Griechen in ihrem Widerstand gegen die Italiener beizustehen; und am 18. März, anläßlich eines Zusammentreffens zwischen Hitler und dem Angeklagten Raeder, dem auch die Angeklagten Keitel und Jodl beiwohnten, bat der Angeklagte Raeder um Bestätigung, daß »ganz Griechenland besetzt werden soll, auch bei friedlicher Regelung«. Hitler antwortete darauf: »Die völlige Besetzung ist Vorbedingung für jede Regelung.«

Anläßlich des Beitritts Jugoslawiens zum Dreimächtepakt am 25. März bestätigte der Angeklagte Ribbentrop bei einer Zusammenkunft in Wien namens der Deutschen Regierung den festen Entschluß Deutschlands, die Souveränität und territoriale Unantastbarkeit Jugoslawiens zu allen Zeiten zu respektieren. Am 26. März wurden die jugoslawischen Minister, die dem Dreimächtepakt beigetreten waren, bei ihrer Rückkehr von Wien nach Belgrad durch einen Staatsstreich gestürzt, und die neue Regierung kündigte den Pakt. Darauf verkündete Hitler am 27. März bei einer Konferenz in Berlin mit dem Oberkommando, bei der die Angeklagten Göring, Keitel und Jodl und zeitweise auch der Angeklagte Ribbentrop anwesend waren, daß Jugoslawien in Anbetracht des beabsichtigten Angriffs auf Griechenland und mehr noch in Anbetracht des für später geplanten Angriffs auf Rußland ein unsicherer Faktor sei. Hitler sagte, daß er entschlossen sei, alle Vorbereitungen zu treffen, um Jugoslawien militärisch und als nationale Einheit zu vernichten, ohne auf eventuelle Loyalitätserklärungen der neuen Regierung zu warten. Er führte aus, daß er »mit unbarmherziger Härte« handeln würde.

Am 6. April fielen deutsche Streitkräfte ohne vorherige Warnung in Griechenland und Jugoslawien ein, und Belgrad wurde von der Luftwaffe bombardiert. So schnell fand diese Invasion statt, daß nicht einmal mehr Zeit war, irgendwelche »Zwischenfälle« als üblichen Auftakt zu organisieren oder geeignete »politische« Vorwände zu finden und zu veröffentlichen. Als der Angriff am 6. April begann, verkündete Hitler dem deutschen Volk, daß dieser Angriff notwendig sei, weil die britischen Streitkräfte in Griechenland (die den Griechen halfen, sich gegen die Italiener zu verteidigen) einen britischen Versuch darstellten, den Krieg auf den Balkan auszudehnen.

Aus dem vorhergehenden Bericht geht klar hervor, daß ein Angriffskrieg gegen Griechenland und Jugoslawien schon lange ins Auge gefaßt worden war, sicherlich schon seit August 1939. Die Tatsache, daß Großbritannien den Griechen zu Hilfe gekommen war und später in der Lage sein könnte, deutschen Interessen großen Schaden zuzufügen, wurde als Vorwand für die Besetzung beider Länder genommen.

Der Angriffskrieg gegen die Union der Sozialistischen Sowjet-Republiken.

Am 23. August 1939 unterzeichnete Deutschland den Nichtangriffspakt mit der Union der Sozialistischen Sowjet-Republiken.

Das Beweismaterial hat unzweideutig bewiesen, daß die Sowjetunion ihrerseits sich an die Bestimmungen des Paktes gehalten hat; sogar die deutsche Regierung selbst hat darüber von den höchsten deutschen Stellen Zusicherungen erhalten.

So informierte der deutsche Botschafter in Moskau seine Regierung, daß die Sowjetunion nur dann zum Kriege schreiten würde, wenn sie von Deutschland angegriffen werde, und diese Erklärung steht im deutschen Kriegstagebuch unter dem Datum 6. Juni 1941.

Nichtsdestoweniger begann Deutschland trotz des Nichtangriffspaktes schon seit dem Spätsommer 1940, Vorbereitungen für einen Angriff auf die USSR zu treffen. Diese Operation wurde unter dem Decknamen Fall »Barbarossa« heimlich geplant, und der frühere Feldmarschall Paulus sagte aus, daß er am 3. September 1940, als er in den deutschen Generalstab eintrat, fortfuhr, den Fall »Barbarossa« bis zu seiner Fertigstellung Anfang November 1940 weiterzubearbeiten; und daß selbst bis zu jenem Zeitpunkt der deutsche Generalstab keinerlei Informationen hatte, daß die Sowjetunion sich für einen Krieg vorbereite.

Am 18. Dezember 1940 gab Hitler die Anweisung Nummer 21 heraus, die auch von Keitel und Jodl paraphiert war, in der die Vollendung aller Vorbereitungen im Zusammenhang mit der Durchführung des Falles »Barbarossa« für den 15. Mai 1941 gefordert wurde. Diese Anweisung lautete:

> »Die deutsche Wehrmacht muß darauf vorbereitet sein, auch vor Beendigung des Krieges gegen England Sowjetrußland in einem schnellen Feldzug niederzuwerfen... Entscheidender Wert ist jedoch darauf zu legen, daß die Absicht eines Angriffes nicht erkennbar wird.« (446-PS, US-31.)

Bevor die Anweisung vom 18. Dezember gegeben wurde, hatte der Angeklagte Göring den General Thomas, den Chef des Kriegswirtschaftsamtes des OKW, von diesem Plan in Kenntnis gesetzt, und General Thomas stellte eine Übersicht über die wirtschaftlichen Möglichkeiten der USSR auf, einschließlich ihrer Rohmaterialien, ihres Energie- und Transportsystems und ihrer Leistungsfähigkeit zur Waffenherstellung. Auf der Grundlage dieser Übersicht wurde unter Leitung des Angeklagten Göring ein wirtschaftlicher Stab für die Ostgebiete für viele militärisch-wirtschaftliche Einheiten (Inspektorate, Kommandos, Gruppen) geschaffen. In Verbindung mit den militärischen Kommandostellen sollten diese Einheiten die vollständigste und gründlichste wirtschaftliche Ausbeutung der besetzten Gebiete im Interesse Deutschlands betreiben.

Der Umriß für die zukünftige politische und wirtschaftliche Organisation der besetzten Gebiete wurde vom Angeklagten Rosenberg während einer dreimonatigen Zeitspanne ausgearbeitet, nachdem er sich mit den Angeklagten Keitel, Jodl, Raeder, Funk, Göring, Ribbentrop und Frick oder deren Vertretern besprochen und deren Unterstützung gefunden hatte. Er wurde sofort nach der Invasion in einem bis ins einzelne gehenden Bericht niedergelegt.

Diese Pläne sahen die Zerstörung und Aufteilung der Sowjetunion als unabhängigen Staat, sowie die Gründung sogenannter Reichskommissariate und die Umwandlung Estlands, Lettlands, Weißrußlands und anderer Gebiete in deutsche Kolonien vor.

Gleichzeitig wurden Ungarn, Rumänien und Finnland in den Krieg gegen die Sowjetunion durch Deutschland hineingezogen. Im Dezember 1940 erklärte sich Ungarn bereit, daran teilzunehmen, als ihm von Deutschland versprochen wurde, es würde gewisse Gebiete auf Kosten Jugoslawiens erhalten.

Im Mai 1941 wurde ein Schlußabkommen mit Antonescu, dem Ministerpräsidenten Rumäniens, abgeschlossen, das sich auf den Angriff gegen die USSR bezog und demzufolge Deutschland Rumänien sowohl Bessarabien und die nördliche Bukowina als auch das Recht versprach, Sowjetgebiete bis zum Dnjepr zu besetzen.

Am 22. Juni 1941, in Ausführung der schon lange vorbereiteten Pläne, fiel Deutschland ohne jede Kriegserklärung ins Sowjetgebiet ein.

Das Beweismaterial, das dem Gerichtshof vorgelegt wurde, hat erwiesen, daß Deutschland den sorgfältig ausgearbeiteten Plan hegte, die USSR als politische und militärische Macht zu zerstören, um sich nach Belieben nach dem Osten ausdehnen zu können. Hitler schrieb in »Mein Kampf«:

> »Wollte man in Europa Grund und Boden, dann konnte dies im großen und ganzen nur auf Kosten Rußlands geschehen, dann mußte sich das neue Reich wieder auf der Straße der einstigen Ordensritter in Marsch setzen, um mit dem deutschen Schwert dem deutschen Pflug die Scholle, der Nation aber das tägliche Brot zu geben.« (D-660, GB-128, Seite 154.)

Aber es gab noch ein näherliegendes Ziel. In einer der Denkschriften des OKW wird dieses näherliegende Ziel angegeben, nämlich, die deutschen Armeen im dritten Jahre des Krieges aus den Sowjetgebieten zu verpflegen, selbst wenn »als Ergebnis viele Millionen Menschen verhungern müssen, wenn wir die für uns notwendigen Dinge aus dem Land fortnehmen«.

Die Endziele des Angriffs auf die Sowjetunion wurden am 16. Juli 1941 bei einer Konferenz mit Hitler festgelegt, an der die Angeklagten Göring, Keitel, Rosenberg und Bormann teilnahmen.

> »Die Bildung einer militärischen Macht westlich des Ural darf nie wieder in Frage kommen, und wenn wir hundert Jahre darüber Krieg führen müßten ... das gesamte Baltenland müsse Reichsgebiet werden. Ebenso müsse die Krim mit einem erheblichen Hinterland (Gebiet nördlich der Krim) Reichsgebiet werden; ... die Wolga-Kolonie müsse deutsches Reichsgebiet werden, ebenso das Gebiet um Baku; ... die Finnen wollen Ost-Karelien. Doch soll wegen der großen Nickel-Vorkommen die Halbinsel Kola zu Deutschland kommen.« (L-221, US-317.)

Zur Entlastung der Angeklagten wurde vorgebracht, daß der Angriff auf die USSR gerechtfertigt gewesen sei, weil die Sowjetunion einen Angriff auf Deutschland plante und Vorbereitungen zu diesem Zweck getroffen habe. Man kann unmöglich glauben, daß diese Ansicht jemals ernstlich gehegt wurde.

Die Pläne für die wirtschaftliche Ausbeutung der USSR, für die Wegführung großer Bevölkerungsteile, für die Ermordung von Kommissaren und politischen Führern, all dies war ein Teil des sorgfältig vorbereiteten Plans, der am 22. Juni ohne irgendwelche Warnung und ohne einen Schatten von Rechtmäßigkeit in die Tat umgesetzt wurde. Es war ein glatter Überfall.

Der Krieg gegen die Vereinigten Staaten.

Vier Tage nach dem Angriff der Japaner auf die Flotte der Vereinigten Staaten in Pearl-Harbor am 7. Dezember 1941 erklärte Deutschland den Vereinigten Staaten den Krieg.

Der Dreimächtepakt zwischen Deutschland, Italien und Japan wurde am 27. September 1940 unterzeichnet, und von diesem Zeitpunkt bis zum Angriff auf die USSR versuchte der Angeklagte Ribbentrop, zusammen mit den anderen Angeklagten, Japan zu veranlassen, die britischen Besitzungen im Fernen Osten anzugreifen. Dadurch, so dachte man, werde man Englands Niederlage beschleunigen und die Vereinigten Staaten vom Kriege fernhalten.

Die Möglichkeit eines direkten Angriffs auf die Vereinigten Staaten wurde als eine Sache der Zukunft in Betracht gezogen und erörtert. Major von Falkenstein, der Verbindungsoffizier der Luftwaffe bei der Operationsabteilung des OKW, sprach im Oktober 1940 in Berlin bei einer Zusammenfassung der militärischen Probleme, welche einer Erörterung bedurften, von der »Kriegführung gegen Amerika zu späterer Zeit«. Es ist auch klar, daß die deutsche Politik, Amerika, wenn möglich, vom Kriege fernzuhalten, Deutschland nicht daran hinderte, Japan seine Unterstützung selbst gegen die Vereinigten Staaten zuzusagen. Am 4. April 1941 sagte Hitler dem japanischen Außenminister Matsuoka in Gegenwart des Angeklagten Ribbentrop, daß Deutschland »ohne Verzug losschlagen« würde, falls ein japanischer Angriff auf Singapore zum Kriege zwischen Japan und den Vereinigten Staaten führen sollte. Am nächsten Tage drängte Ribbentrop selbst Matsuoka dazu, Japan in den Krieg hineinzubringen.

Am 28. November 1941, zehn Tage vor dem Angriff auf Pearl-Harbor, ermutigte Ribbentrop Japan durch dessen Gesandten[1] in Berlin, Großbritannien und die Vereinigten Staaten anzugreifen, und sagte, daß, sollte Japan in einen Krieg mit den Vereinigten Staaten verwickelt werden, Deutschland sofort in diesen Krieg eintreten werde. Wenige Tage später teilten japanische Vertreter Deutschland und Italien mit, daß Japan sich zum Angriff auf die Vereinigten Staaten vorbereite, und ersuchten um deren Unterstützung. Deutschland und Italien gaben ihre Einwilligung dazu, obwohl Italien und Deutschland sich im Dreimächtepakt nur dann zur Hilfeleistung an Japan verpflichtet hatten, wenn dieses angegriffen würde. Der Angeklagte Ribbentrop war, wie berichtet wird, »außer sich vor Freude«, als der Überfall auf Pearl-Harbor stattfand. Und später – bei einer Feier in Berlin, wobei dem japanischen Botschafter

[1] Es muß heißen: Botschafter.

Oshima eine Auszeichnung verliehen wurde – ließ Hitler seine Billigung der von den Japanern angewandten Taktik erkennen, wonach sie mit den Vereinigten Staaten so lange wie möglich verhandelten und dann ohne Kriegserklärung hart zuschlugen.

Es ist zwar richtig, daß Hitler und seine Mitarbeiter einen Krieg mit den Vereinigten Staaten ursprünglich nicht als ihren Interessen förderlich erachteten, aber offensichtlich wurde diese Ansicht im Laufe des Jahres 1941 revidiert, und Japan wurde in jeder Weise ermutigt, eine Politik zu betreiben, welche fast mit Sicherheit die Vereinigten Staaten in den Krieg hineinziehen mußte. Und als Japan die amerikanische Flotte in Pearl-Harbor angriff und hierbei einen Angriffskrieg gegen die Vereinigten Staaten begann, wurde Deutschland von der Nazi-Regierung veranlaßt, sofort in diesem Kriege an die Seite Japans zu treten, indem sie selbst den Vereinigten Staaten den Krieg erklärte.

Verletzungen internationaler Verträge.

Das Statut definiert als ein Verbrechen das Planen oder die Durchführung eines Angriffskrieges oder eines Krieges unter Verletzung internationaler Verträge. Der Internationale Militärgerichtshof hat entschieden, daß gewisse Angeklagte Angriffskriege gegen zwölf Nationen planten und durchführten und daher dieser Gruppe von Verbrechen schuldig sind. Damit erübrigt es sich, dieses Thema weiter im einzelnen zu erörtern oder des langen und breiten zu untersuchen, inwieweit diese Angriffskriege auch »Kriege unter Verletzung internationaler Verträge, Abkommen oder Zusicherungen« waren. Diese Verträge sind im Anhang C der Anklageschrift aufgeführt. Am wichtigsten hiervon sind die folgenden:

Haager Abkommen.

Im Abkommen von 1899 kamen die vertragschließenden Mächte überein:

> »... bevor sie zu den Waffen greifen, die guten Dienste oder die Vermittlung einer befreundeten Macht oder mehrerer befreundeter Mächte anzurufen, soweit dies die Um-

stände gestatten werden.« (Reichsgesetzblatt 1910, Seite 23, Artikel 2.)

Eine ähnliche Bestimmung wurde in das Abkommen zur friedlichen Beilegung internationaler Streitigkeiten von 1907 aufgenommen. In dem zusätzlichen Abkommen über die Eröffnung von Feindseligkeiten drückt sich der Artikel 1 noch deutlicher aus:

> »Die Vertragsmächte erkennen an, daß die Feindseligkeiten unter ihnen nicht beginnen dürfen ohne eine vorausgehende unzweideutige Benachrichtigung, die entweder die Form einer mit Gründen versehenen Kriegserklärung oder die eines Ultimatums mit bedingter Kriegserklärung haben muß.« (Reichsgesetzblatt 1910, Seite 98/99.)

Deutschland war eine der Vertragsmächte dieser Abkommen.

Der Vertrag von Versailles.

Die Anklagevertretung stützt sich auch auf den Bruch gewisser Bestimmungen des Vertrags von Versailles – das linke Rheinufer nicht zu befestigen (Art. 42–44); »die Unabhängigkeit Österreichs unbedingt zu achten« (Art. 80); Verzicht auf alle Rechte im Memelgebiet (Art. 99) und dem Freistaat Danzig (Art. 100); die Anerkennung der Unabhängigkeit des tschechoslowakischen Staates; und die Heeres-, Flotten- und Luftbestimmungen gegen eine deutsche Wiederaufrüstung, die im Teil V enthalten sind. Es besteht kein Zweifel, daß die Deutsche Regierung gegen alle diese Bestimmungen verstoßen hat; Einzelheiten sind im Anhang C angeführt. Mit Bezug auf den Vertrag von Versailles werden folgende Fälle herangezogen:

1. Die Verletzung der Artikel 42 bis 44 über die entmilitarisierte Zone des Rheinlandes;
2. die Annexion Österreichs am 13. März 1938 unter Verletzung des Artikels 80;
3. die Einverleibung des Memelgebietes am 22. März 1939 unter Verletzung des Artikels 99;
4. die Einverleibung des Freistaates Danzig am 1. September 1939 unter Verletzung des Artikels 100;
5. die Einverleibung der Provinzen Böhmen und Mähren am 16. März 1939 unter Verletzung des Artikels 81;

6. der Widerruf der Heeres-, Flotten- und Luftbestimmungen des Vertrags im März 1935.

Am 21. Mai 1935 kündigte Deutschland an, daß es, ungeachtet der Widerrufung der Abrüstungsbestimmungen des Vertrags, noch immer Gebietsbegrenzungen respektieren und sich dem Locarno-Vertrag unterwerfen würde.

Im Hinblick auf die ersten fünf angeschuldigten Verstöße findet der Gerichtshof die Anschuldigung als erwiesen.

Gegenseitige Garantie-, Schieds- und Nichtangriffsverträge.

Es ist nicht nötig, die verschiedenen Verträge, die Deutschland mit anderen Mächten abschloß, im einzelnen zu erörtern. Gegenseitige Garantieverträge wurden von Deutschland im Jahre 1925 in Locarno mit Belgien, Frankreich, Großbritannien und Italien abgeschlossen und die Aufrechterhaltung des territorialen Status quo zugesichert. Außerdem wurden von Deutschland in Locarno Schiedsverträge[1] mit der Tschechoslowakei, Belgien und Polen unterzeichnet.

Typisch ist der Artikel 1 des letzteren Vertrags, welcher vorsieht:

> »Alle Streitfragen jeglicher Art zwischen Deutschland und Polen, ... die nicht auf dem Wege des gewöhnlichen diplomatischen Verfahrens gütlich geregelt werden können, sollen ... einem Schiedsgericht ... zur Entscheidung unterbreitet werden ...« (Reichsgesetzblatt 1925, Teil II, Seite 995.)

Im Jahre 1926 wurden von Deutschland Schieds- und Vermittlungsabkommen mit den Niederlanden und Dänemark eingegangen und zwischen Deutschland und Luxemburg im Jahre 1929. Nichtangriffsverträge mit Dänemark und Rußland wurden von Deutschland im Jahre 1939 unterzeichnet.

Der Kellogg-Briand-Pakt.

Der Pakt von Paris wurde am 27. August 1928 von Deutschland, den Vereinigten Staaten, Belgien, Frankreich,

[1] Die genaue Übersetzung lautet: »Schiedsspruchverträge« statt »Schiedsverträge«.

Großbritannien, Italien, Japan, Polen und anderen Ländern unterzeichnet, und später von anderen Mächten. Der Gerichtshof hat das Wesen dieses Vertrags ausführlich dargelegt, ebenso wie an einer anderen Stelle des Urteils seine rechtlichen Auswirkungen.[1] Es erübrigt sich daher, ihn hier nochmals zu erörtern, es sei denn, um festzustellen, daß dieser Pakt nach Ansicht des Gerichtshofs in allen Fällen von Angriffskriegen, gegen die die Anklageschrift Beschuldigungen erhebt, von Deutschland verletzt wurde.[2] Es ist bemerkenswert, daß Deutschland am 26. Januar 1934 eine Erklärung zur Erhaltung eines dauerhaften Friedens mit Polen unterzeichnete, welche ausdrücklich auf dem Pakt von Paris beruhte und worin der Gebrauch von Gewalt für einen Zeitraum von zehn Jahren in Acht und Bann erklärt wurde.

Der Internationale Militärgerichtshof erachtet es für unnötig, andere der im Anhang aufgeführten Verträge zu besprechen, noch die wiederholten Übereinkommen und die Zusicherungen seiner friedfertigen Ansichten,[3] die Deutschland abgab.

Das Recht des Statuts.

Die Zuständigkeit des Gerichtshofs ist in dem Übereinkommen und im Statut niedergelegt, und die unter die Zuständigkeit des Gerichtshofs fallenden Verbrechen, für die es eine persönliche Verantwortlichkeit geben soll, sind in Artikel 6 des Statuts aufgeführt. Das Recht des Statuts ist maßgebend und für den Gerichtshof bindend.

Die Ausarbeitung des Statuts geschah in Ausübung der souveränen Macht der Gesetzgebung jener Staaten, denen sich das Deutsche Reich bedingungslos ergeben hatte; und das nicht angezweifelte Recht jener Länder, für die besetzten Gebiete Gesetze zu erlassen, ist von der zivilisierten Welt anerkannt worden. Das Statut ist keine willkürliche

[1] Die genaue Übersetzung dieses Satzes lautet: »Der Gerichtshof hat das Wesen dieses Vertrags und seiner rechtlichen Auswirkungen an einer anderen Stelle des Urteils ausführlich dargelegt.«

[2] Die genaue Übersetzung dieses Satzteiles lautet: »daß dieser Pakt nach Ansicht des Gerichtshofs in allen von der Anklageschrift aufgeführten Fällen eines Angriffskrieges von Deutschland verletzt wurde.«

[3] Richtig »Absichten«, statt »Ansichten«.

Ausübung der Macht seitens der siegreichen Nationen, sondern ist nach Ansicht des Gerichts, wie noch gezeigt werden wird, der Ausdruck des zur Zeit der Schaffung des Statuts bestehenden Völkerrechts; und insoweit ist das Statut selbst ein Beitrag zum Völkerrecht.

Die Signatarmächte errichteten diesen Gerichtshof, setzten das Recht fest, das er anzuwenden hat, und erließen Bestimmungen für die ordentliche Führung des Prozesses. Damit haben sie gemeinsam das getan, was jede einzelne von ihnen allein hätte tun können; denn es kann nicht bezweifelt werden, daß jede Nation das Recht hat, besondere Gerichtshöfe zur Anwendung des Gesetzes zu errichten. Was die Verfassung des Gerichts betrifft, so haben die Angeklagten nur das Recht zu verlangen, daß ihnen in tatsächlicher und rechtlicher Beziehung ein gerechtes Verfahren zuteil wird.

Das Statut erklärt das Planen oder Führen eines Angriffskrieges oder eines die internationalen Verträge verletzenden Krieges als Verbrechen; und es ist deshalb nicht unbedingt notwendig zu untersuchen, ob und inwieweit ein Angriffskrieg vor der Ausführung des Londoner Übereinkommens ein Verbrechen war. Im Hinblick jedoch auf die große Bedeutung der damit zusammenhängenden Rechtsfragen hat sich das Gericht die eingehenden Ausführungen der Anklagebehörde und der Verteidigung angehört und wird seine Ansicht über diesen Gegenstand aussprechen.

Seitens der Angeklagten wurde nachdrücklich darauf hingewiesen, daß es ein grundlegendes Prinzip allen Rechtes – des Völkerrechtes wie des nationalen – sei, daß es keine Bestrafung eines Verbrechens ohne vorher bestehendes Gesetz geben könne. »Nullum crimen sine lege, nulla poena sine lege.« Es ist angeführt worden, daß eine Bestrafung ex post facto dem Recht aller zivilisierten Nationen zuwiderläuft, daß seitens keiner souveränen Macht Angriffskriege zu jener Zeit, als die angeblich verbrecherischen Handlungen begangen wurden, als Verbrechen erklärt worden waren, daß keine Rechtssatzung den Begriff des Angriffskrieges bestimmt hatte, daß keine Ahndung für ihre Begehung festgelegt worden und daß kein Gerichtshof geschaffen worden war, um die Übertreter abzuurteilen und zu bestrafen.

Zunächst muß bemerkt werden, daß der Rechtssatz »nullum crimen sine lege« keine Beschränkung der Souveränität darstellt, sondern ganz allgemein ein Grundsatz der Gerechtigkeit ist. Zu behaupten, daß es ungerecht sei, jene zu strafen, die unter Verletzung von Verträgen und Versicherungen ihre Nachbarstaaten ohne Warnung angegriffen haben, ist klarerweise unrichtig, denn unter solchen Umständen muß ja der Angreifer wissen, daß er Unrecht tut, und weit entfernt davon, daß es nicht ungerecht wäre, ihn zu strafen, wäre es vielmehr ungerecht, wenn man seine Freveltaten straffrei ließe. Angesichts der Stellung, die die Angeklagten in der Regierung Deutschlands einnahmen, mußten sie oder zumindest einige von ihnen Kenntnis der von Deutschland unterschriebenen Verträge haben, in denen der Krieg als Mittel zur Beilegung internationaler Streitigkeiten für ungesetzlich erklärt wurde; sie mußten gewußt haben, daß sie allem Völkerrecht zu Trotz handelten, als sie mit vollem Vorbedacht ihre auf Invasion und Angriff gerichteten Absichten ausführten. Schon allein aus dem hier erörterten Fall würde hervorgehen, daß der Rechtssatz auf die vorliegenden Tatbestände keine Anwendung findet.

Diese Auffassung wird nachdrücklich erhärtet durch eine Betrachtung des Standes des Völkerrechts von 1939, soweit es sich auf den Angriffskrieg bezieht. Der Allgemeine Vertrag zum Verzicht auf den Krieg vom 27. August 1928, der besser unter dem Namen Pariser Pakt oder Kellogg-Briand-Pakt bekannt ist, war bei Kriegsausbruch 1939 für 36[1] Nationen, darunter Deutschland, Italien und Japan, bindend. In der Präambel erklärten die Signatare, daß sie waren:

> »tief durchdrungen von ihrer erhabenen Pflicht, die Wohlfahrt der Menschheit zu fördern,
>
> in der Überzeugung, daß die Zeit gekommen ist, einen offenen Verzicht auf den Krieg als Werkzeug nationaler Politik auszusprechen, um die jetzt zwischen ihren Völkern bestehenden friedlichen und freundschaftlichen Beziehungen dauernd aufrechtzuerhalten, ... jede Veränderung in ihren gegenseitigen Beziehungen nur durch friedliche Mittel angestrebt werden ... sollte, ... daß sich so die zivilisierten Nationen der Welt in dem gemeinsamen Verzicht auf den

[1] Richtig »63« statt »36«.

Krieg als Werkzeug ihrer nationalen Politik zusammenfinden werden...« (Reichsgesetzblatt 1929, Teil II, Seite 97/98.)

Diese ersten zwei Artikel lauten folgendermaßen:

»Artikel I: Die Hohen Vertragschließenden Parteien erklären feierlich im Namen ihrer Völker, daß sie den Krieg als Mittel für die Lösung internationaler Streitfälle verurteilen und auf ihn als Werkzeug nationaler Politik in ihren gegenseitigen Beziehungen verzichten.

Artikel II: Die Hohen Vertragschließenden Parteien vereinbaren, daß die Regelung und Entscheidung aller Streitigkeiten oder Konflikte, die zwischen ihnen entstehen könnten, welcher Art oder welchen Ursprungs sie auch sein mögen, niemals anders als durch friedliche Mittel angestrebt werden soll.« (Reichsgesetzblatt 1929, Teil II, Seite 100.)

Es fragt sich: Was war die rechtliche Auswirkung dieses Paktes?

Die Nationen, die den Pakt unterschrieben oder ihn befolgten[1], ächteten den Krieg bedingungslos als Werkzeug zukünftiger Politik und verzichteten ausdrücklich auf ihn. Nach der Unterzeichnung des Paktes machte sich jede Nation, die sich des Krieges als Werkzeug der nationalen Politik bediente, des Vertragsbruchs schuldig.

Der Gerichtshof ist der Ansicht, daß der feierliche Verzicht auf den Krieg als Werkzeug nationaler Politik notwendigerweise bedeutet, daß solch ein Krieg völkerrechtswidrig ist und daß diejenigen, die einen solchen Krieg mit all seinen unvermeidbaren und schrecklichen Folgen planen und führen, dadurch ein Verbrechen begehen. Ein Krieg, der als Werkzeug nationaler Politik zur Lösung internationaler Meinungsverschiedenheiten unternommen wird, bedeutet auch zweifellos einen Angriffskrieg, und darum ist solch ein Krieg durch den Pakt geächtet worden. Wie Herr Henry L. Stimson, damals Außenminister der Vereinigten Staaten, 1932 sagte:

»Die Signatarmächte des Kellogg-Briand-Vertrages haben auf den Krieg zwischen den Nationen verzichtet. Das bedeutet, daß er praktisch in der ganzen Welt zu etwas Ungesetzlichem geworden ist. ... Wenn hiernach Nationen sich auf einen bewaffneten Konflikt einlassen, müssen entweder einer oder beide als Verletzer dieses allgemeinen Rechtsver-

[1] Statt »ihn befolgten« lautet die richtige Übersetzung »sich ihm anschlossen«.

trages bezeichnet werden. ... Wir brandmarken sie als Rechtsverbrecher.«

Es wird jedoch behauptet, daß der Pakt nicht ausdrücklich festlege, daß solche Kriege Verbrechen seien, oder Gerichtshöfe zur Aburteilung derjenigen einsetze, die solche Kriege herbeiführen. Dies trifft im gleichen Umfange auf die Kriegsregeln zu, die in der Haager Konvention enthalten sind. Die Haager Konvention von 1907 verbietet die Anwendung gewisser Methoden der Kriegführung, zum Beispiel die unmenschliche Behandlung von Gefangenen, die Verwendung von vergifteten Waffen, den Mißbrauch der Parlamentärfahne und ähnliches. Viele dieser Verbote wurden schon lange vor der Konvention durchgeführt. Aber seit 1907 stellte ihre Verletzung zweifelsohne ein Verbrechen dar, das als Verletzung des Kriegsrechts strafbar war. Dennoch stellte die Haager Konvention nirgends fest, daß solche Handlungen verbrecherisch seien, noch ist irgendwo eine Strafe vorgeschrieben, noch wurde irgendwie ein Gerichtshof erwähnt, der die Rechtsverletzer zur Verantwortung ziehen und bestrafen solle. Dennoch haben seit vielen Jahren Militärgerichtshöfe Personen, die der Verletzung der in dieser Konvention festgelegten Regeln der Landkriegführung schuldig waren, zur Verantwortung gezogen und bestraft. Dieser Gerichtshof ist der Ansicht, daß diejenigen, die einen Angriffskrieg führen, etwas tun, was ebenso rechtswidrig und von viel größerer Bedeutung ist als der Bruch einer Bestimmung der Haager Konvention. Wenn man die Worte des Paktes auslegt, muß man sich bewußt bleiben, daß Völkerrecht nicht das Ergebnis einer internationalen Gesetzgebung ist, und daß zwischenstaatliche Abkommen, wie der Pakt von Paris, sich mit den allgemeinen Rechtsgrundsätzen beschäftigen müssen und nicht mit verwaltungstechnischen Verfahrensregeln. Kriegsrecht leitet sich nicht nur von Verträgen ab, sondern von den Gebräuchen und Gewohnheiten der Staaten, die allmählich allgemeine Anerkennung gefunden haben, und von den allgemeinen Rechtsgrundsätzen, die von Juristen ausgearbeitet und von Militärgerichtshöfen angewendet werden. Dieses Recht ist kein starres, sondern folgt durch ständige Angleichung den Notwendigkeiten einer sich wandelnden Welt. Es ist Tatsache, daß in vielen Fällen Verträge nichts anderes tun, als den bereits bestehenden Rechtsgrundsätzen Gestalt zu geben und sie für die Zwecke der bestimmten Anwendung zu definieren.

Die Ansicht des Gerichtshofs über eine sinngemäße Auslegung des Paktes wird durch seine völkerrechtliche Vorgeschichte unterstützt. Im Jahre 1923 setzte sich der Völkerbund für den Entwurf eines Vertrags gegenseitiger Hilfeleistung ein. Der Vertrag erklärte in seinem ersten Artikel, »daß der Angriffskrieg ein völkerrechtliches Verbrechen ist« und daß die Vertragsparteien sich »verpflichten, daß keiner sich dessen schuldig machen« würde. Der Vertragsentwurf wurde 29 Staaten unterbreitet, von denen etwa die Hälfte für die Annahme des Textes waren. Der Haupteinwand lag in der Schwierigkeit, diejenigen Tatbestände zu definieren, die als »Angriffe« anzusehen seien, und nicht etwa in Zweifeln über den verbrecherischen Charakter des Angriffskrieges. Die Präambel des Völkerbundsprotokolls von 1924 für die friedliche Beilegung internationaler Streitfälle (»Genfer Protokoll«) erklärt nach »der Feststellung der Einheit aller Mitglieder der Völkerfamilie«, daß »ein Angriffskrieg eine Verletzung dieser Einheit darstellt und ein internationales Verbrechen ist«. Es erklärt des weiteren, daß die vertragschließenden Parteien »den Wunsch haben, die vollkommene Anwendung des Verfahrens zu ermöglichen, das die Völkerbundssatzung für die friedliche Beilegung von Meinungsverschiedenheiten zwischen den Staaten und für Maßnahmen zur Unterdrückung internationaler Verbrechen vorgesehen hat«. Durch einstimmigen Beschluß wurde dieses Protokoll in der Versammlung der 48 Mitglieder des Völkerbundes den Mitgliedern zur Annahme empfohlen. Unter diesen Mitgliedern befanden sich Italien und Japan, jedoch war Deutschland damals noch nicht Mitglied des Völkerbundes. Obschon dieses Protokoll nie ratifiziert wurde, wurde es doch von den führenden Staatsmännern der Welt unterzeichnet, die die große Mehrheit der Kulturstaaten und -völker vertraten, und es darf als ein starker Beweis der Absicht betrachtet werden, den Angriffskrieg als internationales Verbrechen zu brandmarken.

Auf der Sitzung des Völkerbundsrates am 24. September 1927 nahmen alle anwesenden Delegationen, einschließlich der deutschen, der italienischen und japanischen, einstimmig eine Erklärung über Angriffskriege an. Die Präambel dieser Erklärung stellt fest:

> »Die Vollversammlung: In Anerkennung der Solidarität, welche die Gemeinschaft der Nationen verbindet; von dem tiefen Wunsch zur Aufrechterhaltung des allgemeinen Friedens getragen; in der Überzeugung, daß ein Angriffskrieg niemals ein Mittel zur Beilegung internationaler Streitigkeiten sein kann und infolgedessen ein internationales Verbrechen ist. ...«

Die einstimmig angenommene Entschließung der 21 amerikanischen Republiken auf der sechsten Panamerikanischen Konferenz zu Havanna vom 18. Februar 1928 stellte fest, daß der »Angriffskrieg ein internationales Verbrechen gegen die Menschheit darstellt«.

All diese Meinungsäußerungen und andere, die zitiert werden könnten und die in so feierlicher Weise gemacht wurden, unterstützen die Auslegung des Paktes von Paris durch diesen Gerichtshof, derzufolge ein Angriffskrieg nicht nur rechtswidrig, sondern verbrecherisch ist. Das Verbot des Angriffskrieges, das vom Gewissen der Welt gefordert wird, drückt sich in den verschiedenen Pakten und Verträgen aus, auf die sich der Gerichtshof soeben bezogen hat.

Es ist auch wichtig, daran zu erinnern, daß der Artikel 227 des Versailler Vertrags die Einsetzung eines besonderen Gerichtshofs vorsah, der aus Vertretern von fünf der Alliierten und Assoziierten Mächte, die im ersten Weltkrieg gegen Deutschland gekämpft hatten, bestehen und über den früheren deutschen Kaiser »wegen schwerster Verletzung des internationalen Sittengesetzes und der Heiligkeit der Verträge« zu Gericht sitzen sollte. Als Zweck dieses Gerichtsverfahrens war angegeben, »den feierlichen Verpflichtungen und internationalen Verbindlichkeiten ebenso wie dem internationalen Sittengesetze Achtung zu verschaffen«. In Artikel 228 des Vertrags räumte die Deutsche Regierung den Alliierten Mächten ausdrücklich die Befugnis ein, »die wegen eines Verstoßes gegen die Gesetze und Gebräuche des Krieges angeklagten Personen vor ihre Militärgerichte zu ziehen«. (Reichsgesetzblatt 1919, Teil II, Seite 981).

Es ist angeführt worden, daß sich das Völkerrecht auf Handlungen souveräner Staaten beziehe und keine Bestrafung von Einzelpersonen vorsieht; und weiter, daß dort, wo die fragliche Handlung ein Staatsakt ist, jene Personen, die sie ausführen, keine eigene Verantwortung tragen, sondern durch den Lehrsatz von der Souveränität des Staates geschützt seien. Nach der Meinung des Gerichtshofs müssen diese beiden Einwände zurückgewiesen werden. Daß das Völkerrecht Einzelpersonen so gut wie Staaten Pflichten und Verbindlichkeiten auferlegt, ist längst anerkannt worden. In dem kürzlich vor dem Obersten Gerichtshof der Vereinigten Staaten behandelten Fall ex parte Quirin (1942/317 US 1) waren Personen beschuldigt, während des Krieges in den Vereinigten Staaten zu Spionage- und Sabotagezwecken gelandet zu sein. Der verstorbene Oberrichter Stone sagte im Namen des Gerichts:

> »Von Anbeginn seines Bestehens an hat dieser Gerichtshof das Kriegsrecht angewendet, da es jenen Teil des Völkerrechts enthält, der für die Kriegführung den Status, die Rechte und die Pflichten sowohl der feindlichen Nationen als auch der feindlichen Einzelpersonen vorschreibt.«

Er gab dann weiter eine Liste von durch die Gerichte abgeurteilten Fällen, in denen Einzelpersonen als Übertreter von Völkerrecht und insbesondere von Kriegsrecht angeklagt waren. Noch viele andere Autoritäten könnten angeführt werden, doch genug ist bereits gesagt worden, um zu zeigen, daß Einzelpersonen wegen Verletzungen des Völkerrechts bestraft werden können. Verbrechen gegen das Völkerrecht werden von Menschen und nicht von abstrakten Wesen begangen, und nur durch Bestrafung jener Einzelpersonen, die solche Verbrechen begehen, kann den Bestimmungen des Völkerrechts Geltung verschafft werden.

Die bereits erwähnten Bestimmungen des Artikels 228 des Versailler Vertrags veranschaulichen diese Auffassung von der persönlichen Verantwortlichkeit und verschaffen ihr Geltung.

Jener Grundsatz des Völkerrechts, der unter gewissen Umständen dem Repräsentanten eines Staates Schutz gewährt, kann nicht auf Taten Anwendung finden, die durch das Völkerrecht als verbrecherisch gebrandmarkt werden. Diejenigen, die solche Handlungen begangen haben, können sich nicht hinter ihrer Amtsstellung verstecken, um in ordentlichen Gerichtsverfahren der Bestrafung zu entgehen. Der Artikel 7 des Statuts stellt ausdrücklich fest:

> »Die amtliche Stellung eines Angeklagten, sei es als Oberhaupt eines Staates oder als verantwortlicher Beamter in einer Regierungsabteilung, soll weder als Strafausschließungsgrund noch als Strafmilderungsgrund angesehen werden.«

Es ist ja gerade der Wesenskern des Statuts, daß Einzelpersonen internationale Pflichten haben, die über die nationalen Verpflichtungen hinausgehen, die ihnen durch den Gehorsam zum Einzelstaat auferlegt sind. Derjenige, der das Kriegsrecht verletzt, kann nicht Straffreiheit deswegen erlangen, weil er auf Grund der Staatshoheit handelte, wenn der Staat Handlungen gutheißt, die sich außerhalb der Schranken des Völkerrechts bewegen.

Es wurde auch seitens der meisten dieser Angeklagten eingewandt, daß sie das, was sie taten, auf Befehl Hitlers taten und deshalb nicht für Handlungen verantwortlich gemacht werden können, die sie in Ausführung dieser Befehle begangen haben. Das Statut sieht in Artikel 8 ausdrücklich vor:

> »Die Tatsache, daß ein Angeklagter auf Befehl seiner Regierung oder eines Vorgesetzten gehandelt hat, gilt nicht als Strafausschließungsgrund, kann aber als Strafmilderungsgrund berücksichtigt werden ...«

Die Bestimmungen dieses Artikels sind im Einklang mit dem Gesetz aller Nationen. Daß ein Soldat den Befehl erhalten hat, unter Verletzung des Völkerrechts zu töten oder zu martern, ist niemals als ein Entschuldigungsgrund für solche Handlungen der Brutalität anerkannt worden, wenn auch, wie es das Statut hier vorsieht, ein solcher Befehl als Milderungsgrund bei der Bestrafung geltend gemacht werden kann. Das wirklich entscheidende Moment, das sich in verschiedenen Abstufungen im Strafgesetz der meisten Nationen vorfindet, ist nicht das Bestehen eines solchen Befehls, sondern die Frage, ob eine dem Sittengesetz entsprechende Wahl tatsächlich möglich war.

Das für den gemeinsamen Plan oder die Verschwörung geltende Recht.

Aus der vorangehenden Darstellung der auf den Angriffskrieg bezüglichen Tatsachen geht deutlich hervor, daß die

Planung und die Vorbereitung in jedem Stadium der Entwicklung auf höchst systematische Weise durchgeführt worden sind.

Planung und Vorbereitung sind ein wesentliches Erfordernis der Kriegführung. Nach Ansicht des Gerichtshofs ist der Angriffskrieg nach dem Völkerrecht ein Verbrechen. Die Begriffsbestimmung dieses Verbrechens im Statut lautet: Planen, Vorbereitung, Einleitung oder Durchführung eines Angriffskrieges »oder Beteiligung an einem gemeinsamen Plan oder an einer Verschwörung zur Ausführung einer der vorgenannten Handlungen«. Die Anklage schließt sich dieser Unterscheidung an. Anklagepunkt Eins erhebt die Beschuldigung des gemeinsamen Plans oder der Verschwörung. Anklagepunkt Zwei erhebt die Beschuldigung des Kriegsplanens und der Kriegführung. Zur Unterstützung dieser beiden Anklagepunkte ist dasselbe Beweismaterial vorgelegt worden. Wir werden deshalb die beiden Anklagepunkte gemeinsam behandeln, da sie ihrem Wesen nach gleich sind. Die Angeklagten sind nach beiden Anklagepunkten beschuldigt worden, und ihre Schuld muß nach jedem Anklagepunkt bestimmt werden.

Der »gemeinsame Plan oder die Verschwörung« der Anklageschrift erstreckt sich über einen Zeitraum von 25 Jahren, von der Begründung der Nazi-Partei im Jahre 1919 bis zum Ende des Krieges im Jahre 1945. Die Partei wird als »Bindeglied zwischen den Angeklagten« zur Durchführung der Zwecke der Verschwörung bezeichnet, nämlich: Die Beseitigung des Versailler Vertrags; der Erwerb des von Deutschland im letzten Krieg verlorenen Gebietes und des »Lebensraums« in Europa, und zwar wenn nötig durch Waffengewalt, durch einen Angriffskrieg. Die »Machtergreifung« durch die Nazis, die Anwendung des Terrors, die Vernichtung der Gewerkschaften, der Feldzug gegen den christlichen Unterricht und die Kirchen, die Verfolgung der Juden, die Militarisierung der Jugend – das wird alles als eine Reihe wohlerwogener Schritte zur Durchführung des gemeinsamen Plans bezeichnet. Das kam zum Ausdruck, wie angegeben wird, in der geheimen Aufrüstung, in dem Ausscheiden Deutschlands aus der Abrüstungskonferenz und dem Völkerbund, in der allgemeinen Wehrpflicht und in der Besetzung des Rheinlandes. Schließlich wurden, so heißt es in der Anklageschrift, Angriffshandlungen gegen Österreich und die Tschechoslowakei in den Jahren 1936 bis 1938 geplant und durchgeführt; darauf folgten die Kriegsplanung und die Kriegführung gegen Polen und dann nacheinander gegen zehn andere Länder.

Die Anklagebehörde sagt dem Sinne nach, daß jede bedeutsame Beteiligung an den Angelegenheiten der Nazi-Partei oder der Regierung einen Beweis für die Beteiligung an einer an und für sich schon verbrecherischen Verschwörung darstelle. Der Begriff Verschwörung ist im Statut nicht definiert. Doch muß nach Ansicht des Gerichtshofs die Verschwörung in bezug auf ihre verbrecherischen Absichten deutlich gekennzeichnet sein. Sie darf vom Entschluß und von der Tat zeitlich nicht zu weit entfernt sein. Soll das Planen als verbrecherisch bezeichnet werden, so kann es nicht allein von den in einem Parteiprogramm enthaltenen Erklärungen abhängen, wie sie in den im Jahre 1920 verkündeten 25 Punkten der Nazi-Partei zu finden sind, und auch nicht von den in späteren Jahren in »Mein Kampf« enthaltenen politischen Meinungsäußerungen. Der Gerichtshof muß untersuchen, ob ein konkreter Plan zur Kriegführung bestand, und bestimmen, wer an diesem konkreten Plane teilgenommen hat.

Es ist nicht notwendig zu entscheiden, ob durch das Beweismaterial das Bestehen einer einzigen Hauptverschwörung unter den Angeklagten erwiesen worden ist. Die Machtergreifung durch die Nazi-Partei und die darauffolgende Beherrschung aller Gebiete des wirtschaftlichen und sozialen Lebens durch den Nazi-Staat muß selbstverständlich bei der Prüfung der späteren Kriegspläne in Betracht gezogen werden. Daß bereits am 5. November 1937 und wahrscheinlich noch früher Kriegspläne geschmiedet wurden, liegt klar zutage. Und daran anschließend wurden solche Vorbereitungen nach vielen Richtungen hin fortgesetzt, und zwar gegen viele friedliche Länder. In der Tat bildete die Kriegsdrohung – und nötigenfalls der Krieg – einen wesentlichen Bestandteil der Nazi-Politik. Aus der Beweisführung geht jedoch mit Bestimmtheit eher das Bestehen vieler einzelner Pläne hervor, als eine einzige alle solche Pläne umfassende Verschwörung. Daß Deutschland von dem Augenblick an, da die Nazis die Macht ergriffen, der vollständigen Diktatur entgegeneilte und sich ständig in Richtung auf den Krieg bewegte, erhellt mit überwältigender Kraft aus der systematischen Reihenfolge von Angriffshandlungen und Kriegen, die in diesem Urteil bereits angeführt worden sind.

Nach Ansicht des Gerichtshofs ist das gemeinsame Planen zur Kriegsvorbereitung und zur Kriegführung in bezug auf bestimmte Angeklagte durch die Beweisführung erwiesen. Es erübrigt sich zu erwägen, ob eine einzige Verschwörung in dem Ausmaße und während des Zeitraumes, wie sie die Anklageschrift darlegt, schlüssig bewiesen worden ist. Ein fortgesetztes Planen, das den Angriffskrieg zum Ziel hatte, ist über jeden Zweifel hinaus erwiesen worden. Die wahre Lage wurde von Paul Schmidt, dem amtlichen Dolmetscher des Deutschen Auswärtigen Amtes, wie folgt treffend geschildert:

> »Die Allgemeinziele der Nazi-Führung waren von Anfang an augenscheinlich, nämlich die Beherrschung des europäischen Festlandes. Dies sollte erreicht werden erstens durch die Einverleibung aller deutschsprechenden Gruppen ins Reich und zweitens durch territoriale Ausdehnung unter dem Schlagwort ›Lebensraum‹. Die Durchführung dieser grundlegenden Ziele machte jedoch den Eindruck einer Improvisation. Jeder Schritt erfolgte, wie es den Anschein hatte, jeweils beim Auftauchen einer neuen Sachlage, aber sie waren alle im Einklang mit dem oben erwähnten Endziel.« (3308-PS, GB-288.)

Das Argument, daß ein solches gemeinsames Planen beim Bestehen einer vollständigen Diktatur nicht möglich sei, ist nicht stichhaltig. Ein Plan, an dessen Durchführung eine Anzahl von Personen teilnimmt, bleibt ein Plan, auch wenn er im Gehirn nur einer dieser Personen entstanden ist; und diejenigen, die den Plan ausführen, können ihrer Verantwortlichkeit nicht dadurch entgehen, daß sie nachweisen, sie hätten unter der Leitung des Mannes gehandelt, der den Plan entwarf. Hitler konnte keinen Angriffskrieg allein führen. Er benötigte die Mitarbeit von Staatsmännern, militärischen Führern, Diplomaten und Geschäftsleuten. Wenn diese seine Ziele kannten und ihm ihre Mitarbeit gewährten, so beteiligten sie sich an dem von ihm ins Leben gerufenen Plan. Wenn sie wußten, was sie taten, so können sie nicht aus dem Grunde als unschuldig betrachtet werden, weil Hitler von ihnen Gebrauch machte. Daß ihnen ihre Aufgaben von einem Diktator zugewiesen wurden, spricht sie von der Verantwortlichkeit für ihre Handlungen nicht frei. Das Verhältnis zwischen Führer und Geführten schließt Verantwortlichkeit ebensowenig aus, wie bei dem vergleichbaren Tyrannenverhältnis, wenn es sich um sonstige organisierte Verbrechen handelt.

Unter Anklagepunkt Eins fällt jedoch nicht nur die Verschwörung zum Zwecke der Führung von Angriffskriegen, sondern auch die Verschwörung zur Begehung von Kriegsverbrechen und Verbrechen gegen die Menschlichkeit. Abgesehen jedoch von der Verschwörung zur Durchführung von Angriffskriegen bezeichnet das Statut keinerlei Verschwörung als besonderes Verbrechen. Artikel 6 des Statuts sieht vor:

> »Anführer, Organisatoren, Anstifter und Teilnehmer, die am Entwurf oder der Ausführung eines gemeinsamen Planes oder einer Verschwörung zur Begehung eines der vorgenannten Verbrechen teilgenommen haben, sind für alle Handlungen verantwortlich, die von irgendeiner Person in Ausführung eines solchen Planes begangen worden sind.«

Nach Ansicht des Gerichtshofs fügen diese Worte den bereits aufgezählten Verbrechen kein neues, besonderes Verbrechen hinzu. Die Worte sind dazu bestimmt, die Verantwortlichkeit derjenigen Personen festzulegen, die an einem gemeinsamen Plan teilnehmen. Der Gerichtshof wird daher die im Anklagepunkt Eins enthaltenen Anschuldigungen, daß die Angeklagten an einer Verschwörung beteiligt waren, um Kriegsverbrechen und Verbrechen gegen die Humanität zu begehen, außer acht lassen und lediglich den gemeinsamen Plan, Angriffskriege vorzubereiten, einzuleiten und durchzuführen, in Betracht ziehen.

Kriegsverbrechen und Verbrechen gegen die Menschlichkeit.

Das auf Kriegsverbrechen bezügliche Beweismaterial ist überwältigend gewesen, sowohl was die Masse betrifft als auch in seinen Einzelheiten. Es ist unmöglich, in diesem Urteil einen angemessenen Überblick zu geben oder die in Form von Dokumenten oder mündlichen Aussagen vorgelegte Materialmasse zu verzeichnen. Feststeht, daß Kriegsverbrechen in größtem Ausmaße verübt worden sind wie nie zuvor in der Kriegsgeschichte. Sie wurden in allen von Deutschland besetzten Ländern und auf hoher See begangen, unter allen nur erdenklichen Begleiterscheinungen von Grausamkeit und Schrecken. Kein Zweifel kann darüber bestehen, daß sie größtenteils aus der Auffassung der Nazis vom »totalen Krieg« stammen, mit der die Angriffskriege geführt wurden. Denn bei dieser Auffassung des »totalen Krieges« werden die den Konventionen zugrundeliegenden sittlichen Ideen, die den Krieg menschlicher zu gestalten trachten, als nicht länger in Kraft oder Geltung befindlich angesehen. Alles wird dem gebieterischen Diktat des Krieges untergeordnet. Regeln, Verordnungen, Versicherungen und Verträge, eines wie das andere, haben keine Bedeutung mehr; befreit vom hemmenden Einfluß des Völkerrechts wird der Angriffskrieg von den Nazi-Führern auf möglichst barbarische Weise geführt. Demgemäß wurden Kriegsverbrechen begangen, wann und wo immer der Führer und seine engsten Mitarbeiter sie als vorteilhaft betrachteten. Zum größten Teile waren sie das Ergebnis kalter verbrecherischer Berechnung.

In manchen Fällen wurden Kriegsverbrechen mit Vorbedacht lange im voraus geplant. Im Falle der Sowjetunion sind die Ausplünderung der zu besetzenden Gebiete und die Mißhandlung der Zivilbevölkerung bis in die geringste Einzelheit festgelegt worden, bevor der Angriff begann. Bereits im Herbst 1940 ist der Überfall auf die Gebiete der Sowjetunion in Erwägung gezogen worden. Von diesem Zeitpunkt an wurden andauernd die Methoden besprochen, die zur Vernichtung jedes nur möglichen Widerstandes angewendet werden sollten.

In ähnlicher Weise hat die Deutsche Regierung bei Aufstellung der Pläne für die Verwertung der Bewohner der besetzten Gebiete zur Sklavenarbeit in größtem Maßstab dies als wesentlichen Bestandteil der Kriegswirtschaft angesehen und dieses besondere Kriegsverbrechen bis in die letzte fein ausgearbeitete Einzelheit geplant und organisiert.

Andere Kriegsverbrechen, wie die Ermordung entwichener und wieder eingebrachter Kriegsgefangener oder die Ermordung der Kommandos oder gefangener Flieger, oder die Vernichtung der Sowjetkommissare, waren das Ergebnis direkter und über die höchsten Dienststellen geleiteter Befehle.

Der Gerichtshof beabsichtigt daher, sich ganz im allgemeinen mit der Frage der Kriegsverbrechen zu befassen und später, anläßlich der Prüfung der diesbezüglichen Verantwortlichkeit der einzelnen Angeklagten, auf sie zurückzukommen. Kriegsgefangene wurden mißhandelt und gefoltert und ermordet, nicht nur unter Mißachtung der anerkannten Regeln des Völkerrechts, sondern unter vollständiger Außerachtlassung der elementarsten Vorschriften der Menschlichkeit. Zivilpersonen in den besetzten Gebieten erlitten das gleiche Schicksal. Ganze Bevölkerungen wurden nach Deutschland deportiert, um an Verteidigungswerken, bei der Rüstungsindustrie und ähnlichen mit dem Kriegseinsatz zusammenhängenden Aufgaben Sklavenarbeit zu leisten. Geiseln sind in sehr großer Anzahl aus den Zivilbevölkerungen aller besetzten Länder ausgehoben worden und wurden erschossen, wann und wie es den Deutschen gerade paßte. Öffentliches und privates Eigentum wurde planmäßig geraubt und geplündert, um Deutschlands Hilfsquellen auf Kosten des übrigen Europa zu vergrößern. Städte, Märkte und Dörfer wurden mutwillig zerstört, ohne jegliche militärische Rechtfertigung oder Notwendigkeit.

Ermordung und Mißhandlung von Kriegsgefangenen

Artikel 6b des Statuts bestimmt den Begriff des Kriegsverbrechens folgendermaßen:

> »Kriegsverbrechen: Nämlich: Verletzungen der Kriegsgesetze oder -gebräuche. Solche Verletzungen umfassen, ohne jedoch darauf beschränkt zu sein, Mord, Mißhandlungen oder Deportation zur Sklavenarbeit oder für irgendeinen anderen Zweck, von Angehörigen der Zivilbevölkerung von oder in besetzten Gebieten, Mord oder Mißhandlungen von Kriegsgefangenen oder Personen auf hoher See, Tötung von Geiseln, Plünderung öffentlichen oder privaten Eigentums, die mutwillige Zerstörung von Städten, Märkten oder Dörfern, oder jede durch militärische Notwendigkeit nicht gerechtfertigte Verwüstung.«

Im Verlauf des Krieges wurden zahlreiche alliierte Soldaten, die sich den Deutschen ergeben hatten, sofort erschossen, häufig als Folge einer vorsätzlichen berechneten Politik.[1] Am 18. Oktober 1942 setzte der Angeklagte Keitel eine von Hitler gebilligte Anordnung in Umlauf, die befahl, daß alle Angehörigen von alliierten »Kommando«-Truppen, häufig in Uniform, und bewaffnet oder unbewaffnet, bis »zum letzten Mann niedergemacht« werden sollten, selbst wenn sie sich zu ergeben versuchten. Es wurde ferner bestimmt, daß, falls solche alliierte Truppen nach vorheriger Festnahme durch die Ortspolizei oder auf irgendeine andere Weise in die Hände der militärischen Behörden fielen, sie sofort dem SD ausgeliefert werden sollten. Dieser Befehl wurde von Zeit zu Zeit ergänzt und war bis zum Ende des Krieges in Kraft, obgleich es nach den alliierten Landungen in der Normandie klargestellt wurde, daß der Befehl nicht auf die innerhalb des unmittelbaren Gefechtsbereichs gefangenen »Kommandos« anzuwenden sei. Auf Grund der Vorschriften dieses Befehls erlitten alliierte »Kommando«-Truppen und andere, unabhängig operierende militärische Einheiten in Norwegen, Frankreich, Tschechoslowakei und Italien den Tod. Viele von ihnen wurden an Ort und Stelle getötet, und in keinem Falle wurde denen, die später im Konzentrationslager hingerichtet wurden, jemals ein Gerichtsverfahren irgendwelcher Art gewährt. Zum Beispiel wurde eine amerikanische 12 bis 15 Mann starke und Uniform tragende Militärmission, welche im Januar 1945 hinter der deutschen Front im Balkan landete, auf Grund der Bestimmungen dieses Befehls nach Mauthausen gebracht, und laut Affidavit von Adolf Zutter, dem Adjutanten des Mauthausener Konzentrationslagers, wurden alle erschossen.

Im März 1944 erließ das OKH die »Kugel«-Verordnung, die verfügte, daß jeder entflohene Offiziers- und Unteroffiziers-Kriegsgefangene, der nicht zur Arbeit eingesetzt worden war, mit Ausnahme von englischen und amerikanischen Kriegsgefangenen, bei der Wiederergreifung der Sipo und dem SD ausgeliefert werden sollte. Dieser Befehl wurde von der Sipo und dem SD an ihre örtlichen Dienststellen verteilt. Diese entflohenen Offiziere und Unteroffiziere soll-

[1] Im engl. Text: ... as a matter of deliberated, calculated policy.

ten nach dem Konzentrationslager Mauthausen gebracht werden, um bei der Ankunft durch Genickschuß hingerichtet zu werden.

Im März 1944 wurden auf direkten Befehl Hitlers 50 Offiziere der britischen königlichen Luftstreitkräfte, die aus dem Lager Sagan, wo sie in Gefangenschaft waren, flüchteten, bei der Wiedergefangennahme erschossen. Ihre Leichen wurden sofort verbrannt, und die Urnen mit ihrer Asche wurden dem Lager zurückgeschickt. Es wurde von den Angeklagten nicht bestritten, daß dies nichts anderes als klaren Mord unter völligem Bruch des Völkerrechts darstellte.

Wenn alliierte Flieger zur Landung in Deutschland gezwungen waren, wurden sie manchmal sofort von der Zivilbevölkerung getötet. Die Polizei hatte Weisung, sich in diese Tötungen nicht einzumischen, und das Justizministerium wurde benachrichtigt, daß niemand wegen Teilnahme daran unter Anklage zu stellen sei.

Die Behandlung von Sowjetkriegsgefangenen war durch ganz besondere Unmenschlichkeit charakterisiert. Nicht allein die Handlungsweise einzelner Wachen oder die Folgen der Zustände im Lager waren schuld an dem Tod so vieler von ihnen. Es war die Folge von systematischen Mordplänen. Mehr als einen Monat vor dem deutschen Einfall in die Sowjetunion entwarf das OKW besondere Pläne zur Behandlung politischer, beim Sowjetheer diensttuender Vertreter, die in Gefangenschaft geraten würden. Ein Vorschlag war, daß »politische Kommissare des Heeres nicht als Kriegsgefangene anzuerkennen und spätestens im Durchgangsgefangenenlager zu beseitigen sind«. Der Angeklagte Keitel sagte aus, daß Anweisungen, die diesen Vorschlag enthielten, an die deutsche Armee ausgegeben wurden.

Am 8. September 1941 wurden Vorschriften zur Behandlung von Sowjetkriegsgefangenen in allen Kriegsgefangenenlagern erlassen, die von General Reinecke, dem Chef der Abteilung Kriegsgefangene des Oberkommandos, unterzeichnet waren. Diese Befehle führten aus:

> »Dadurch hat der bolschewistische Soldat jeden Anspruch auf Behandlung als ehrenhafter Soldat nach dem Genfer Abkommen verloren.
>
> ... Rücksichtsloses und energisches Durchgreifen bei den geringsten Anzeichen von Widersetzlichkeit insbesondere

gegenüber bolschewistischen Hetzern ist daher zu befehlen. Widersetzlichkeit, aktiver oder passiver Widerstand muß sofort mit der Waffe (Bajonett, Kolben und Schußwaffe) restlos beseitigt werden ...

Wer zur Durchsetzung eines gegebenen Befehls nicht oder nicht energisch genug von der Waffe Gebrauch macht, macht sich strafbar.

Auf flüchtige Kr. Gef. ist sofort ohne vorherigen Haltruf zu schießen. Schreckschüsse dürfen niemals abgegeben werden ... Waffengebrauch gegenüber sowjet. Kr. Gef. gilt in der Regel als rechtmäßig.« (1519-PS, GB-525.)

Die Sowjetkriegsgefangenen erhielten keine ausreichende Kleidung. Die Verwundeten erhielten keine ärztliche Behandlung, man ließ sie hungern und in vielen Fällen sterben.

Am 17. Juli 1941 erließ die Gestapo einen Befehl, der die Tötung aller Sowjetkriegsgefangenen, die dem Nationalsozialismus gefährlich waren oder sein könnten, anordnete. Der Befehl lautete:

»Aufgabe des Kommandos ist die politische Überprüfung aller Lagerinsassen und die Aussonderung und weitere Behandlung

a) der in politischer, krimineller oder in sonstiger Hinsicht untragbaren Elemente unter diesen,

b) jener Personen, die für den Wiederaufbau der besetzten Gebiete verwendet werden können.

... Weiter haben die Kommandos von Anfang an bemüht zu sein, unter den Gefangenen auch die zuverlässig erscheinenden Elemente, und zwar gleichgültig, ob es sich dabei um Kommunisten handelt oder nicht, herauszusuchen, um sie für ihre nachrichtendienstlichen Zwecke innerhalb des Lagers und, wenn vertretbar, später auch in den besetzten Gebieten dienstbar zu machen.

Es muß gelingen, durch Einsatz solcher V-Personen und unter Ausnutzung aller sonst vorhandenen Möglichkeiten zunächst unter den Gefangenen alle auszuscheidenden Elemente Zug um Zug zu ermitteln ...

Vor allem gilt es, ausfindig zu machen:

alle bedeutenden Funktionäre des Staates und der Partei, insbesondere

Berufsrevolutionäre, ... alle Volkskommissare ... der Roten Armee, die leitenden Persönlichkeiten ... bei den staatlichen Behörden, die führenden Persönlichkeiten des Wirtschaftslebens, die sowjetrussischen Intelligenzler, alle

Juden, alle Personen, die als Aufwiegler oder fanatische Kommunisten festgestellt werden ...

Exekutionen dürfen nicht im Lager oder in unmittelbarer Umgebung des Lagers durchgeführt werden ... die Gefangenen sind zur Sonderbehandlung möglichst auf ehemals sowjetrussische Gebiete zu verbringen.« (502-PS, US-486.)

Das Affidavit von Warlimont, dem stellvertretenden Stabschef der Wehrmacht, und das Zeugnis von Ohlendorf, dem früheren Chef von Amt III des RSHA, und von Lahousen, dem Leiter einer der Abteilungen der Abwehr, dem Spionagedienst der Wehrmacht, alle bezeugen die Gründlichkeit, mit der dieser Befehl ausgeführt wurde.

Das Affidavit von Kurt Lindow, einem früheren Gestapo-Beamten, besagt:

»... In den Kriegsgefangenenlagern der Ostfront bestanden kleinere Einsatzkommandos, die von Angehörigen der Geheimen Staatspolizei (Unterbeamten) geleitet wurden. Diese Kommandos waren den Lagerkommandanten zugeteilt und hatten die Aufgabe, die Kriegsgefangenen, die für eine Exekution gemäß den ergangenen Befehlen in Frage kamen, auszusondern und dem Geheimen Staatspolizeiamt zu melden.« (2542-PS, US-489.)

Am 23. Oktober 1941 sandte der Lagerkommandant des Konzentrationslagers Groß-Rosen an Müller, den Chef der Gestapo, ein Verzeichnis der dort am vorhergehenden Tag hingerichteten Sowjetkriegsgefangenen.

Ein Bericht über die allgemeinen Lebensbedingungen und die Behandlung von Sowjetkriegsgefangenen während der ersten acht Monate nach dem deutschen Angriff auf Rußland war in einem Brief enthalten, den der Angeklagte Rosenberg am 28. Februar 1942 an den Angeklagten Keitel schrieb:

»Das Schicksal der sowjetischen Kriegsgefangenen in Deutschland ist im Gegenteil eine Tragödie größten Ausmaßes ... Ein großer Teil von ihnen ist verhungert oder durch die Unbilden der Witterung umgekommen. Tausende sind auch dem Fleckfieber erlegen ... haben ... die Lagerkommandanten es der Zivilbevölkerung untersagt, den Kriegsgefangenen Lebensmittel zur Verfügung zu stellen, und sie lieber dem Hungertode ausgeliefert ... in vielen Fällen, in denen Kriegsgefangene auf dem Marsch vor Hunger und Erschöpfung nicht mehr mitkommen konnten, wurden sie vor den Augen der entsetzten Zivilbevölkerung erschossen und die Leichen liegen gelassen. In zahlreichen Lagern wurde für eine Unterkunft der Kriegsgefangenen überhaupt nicht gesorgt. Bei Regen und Schnee lagen sie unter freiem Himmel. Ja, es wurde ihnen nicht einmal das Gerät zur Verfügung gestellt, um sich Erdlöcher oder Höhlen zu graben.« (081-PS, USSR-353.)

In einigen Fällen wurden Sowjetkriegsgefangene mit einem besonderen dauerhaften Merkmal gebrandmarkt. Der OKW-Befehl, datiert vom 20. Juli 1942, wurde als Beweis vorgelegt; derselbe ordnete an:

»Das Merkmal besteht in einem nach unten geöffneten spitzen Winkel von etwa 45° und 1 cm Schenkellänge auf der linken Gesäßhälfte ... Es ist mit Lanzetten, wie sie bei jeder Truppe vorhanden sind, auszuführen. Als Farbstoff ist chinesische Tusche zu verwenden ...« (USSR-15.)

Die Militärbehörden waren für die Durchführung dieses Befehls verantwortlich, obwohl er in weitem Maße vom Chef der Sicherheitspolizei und des SD an deutsche Polizeibeamte zwecks Kenntnisnahme verteilt wurde.

Außerdem wurden Sowjetgefangene zum Gegenstand medizinischer Versuche grausamster und unmenschlichster Art gebraucht. Im Juli 1943 wurden Versuche zur Vorbereitung eines bakteriologischen Feldzugs begonnen; Sowjetgefangene wurden zu diesen medizinischen Versuchen verwendet; in der Mehrzahl der Fälle hatten diese den Tod zur Folge. Im Zusammenhang mit diesem bakteriologischen Feldzuge wurden auch Vorbereitungen für das Ausstreuen einer Bakterienemulsion von Flugzeugen aus getroffen, mit dem Zweck, ausgedehnte Fehlernten und eine daraus folgende Hungersnot zu erzielen. Diese Maßnahmen kamen nie zur Anwendung, möglicherweise wegen der schnellen Verschlechterung der militärischen Lage Deutschlands.

Der als Verteidigung gegen die Anschuldigung des Mordes und der Mißhandlung von Sowjetkriegsgefangenen angeführte Grund, nämlich daß die USSR die Genfer Konvention nicht unterschrieben hatte, entbehrt jeglicher Grundlage. Am 15. September 1941 protestierte Admiral Canaris gegen die Anweisungen für die Behandlung von Sowjetkriegsgefangenen, die von General Reinecke am 8. September 1941 unterzeichnet worden waren. Damals erklärte er:

»Das Genfer Kriegsgefangenenabkommen gilt zwischen Deutschland und der UdSSR nicht, daher gelten lediglich die Grundsätze des allgemeinen Völkerrechts über die Behandlung von Kriegsgefangenen. Diese haben sich seit dem 18. Jahrhundert dahin gefestigt, daß die Kriegsgefangenschaft weder Rache noch Strafe ist, sondern lediglich Sicherheitshaft, deren einziger Zweck es ist, die Kriegsgefangenen an der weiteren Teilnahme am Kampf zu verhindern. Dieser Grundsatz hat sich im Zusammenhang mit der bei allen Heeren geltenden Anschauung entwickelt, daß es der militärischen Auffassung widerspreche, Wehrlose zu töten oder zu verletzen; ... Die als Anl. ... beigefügten Anordnungen für die Behandlung sowjetischer Kriegsgefangener gehen von einer grundsätzlich anderen Auffassung aus.« (EC-338, USSR-356.)

Dieser Protest, der die rechtliche Lage richtig wiedergab, wurde nicht beachtet. Der Angeklagte Keitel machte zu dieser Denkschrift eine Notiz:

»Die Bedenken entsprechen den soldatischen Auffassungen vom ritterlichen Krieg! Hier handelt es sich um die Vernichtung einer Weltanschauung! Deshalb billige ich diese Maßnahmen und decke sie.«

Ermordung und Mißhandlung der Zivilbevölkerung.

Artikel 6b des Statuts erklärt, daß »Mißhandlungen der Zivilbevölkerung von oder in besetzten Gebieten ... Töten von Geiseln ... mutwillige Zerstörung von Städten und Dörfern« ein Kriegsverbrechen darstellen. Im wesentlichen bedeuten diese Vorschriften lediglich eine Wiederholung bestehender Kriegsgesetze, wie sie in Artikel 46 der Haager Konvention enthalten sind, wo es heißt:

»Die Ehre und die Rechte der Familie, das Leben der Bürger und das Privateigentum sowie die religiösen Überzeugungen und gottesdienstlichen Handlungen sollen geachtet werden ...« (Reichsgesetzblatt 1910, Seite 147.)

Die von Deutschland besetzten Gebiete wurden in einer das Kriegsrecht verletzenden Weise verwaltet. Das Beweismaterial für eine systematische Herrschaft von Gewalttätigkeit, Roheit und Schrecken ist völlig erdrückend. Am 7. Dezember 1941 erließ Hitler den in der Folge als »Nacht-und-Nebel«-Erlaß bekannten Befehl, auf Grund dessen

Personen, die sich eines Vergehens gegen das Reich oder die deutschen Streitkräfte in den besetzten Gebieten schuldig machten, jedoch mit Ausnahme derer, gegen die ein Todesurteil mit Sicherheit zu erwarten war, insgeheim nach Deutschland zu überführen seien, um der Sipo und dem SD übergeben und in Deutschland verurteilt und bestraft zu werden. Dieser Erlaß wurde von dem Angeklagten Keitel unterzeichnet. Nach Ankunft dieser Zivilpersonen in Deutschland durfte kein Wort von ihnen das Land, aus dem sie kamen, oder ihre Verwandten erreichen; sogar in Fällen, wo sie noch vor der Urteilsfällung starben, wurden die Familien nicht in Kenntnis gesetzt, was den Zweck hatte, bei den Familien der verhafteten Personen Befürchtungen zu erregen. Der von Hitler beim Erlaß dieser Verordnung verfolgte Zweck wurde vom Angeklagten Keitel in seinem Begleitbrief vom 12. Dezember 1941 wie folgt erklärt:

> »Eine wirksame und nachhaltige Abschreckung ist nur durch Todesstrafen oder durch Maßnahmen zu erreichen, die die Angehörigen und die Bevölkerung über das Schicksal des Täters im Ungewissen halten. Diesem Zwecke dient die Überführung nach Deutschland.« (L-90, US-503.)

Sogar Personen, die lediglich verdächtig waren, sich irgendeiner Richtlinie der deutschen Besatzungsbehörden widersetzt zu haben, wurden verhaftet und bei ihrer Verhaftung durch die Gestapo und den SD in der abscheulichsten Weise verhört. Am 12. Juni 1942 erließ der Chef der Sipo und des SD durch den Chef der Gestapo, Müller, einen Befehl, der zur Anwendung der Methode »Verschärfte Vernehmung« ermächtigte, falls vorläufige Erhebungen zum Schluß geführt hätten, daß die betreffende Person über wichtige Angelegenheiten, so zum Beispiel Aufstandsbewegungen, Auskunft geben könne, jedoch nicht zum Zwecke der Erpressung von Geständnissen bezüglich von dem Gefangenen selbst begangener Verbrechen. Dieser Befehl sah vor:

> »... verschärfte Vernehmung darf unter dieser Voraussetzung nur angewendet werden gegen Kommunisten, Marxisten, Bibelforscher, Saboteure, Terroristen, Angehörige der Widerstandsbewegungen, Fallschirmagenten, Asoziale, polnische oder sowjetrussische Arbeitsverweigerer oder Bummelanten.

In allen übrigen Fällen bedarf es grundsätzlich meiner vorherigen Genehmigung ...

Die Verschärfung kann je nach der Sachlage u. a. bestehen in: einfachste Verpflegung (Wasser und Brot), hartes Lager, Dunkelzelle, Schlafentzug, Ermüdungsübungen, aber auch in der Verabreichung von Stockhieben (bei mehr als 20 Stockhieben muß ein Arzt zugezogen werden).«(1531-PS, US-248.)

Die brutale Unterdrückung jeglicher Gegnerschaft zur deutschen Besatzung war nicht nur auf strenge Maßnahmen gegen die der Mitgliedschaft bei Widerstandsbewegungen verdächtigen Personen selbst beschränkt, sondern erstreckte sich auch auf ihre Familien. Am 19. Juli 1944 erließ der Befehlshaber der Sipo und des SD im Bezirk Radom in Polen einen Befehl, der durch die Höheren SS- und Polizeiführer weitergegeben wurde und der festlegte, daß in allen Fällen von Mord oder versuchtem Mord an Deutschen, oder in Fällen, wo Saboteure wichtige Anlagen zerstört hätten, nicht nur der Schuldige, sondern auch alle seine männlichen Verwandten zu erschießen seien, während alle weiblichen Verwandten über 16 Jahre in ein Konzentrationslager zu überführen seien. Im Sommer 1944 veranlaßte das Einsatzkommando der Sipo und des SD in Luxemburg die Inhaftierung von Personen im Konzentrationslager Sachsenhausen, da sie Verwandte von Fahnenflüchtigen waren und da deshalb »von ihnen zu erwarten war, daß sie die Interessen des Deutschen Reiches gefährden würden, wenn sie in Freiheit verblieben«.

Das Verfahren der Geiselverhaftung zur Verhinderung und Bestrafung jeder Art ziviler Unruhen wurde durch die Deutschen zur Anwendung gebracht. Ein Befehl, der von dem Angeklagten Keitel am 16. September 1941 erlassen wurde, spricht von 50 bis 100 Menschenleben aus den besetzten Gebieten der Sowjetunion für den Verlust eines deutschen Menschenlebens. Der Befehl erklärt: »Es muß in Betracht gezogen werden, daß ein Menschenleben in unruhigen Ländern oft nichts bedeutet und daß eine abschreckende Wirkung nur durch ungewöhnliche Strenge erzielt werden kann.« Die genaue Zahl der infolge dieses Verfahrens getöteten Personen ist unbekannt, jedoch wurde eine große Anzahl in Frankreich und den anderen besetzten Gebieten im Westen getötet, während im Osten Metzeleien in noch größerem Maßstabe stattfanden. Außer der Tötung von Geiseln wurden in einigen Fällen ganze Städte zerstört; solche Massenmorde, wie die in Oradour-sur-Glane in Frankreich und Lidice in der Tschechoslowakei, die beide dem Gericht in allen Einzelheiten beschrieben worden sind, sind Beispiele für die organisierte Anwendung des Schrekkens durch die Besatzungstruppen zwecks Niederschlagung und Vernichtung jeglichen Widerstandes gegenüber ihrer Herrschaft. Eine der berüchtigtsten Methoden, um die Einwohner der besetzten Gebiete in Schrecken zu halten, war die Einrichtung von Konzentrationslagern. Diese wurden zum ersten Male bei der Machtübernahme durch die Nazi-Regierung in Deutschland eingerichtet. Ihr ursprünglicher Zweck war die Einsperrung aller Personen ohne Prozeß, die Gegner der Regierung waren oder die in irgendeiner Weise den deutschen Behörden unliebsam erschienen. Mit Hilfe einer Geheimpolizei wurde diese Methode weitgehend ausgedehnt, und Konzentrationslager wurden mit der Zeit die Schauplätze organisierter und systematischer Morde, bei denen Millionen Menschen ums Leben kamen.

Die Verwaltung der besetzten Gebiete benutzte die Konzentrationslager zur Vernichtung aller Oppositionsgruppen. Die von der Gestapo verhafteten Personen wurden in der Regel in Konzentrationslager überführt. In zahlreichen Fällen wurden sie ohne jegliche Fürsorgemaßnahmen in die Lager abtransportiert, und eine große Anzahl starb während des Transportes. Diejenigen, die im Lager ankamen, wurden systematischen Grausamkeiten ausgesetzt. Sie mußten schwere körperliche Arbeiten leisten, erhielten unzureichende Nahrung, Kleidung und Unterkunft und waren zu allen Zeiten den Härten eines gefühllosen Regimes und den persönlichen Launen der einzelnen Wachmannschaften ausgesetzt. Im Bericht vom 21. Juni 1945, herausgegeben von der Abteilung für Kriegsverbrechen des Generalstaatsanwalts der Dritten Armee der Vereinigten Staaten, werden die Zustände im Konzentrationslager Flossenbürg untersucht, und eine Stelle daraus mag hier zitiert werden:

> »Das Konzentrationslager Flossenbürg ist am besten als eine Fabrik des Todes zu beschreiben. Obwohl das Lager in erster Linie dem Zwecke des Arbeitseinsatzes für große Massen von Sklavenarbeitern dienen sollte, war ein anderer

seiner hauptsächlichsten Zwecke die Vernichtung von Menschenleben durch die bei der Behandlung der Gefangenen angewandten Methoden. Hunger und Hungerrationen, Sadismus, unzureichende Bekleidung, Vernachlässigung ärztlicher Betreuung, Krankheit, Schläge, Erhängen, Erfrieren, erzwungener Selbstmord, Erschießen etc. spielten eine führende Rolle zur Erreichung dieses Zieles. Gefangene wurden willkürlich ermordet; mutwillige Ermordung an Juden war häufig; Gifteinspritzungen und Genickschüsse waren alltägliche Erscheinungen, die schleichende Verbreitung von Typhusepidemien und Fleckfieber wurde zugelassen und diente als Mittel zur Ausrottung von Gefangenen. In diesem Lager hatten Menschenleben keinen Wert. Mord wurde ein alltägliches Ereignis, so alltäglich, daß die Unglücklichen einen schnellen Tod willkommen hießen.« (2309-PS, US-245.)

In einer Anzahl von Konzentrationslagern wurden zur Massenvernichtung der Insassen Gaskammern mit Öfen zum Verbrennen der Leichen eingerichtet. Von diesen wurden einige tatsächlich zur Ausrottung der Juden als Teil der »Endlösung« des jüdischen Problems verwendet. Die Mehrzahl der nichtjüdischen Insassen wurde zur körperlichen Arbeit verwendet, obwohl die Bedingungen, unter denen sie arbeiteten, körperliche Arbeit und Tod fast gleichsetzten. Diejenigen Insassen, die erkrankten und nicht mehr arbeitsfähig waren, wurden entweder in den Gaskammern ermordet oder in besondere Krankenhäuser überführt, wo ihnen völlig unzureichende ärztliche Behandlung zuteil wurde, wo sie womöglich noch schlechtere Nahrung erhielten als die arbeitenden Insassen und wo sie dem Tode überlassen wurden.

Die Ermordung und Mißhandlung der Zivilbevölkerung erreichte ihren Höhepunkt in der Behandlung der Bürger der Sowjetunion und Polens. Etwa vier Wochen vor der Invasion Rußlands wurden auf Befehl Himmlers Sonderabteilungen der Sipo und des SD, Einsatzgruppen genannt, gebildet, um den deutschen Armeen nach Rußland zu folgen, Partisanen und Mitglieder von Widerstandsbewegungen zu bekämpfen und Juden und kommunistische Führer sowie andere Teile der Bevölkerung auszurotten. Anfänglich wurden vier derartige Einsatzgruppen gebildet, von denen eine in den baltischen Staaten tätig war, eine in der Gegend von Moskau, eine in der Gegend von Kiew, während sich die letzte im Süden Rußlands betätigte. Ohlendorf, der frühere Chef des Amtes III des RSHA, der die vierte Gruppe führte, sagt in seiner eidesstattlichen Erklärung:

> »Als die deutsche Armee in Rußland einmarschierte, war ich Führer der Einsatzgruppe D im südlichen Sektor, und im Laufe des Jahres, während dessen ich Führer der Einsatzgruppe D war, liquidierte sie ungefähr 90000 Männer, Frauen und Kinder. Die Mehrzahl der Liquidierten waren Juden, aber es waren unter ihnen auch einige kommunistische Funktionäre.« (2620-PS, US-919.)

In einem von dem Angeklagten Keitel am 23. Juli 1941 herausgegebenen Befehl, dessen Entwurf von dem Angeklagten Jodl stammt, wird erklärt:

> »Im Hinblick auf die weite Ausdehnung der besetzten Gebiete im Osten werden die für Sicherheitszwecke vorhandenen Kräfte in diesen Gebieten nur dann genügen, wenn jeder Widerstand bestraft wird, nicht durch gesetzliche Verfolgung des Schuldigen, sondern durch Verbreitung eines solchen Terrors durch die Wehrmacht, der geeignet ist, jede Neigung zum Widerstand unter der Bevölkerung auszumerzen ... Kommandeure müssen die Mittel finden, um die Ordnung durch drakonische Maßnahmen aufrechtzuerhalten.«

Das Beweismaterial hat ergeben, daß dieser Befehl in den Gebieten der Sowjetunion und Polens rücksichtslos durchgeführt wurde. Ein bezeichnendes Licht auf die tatsächlich angewandten Maßnahmen wirft das Dokument, welches im Jahre 1943 von dem Reichskommissar für die Ostgebiete[1] an den Angeklagten Rosenberg gesandt wurde und in dem er schreibt:

> »Wohl aber ist es möglich, Grausamkeiten zu vermeiden und die Liquidierten zu begraben, Männer, Frauen und Kinder in Scheunen zu sperren und diese anzuzünden scheint mir selbst dann keine geeignete Methode der Bandenbekämpfung zu sein, wenn man die Bevölkerung ausrotten will. Diese Methode ist der deutschen Sache nicht würdig und tut unserem Ansehen stärksten Abbruch.« (R-135, US-289.)

[1] Richtig muß es heißen: »Reichskommissar für das Ostland«.

Dem Gericht wurde eine eidesstattliche Erklärung vom 10. November 1945 eines gewissen Hermann Gräbe vorgelegt, in der die riesigen Massenermordungen beschrieben sind, deren Augenzeuge er war. Er war vom September 1941 bis Januar 1944 Leiter und Chefingenieur einer Filiale der Solinger Firma Joseph Jung in Sdolbunow in der Ukraine. Zunächst beschrieb er den Angriff auf das jüdische Ghetto in Rowno:

»... daraufhin wurden die in und um das Ghetto errichteten elektrischen Bogenlampen eingeschaltet. SS- und die Miliztrupps von je 4–6 Personen drangen nun in die Häuser ein oder versuchten einzudringen. Wo die Türen und Fenster verschlossen waren und die Hauseinwohner auf Klopfen nicht öffneten, schlugen die SS- oder Milizleute die Fenster ein, brachen die Türen mit Balken und Brecheisen auf und drangen in die Wohnungen ein. Wie die Bewohner gingen und standen, ob sie bekleidet oder im Bette lagen ... Waggon auf Waggon füllte sich, unaufhörlich ertönte das Geschrei der Frauen und Kinder, das Klatschen der Peitschen und die Gewehrschüsse.« (2992-PS, US-494.)

Weiter beschreibt Gräbe, wie eine Massentötung, welcher er am 5. Oktober 1942 beiwohnte, in Dubno durchgeführt wurde:

»Jetzt hörte ich kurz nacheinander Gewehrschüsse hinter einem der Erdhügel. Die von dem Lastwagen abgestiegenen Menschen, Männer, Frauen und Kinder jeden Alters, mußten sich auf Aufforderung eines SS-Mannes, der in der Hand eine Reit- oder Hundepeitsche hielt, ausziehen ... Ohne Geschrei oder Weinen zogen sich diese Menschen aus, standen in Familiengruppen beisammen, küßten und verabschiedeten sich und warteten auf den Wink eines anderen SS-Mannes, der an der Grube stand und ebenfalls eine Peitsche in der Hand hielt ... Da rief schon der SS-Mann an der Grube seinem Kameraden etwas zu. Dieser teilte ungefähr 20 Personen ab und wies sie an, hinter den Erdhügel zu gehen ... Ich ging um den Erdhügel herum und stand vor dem riesigen Grab. Dicht aneinandergepreßt lagen die Menschen aufeinander, daß nur die Köpfe zu sehen waren ... Die Grube war bereits dreiviertel voll. Nach meiner Schätzung lagen darin bereits ungefähr 1000 Menschen ... Schon kam die nächste Gruppe heran, stieg in die Grube herab, reihte sich an die vorherigen Opfer an und wurde erschossen.« (2992-PS, US-494.)

Die erwähnten, an der Zivilbevölkerung begangenen Verbrechen sind entsetzlich genug, und doch zeigt das Beweismaterial, daß jedenfalls im Osten die Massenmorde und Greueltaten nicht nur zum Zwecke begangen wurden, um Opposition oder Widerstand gegenüber den deutschen Besatzungstruppen zu brechen. In Polen und in der Sowjetunion waren diese Verbrechen Teil eines Planes, der darauf zielte, die ganze einheimische Bevölkerung durch Austreibung und Vernichtung zu beseitigen, um ihr Gebiet von den Deutschen für Siedlungszwecke verwenden zu können. Hitler hatte in »Mein Kampf« über diese Methode geschrieben, und der Plan wurde von Himmler im Juli 1942 klar dargelegt. Er schrieb damals folgendes:

> »Unsere Aufgabe ist es, den Osten nicht im alten Sinne zu germanisieren, das heißt den dort wohnenden Menschen deutsche Sprache und deutsche Gesetze beizubringen, sondern dafür zu sorgen, daß im Osten nur Menschen wirklich deutschen, germanischen Blutes wohnen.« (2915-PS, US-306.)

Im August 1942 wurde das Verfahren für die Ostgebiete, so wie es von Bormann niedergelegt worden war, von einem Mitarbeiter Rosenbergs wie folgt zusammengefaßt:

> »Die Slawen sollen für uns arbeiten. Soweit wir sie nicht brauchen, mögen sie sterben. Impfzwang und deutsche Gesundheitsfürsorge sind daher überflüssig. Die slawische Fruchtbarkeit ist unerwünscht.« (R-36, US-699.)

Es war wiederum Himmler, der im Oktober 1943 folgendes erklärte:

> »Wie es den Russen geht, wie es den Tschechen geht, ist mit total gleichgültig. Das, was in den Völkern an gutem Blut unserer Art vorhanden ist, werden wir uns holen, indem wir ihnen, wenn notwendig, die Kinder rauben und sie bei uns großziehen. Ob die anderen Völker in Wohlstand leben oder ob sie verrecken vor Hunger, das interessiert mich nur soweit, als wir sie als Sklaven für unsere Kultur brauchen, anders interessiert mich das nicht.« (1919-PS, US-170.)

In Polen war die Vernichtung der Intelligenzschicht bereits im September 1939 vorgesehen worden, und im Mai 1940 schrieb der Angeklagte Frank in sein Tagebuch, »daß wir die Tatsache, daß die Weltaufmerksamkeit auf die Westfront gerichtet ist, zur Massenliquidation von Tausenden von Polen, der führenden Vertreter der polnischen Intelligenz zuerst, benutzen sollen.«

Zu einem früheren Zeitpunkt war Frank angewiesen worden, »die gesamte Wirtschaft Polens auf das absolut notwendige Minimum für die bloße Existenz zu reduzieren. Die Polen sollen die Sklaven des Großdeutschen Weltreiches sein«. Im Januar 1940 vermerkte er in seinem Tagebuch: »Billige Arbeitskräfte müssen zu Hunderttausenden aus dem Generalgouvernement herausgeholt werden. Dies wird die biologische Verbreitung der Eingeborenen verhindern.« Die Deutschen führten diese Politik in Polen mit solchem Erfolg durch, daß gegen Ende des Krieges ein Drittel der Bevölkerung getötet und das ganze Land verwüstet war.

Dasselbe ereignete sich in den besetzten Gebieten der Sowjetunion. Zur Zeit des Beginns des deutschen Angriffs im Juni 1941 sagte Rosenberg zu seinen Mitarbeitern:

> »Die deutsche Volksernährung steht in diesen Jahren zweifellos an der Spitze der deutschen Forderungen im Osten, und hier werden die Südgebiete und Nordkaukasien einen Ausgleich für die deutsche Volksernährung zu schaffen haben ... Zweifellos wird eine sehr umfangreiche Evakuierung notwendig sein und dem Russentum werden sicher sehr schwere Jahre bevorstehen.« (1058-PS, US-147.)

Drei bis vier Wochen später erörterte Hitler mit Rosenberg, Göring, Keitel und anderen seinen Plan der Ausbeutung der sowjetischen Bevölkerung und des sowjetrussischen Gebietes, der unter anderem die Evakuierung der Bewohner der Krim und die Besiedlung derselben durch Deutsche einschloß.

Ein ähnliches Schicksal war von dem Angeklagten von Neurath im August 1940 für die Tschechoslowakei geplant. Die Intelligenzschicht sollte »vertrieben«, der Rest der Bevölkerung sollte jedoch eher germanisiert, als ausgewiesen oder vernichtet werden, da nicht genügend Deutsche vorhanden wären, um sie zu ersetzen. Im Westen war die Bevölkerung des Elsaß das Opfer einer »Austreibungsaktion«. Zwischen Juli und Dezember 1940 wurden 105 000 Elsässer entweder von ihren Heimstätten deportiert oder an der Rückkehr dorthin gehindert. Ein erbeuteter deutscher Bericht vom 7. August 1942 über das Elsaß besagt:

»Das rassische Problem wird in den Vordergrund gestellt, und zwar in der Weise, daß rassisch wertvolle Personen in das Altreich und rassisch minderwertige nach Frankreich ausgesiedelt werden sollen.«

Plünderung öffentlichen und privaten Eigentums.

Artikel 49 der Haager Konvention bestimmt, daß eine Besatzungsmacht das Recht habe, in dem besetzten Gebiet Auflagen in Geld zu erheben, um die Bedürfnisse des Besatzungsheeres und der Verwaltung dieses Gebietes zu decken. Artikel 52 der Haager Konvention sieht vor, daß die Besatzungsmacht Naturalleistungen nur für die Bedürfnisse des Besatzungsheeres fordern kann und daß diese Forderungen im Verhältnis zu den Hilfsquellen des Landes stehen müssen. Diese Artikel, im Zusammenhang mit Artikel 48, der sich auf die Verwendung der Steuereinkünfte bezieht, und den Artikeln 53, 55 und 56, die sich mit öffentlichem Eigentum beschäftigen, machen es klar, daß unter den Kriegsregeln das Wirtschaftssystem eines besetzten Landes nur zur Tragung der Besatzungskosten herangezogen werden kann und daß diese nicht größer sein dürfen, als billigerweise von der Wirtschaft des Landes zu erwarten ist. Artikel 56 lautet folgendermaßen:

»Das Eigentum der Gemeinden und der dem Gottesdienst, der Wohltätigkeit, dem Unterrichte, der Kunst und der Wissenschaft gewidmeten Anstalten, auch wenn diese dem Staate gehören, ist als Privateigentum zu behandeln.

Jede Beschlagnahme, jede absichtliche Zerstörung oder Beschädigung von derartigen Anlagen, von geschichtlichen Denkmälern oder von Werken der Kunst ist untersagt und soll geahndet werden.« (Reichsgesetzblatt 1910, Seite 150.)

Das Beweismaterial im vorliegenden Falle hat jedoch dargelegt, daß die von Deutschland besetzten Gebiete für den deutschen Kriegseinsatz in der unbarmherzigsten Weise ausgebeutet wurden, ohne Rücksichtnahme auf die örtliche Wirtschaft und in Verfolg einer vorbedachten Planung und Politik. Tatsächlich lag systematisch »Plünderung öffentlichen oder privaten Eigentums« vor, die vom Artikel 6b des Statuts als verbrecherisch bezeichnet wurde. Die deutsche Besatzungspolitik wurde klar in einer Rede festgelegt, die der Angeklagte Göring am 6. August 1942 vor verschiedenen deutschen Besatzungsbehörden hielt:

> »Sie sind weiß Gott nicht hingeschickt, um für das Wohl und Wehe der Ihnen anvertrauten Völker zu arbeiten, sondern um das Äußerste herauszuholen, damit das deutsche Volk leben kann. Das erwarte ich von Ihren Energien. Die ewige Sorge für die Fremden muß jetzt endlich einmal aufhören.
>
> Ich habe hier Berichte liegen darüber, was Sie zu liefern gedenken. Es ist gar nichts, wenn ich Ihre Länder betrachte. Es ist mir dabei gleichgültig, ob Sie sagen, daß Ihre Leute wegen Hunger umfallen.« (Protokoll Band VIII, Seite 56/57.)

Die zur völligen Ausbeutung der Wirtschaftsquellen der besetzten Gebiete benutzten Methoden waren bei jedem einzelnen Land verschieden. In einigen der besetzten Länder im Osten und Westen wurde die Ausbeutung im Rahmen der bestehenden Wirtschaftsordnung durchgeführt, Die örtlichen Industrien wurden unter deutsche Aufsicht gestellt, und die Verteilung der Kriegsmaterialien wurde aufs schärfste kontrolliert. Die für den deutschen Kriegseinsatz als wertvoll betrachteten Industrien wurden gezwungen weiterzuarbeiten, und die meisten der übrigen wurden ganz stillgelegt. Rohstoffe und Fertigerzeugnisse wurden gleichermaßen für die Bedürfnisse der deutschen Industrie beschlagnahmt. Schon am 19. Oktober 1939 hatte der Angeklagte Göring eine Weisung ausgegeben, die genaue Richtlinien für die Verwaltung der besetzten Gebiete enthielt; sie sah vor:

> »Die Aufgabenstellung für die wirtschaftliche Behandlung der einzelnen Verwaltungsbezirke ist verschieden je nachdem, ob es sich um Land handelt, welches dem Deutschen Reich politisch angegliedert wird, oder um das Generalgouvernement, das voraussichtlich nicht zum Reichsgebiet geschlagen werden wird.
>
> Während in den erstgenannten Bezirken ... die Erhaltung ihrer Produktionskraft und ihrer Vorräte und die möglichst rasche und vollständige Eingliederung in die gesamtdeutsche Wirtschaft zu betreiben ist, müssen aus den Gebieten des Generalgouvernements alle für die deutsche Kriegswirtschaft brauchbaren Rohstoffe, Altstoffe, Maschinen usw. herausgenommen werden. Betriebe, die nicht für die notdürftige Aufrechterhaltung des nackten Lebens der Bewoh-

nerschaft unbedingt notwendig sind, müssen nach Deutschland überführt werden, soweit nicht die Übertragung unverhältnismäßig viel Zeit erfordert und deshalb ihre Beschäftigung mit deutschen Aufträgen an Ort und Stelle zweckmäßiger ist.« (EC-410, US-298.)

Auf Grund dieser Anordnung wurden landwirtschaftliche Erzeugnisse, Rohstoffe, die von deutschen Fabriken benötigt wurden, Maschinenwerkzeuge, Verkehrsmittel, andere Fertigerzeugnisse und sogar ausländische Wertpapiere und Devisenguthaben beschlagnahmt und nach Deutschland gesandt. Diese Vermögenswerte wurden in einer Weise beschlagnahmt, die in keinerlei Verhältnis zu den wirtschaftlichen Kräften jener Länder stand, und führten zu Hungersnot, Inflation und einem lebhaften schwarzen Markt. Zunächst versuchten die deutschen Besatzungsbehörden, den schwarzen Markt zu unterbinden, da er dazu diente, örtliche Erzeugnisse in einer Weise zu vertreiben, die sie den Händen der Deutschen entzog. Als die Versuche der Unterdrückung fehlschlugen, wurde eine deutsche Einkaufszentrale organisiert, um auf dem schwarzen Markt für Deutschland einzukaufen und so dafür zu sorgen, daß die Versicherung des Angeklagten Göring eingehalten werde: es sei »notwendig, daß jedermann wisse, daß, wenn irgendwo Hungersnot herrsche, dies keinesfalls in Deutschland der Fall sein werde«.

In vielen der besetzten Länder im Osten und Westen hielten die Behörden den Anschein aufrecht, als ob sie für alles beschlagnahmte Gut bezahlten. Dieser mühsam aufrechterhaltene Vorwand einer Zahlung verbarg nur die Tatsache, daß die aus diesen besetzten Ländern nach Deutschland geschickten Güter von den besetzten Ländern selbst bezahlt wurden, und zwar entweder durch die Aufrechnung mit übermäßigen Besatzungskosten, oder aber durch Zwangsanleihen als Gegenleistung für ein Kreditsaldo, eines sogenannten »Clearing-Kontos«, welches nur dem Namen nach ein Konto war.

In den meisten besetzten Ländern des Ostens wurde sogar dieser Vorwand von Gesetzlichkeit nicht aufrechterhalten; wirtschaftliche Ausbeutung wurde zu vorsätzlicher Plünderung. Diese Politik wurde zuerst in der Verwaltung des Generalgouvernements in Polen in die Tat umgesetzt.

In der Hauptsache erstreckte sich die Ausbeutung der Rohprodukte des Ostens auf landwirtschaftliche Erzeugnisse, und bedeutende Mengen an Lebensmitteln wurden vom Generalgouvernement nach Deutschland transportiert.

Das Beweismaterial über eine weitverbreitete Hungersnot des polnischen Volkes im Generalgouvernement deutet auf die Rücksichtslosigkeit und die Härte hin, mit der die Ausbeutungspolitik betrieben wurde.

Die Besetzung der Gebiete der USSR war durch eine vorsätzliche und systematische Plünderung gekennzeichnet. Vor dem Angriff auf die USSR wurde ein Wirtschaftsstab – Oldenburg – aufgestellt, um eine möglichst wirksame Ausbeutung der Sowjetgebiete zu gewährleisten. Die deutschen Armeen sollten aus dem Sowjetgebiet verpflegt werden, auch wenn »viele Millionen Menschen verhungern würden«. Ein vor dem Angriff erteilter OKW-Befehl lautet wie folgt:

> »Soviel wie möglich Lebensmittel und Mineralöl für Deutschland zu gewinnen ist das wirtschaftliche Hauptziel der Aktion.« (Protokoll Band VIII, Seite 31; USSR-10.)

In gleicher Weise hatte eine Erklärung des Angeklagten Rosenberg vom 20. Juni 1941 die Verwendung von Erzeugnissen Südrußlands und des nördlichen Kaukasus zum Zwecke der Verpflegung des deutschen Volkes empfohlen, und zwar wie folgt:

> »Wir sehen durchaus nicht die Verpflichtung ein, aus diesen Überschußgebieten das russische Volk mit zu ernähren. Wir wissen, daß das eine harte Notwendigkeit ist, die außerhalb jeden Gefühls steht.« (1058-PS, US-147.)

Nach der Besetzung des Sowjetgebietes wurde diese Politik in die Tat umgesetzt. Es fanden Beschlagnahmungen landwirtschaftlicher Erzeugnisse in großem Umfange statt unter vollständiger Mißachtung der Bedürfnisse der Bewohner des besetzten Gebietes.

Zu der Beschlagnahme von Rohmaterialien und Fertigwaren kam eine großangelegte Beschlagnahme von Kunstschätzen, Möbeln, Spinnstoffen und ähnlichen Erzeugnissen in allen besetzten Ländern.

Am 29. Januar 1940 wurde der Angeklagte Rosenberg durch Hitler zum Leiter der Zentralstelle für nationalsozialistische Weltanschauungs- und Erziehungsforschung ernannt, und dadurch übte die als »Einsatzstab Rosenberg« bekannte Organisation ihre Tätigkeit in größtem Maßstabe aus. Ursprünglich damit beauftragt, eine Forschungsbibliothek zu gründen, entwickelte sie sich jedoch zu einem Plan für die Beschlagnahme von Kulturschätzen. Am 1. März 1942 erließ Hitler eine weitere Verordnung, durch welche Rosenberg ermächtigt wurde, Bibliotheken, Logen und kulturelle Einrichtungen zu durchsuchen und Material aus diesen Institutionen sowie in jüdischem Besitz befindliche Kulturschätze zu beschlagnahmen. Ähnliche Befehle wurden erteilt für Fälle, in denen sich der Besitzer nicht einwandfrei ermitteln ließ. In der Verordnung wurde das Oberkommando der Wehrmacht zur Mitarbeit angewiesen, und es wurde darauf hingewiesen, daß Rosenbergs Tätigkeit im Westen in seiner Eigenschaft als Reichsleiter und im Osten in derjenigen als Reichsminister durchgeführt werden sollte. Später wurden Rosenbergs Befugnisse auf die besetzten Länder ausgedehnt. Der Bericht von Robert Scholz, Chef des Sonderstabes »Schöne Künste«, gab an:

> »In der Zeit vom März 1941 bis Juli 1944 wurden vom Sonderstab Bildende Kunst ins Reich verbracht: 29 große Transporte, umfassend 137 Waggons mit 4174 Kisten mit Kunstwerken.« (1015-PS, US-385.)

Scholz' Bericht bezieht sich auf 25 Bildermappen der wertvollsten Werke aus den im Westen beschlagnahmten Kunstsammlungen; diese Mappen wurden dem Führer überreicht. 39 vom Einsatzstab zusammengestellte Bände enthielten Lichtbilder von Gemälden, Geweben, Möbeln, Kandelabern und zahlreichen anderen Kunstgegenständen und erläuterten Wert und Bedeutung der zusammengestellten Sammlungen. In vielen besetzten Ländern wurden Privatsammlungen ausgeraubt, Bibliotheken geplündert und Privathäuser bestohlen.

Museen, Paläste und Bibliotheken der besetzten Gebiete der USSR wurden systematisch ausgeplündert. Rosenbergs Einsatzstab, Ribbentrops Sonder-»Bataillon«, die Reichskommissare und die Vertreter des Militärkommandos beschlagnahmten kulturell und historisch wertvolle Gegenstände, die Eigentum der Bevölkerung der Sowjetunion waren, und brachten sie nach Deutschland. Der Reichskommissar für die Ukraine zum Beispiel schaffte Gemälde und Kunstgegenstände aus Kiew und Charkow fort und sandte sie nach Ostpreußen. Seltene Bücher und Kunstgegenstände aus den Palästen von Peterhof, Zarskoje Selo und Pawlowsk wurden nach Deutschland transportiert. In seinem Brief an Rosenberg vom 3. Oktober 1941 erwähnte Reichskommissar Kube, daß sich der Wert der aus Weißrußland fortgeschafften Kunstgegenstände auf mehrere Millionen Rubel belief. Die Ausmaße dieser Plünderung sind ferner ersichtlich aus dem von der Dienststelle Rosenberg an von Milde-Schreden gesandten Brief, in welchem erwähnt wird, daß allein im Monat Oktober 1943 ungefähr 40 mit kulturellen Wertgegenständen beladene Güterwagen nach Deutschland geleitet worden waren.

Hinsichtlich des Einwandes, daß die Beschlagnahme von Kunstschätzen eine Schutzmaßnahme darstellte und zu deren Erhaltung durchgeführt wurde, ist es notwendig, einige Worte zu bemerken. Am 1. Dezember 1939 erließ Himmler in seiner Eigenschaft als Reichskommissar für die Festigung deutschen Volkstums eine Verordnung an die örtlichen Gestapo-Beamten in den einverleibten Ostgebieten und an die Kommandeure des SD in Radom, Warschau und Lublin. Diese Verordnung enthielt Durchführungsbestimmungen für die Beschlagnahme von Kunstgegenständen, und Artikel 1 lautet wie folgt:

> »Um das Deutschtum in der Verteidigung des Reiches zu stärken, werden alle im Absatz 2 dieser Verfügung aufgeführten Gegenstände hiermit beschlagnahmt ... Sie werden zugunsten des Deutschen Reiches beschlagnahmt und dem Reichskommissar für die Stärkung des deutschen Volkstums zur Verfügung gestellt.«

Die Absicht, Deutschland durch diese Beschlagnahmungen zu bereichern und nicht etwa die beschlagnahmten Gegenstände sicherzustellen, geht aus einem undatierten Bericht von Dr. Hans Posse, dem Direktor der Staatlichen Gemäldegalerie in Dresden, hervor:

> »In Krakau und Warschau habe ich mir einen Einblick in die öffentlichen und privaten Sammlungen sowie den kirchlichen Besitz verschafft. Es bestätigte sich, daß außer den uns in Deutschland bereits bekannten Kunstwerken ... z. B. dem Veit-Stoß-Altar und den Tafeln des Hans von Kulmbach aus der Marienkirche in Krakau ... und einigen

Werken des Nationalmuseums in Warschau nicht allzuviel für eine Bereicherung des deutschen Besitzes an hoher Kunst (Malerei und Plastik) vorhanden ist.« (1600-PS, US-690.)

Die Politik der Zwangsarbeit.

Artikel 6b des Statuts sieht vor, daß »Mißhandlung oder Verschleppung der entweder aus einem besetzten Gebiet stammenden oder dort befindlichen Zivilbevölkerung zur Zwangsarbeit oder irgendeinem anderen Zwecke« als Kriegsverbrechen anzusehen sind. Die Vorschriften über Zwangsarbeit seitens der Bewohner von besetzten Gebieten finden sich in Artikel 52 der Haager Konvention, in dem es heißt:

»Naturalleistungen und Dienstleistungen können von Gemeinden oder Einwohnern nur für die Bedürfnisse des Besatzungsheeres gefordert werden. Sie müssen im Verhältnis zu den Hilfsquellen des Landes stehen und solcher Art sein, daß sie nicht für die Bevölkerung die Verpflichtungen enthalten, an Kriegsunternehmungen gegen ihr Vaterland teilzunehmen.« (Reichsgesetzblatt 1910, Seite 149.)

Die Politik der deutschen Besatzungsbehörden war eine offenkundige Verletzung der Bestimmungen dieser Konvention. Man kann sich ein ungefähres Bild über diese Politik an Hand einer Erklärung machen, die Hitler in einer am 9. November 1941 gehaltenen Rede abgab:

»Das Gebiet, das heute direkt für uns arbeitet, umfaßt mehr als 250 Millionen Menschen; das Gebiet, das in Europa indirekt für diesen Kampf arbeitet, umfaßt schon jetzt über 350 Millionen.

Soweit es sich nun um das deutsche Gebiet handelt, das Gebiet, das wir besetzt haben, das Gebiet, das wir jetzt in unsere Verwaltung genommen haben, so soll man nicht daran zweifeln, daß wir es fertigbringen, es in die Arbeit restlos einzuspannen.« (Protokoll Band V, Seite 494; RF-8.)

Die tatsächlich erzielten Ergebnisse waren nicht derart vollständig, es ist den deutschen Besatzungsbehörden jedoch gelungen, viele Bewohner der besetzten Gebiete zur Arbeit in der deutschen Kriegsindustrie zu zwingen und mindestens 5 Millionen Menschen zum Einsatz in der Industrie und Landwirtschaft nach Deutschland zu deportieren.

Im Anfangsstadium des Krieges waren die Arbeitskräfte der besetzten Gebiete der Kontrolle verschiedener Besatzungsbehörden unterworfen, und die Methode war von Land zu Land verschieden. In allen besetzten Gebieten wurde sofort die Arbeitsdienstpflicht eingeführt. Die Bewohner der besetzten Gebiete mußten sich melden und wurden örtlich zur Mitarbeit in der deutschen Kriegswirtschaft eingesetzt. In vielen Fällen wurden sie gezwungen, an deutschen Befestigungsarbeiten und militärischen Anlagen zu arbeiten. Als die örtlichen Rohstoffvorräte und die Leistungen der örtlichen Industrie nicht mehr ausreichten, um den deutschen Anforderungen gerecht zu werden, wurde das System der Deportation von Arbeitskräften nach Deutschland in Kraft gesetzt. Mitte April 1940 war die zwangsweise Deportation von Arbeitskräften nach Deutschland im Generalgouvernement befohlen worden, und eine ähnliche Methode wurde in anderen Ostgebieten nach ihrer Besetzung befolgt. Himmler gab eine Schilderung dieser zwangsweisen Deportation aus Polen. In einer Ansprache an SS-Offiziere erinnerte er daran, wie sie bei einer Temperatur von 40 Grad unter Null »Tausende, Zehntausende, Hunderttausende abzutransportieren« hatten. Bei einer späteren Gelegenheit erklärte Himmler:

> »Ob bei dem Bau eines Panzergrabens 10000 russische Weiber an Entkräftung umfallen..., interessiert mich nur insoweit, als der Panzergraben für Deutschland fertig wird... Wir müssen uns klar sein, daß wir 6 bis 7 Millionen Ausländer in Deutschland haben... Die sind alle nicht gefährlich, solange wir bei der kleinsten Kleinigkeit hart zuschlagen.« (1919-PS, US-170, Seite 23 und 43.)

Allerdings wurde während der ersten beiden Jahre der deutschen Besetzung Frankreichs, Belgiens, Hollands und Norwegens der Versuch gemacht, die notwendigen Arbeiter als Freiwillige zu erlangen. Wie erfolglos dies war, ist aus dem Sitzungsbericht des Ministerrats für Zentrale Planung vom 1. März 1944 zu ersehen. Kehrl, der Vertreter des Angeklagten Speer, sagte von der Lage in Frankreich:

> »Während dieser ganzen Zeit ist von Ihnen durch freiwillige Werbung eine große Zahl von Franzosen nach dem Reich gekommen.«

Er wurde vom Angeklagten Sauckel unterbrochen:

> »Auch durch Zwangswerbung.«

Kehrl antwortete darauf:

> »Die Zwangswerbung setzte ein, als die freiwillige Werbung nicht mehr genug ergab.«

Wozu der Angeklagte Sauckel bemerkte:

> »Von den 5 Millionen ausländischen Arbeitern, die nach Deutschland gekommen sind, sind keine 200 000 freiwillig gekommen.«

Und Kehrl erwiderte:

> »Ich will mal dahingestellt sein lassen, inwieweit ein leichter Druck dabei war. Es war jedenfalls formal freiwillig.« (R-124, US-179.)

Es wurden Ausschüsse eingesetzt, um die Anwerbung zu fördern, und ein energischer Propagandafeldzug begonnen, um Arbeiter zu veranlassen, sich freiwillig zum Dienste in Deutschland zu melden. In diesem Propagandafeldzug wurde beispielsweise das Versprechen abgegeben, daß für jeden Arbeiter, der nach Deutschland ginge, ein Kriegsgefangener heimgeschickt würde. Um nachzuhelfen, wurden in manchen Fällen Arbeitern, die sich weigerten, nach Deutschland zu gehen, die Lebensmittelkarten entzogen, oder sie wurden aus ihren Stellen entlassen und der Erwerbslosenunterstützung oder der Gelegenheit, anderswo zu arbeiten, beraubt. In einigen Fällen wurden Arbeiter und ihre Familien mit polizeilichen Vergeltungsmaßnahmen bedroht, wenn sie sich weigerten, nach Deutschland zu gehen. Am 21. März 1942 wurde der Angeklagte Sauckel zum Generalbevollmächtigten für den Arbeitseinsatz ernannt mit Befehlsgewalt »über alle verfügbaren Arbeitskräfte, einschließlich der im Auslande angeworbenen Arbeiter und der Kriegsgefangenen«.

Der Angeklagte Sauckel unterstand unmittelbar dem Angeklagten Göring in dessen Eigenschaft als Beauftragten für den Vierjahresplan, und ein Erlaß Görings vom 27. März 1942 übertrug alle seine Vollmachten in bezug auf Arbeitskräfte auf den Angeklagten Sauckel. Auch die Anweisungen an Sauckel besagten, daß ausländische Arbeitskräfte als Freiwillige angeworben werden sollten, sahen aber auch vor, daß »dort jedoch, wo in den besetzten Gebieten der Ruf um Freiwillige nicht ausreichende Ergebnisse zeitigt, man unter allen Umständen zu Dienstverpflichtung und

Zwangseinziehung schreiten muß«. Bestimmungen, die den Arbeitsdienst in Deutschland zur Pflicht machten, wurden in allen besetzten Gebieten veröffentlicht. Die Zahl der Arbeiter, die bereitzustellen waren, wurde von Sauckel festgesetzt, und die örtlichen Behörden wurden angewiesen, notwendigenfalls diese Bedürfnisse durch Aushebungen zu befriedigen. Daß Aushebungen eher die Regel als die Ausnahme waren, zeigt die bereits zitierte Erklärung Sauckels vom 1. März 1944.

Der Angeklagte Sauckel beteuerte oft, daß die Ausländer menschlich behandelt worden seien und daß die Bedingungen, unter welchen sie lebten, gute gewesen seien. Was immer die Absicht Sauckels auch gewesen sein mag und wie sehr er auch gewünscht haben mag, daß ausländische Arbeiter human behandelt werden sollten, haben doch die dem Internationalen Militärgerichtshof vorgelegten Beweisstücke einwandfrei die Tatsache ergeben, daß die Einziehung von Arbeitskräften in vielen Fällen durch drastische und gewaltsame Methoden erreicht wurde. Die sogenannten »Fehler und Irrtümer« kamen in sehr großem Umfange vor. Menschenjagden fanden statt in den Straßen, in Kinos, ja sogar in Kirchen und bei Nacht in Privathäusern. Manchmal wurden Häuser niedergebrannt und die Familien als Geiseln festgenommen, Handlungen, die in den Worten des Angeklagten Rosenberg ihren Ursprung »in den schwärzesten Zeiten des Sklavenhandels« hatten. Die Methoden, die zur Erlangung von Zwangsarbeitern aus der Ukraine angewandt wurden, werden klar aus dem Befehl an SD-Offiziere, welcher besagte:

> »Dabei wird es nicht immer ohne Zwangsmittel abgehen... Bei der Überholung von Dörfern bzw. notwendig werdenden Niederbrennung eines Dorfes wird die gesamte Bevölkerung dem Beauftragten zwangsweise zur Verfügung gestellt... Grundsätzlich werden keine Kinder mehr erschossen... Wenn wir also durch obige Anordnung unsere harten sicherheitspolizeilichen Maßnahmen vorübergehend einschränken, so geschieht dies nur aus folgendem Grunde. Das Wichtigste ist die Arbeiterbeschaffung.« (3012-PS, US-190.)

Die Mittel und Bedürfnisse der besetzten Länder wurden bei Durchführung dieser Politik völlig außer acht gelassen.

Die Behandlung der Arbeiter richtete sich nach den Weisungen Sauckels vom 20. April 1942:

> »Alle diese Menschen müssen so ernährt, untergebracht und behandelt werden, daß sie bei denkbar sparsamstem Einsatz die größtmöglichste Leistung hervorbringen.« (016-PS, US-168.)

Die Beweisaufnahme zeigte, daß die für das Reich bestimmten Arbeiter unter Bewachung nach Deutschland gesandt wurden, oftmals in Züge gepackt, ohne angemessene Beheizung, Ernährung, Bekleidung oder hygienische Anlagen. Die Beweisaufnahme ergab auch, daß die Behandlung der Arbeiter in Deutschland in vielen Fällen brutal und erniedrigend war. Das auf die Krupp-Werke in Essen bezügliche Beweismaterial zeigte, daß die Arbeiter aufs grausamste bestraft wurden. Theoretisch wurden die Arbeiter zwar von der DAF bezahlt und verpflegt und sogar ermächtigt, ihre Ersparnisse zu transferieren und Post und Pakete nach Hause zu schicken; doch entzogen einschränkende Regeln wiederum einen Teil der Bezahlung; die Lager, in denen sie untergebracht waren, waren unhygienisch; und die Ernährung war sehr oft weniger als das notwendige Minimum dessen, das den Arbeitern die Kraft zur Erfüllung ihrer Aufgaben gewährte. Im Falle der auf deutschen Bauernhöfen beschäftigten Polen waren die Arbeitgeber ermächtigt, Körperstrafen anzuwenden, und wurden angewiesen, die Arbeiter womöglich in Ställen unterzubringen und nicht in ihren eigenen Wohnstätten. Sie waren der stetigen Aufsicht der Gestapo und der SS unterworfen, und wenn sie versuchten, ihre Arbeitsstellen zu verlassen, wurden sie in Erziehungslager oder Konzentrationslager überführt. Die Konzentrationslager wurden auch dazu benutzt, die Versorgung mit Arbeitskräften zu steigern. Die Kommandanten von Konzentrationslagern hatten den Befehl, ihre Gefangenen bis zu den äußersten Grenzen ihrer körperlichen Kräfte zur Arbeit anzuhalten. Während der späteren Zeit des Krieges waren die Konzentrationslager auf gewissen Arbeitsgebieten so ergiebig, daß die Gestapo tatsächlich angewiesen wurde, bestimmte Gruppen von Arbeitern zu verhaften, damit sie auf solche Weise benutzt werden könnten. Alliierte Kriegsgefangene wurden auch als eine mögliche Arbeiterquelle angesehen. Unteroffiziere wurden gezwungen, sich dadurch zur Arbeit bereit zu erklären, daß diejenigen, die nicht zustimmten, in Straflager versetzt wurden. Vielen Kriegsgefangenen wurden Aufgaben zugeteilt, die in Verletzung des Artikels 31 der Genfer Konvention unmittelbar mit militärischen Operationen zusammenhingen. Sie wurden zur Arbeit in Munitionsfabriken verwendet, und man ließ sie sogar Bombenflugzeuge beladen, Munition tragen und Gräben auswerfen, oft unter den gefährlichsten Umständen. Das galt besonders von Sowjetkriegsgefangenen. Bei einer Sitzung der Zentralen Planung am 16. Februar 1943, welcher die Angeklagten Sauckel und Speer beiwohnten, sagte Milch:

> »Wir haben die Forderung gestellt, daß bei uns in der Flakartillerie ein gewisser Prozentsatz Russen ist. 50000 sollen im ganzen heran; 30000 sind schon als Kanoniere da. Es ist eine witzige Sache, daß Russen die Kanonen bedienen müssen.« (R-124, US-179.)

Und am 4. Oktober 1943 sagte Himmler in Posen mit Bezug auf russische Gefangene, die in den ersten Tagen des Krieges gefangengenommen worden waren:

> »Wir haben damals die Masse Mensch nicht so gewertet, wie wir sie heute als Rohstoff, als Arbeitskraft werten, was letzten Endes, wenn ich an Generationen denke, nicht schade ist, was aber heute wegen des Verlustes der Arbeitskräfte bedauerlich ist: Die Gefangenen sind nach Zehntausenden und Hunderttausenden an Entkräftung, an Hunger gestorben.«

Die allgemeine Politik, die der Mobilisierung der Sklavenarbeiter zugrunde lag, wurde am 20. April 1942 von Sauckel hervorgehoben. Er führte aus:

> »Der Zweck des gigantischen neuen Arbeitseinsatzes ist nun, alle jene reichen und gewaltigen Hilfsquellen, die uns das kämpfende Heer unter der Führung Adolf Hitlers in so überwältigend reichem Ausmaß errungen und gesichert hat, für die Rüstung der Wehrmacht und ebenso für die Ernährung der Heimat auszuwerten. Die Rohstoffe wie die Fruchtbarkeit der eroberten Gebiete und ebenso deren menschliche Arbeitskraft sollen durch den Arbeitseinsatz vollkommen und gewissenhaft zum Segen Deutschlands und seiner Verbündeten ausgenutzt werden…
>
> Alle schon in Deutschland befindlichen Kriegsgefangenen, sowohl aus den West- wie den Ostgebieten, müssen,

soweit dies noch nicht geschehen ist, ebenfalls restlos der deutschen Rüstungs- und Ernährungswirtschaft zugeführt werden...

Es ist daher unumgänglich notwendig, die in den eroberten sowjetischen Gebieten vorhandenen Menschenreserven voll auszuschöpfen. Gelingt es nicht, die benötigten Arbeitskräfte auf freiwilliger Grundlage zu gewinnen, so muß unverzüglich zur Aushebung derselben bezw. zur Zwangsverpflichtung geschritten werden... Die restlose Beschäftigung aller Kriegsgefangenen sowie die Hereinnahme einer Riesenzahl neuer ausländischer Zivilarbeiter und Zivilarbeiterinnen ist zur undiskutierbaren Notwendigkeit für die Lösung der Aufgaben des Arbeitseinsatzes in diesem Kriege geworden.« (016-PS, US-168.)

Weiterhin sind auch die Maßnahmen zu erwähnen, die schon im Sommer des Jahres 1940 in Deutschland eingeführt waren und auf Grund derer alle alten, geistesgestörten und alle mit unheilbaren Krankheiten behafteten Menschen, »nutzlose Esser«, in besondere Anstalten eingeliefert und getötet wurden, während man ihren Verwandten mitteilte, daß sie eines natürlichen Todes gestorben seien. Opfer waren nicht nur deutsche Staatsbürger, sondern auch ausländische Arbeiter, die nicht mehr imstande waren, ihre Arbeit zu verrichten und infolgedessen für die deutsche Kriegsmaschine unbrauchbar geworden waren. Es wurde geschätzt, daß mindestens 275000 Menschen auf diesem Wege in Erholungsheimen, Krankenhäusern und Irrenanstalten, die dem Angeklagten Frick in seiner Eigenschaft als Innenminister unterstanden, getötet wurden. Es war völlig unmöglich festzustellen, wie viele Fremdarbeiter in dieser Gesamtzahl enthalten sind.

Die Judenverfolgung.

Die Verfolgung der Juden durch die Nazi-Regierung ist in der größten Ausführlichkeit vor dem Gerichtshof bewiesen worden. Sie ist ein Vorgang organisierter und planmäßiger Unmenschlichkeit größten Stiles; Ohlendorf, der Chef des Amtes III im Reichssicherheitshauptamt (RSHA) von 1939 bis 1943, der ebenfalls eine der Einsatzgruppen in dem Feldzug gegen die Sowjetunion befehligte, machte Aussagen über die in der Ausrottung von Juden angewandten Methoden. Er erklärte, daß Erschießungstrupps für die Hinrichtung der Opfer eingesetzt wurden, um das persönliche Schuldgefühl des einzelnen zu verringern; und die 90000 Männer, Frauen und Kinder, die im Laufe eines Jahres durch seine eigene Gruppe ermordet wurden, waren in der Überzahl Juden. Der Zeuge Bach-Zelewski antwortete auf die Frage, wieso Ohlendorf die Morde von 90000 Personen zugeben könne:

> »Wenn man jahrelang predigt, jahrzehntelang predigt, daß die slawische Rasse eine Unterrasse ist, daß die Juden überhaupt keine Menschen sind, dann muß es zu einer solchen Explosion kommen.« (Protokoll Band IV, Seite 549.)

Der Angeklagte Frank jedoch sprach die Schlußworte zu diesem Kapitel der Nazi-Geschichte, als er in diesem Gerichtssaal bezeugte:

> »denn wir haben den Kampf gegen das Judentum jahrelang geführt, und wir haben uns in Äußerungen ergangen – und mein Tagebuch ist mir selbst als Zeuge gegenübergetreten –, die furchtbar sind... Tausend Jahre werden vergehen und diese Schuld von Deutschland nicht wegnehmen.« (Protokoll Band XII, Seite 19.)

Die antijüdischen Maßnahmen waren in Punkt 4 des Parteiprogramms formuliert, welches ausführte: »Staatsbürger kann nur sein, wer Volksgenosse ist. Volksgenosse kann nur sein, wer deutschen Blutes ist, ohne Rücksicht auf Konfession. Kein Jude kann daher Volksgenosse sein.« Andere Punkte des Programms führten aus, daß Juden als Ausländer zu behandeln seien, daß man ihnen nicht gestatten dürfe, öffentliche Ämter zu bekleiden, und daß sie aus dem Reich auszustoßen seien, falls es unmöglich wäre, die Gesamtbevölkerung des Staates zu ernähren, daß man ihnen eine weitere Einwanderung nach Deutschland verweigern und die Veröffentlichung deutscher Zeitungen verbieten solle. Die Nazi-Partei predigte diese Lehren während des ganzen Verlaufes ihrer Geschichte. Es wurde gestattet, daß »Der Stürmer« und andere Veröffentlichungen den Haß gegen die Juden verbreiteten, und in den Reden und öffentlichen Ausführungen der Nazi-Führer wurden die Juden öffentlich der Lächerlichkeit und Schmähung preisgegeben.

Mit der Machtergreifung wurde die Judenverfolgung verschärft. Eine Reihe von erlassenen Gesetzen schufen Unterschiede und beschränkten die den Juden zugänglichen Ämter und Berufe; und Einschränkungen werden ihrem Familienleben und ihren Bürgerrechten auferlegt. Schon im Herbst 1938 hatte die Nazi-Politik den Juden gegenüber eine Stufe erreicht, die auf die gänzliche Ausschließung der Juden aus dem deutschen Leben abzielte. Pogrome, die die Verbrennung und Zerstörung von Synagogen, die Plünderung von jüdischen Geschäften und die Verhaftung von hervorragenden jüdischen Geschäftsleuten einbegriffen, wurden organisiert. Eine Kollektivstrafe von 1 Milliarde Mark wurde den Juden auferlegt, die Beschlagnahme jüdischen Vermögens wurde genehmigt, und die Bewegungsfreiheit der Juden wurde durch Bestimmungen auf gewisse Sonderbezirke und Stunden eingeschränkt. Die Errichtung von Ghettos wurde weitgehend durchgeführt, und auf Grund eines Befehls der Sicherheitspolizei wurden Juden zum Tragen eines gelben Sternes auf der Brust und auf dem Rücken gezwungen.

Es ist durch die Anklagebehörde geltend gemacht worden, daß verschiedene Einrichtungen dieser antisemitischen Politik mit den Plänen für den Angriffskrieg im Zusammenhang standen. Die gewalttätigen Maßnahmen, die im November 1938 gegen die Juden zur Anwendung kamen, waren angeblich die Vergeltung für die Tötung eines Beamten der deutschen Botschaft in Paris. Jedoch die Entscheidung für die Besitzergreifung Österreichs und der Tschechoslowakei war schon ein Jahr vorher getroffen worden. Eine Strafe von einer Milliarde Mark wurde verhängt, und die Beschlagnahme jüdischen Vermögens wurde zu einer Zeit angeordnet, als deutsche Rüstungskosten das deutsche Finanzministerium in Schwierigkeiten versetzt hatten und als die Verringerung der Rüstungsausgaben erwogen wurde. Diese Schritte wurden überdies mit der Billigung des Angeklagten Göring unternommen, der mit der Verantwortung für Wirtschaftsangelegenheiten dieser Art betraut worden war und der der stärkste Befürworter eines erweiterten Wiederaufrüstungsprogramms ohne Erwägung der finanziellen Schwierigkeiten war.

Es ist weiterhin ausgeführt worden, daß sich der Zusammenhang zwischen der antisemitischen Politik und dem Angriffskrieg nicht auf Wirtschaftssachen beschränkte. Das

Rundschreiben des Deutschen Auswärtigen Amtes beschrieb in einem Artikel vom 25. Januar 1939 unter der Überschrift »Die Judenfrage als ein Faktor in der deutschen Außenpolitik im Jahre 1938« die neue Phase der antisemitischen Nazi-Politik mit den folgenden Worten:

> »Es ist wohl kein Zufall, daß das Schicksalsjahr 1938 zugleich mit der Verwirklichung des großdeutschen Gedankens die Judenfrage ihrer Lösung nahegebracht hat. Denn die Judenpolitik war sowohl Voraussetzung wie Konsequenz der Ereignisse des Jahres 1938. Mehr vielleicht als die machtpolitische Gegnerschaft der ehemaligen Feindbundmächte des Weltkriegs hat das Vordringen jüdischen Einflusses in der zersetzenden jüdischen Geisteshaltung in Politik, Wirtschaft und Kultur die Kraft und den Willen des deutschen Volkes zum Wiederaufstieg gelähmt. Die Heilung dieser Krankheit des Volkskörpers war daher wohl eine der wichtigsten Voraussetzungen für die Kraftanstrengung, die im Jahre 1938 gegen den Willen einer Welt den Zusammenschluß des Großdeutschen Reiches erzwang.« (3358-PS, GB-158.)

Die Verfolgung der Juden im Vorkriegsdeutschland durch die Nazis, so hart und unterdrückend sie auch war, läßt sich jedoch nicht mit der während des Krieges in den besetzten Gebieten verfolgten Politik vergleichen. Ursprünglich ähnelte die Politik der bis dahin innerhalb Deutschlands betriebenen. Die Juden mußten sich registrieren lassen und wurden gezwungen, in Ghettos zu leben, den gelben Stern zu tragen und sich als Sklavenarbeiter verwenden zu lassen. Im Sommer 1941 wurden jedoch Pläne entworfen für eine »Endlösung« der Judenfrage in ganz Europa. Diese »Endlösung« bedeutete die Ausrottung der Juden, die, wie Hitler bereits Anfang 1939 angedroht hatte, eine der Folgen eines Kriegsausbruches sein würde. Eine Spezialabteilung der Gestapo unter Adolf Eichmann, Chef der Abteilung B IV der Gestapo, wurde gebildet, um diese Politik durchzuführen.

Der Plan für die Ausrottung der Juden wurde kurz nach dem Angriff auf die Sowjetunion ausgearbeitet. Den Einsatzgruppen der Sicherheitspolizei und des SD, die zur Brechung des Widerstandes der Bevölkerung der im Rükken der deutschen Armeen im Osten liegenden Gebiete aufgestellt worden waren, wurde die Aufgabe der Ausrottung der Juden in diesen Gebieten übertragen.

Die Wirksamkeit der Tätigkeit der Einsatzgruppen wird durch die Tatsache erwiesen, daß im Februar 1942 Heydrich bereits berichten konnte, daß Estland judenfrei und daß in Riga die Zahl der Juden von 29 500 auf 2 500 herabgedrückt worden sei. Insgesamt haben die in den besetzten baltischen Gebieten operierenden Einsatzgruppen in drei Monaten über 135 000 Juden getötet.

Diese Sonderverbände operierten auch nicht völlig unabhängig von den deutschen Streitkräften. Es liegen unzweideutige Beweise vor, daß Führer der Einsatzgruppen die Mitwirkung von Armee-Kommandeuren erlangten. In einem Falle wurden die Beziehungen zwischen einer Einsatzgruppe und den militärischen Stellen damals als »sehr eng, fast herzlich« bezeichnet; in einem anderen Falle wurde die reibungslose Durchführung der Operation eines Einsatzkommandos dem von den Armeestellen erwiesenen »Verständnis für dieses Vorgehen« zugeschrieben.

Einheiten der Sicherheitspolizei und des SD in den unter ziviler Verwaltung stehenden besetzten Ostgebieten wurde eine ähnliche Aufgabe zugewiesen. Der planmäßige und systematische Charakter der Judenverfolgungen wird am besten durch den Originalbericht des SS-Brigadegenerals Stroop gekennzeichnet, der mit der Zerstörung des Warschauer Ghettos, die im Jahre 1943 stattfand, beauftragt war. Dem Gerichtshof wurde jener mit Lichtbildern versehene Bericht, der auf dem Titelblatt die Worte trug: »Es gibt keinen jüdischen Wohnbezirk in Warschau mehr«, als Beweisstück vorgelegt. Der Band enthält eine Anzahl Berichte, die von Stroop an den Höheren SS- und Polizeiführer Ost gesandt worden sind. Im April 1943 schrieb Stroop in einem dieser Berichte:

> »Der von den Juden und Banditen geleistete Widerstand konnte nur durch energischen unermüdlichen Tag- und Nachteinsatz der Stoßtrupps gebrochen werden. Am 23. April 1943 erging vom Reichsführer-SS ... der Befehl, die Durchkämmung des Ghettos in Warschau mit größter Härte und unnachsichtlicher Zähigkeit zu vollziehen. Ich entschloß mich deshalb, nunmehr die totale Vernichtung des jüdischen Wohnbezirks durch Abbrennen ... auch der Wohnblocks bei den Rüstungsbetrieben vorzunehmen. Es

wurde systematisch ein Betrieb nach dem anderen geräumt und anschließend durch Feuer vernichtet. Fast immer kamen dann die Juden aus ihren Verstecken ... heraus. Es war nicht selten, daß die Juden in den brennenden Häusern sich solange aufhielten, bis sie es wegen der Hitze ... vorzogen, aus den Stockwerken herauszuspringen ... Mit gebrochenen Knochen versuchten sie dann noch über die Straße in Häuserblocks zu kriechen, die noch nicht ... in Flammen standen... Auch der Aufenthalt in den Kanälen war schon nach den ersten 8 Tagen kein angenehmer mehr. Häufig konnten auf der Straße durch die Schächte laute Stimmen aus den Kanälen herausgehört werden... Nebelkerzen wurden in die Kanaleinsteiglöcher herabgelassen mit dem Erfolg, daß die Banditen aus den ... Kanalöffnungen herausgeholt werden konnten. Zahlreiche Juden ... wurden in Kanälen und Bunkern durch Sprengungen erledigt.

Je länger der Widerstand andauerte, desto härter wurden die Männer der Waffen-SS, Polizei und der Wehrmacht, die ... vorbildlich ihren Mann standen.[1]« (1061-PS, US-275.)

Stroop berichtete, seine Warschauer Aktion habe

»... eine nachweisliche Gesamtzahl von 56065 Juden vernichtet.

Dieser Zahl hinzuzusetzen sind noch die Juden, die durch Sprengungen, Brände usw. ums Leben gekommen, aber zahlenmäßig nicht erfaßt werden konnten.«[1]

Furchtbare Beweise von Massenmorden an Juden wurden dem Gerichtshof auch durch kinematographische Filme vorgeführt, die die von den Alliierten später aufgefundenen Massengräber von Hunderten von Opfern darstellten.

Diese Greueltaten gehörten alle zu der im Jahre 1941 eingeleiteten Politik, und es ist nicht erstaunlich, daß Beweismaterial vorliegt, demzufolge einige deutsche Beamte vergeblichen Protest gegen die brutale Art erhoben, mit der die Tötungen durchgeführt wurden. Aber die zur Anwendung gebrachten Methoden folgten nie einem einheitlichen Schema. Die Massenmorde von Rowno und Dubno, die der deutsche Ingenieur Gräbe erwähnte, waren ein Beispiel einer Methode; die systematische Ausrottung der Juden in Konzentrationslagern stellte eine andere dar. Zur »Endlösung« gehörte die Zusammenfassung von Juden aus allen deutschbesetzten Teilen Europas in Konzentrations-

[1] Ungenaue Rückübersetzung nach deutschem Originaldokument verbessert.

lagern. Ihr Gesundheitszustand war der Prüfstein für Leben und Tod. Alle Arbeitsfähigen wurden als Zwangsarbeiter in den Konzentrationslagern verwendet; alle arbeitsunfähigen Personen wurden in Gaskammern vernichtet und ihre Leichen verbrannt. Bestimmte Konzentrationslager, wie Treblinka und Auschwitz, wurden für diesen Hauptzweck bestimmt. Was Auschwitz anlangt, so hat der Gerichtshof die Aussagen von Höß gehört, der vom 1. Mai 1940 bis 1. Dezember 1943 dort Lagerkommandant war. Er schätzte, daß allein im Lager Auschwitz in jener Zeitspanne 2500000 Menschen vernichtet wurden und daß weitere 500000 an den Folgen von Krankheit und Hunger starben. Höß beschrieb die Auswahl für die Vernichtung in seinen Aussagen wie folgt:

> »Zwei SS-Ärzte waren in Auschwitz tätig, um die einlaufenden Gefangenentransporte zu untersuchen. Die Gefangenen mußten bei einem der Ärzte vorbeigehen, der bei ihrem Vorbeimarsch sofort die Entscheidung fällte. Die Arbeitsfähigen wurden ins Lager geschickt. Andere wurden sofort in die Vernichtungslager geschickt. Kinder in sehr jungen Jahren wurden stets vernichtet, da sie auf Grund ihrer Jugend unfähig waren zu arbeiten. Noch eine andere Verbesserung gegenüber Treblinka war, daß in Treblinka die Opfer fast immer wußten, daß sie vernichtet werden sollten, während wir uns in Auschwitz bemühten, die Opfer zum Narren zu halten und sie im Glauben zu lassen, sie hätten ein Entlausungsverfahren durchzumachen. Natürlich erkannten sie auch häufig unsere wahren Absichten, und wir hatten aus diesem Grunde manchmal Aufruhr und Schwierigkeiten. Sehr häufig wollten Frauen ihre Kinder unter den Kleidern verbergen, aber wenn wir sie fanden, wurden die Kinder natürlich zur Vernichtung geschickt.«

Den Vorgang der Tötung selbst schilderte er mit folgenden Worten:

> »Es dauerte je nach den klimatischen Verhältnissen drei bis fünfzehn Minuten, um die Menschen in der Todeskammer zu töten. Wir wußten, wann Menschen tot waren, weil ihr Schreien aufhörte. Wir warteten gewöhnlich ungefähr eine halbe Stunde, bevor wir die Türen öffneten und die Leichen entfernten. Nachdem man die Körper herausgeschleppt hatte, nahmen unsere Sonderkommandos den Leichen die Ringe ab und zogen das Gold aus den Zähnen dieser Leichname.«

Schläge, Aushungern, Folterungen und Tötungen waren an der Tagesordnung. Die Insassen des Lagers Dachau wurden im August 1942 grausamen Experimenten unterworfen. Die Opfer wurden in kaltes Wasser getaucht, bis ihre Körpertemperatur auf 28 Grad Celsius herabgesunken war, worauf sie eines sofortigen Todes starben. Andere Experimente umfaßten Höhenversuche in Druckkammern; Experimente, durch welche ermittelt wurde, wie lange menschliche Wesen in eisigem Wasser am Leben bleiben können; Experimente mit vergifteten Kugeln, Experimente mit Infektionskrankheiten sowie solche, die sich mit der Sterilisierung von Männern und Frauen durch Röntgenstrahlen und andere Methoden befaßten.

Es sind Zeugenaussagen beigebracht worden über die Behandlung von KZ-Insassen vor und nach ihrer Vernichtung. Es wurde ausgesagt, daß man weiblichen Opfern vor der Tötung das Haar abschnitt, das nach Deutschland geschickt wurde, um dort bei der Herstellung von Matratzen Verwendung zu finden. Die Kleidungsstücke, das Geld sowie die Wertgegenstände der KZ-Insassen wurden ebenfalls sichergestellt und den zuständigen Stellen zur weiteren Verwendung übersandt. Nach der Vernichtung wurden die Goldkronen und Füllungen aus den Zähnen der Leichen entfernt und an die Reichsbank geschickt.

Nach der Verbrennung wurde die Asche als Düngemittel verwendet, und in einigen Fällen wurden Versuche unternommen, das Fett der Leichen in der industriellen Seifenherstellung zu benutzen. Sondergruppen durchreisten Europa, um Juden ausfindig zu machen und sie der »Endlösung« zu unterziehen. Deutsche Kommissionen wurden in die Vasallenstaaten, wie Ungarn und Bulgarien, entsandt, um den Transport von Juden in Vernichtungslager durchzuführen, und es ist bekannt, daß bis Ende 1944 400000 ungarische Juden in Auschwitz ermordet worden waren. Ferner wurde bezeugt, daß aus einem Teil Rumäniens 110000 Juden zwecks »Liquidierung« evakuiert wurden. Adolf Eichmann, der von Hitler mit der Durchführung dieses Programms beauftragt worden war, hat geschätzt, daß im Zuge dieser Politik 6 Millionen Juden getötet wurden, von denen 4 Millionen in Vernichtungslagern ums Leben gekommen sind.

Das auf Kriegsverbrechen und Verbrechen gegen die Menschlichkeit bezügliche Recht.

Artikel 6 des Statuts sieht vor:

> »(b) Kriegsverbrechen: nämlich Verletzungen des Kriegsrechts und der Kriegsgebräuche. Solche Verletzungen umfassen, ohne jedoch darauf beschränkt zu sein, Ermordung, Mißhandlung oder Verschleppung der entweder aus einem besetzten Gebiet stammenden oder dort befindlichen Zivilbevölkerung zur Zwangsarbeit oder zu irgendeinem anderen Zwecke, Ermordung oder Mißhandlung von Kriegsgefangenen oder Personen auf hoher See, Tötung von Geiseln, Raub öffentlichen oder privaten Eigentums, mutwillige Zerstörung von Städten oder jede durch militärische Notwendigkeit nicht gerechtfertigte Verwüstung.
>
> Artikel 6 (c) Verbrechen gegen die Menschlichkeit: nämlich Ermordung, Ausrottung, Versklavung, Verschleppung oder andere an der Zivilbevölkerung vor Beginn oder während des Krieges begangene unmenschliche Handlungen; oder Verfolgung aus politischen, rassischen oder religiösen Gründen in Ausführung eines Verbrechens oder in Verbindung mit einem Verbrechen, für das der Gerichtshof zuständig ist, unabhängig davon, ob die Handlung gegen das Recht des Landes, in dem sie begangen wurde, verstieß oder nicht.«

Wie bereits früher angeführt, bezeichnet das Statut nicht jede Verschwörung als ein besonderes Verbrechen, sondern nur die sich mit Verbrechen gegen den Frieden befassende und in Artikel 6 (a) angeführte Verschwörung.

Der Gerichtshof ist selbstverständlich an die Definition gebunden, welche das Statut vom Kriegsverbrechen und Verbrechen gegen die Menschlichkeit gibt. Was die Kriegsverbrechen anbelangt, so hat schon das Völkerrecht – wie bereits ausgeführt – die in Artikel 6, Abschnitt b des Statuts angeführten Verbrechen als Kriegsverbrechen anerkannt. Auf sie beziehen sich die Artikel 46, 50, 52 und 56 der Haager Konvention von 1907 und die Artikel 2, 3, 4, 46 und 51 der Genfer Konvention von 1929. Daß Verletzungen dieser Bestimmungen Verbrechen darstellten, für die die schuldigen Einzelpersonen strafbar waren, ist so allgemein anerkannt, daß darüber eine Erörterung nicht mehr zugelassen werden kann.

Es ist jedoch geltend gemacht worden, daß die Haager Konvention auf diesen Fall keine Anwendung finde, und zwar wegen der Klausel der »allgemeinen Teilnahme«,[1] enthalten in Artikel 2 der Haager Konvention vom Jahre 1907. Diese Klausel sah vor:

> »Die Bestimmungen der in Artikel I angeführten Ordnung sowie des vorliegenden Abkommens finden nur zwischen den Vertragsmächten Anwendung und nur dann, wenn die Kriegführenden sämtlich Vertragsparteien sind.« (Reichsgesetzblatt 1910, Seite 125.)

Mehrere der Kriegführenden des letzten Krieges waren dieser Konvention nicht beigetreten.

Nach Ansicht des Gerichtshofs ist es nicht notwendig, diese Frage zu entscheiden. Die in der Konvention niedergelegten Landkriegsregeln stellten zweifellos einen Fortschritt gegenüber dem zur Zeit ihrer Annahme bestehenden Völkerrecht dar. Doch enthielt die Konvention den ausdrücklichen Vermerk, daß es sich um einen Versuch handle, »die allgemeinen Gesetze und Gebräuche des Krieges einer Neuordnung zu unterziehen«, die die Konvention auf diese Weise als damals bestehend anerkannte. Im Jahre 1939 waren jedoch die in der Konvention niedergelegten Regeln von allen zivilisierten Nationen anerkannt und als Zusammenstellung der Kriegsgesetze und -gebräuche betrachtet, auf die Artikel 6 (b) des Statuts Bezug nimmt.

Ein weiterer Einwand bestand darin, daß Deutschland in vielen der während des Krieges besetzten Gebiete nicht länger an die Landkriegsregeln gebunden war, da Deutschland diese Länder vollständig unterworfen und dem Deutschen Reiche eingegliedert habe, durch welche Tatsache Deutschland die Befugnis erhalten habe, die besetzten Länder so zu behandeln, als wären sie Teile Deutschlands. Nach Ansicht des Gerichtshofs ist es in diesem Falle nicht notwendig zu entscheiden, ob diese Lehre von der Unterwerfung, wie sie bei militärischer Eroberung Platz greift, dort Anwendung findet, wo die Unterwerfung das Ergebnis des Verbrechens eines Angriffskrieges ist. Niemals ist diese Lehre für anwendbar gehalten worden, solange noch eine Armee im Felde stand und versuchte, die besetzten Gebiete

[1] Die sinngemäße Übersetzung des englischen Originaltextes lautet: »Allbeteiligungsklausel.«

ihren wahren Herren zurückzugewinnen, und daher kann im vorliegenden Falle dieser Lehrsatz auf keines der nach dem 1. September 1939 besetzten Gebiete Anwendung finden. Was die in Böhmen und Mähren begangenen Kriegsverbrechen betrifft, so genügt die Antwort, daß diese Gebiete niemals dem Reich angegliedert wurden; vielmehr wurde lediglich ein Protektorat über sie errichtet.

Was die Verbrechen gegen die Menschlichkeit betrifft, so besteht keinerlei Zweifel, daß politische Gegner in Deutschland vor dem Krieg ermordet wurden und daß ihrer viele in Konzentrationslagern unter den schrecklichsten und grausamsten Umständen gefangengehalten wurden. Diese Politik des Schreckens ist sicherlich in großem Maßstabe durchgeführt worden und war in vielen Fällen organisiert und durchdacht. Die vor dem Krieg von 1939 in Deutschland durchgeführte Politik der Verfolgung, der Unterdrückung und der Ermordung von Zivilisten, von denen eine gegen die Regierung gerichtete Einstellung zu vermuten war, wurde auf das erbarmungsloseste durchgeführt. Die in der gleichen Zeit vor sich gehende Verfolgung der Juden ist über allen Zweifel festgestellt.

Um Verbrechen gegen die Menschlichkeit zu begründen, müssen die vor Ausbruch des Krieges begangenen Handlungen in Ausführung von oder in Verbindung mit einem der Zuständigkeit dieses Gerichtshofs unterliegenden Verbrechen verübt worden sein. Der Gerichtshof ist der Meinung, daß, so empörend und grauenhaft viele dieser Verbrechen waren, doch nicht hinreichend nachgewiesen wurde, daß sie in Ausführung von oder in Verbindung mit einem derartigen Verbrechen verübt worden sind.

Der Gerichtshof kann deshalb keine allgemeine Erklärung dahingehend abgeben, daß die vor 1939 ausgeführten Handlungen im Sinne des Statuts Verbrechen gegen die Menschlichkeit waren; doch wurden vom Beginn des Krieges im Jahre 1939 an Verbrechen in großem Maßstabe[1] begangen, die zugleich Verbrechen gegen die Menschlichkeit waren; und insoweit als die in der Anklage zur Last gelegten unmenschlichen Handlungen, die nach Kriegsbeginn begangen wurden, keine Kriegsverbrechen darstellen, wur-

[1] Genaue Übersetzung des englischen Originaltextes muß lauten: »... Kriegsverbrechen in ungeheurem Ausmaß begangen«.

den sie doch alle in Ausführung eines Angriffskrieges oder im Zusammenhang mit einem Angriffskrieg begangen und stellen deshalb Verbrechen gegen die Menschlichkeit dar.

Die angeklagten Organisationen.

Artikel 9 des Statuts bestimmt:

»In dem Prozeß gegen ein Mitglied einer Gruppe oder Organisation kann der Gerichtshof (im Zusammenhang mit irgendeiner Handlung, derentwegen der Angeklagte verurteilt wird) erklären, daß die Gruppe oder Organisation, deren Mitglied der Angeklagte war, eine verbrecherische Organisation war.

Nach Empfang der Anklageschrift gibt der Gerichtshof in der ihm geeignet erscheinenden Form bekannt, daß die Anklagevertretung beabsichtigt, den Gerichtshof zu ersuchen, eine solche Erklärung abzugeben. In diesem Falle ist jedes Mitglied der Organisation berechtigt, an den Gerichtshof den Antrag zu stellen, über die Frage des verbrecherischen Charakters der Organisation gehört zu werden. Der Gerichtshof hat das Recht, dem Antrag stattzugeben oder ihn abzuweisen. Wird dem Antrag stattgegeben, so kann der Gerichtshof bestimmen, in welcher Weise die Antragsteller vertreten und gehört werden sollen.«

Aus Artikel 10 des Statuts geht deutlich hervor, daß die Erklärung, eine angeklagte Organisation sei verbrecherisch, endgültig ist; sie kann im Verlauf eines darauffolgenden Strafprozesses gegen ein Mitglied der betreffenden Organisation nicht angefochten werden. Artikel 10 lautet:

»Ist eine Gruppe oder Organisation vom Gerichtshof als verbrecherisch erklärt worden, so hat die zuständige nationale Behörde jedes Signatars das Recht, Personen wegen ihrer Zugehörigkeit vor nationalen, Militär- oder Okkupationsgerichten den Prozeß zu machen. In diesem Falle gilt der verbrecherische Charakter der Gruppe oder Organisation als bewiesen und kann nicht bestritten werden.«

Die Auswirkung einer Erklärung seitens des Gerichtshofs, daß eine Organisation verbrecherisch ist, wird durch das Gesetz Nummer 10 des Kontrollrats für Deutschland vom 20. Dezember 1945 gut veranschaulicht. Dieses Gesetz bestimmt:

»Jeder der folgenden Tatbestände stellt ein Verbrechen dar:

… d) Zugehörigkeit zu gewissen Kategorien von Verbrechervereinigungen oder Organisationen, deren verbrecherischer Charakter vom Internationalen Militärgerichtshof festgestellt worden ist…

3. Wer eines der vorstehend aufgeführten Verbrechen für schuldig befunden und deswegen verurteilt worden ist, kann mit der Strafe belegt werden, die das Gericht als gerecht bestimmt. Die folgenden Strafen können – allein oder nebeneinander – verhängt werden:

a) Todesstrafe,
b) lebenslängliche oder zeitlich begrenzte Freiheitsstrafe mit oder ohne Zwangsarbeit.
c) Geldstrafe und – im Falle ihrer Uneinbringlichkeit – Freiheitsstrafe mit oder ohne Zwangsarbeit.
d) Vermögensentzug.
e) Rückgabe unrechtmäßig erworbenen Besitzes.
f) Völliger oder teilweiser Verlust der bürgerlichen Rechte«.

Daraus geht hervor, daß ein Mitglied einer Organisation, die der Gerichtshof als verbrecherisch erklärt hat, später wegen des Verbrechens der Mitgliedschaft verurteilt und dafür mit dem Tode bestraft werden kann. Dies berechtigt nicht etwa zu der Annahme, daß internationale oder Militärgerichtshöfe, vor denen die Prozesse gegen diese Personen verhandelt werden, nicht angemessene Rechtsnormen anwenden werden. Es handelt sich hier um ein weitreichendes neues Verfahren. Ohne die erforderlichen Sicherheitsbestimmungen könnte seine Anwendung zu groben Ungerechtigkeiten führen.

Es ist bemerkenswert, daß Artikel 9 die Worte »kann der Gerichtshof erklären, …« benutzt. Es wird daher dem Ermessen des Gerichtshofs anheimgestellt, ob er irgendeine Organisation für verbrecherisch erklären will. Dieses Ermessen ist richterlicher Natur und läßt keinen Raum für eine willkürliche Entscheidung; es muß im Einklang mit anerkannten Rechtsgrundsätzen ausgeübt werden. Zu den wichtigsten dieser Prinzipien gehört, daß strafrechtliche Schuld eine persönliche ist und daß Massenbestrafungen zu vermeiden sind. Wenn sich der Gerichtshof davon überzeugt hat, daß eine Organisation oder Gruppe strafrechtlich schuldig ist, so darf er nicht zögern, sie als verbrecherisch zu erklären, etwa weil die Theorie der »Gruppenkriminalität« neu sei oder weil die Erklärung durch spätere Gerichtshöfe ungerecht angewendet werden könnte. Andererseits sollte der Gerichtshof die Erklärung einer Organisation als verbrecherisch soweit wie möglich in einer Weise treffen, die Gewähr dafür leistet, daß unschuldige Personen nicht bestraft werden.

Eine verbrecherische Organisation gleicht einer verbrecherischen Verschwörung insofern, daß bei beiden die Zusammenarbeit zu verbrecherischen Zwecken das Wesentliche ist. Voraussetzung ist das Bestehen einer Gruppe, die fest zusammengeschlossen und zu einem gemeinsamen Zweck organisiert ist; Voraussetzung ist ferner, daß die Gruppe im Zusammenhang mit vom Statut angeprangerten Verbrechen gebildet oder benutzt worden ist. Da, wie bereits betont wurde, die Erklärung bezüglich der Organisationen und Gruppen den verbrecherischen Charakter ihrer Mitglieder bestimmen wird, so sollte diese Erklärung diejenigen ausschließen, die keine Kenntnis der verbrecherischen Zwecke oder Handlungen der Organisationen hatten, sowie diejenigen, die durch den Staat zur Mitgliedschaft eingezogen worden sind, es sei denn, daß sie sich persönlich an Taten beteiligt haben, die durch den Artikel 6 des Statuts für verbrecherisch erklärt worden sind. Die bloße Mitgliedschaft reicht nicht aus, um von solchen Erklärungen betroffen zu werden.

Da die vom Gerichtshof abgegebenen Erklärungen, daß eine Organisation verbrecherisch ist, von anderen Gerichten bei Prozessen gegen Personen verwendet werden, die wegen ihrer Mitgliedschaft in Organisationen, die als verbrecherisch erkannt wurden, angeklagt sind, hält es der Gerichtshof für angebracht, die folgenden Empfehlungen zu machen:

1. Daß soweit wie möglich in den vier Besatzungszonen Deutschlands die Klassifizierung, Sanktionen und Strafen einheitlich gestaltet werden. Soweit dies praktisch möglich ist, sollte die Einheitlichkeit der Behandlung als Grundsatz anerkannt werden. Dies heißt selbstverständlich nicht, daß dem Gerichtshof kein Ermessen bei der Verurteilung verbleiben soll; aber dieses Ermessen sollte sich im Rahmen festgelegter, dem Wesen des Verbrechens angepaßter Grenzen bewegen.

2. Das Gesetz Nummer 10, auf das bereits Bezug genommen wurde, überläßt die Bestrafung vollkommen dem Ermessen des Gerichtshofs, sogar mit Einschluß der Befugnis, die Todesstrafe zu verhängen.

Das Entnazifizierungsgesetz vom 5. März 1946, das für Bayern, Groß-Hessen und Württemberg-Baden angenommen wurde, sieht jedoch bestimmte Strafen für jede Klasse von Verbrechen vor. Der Gerichtshof empfiehlt, daß die auf Grund des Gesetzes Nummer 10 über ein Mitglied einer vom Gerichtshof für verbrecherisch erklärten Organisation oder Gruppe verhängte Strafe in keinem Fall höher sein soll als die, die vom Entnazifizierungsgesetz festgelegt wird. Niemand soll nach beiden Gesetzen bestraft werden.

3. Der Gerichtshof empfiehlt dem Kontrollrat, das Gesetz Nummer 10 dahingehend abzuändern, daß die Strafen, die wegen Mitgliedschaft in einer für verbrecherisch erklärten Gruppe oder Organisation verhängt werden dürfen, in keinem Fall die Strafen übersteigen, die vom Entnazifizierungsgesetz vorgeschrieben sind.

Die Anklageschrift hat beim Gerichtshof beantragt, die folgenden Organisationen als verbrecherisch zu erklären:

Das Korps der Politischen Leiter der Nazi-Partei, die Gestapo, den SD, die SS, die SA, die Reichsregierung sowie den Generalstab und das Oberkommando der deutschen Wehrmacht.

Das Korps der Politischen Leiter der Nazi-Partei.

Aufbau und Bestandteile: Die Anklageschrift hat das Korps der Politischen Leiter der Nazi-Partei als eine Gruppe oder Organisation aufgeführt, die für verbrecherisch erklärt werden sollte. Das Korps der Politischen Leiter der Nazi-Partei bestand eigentlich aus dem amtlichen Organisationsapparat der Nazi-Partei mit Hitler als Führer an der Spitze. Die tatsächliche Arbeit des Korps der Politischen Leiter wurde durch den Chef der Parteikanzlei (Heß, dem Bormann nachfolgte) durchgeführt; er wurde unterstützt durch die Reichsleitung, die aus den Reichsleitern bestand, nämlich den Leitern der Operationsorgane der Partei sowie aus den Chefs der verschiedenen Hauptabteilungen und Ämtern, die der Reichsleitung angegliedert waren.

Dem Chef der Parteikanzlei unterstanden die Gauleiter, die über die Hauptverwaltungsbezirke der Partei, die Gaue, eine territorial begrenzte Befehlsgewalt ausübten. Die Gauleiter wurden durch eine Gauleitung unterstützt, die in ihrer Zusammensetzung und Funktion der Reichsleitung ähnelte. In der Parteihierarchie folgten auf die Gauleiter die Kreisleiter mit Befehlsgewalt über einen Kreis, der in der Regel aus einem einzigen Bezirk bestand; die Kreisleiter wurden durch eine Kreisleitung unterstützt. Die Kreisleiter waren die untersten Mitglieder der Parteihierarchie, die hauptamtlich bezahlte Angestellte waren. Unmittelbar nach den Kreisleitern kamen die Ortsgruppenleiter, dann die Zellenleiter und schließlich die Blockleiter. Weisungen und Richtlinien wurden von der Reichsleitung ausgegeben. Es war die Aufgabe der Gauleiter, derartige Befehle auszulegen und sie an die untergeordneten Dienststellen weiterzugeben. In der Auslegung dieser Anordnungen hatten die Kreisleiter einen gewissen Spielraum, den die Ortsgruppenleiter nicht hatten; diese mußten nach klar umrissenen Weisungen handeln. Schriftlich wurden Weisungen nur bis hinunter zum Ortsgruppenleiter erteilt. Die Block- und Zellenleiter erhielten ihre Weisungen mündlich. Die Zugehörigkeit zum Korps der Politischen Leiter war in allen Stufen freiwillig.

Die Anklagebehörde hat am 28. Februar 1946 von der erbetenen Erklärung das angestellte Personal der Ortsgruppenleiter und alle Angestellten der Zellenleiter und Blockleiter ausgenommen. Folglich umschließt die Erklärung, die gegen das Korps der Politischen Leiter der Nazi-Partei beantragt worden ist, folgende Personen: Den Führer, die Reichsleitung, die Gauleiter und ihre Stäbe, die Kreisleiter und ihre Stäbe, die Ortsgruppenleiter, die Zellenleiter und Blockleiter, eine Gruppe, die schätzungsweise mindestens 600000 Menschen umfaßt.

Ziele und Betätigung: Die Hauptaufgabe des Korps der Politischen Leiter war von Anfang an, den Nazis zu helfen, die Kontrolle über den deutschen Staat zu erringen und nach dem 30. Januar 1933 zu behalten. Der Apparat des Korps der Politischen Leiter wurde für die weite Verbreitung der Nazi-Propaganda benutzt, sowie um die politische Haltung des deutschen Volkes aufs sorgfältigste zu überwachen. Bei dieser Tätigkeit spielten die niederen Politischen Leiter eine besondere wichtige Rolle. Durch das Handbuch der Partei wurden die Blockleiter angewiesen, den Ortsgruppenleitern all jene Personen anzuzeigen, die schädliche Gerüchte oder Kritik des Regimes verbreiteten. Auf Grund der von den Blockleitern und Zellenleitern gelieferten Auskünfte führten die Ortsgruppenleiter eine Kartei über alle Leute innerhalb der Ortsgruppe, in der alles aufgeführt war, was zur Bildung eines Urteils über die politische Zuverlässigkeit dieser Leute dienen könnte. Das Korps der Politischen Leiter war während der Volksabstimmungen besonders tätig. Alle seine Mitglieder waren eifrig bemüht, die Wähler zur Urne zu bringen und die größtmögliche Anzahl von »Ja«-Stimmen sicherzustellen. Oft arbeiteten die Ortsgruppenleiter und die Politischen Leiter höheren Ranges mit der Gestapo und dem SD zusammen, um diejenigen festzustellen, die sich weigerten, ihre Stimme abzugeben oder die mit »Nein« stimmten, und sodann Schritte gegen diese Leute zu unternehmen, was so weit ging, daß sie verhaftet wurden und in ein Konzentrationslager kamen.

Verbrecherische Tätigkeit:

Diese Maßnahmen, die sich nur auf die Festigung der Kontrolle durch die Nazi-Partei beziehen, sind nicht verbrecherisch im Sinne der Verschwörung zum Angriffskrieg, die bereits erörtert wurde. Das Korps der Politischen Leiter wurde auch für ähnliche Maßnahmen in Österreich und jenen Teilen der Tschechoslowakei, Litauens, Polens, Frankreichs, Belgiens, Luxemburgs und Jugoslawiens eingesetzt, die dem Reich und den Gauen der Nazi-Partei einverleibt wurden. In jenen Gebieten wurde der Apparat des Korps der Politischen Leiter für die Germanisierung durch die Ausschaltung örtlicher Bräuche und für die Entdeckung und Verhaftung von Personen verwendet, die sich der deutschen Besetzung widersetzten. Dies war verbrecherisch auf Grund des Artikels 6 (b) des Statuts in jenen Gebieten, in denen die Haager Landkriegsordnung gültig war und verbrecherisch nach Artikel 6 (c) des Statuts in den übrigen Gebieten.

Das Korps der Politischen Leiter nahm teil an der Verfolgung der Juden. Es war an der wirtschaftlichen und politischen Diskriminierung gegen die Juden beteiligt, die bald, nachdem die Nazis an die Macht gelangten, in Kraft gesetzt wurde. Die Gestapo und der SD waren angewiesen, die bei den Pogromen des 9. und 10. November 1938 anzuwendenden Maßnahmen mit den Gauleitern und Kreisleitern auszuarbeiten. Auch wurde das Korps der Politischen Leiter eingesetzt, um die deutsche öffentliche Meinung daran zu hindern, sich gegen die Maßnahmen aufzulehnen, die gegen die Juden im Osten ergriffen wurden. Am 9. Oktober 1942 wurde ein vertrauliches Informationsrundschreiben an alle Gauleiter und Kreisleiter gesandt, das den Titel trug: »Vorbereitungsmaßnahmen für die Endlösung der Judenfrage in Europa. Gerüchte bezüglich der bei den Juden im Osten herrschenden Zustände.« In diesem Rundschreiben wurde erklärt, daß heimkehrende Soldaten Gerüchte in Umlauf setzten, die sich auf die Zustände bei den Juden im Osten bezögen, und daß manche Deutsche diese vielleicht nicht verstehen würden. Im einzelnen wurde dann dargelegt, wie die amtliche Erklärung dafür zu lauten habe. Das Rundschreiben enthielt zwar keine ausdrückliche Feststellung, daß die Juden ausgerottet wurden, doch wurde angedeutet, daß sie in Arbeitslager kämen, und es wurde von ihrer vollständigen Isolierung und Ausschaltung und der Notwendigkeit unbarmherziger Härte gesprochen. Es zeigte also an, selbst wenn man sich nur an seinen Wortlaut hält, daß der Apparat des Korps der Politischen Leiter dazu benutzt wurde, die deutsche öffentliche Meinung daran zu hindern, sich gegen ein Programm aufzulehnen, das zugegebenermaßen die lebenslängliche Verdammung der Juden Europas zur Sklaverei in sich schloß. Derartige Informationen standen auch weiterhin dem Korps der Politischen Leiter zur Verfügung. »Die Lage«, eine Veröffentlichung, die unter den Politischen Leitern im Umlauf war, beschrieb in ihrer Ausgabe vom August 1944 die Deportation von 430000 Juden aus Ungarn.

Das Korps der Politischen Leiter spielte eine wichtige Rolle bei der Durchführung des Sklavenarbeiterprogramms. Ein Erlaß Sauckels vom 6. April 1942 ernannte die Gauleiter zu Generalbevollmächtigten für den Arbeitseinsatz in ihren Gauen mit der Machtbefugnis, alle Dienststellen, die sich in ihren Gauen mit Arbeitsfragen befaßten, miteinander in Einklang zu bringen, und ferner mit speziellen Vollmachten in bezug auf die Beschäftigung der ausländischen Arbeiter, einschließlich der Arbeitsbedingungen, Ernährung und Unterbringung. Auf Grund dieser Machtvollkommenheit übernahmen die Gauleiter die Kontrolle über die Arbeitszuteilung in ihren Gauen, einschließlich der Zwangsarbeiter aus fremden Ländern. Bei der Erfüllung dieser Aufgabe machten die Gauleiter von vielen Parteidienststellen innerhalb ihrer Gaue Gebrauch, einschließlich untergeordneter Politischer Leiter.

Die Verordnung Sauckels vom 8. September 1942 zum Beispiel, die sich auf die Zuteilung von 400000 weiblichen Arbeitskräften aus dem Osten an Haushaltungen bezog, legte einen Geschäftsgang fest, demzufolge Anträge auf solche Arbeiterinnen durch die Kreisleiter weiterzuleiten waren.[1]

Auf Grund der Verfügung Sauckels war die den Fremdarbeitern zuteil werdende Behandlung unmittelbare Sache des Korps der Politischen Leiter, und die Gauleiter waren besonders angewiesen, »politisch unfähige Unternehmer« daran zu hindern, »bei der Versorgung der Ostarbeiter zu viel Rücksicht walten zu lassen«. Zu den Fragen, die bei ihrer Behandlung zu erwägen waren, gehörten Berichte durch die Kreisleiter über Schwangerschaften unter den weiblichen Arbeitssklaven; hierbei kam es dann zur Abtreibung, wenn etwa die Eltern des Kindes jenen rassischen Normen nicht entsprachen, die von der SS festgelegt worden waren. In der Regel kam dann auch die betreffende Sklavenarbeiterin in ein Konzentrationslager. Die Beweisaufnahme hat ergeben, daß die unter der Aufsicht des Korps der Politischen Leiter stehenden Industriearbeiter in Lagern untergebracht waren, deren hygienische Verhältnisse furchtbar waren, auch daß ihre Arbeitszeit übermäßig lang war und daß sie unzureichend ernährt wurden. Die landwirtschaftlichen Arbeiter, die unter der gleichen Aufsicht standen und deren Behandlung etwas besser war, erhielten keine Erlaubnis, Verkehrsmittel zu benutzen, Unter-

[1] Im deutschen Originaltext fehlt irrtümlicherweise der anschließende Satzteil: »... deren Entscheidung endgültig war.«

haltungsstätten oder religiöse Gottesdienste zu besuchen; sie mußten ohne jegliche Begrenzung der Arbeitsstunden arbeiten und unter Bestimmungen, die dem Arbeitgeber das Recht gaben, sie körperlich zu züchtigen. Mindestens bis zum Ortsgruppenleiter hinab waren die Politischen Leiter für diese Art der Aufsicht verantwortlich. Eine Denkschrift Bormanns vom 5. Mai 1943, in der angeordnet wurde, daß die Mißhandlung von Arbeitssklaven einzustellen sei, ist bis zu den Ortsgruppenleitern hinab verteilt worden. In ähnlicher Weise wurden am 10. November 1944 durch ein Rundschreiben Speers Anweisungen von Himmler weitergeleitet dahingehend, daß alle Mitglieder der Nazi-Partei auf dem Wege über die Kreisleiter von den Ortsgruppenleitern auf ihre Pflicht aufmerksam zu machen seien, ausländische Arbeiter unter sorgfältiger Beobachtung zu halten.

Das Korps der Politischen Leiter war unmittelbar mit der Behandlung von Kriegsgefangenen befaßt. Am 5. November 1941 verteilte Bormann bis zu den Kreisleitern hinab gewisse Richtlinien, die sie anweisen sicherzustellen, daß die Armee die jüngsten Anordnungen des Innenministeriums durchführe, denen zufolge die Leichen der russischen Kriegsgefangenen folgendermaßen zu behandeln seien: Sie sollten, lediglich in Teerpapier eingeschlagen, an einem entlegenen Ort ohne jede Feierlichkeit und ohne jeden Grabesschmuck beerdigt werden. Am 25. November 1943 sandte Bormann ein Rundschreiben an die Gauleiter, in dem er sie anwies, über irgendwelche milde Behandlung von Kriegsgefangenen zu berichten. Am 13. September 1944 verteilte Bormann bis zu den Kreisleitern hinab eine Anweisung, die bestimmte, daß Fühlung herzustellen sei zwischen den Kreisleitern und dem Wachpersonal der Kriegsgefangenen, um »die Verwendung der Kriegsgefangenen den politischen und wirtschaftlichen Forderungen besser anzugleichen«.

Eine Anweisung des OKW vom 17. Oktober 1944 befahl den Offizieren, die mit der Kriegsgefangenenaufsicht betraut waren, mit den Kreisleitern über Fragen der Arbeitsnutzung zu beraten. Die Verwendung der Kriegsgefangenen, insbesondere derjenigen aus dem Osten, stellte in einer großen Anzahl von Fällen eine Verletzung der Regeln des Landkriegsrechtes dar; die Beweisaufnahme hat gezeigt, daß das Korps der Politischen Leiter bis hinab zum Kreisleiter bei dieser rechtswidrigen Behandlung mitgewirkt hat.

Der Apparat des Korps der Politischen Leiter wurde auch bei den Versuchen eingesetzt, alliierte Piloten jenes Schutzes zu berauben, der ihnen auf Grund der Genfer Konvention zustand. Am 13. März 1940 wurden durch Richtlinien von Heß über das Korps der Politischen Leiter bis zum Blockleiter hinab Weisungen übermittelt, die zur Anleitung der Zivilbevölkerung bei der etwaigen Landung feindlicher Flugzeuge oder Fallschirmspringer dienen sollten. Hierin hieß es, daß feindliche Fallschirmspringer unverzüglich zu verhaften oder »unschädlich zu machen« seien. Am 30. Mai 1944 richtete Bormann ein Rundschreiben an alle Gau- und Kreisleiter, in dem er über Fälle berichtete, bei denen tieffliegende alliierte Piloten gelyncht worden waren, ohne daß Polizeimaßnahmen ergriffen wurden. Ortsgruppenleiter seien mündlich vom Inhalt des Schreibens zu unterrichten. Dieser Brief war eine Begleiterscheinung eines Propagandafeldzugs, den Goebbels organisiert hatte, um zu derartiger Lynchjustiz anzuspornen, und der Brief selber kam offensichtlich einer Weisung gleich, zur Lynchjustiz anzuspornen oder doch wenigstens die Genfer Konvention dadurch zu verletzen, daß jeder Polizeischutz entzogen wurde.

Im Verfolge dieses Programms kamen einige Fälle von Lynchjustiz vor, aber es scheint nicht, daß dies überall in Deutschland geschah. Nichtsdestoweniger beweist die bloße Existenz dieses Rundschreibens, daß die höchstrangigen Mitglieder im Korps der Politischen Leiter es zu einem offensichtlich rechtswidrigen Zweck benutzten und sich dazu des Apparates des Korps der Politischen Leiter mindestens durch die Ortsgruppenleiter bedienten.

Schlußfolgerung.

Das Korps der Politischen Leiter wurde zu Zwecken benutzt, die vom Statut als verbrecherisch bezeichnet werden und die folgendes bedeuten: Die Germanisierung einverleibter Gebiete, die Verfolgung der Juden, die Durchführung des Sklavenarbeitsprogramms und die Mißhandlung von Kriegsgefangenen. Die Angeklagten Bormann und

Sauckel, die Mitglieder dieser Organisation waren, gehörten zu denen, die sie für diese Zwecke gebrauchten. Die Gauleiter, die Kreisleiter und die Ortsgruppenleiter wirkten bei diesen verbrecherischen Programmen in größerem oder geringerem Umfange mit.

Auch die Reichsleitung als Organisationsstab der Partei ist für diese verbrecherischen Programme verantwortlich, ebenso wie die Spitzen der verschiedenen Stabsorganisationen der Gauleiter und Kreisleiter. Die Entscheidung des Gerichtshofs in bezug auf diese Stabsorganisationen schließt nur jene Amtsleiter ein, die Leiter von Büros im Stabe der Reichsleitung, Gauleitung und Kreisleitung waren. In bezug auf die anderen Stabsbeamten und Parteiorganisationen, die dem Korps der Politischen Leiter angeschlossen waren, mit Ausnahme der oben angeführten Amtsleiter, folgt der Gerichtshof dem Vorschlag der Anklagebehörde, sie von der Erklärung auszuschließen.

Der Gerichtshof erklärt, daß im Sinne des Statuts die Gruppe verbrecherisch ist, die sich aus den Mitgliedern des Korps der Politischen Leiter zusammensetzt, die die im vorhergehenden Absatz aufgezählten Stellungen innehatten, oder[1] die Mitglieder der Organisation wurden oder blieben, obgleich sie wußten, daß diese zur Begehung von Taten benutzt wurde, die Artikel 6 des Statuts als verbrecherisch kennzeichnet; oder die als Mitglieder der Organisation bei der Begehung solcher Verbrechen persönlich beteiligt waren. Grundlegend für dieses Urteil ist die Beteiligung der Organisation an Kriegsverbrechen und Verbrechen gegen die Menschlichkeit im Zusammenhang mit dem Krieg. Aus diesem Grunde kann die als verbrecherisch bezeichnete Gruppe keine Personen einschließen, die vor dem 1. September 1939 aufhörten, eine der aufgeführten Stellungen zu bekleiden.

Gestapo und SD.

Aufbau und Bestandteile: Die Anklagevertretung hat die Geheime Staatspolizei (Gestapo) und den Sicherheitsdienst

[1] Auf Grund einer späteren Berichtigung des Gerichtshofs ist dieses Wort »oder« zu streichen.

des Reichsführer-SS (SD) als Gruppen oder Organisationen bezeichnet, die als verbrecherisch erklärt werden sollen.

Die Anklagevertretung hat die Fälle gegen die Gestapo und den SD zusammen vorgebracht mit der Begründung, dies sei wegen der engen Zusammenarbeit der beiden notwendig. Der Gerichtshof gestattete dem SD, seine Verteidigung gesondert vorzubringen, weil er Interessengegensätze geltend gemacht hatte, aber nach Prüfung des Beweismaterials wurde beschlossen, den Fall der Gestapo und des SD zusammen zu beurteilen. Am 26. Juni 1936 wurden die Gestapo und der SD zum ersten Male koordiniert dadurch, daß Heydrich, der Chef des SD, zum Chef der Sicherheitspolizei ernannt wurde, welche dazu bestimmt war, sowohl die Gestapo als auch die Kriminalpolizei zu umfassen. Vor dieser Zeit war der SD der Nachrichtendienst zunächst der SS und später, nach dem 4. Juni 1934, der gesamten Nazi-Partei. Die Gestapo wurde aus den verschiedenen politischen Polizeikräften der einzelnen deutschen Bundesstaaten zusammengesetzt, die unter persönlicher Führung Himmlers mit dem Beistand Görings vereinigt worden waren. Himmler wurde am 17. Juni 1936 zum Chef der Deutschen Polizei im Innenministerium ernannt, und in seiner Eigenschaft als Reichsführer-SS und Chef der Deutschen Polizei erließ er seine Verfügung vom 26. Juni 1936, die sowohl die Kriminalpolizei oder Kripo als auch die Gestapo in die Sicherheitspolizei einreihte und sowohl die Sicherheitspolizei als auch den SD dem Befehl Heydrichs unterstellte.

Diese Zusammenfassung der Sicherheitspolizei – einer Staatsorganisation – und des SD – einer Parteiorganisation – unter Heydrichs Führung wurde durch den Erlaß vom 27. September 1939 in aller Form bestätigt. Hierdurch wurden die verschiedenen Staats- und Parteistellen unter Heydrich als Chef der Sicherheitspolizei und des SD zu einer einzigen verwaltungsmäßigen Einheit verschmolzen, nämlich dem Reichssicherheitshauptamt (RSHA), welches gleichzeitig sowohl eines der Hauptämter der SS unter Himmler als Reichsführer der SS war, als auch ein Amt des Innenministeriums unter Himmler in seiner Eigenschaft als Chef der Deutschen Polizei. Der innere Aufbau des RSHA zeigt, wie es die Amtsstellen der Sicherheitspolizei mit denen des SD vereinigt. Das RSHA zerfiel in sieben Ämter, von denen zwei (Amt I und II) sich mit Verwaltungsangelegenheiten beschäftigten. Die Sicherheitspolizei war durch Amt IV, dem Hauptamt der Gestapo, und Amt V, dem Hauptamt der Kriminalpolizei, vertreten. Der SD war vertreten sowohl durch Amt III, dem Hauptamt der SD-Tätigkeit im Inland, als auch Amt VI, dem Hauptamt für SD-Tätigkeit im Ausland, und Amt VII, dem Amt für weltanschauliche Forschung. Kurz nach der Schaffung des RSHA im November 1939 wurde die Sicherheitspolizei mit der SS gleichgeschaltet, indem alle Beamten der Gestapo und der Kriminalpolizei mit den ihren Stellungen entsprechenden Rängen von der SS übernommen wurden.

Die Gründung des RSHA stellte auf der höchsten Stufe der Leiter die endgültige Festlegung der Beziehungen dar, unter denen der SD als Abwehrorganisation für die Sicherheitspolizei tätig war. Eine ähnliche Gleichschaltung bestand in den örtlichen Dienststellen. Innerhalb Deutschlands und in den Gebieten, die dem Reich zivilverwaltungsmäßig eingegliedert wurden, waren die örtlichen Gestapo-, Kriminalpolizei- und SD-Stellen der Form nach getrennt. Sie waren jedoch der Aufsicht von Sicherheitspolizei- und SD-Inspekteuren bei den Stäben der örtlichen Höheren SS- und Polizeiführer unterworfen, und eine der Hauptfunktionen der örtlichen SD-Einheiten war, als Abwehrstelle[1] für die örtlichen Gestapo-Stellen tätig zu sein. In den besetzten Gebieten waren die Beziehungen zwischen örtlichen Gestapo-, Kriminalpolizei- und SD-Einheiten etwas enger. Sie waren in lokalen Einheiten der Sicherheitspolizei und des SD zusammengefaßt und sowohl der Kontrolle des RSHA als auch des Höheren SS- und Polizeiführers unterstellt, der von Himmler zum Dienst im Stab der Besatzungsbehörden bestimmt war. Die Ämter der Sicherheitspolizei und des SD in den besetzten Gebieten setzten sich aus Abteilungen zusammen, die den verschiedenen Ämtern des RSHA entsprachen. Die Organisation der Sicherheitspolizei und des SD war in den besetzten Gebieten, die noch als militärische Operationsgebiete galten oder die noch nicht formell unter deutscher Kontrolle waren, nur geringfügig

[1] Richtige Übersetzung des englischen Originaltextes muß lauten: »... als Nachrichtenstelle ...«

abgeändert. Die Mitglieder der Gestapo, Kripo und des SD wurden in militärisch aufgebaute Einheiten zusammengefaßt, die unter dem Namen von Einsatzkommandos und Einsatzgruppen bekannt waren und in denen die Schlüsselstellungen mit Mitgliedern der Gestapo, Kripo und des SD besetzt waren; Angehörige der Ordnungspolizei, der Waffen-SS und sogar der Wehrmacht wurden als Hilfskräfte verwandt. Diese Organisationen standen unter der allumfassenden Kontrolle des RSHA, in Frontgebieten jedoch wurden sie der operationsmäßigen Kontrolle des zuständigen Armee-Kommandanten unterstellt.

Daraus ergibt sich, daß stellungsmäßig gesehen sowohl die Gestapo als auch der SD wichtige und eng miteinander verbundene Gruppen innerhalb der Organisation der Sicherheitspolizei und des SD bildeten. Die Sicherheitspolizei und der SD standen unter einheitlichem Befehl Heydrichs und später Kaltenbrunners als Chef der Sicherheitspolizei und des SD; sie hatten ein einziges Hauptquartier, das RSHA; es hatte seine eigenen Dienstwege und wirkte sowohl in Deutschland als auch in den besetzten und unmittelbar hinter der Front liegenden Gebieten als eine einheitliche Organisation. Während der Zeitspanne, die dem Gerichtshof hauptsächlich zur Beurteilung vorliegt, erhielten Bewerber für Stellen in der Sicherheitspolizei und dem SD ihre Ausbildung in allen Zweigen, sowohl der Gestapo als auch der Kriminalpolizei und dem SD. Einige Verwirrung wurde durch die Tatsache hervorgerufen, daß ein Teil der Organisation technisch eine Formation der Nazi-Partei war, während ein anderer Teil der Organisation eine Regierungsbehörde war, doch ist dieser Umstand in Anbetracht des Gesetzes vom 1. Dezember 1933 über die Einheit der Nazi-Partei und des deutschen Staates unerheblich.

Die Sicherheitspolizei und der SD waren freiwillige Organisationen. Es ist zutreffend, daß viele Staats- und Verwaltungsbeamte in die Sicherheitspolizei überführt worden sind. Die Behauptung, daß diese Überführung eine zwangsmäßige war, läuft auf nichts anderes hinaus, als daß sie die Überleitung anzunehmen oder zurückzutreten hatten und sich dadurch möglicherweise der offiziellen Ungnade aussetzten. Während des Krieges hatten Angehörige der Sicherheitspolizei und des SD keine freie Wahl ihrer Betätigung innerhalb dieser Organisationen; und die Weigerung, einen bestimmten Posten auszufüllen, besonders im Dienst in den besetzten Gebieten, hätte zu schweren Strafen führen können. Es bleibt jedoch die Tatsache bestehen, daß alle Angehörigen der Sicherheitspolizei und des SD dieser Organisation freiwillig beitraten unter keinem anderen Druck als dem Wunsche, ihre Stellungen als Beamte zu behalten.

Die Organisation der Sicherheitspolizei und des SD umfaßte noch drei Sondereinheiten, die jedoch getrennt behandelt werden müssen. Die erste war die Grenzpolizei, die im Jahre 1937 der Kontrolle der Gestapo unterstellt wurde. Ihre Tätigkeit bestand in der Kontrolle des deutschen Grenzverkehrs. Personen, die die Grenze illegal überschritten, wurden von ihr verhaftet. Aus dem vorgelegten Beweismaterial geht auch klar hervor, daß sie von der Gestapo Anweisungen erhielt, von ihr festgenommene Fremdarbeiter in Konzentrationslager einzuweisen. Sie konnte ebenfalls bei den örtlichen Gestapo-Stellen die Genehmigung zur Einlieferung festgenommener Personen in Konzentrationslager beantragen. Der Gerichtshof ist der Meinung, daß die Grenzpolizei in die Anklage gegen die Gestapo wegen Verbrechens einbegriffen werden muß.

Im Sommer 1944 wurde auch der Zollgrenzschutz Bestandteil der Gestapo. Die Aufgaben dieser Organisation waren denen der Grenzpolizei ähnlich; sie hatten für Einhaltung der Grenzbestimmungen zu sorgen und insbesondere Schmuggel zu verhüten. Es hat jedoch nicht den Anschein, daß ihre Überführung vollständig war, sondern daß ungefähr die Hälfte des Personalbestandes von 54000 Mann unter der Kontrolle der Reichsfinanzverwaltung oder der Ordnungspolizei verblieb. Wenige Tage vor Kriegsende wurde die gesamte Organisation in die Reichsfinanzverwaltung rücküberführt. Die Überführung der Organisation in die Gestapo fand zu einem späteren Zeitpunkt statt, und sie nahm nur in so geringem Maße an der Gesamttätigkeit der Gestapo teil, daß der Gerichtshof nicht der Meinung ist, daß diese Organisation bei der Erwägung des verbrecherischen Charakters der Gestapo in Betracht gezogen werden solle.

Bei der dritten Organisation handelt es sich um die sogenannte Geheime Feldpolizei, die ursprünglich dem Heere unterstand, die aber im Jahre 1942 durch militärischen Befehl in die Sicherheitspolizei überführt wurde. Die Geheime Feldpolizei war sowohl mit Sicherheitsangelegenheiten innerhalb des Heeres in den besetzten Gebieten betraut als auch mit der Verhütung von Überfällen durch Zivilisten auf militärische Einrichtungen oder Einheiten, und sie beging Kriegsverbrechen und Verbrechen gegen die Menschlichkeit in großem Maßstabe. Es ist jedoch nicht erwiesen, daß sie einen Teil der Gestapo bildete; daher erachtet der Gerichtshof nicht, daß sie unter die von der Anklage erhobene Anschuldigung fällt, verbrecherischen Charakters gewesen zu sein, mit der Ausnahme solcher Mitglieder, die in das Amt IV des RSHA überführt worden sind oder die Mitglieder von Organisationen waren, die durch dieses Urteil für verbrecherisch erklärt worden sind.

Verbrecherische Tätigkeit:

Eine der ersten Aufgaben der Gestapo bestand ursprünglich in der Verhinderung jeglicher politischer Opposition gegen das Nazi-Regime; diese Aufgabe führte sie mit Hilfe des SD durch. Die zur Durchführung dieser Aufgabe verwandte Hauptwaffe war das Konzentrationslager. Die Gestapo hatte nicht die verwaltungsmäßige Kontrolle der Konzentrationslager, sie war jedoch über das RSHA für die Gefangenhaltung politischer Häftlinge in diesen Lagern verantwortlich. Gestapo-Beamte waren gewöhnlich für die Vernehmung politischer Gefangener in den Lagern zuständig.

Die Gestapo und der SD befaßten sich ebenfalls mit Anklagen wegen Hochverrats sowie mit Fragen, welche die Presse, die Kirchen und die Juden betrafen. Mit der Intensivierung des Nazi-Programms auf dem Gebiete der Judenverfolgung nahm auch die Bedeutung dieser Organe zu. Am frühen Morgen des 10. November 1938 sandte Heydrich an alle Gestapo- und SD-Dienststellen ein Telegramm, in welchem er Weisungen für die Durchführung der Pogrome jenes Tages erteilte und anordnete, so viele Juden, »vor allem reiche«, zu verhaften, wie die Gefängnisse aufnehmen konnten, jedoch darauf zu achten, daß die Verhafteten gesunde Personen und nicht zu alt seien. Bis zum 11. November 1938 waren 20000 Juden verhaftet und viele in Konzentrationslager verbracht worden. Am 24. Januar

1939 wurde Heydrich, der Chef der Sicherheitspolizei und des SD, mit der Durchführung der Aussiedlung und Evakuierung der Juden aus Deutschland und am 31. Juli 1941 mit der Endlösung der Judenfrage in dem von den Deutschen beherrschten Europa beauftragt. Unter der Leitung von Standartenführer Eichmann wurde im RSHA eine besondere Abteilung der Gestapo geschaffen, die für jüdische Angelegenheiten zuständig war und zur Erforschung der Judenfrage in den besetzten Gebieten ihre eigenen Agenten verwandte. Örtliche Gestapo-Dienststellen wurden anfänglich dazu benutzt, die Auswanderung der Juden zu überwachen und später dazu, sie sowohl aus Deutschland als auch aus den während des Krieges besetzten Gebieten nach dem Osten zu deportieren.

Einsatzgruppen der Sicherheitspolizei und des SD, die hinter den Linien der Ostfront operierten, führten Massenmorde an Juden durch. Eine Sonderabteilung des Gestapo-Hauptquartiers im RSHA wurde dazu verwandt, die Deportierung von Juden aus den Achsenländern nach Deutschland zwecks »Endlösung« zu organisieren.

Örtliche Dienststellen der Sicherheitspolizei und des SD spielten in der deutschen Verwaltung der besetzten Gebiete eine bedeutende Rolle. Die Art ihrer Teilnahme ist aus den ergangenen Maßnahmen im Sommer 1938 ersichtlich, die zur Vorbereitung des Angriffs auf die Tschechoslowakei, der damals in Aussicht genommen war, getroffen worden waren. Es wurden Einsatzgruppen der Gestapo und des SD geschaffen, um der Wehrmacht in die Tschechoslowakei zu folgen und für die Sicherheit des politischen Lebens in den besetzten Gebieten zu sorgen. Es wurden Pläne ausgearbeitet für die vorherige Durchdringung des Gebietes mit SD-Männern und für die Aufstellung einer Liste derjenigen Einwohner, die unter Bewachung gestellt, ihrer Pässe beraubt oder liquidiert werden sollten. Diese Pläne wurden infolge der Aufgabe des Angriffs auf die Tschechoslowakei bedeutend abgeändert; im Verlaufe der militärischen Aktionen jedoch, die tatsächlich stattfanden, insbesondere in dem Krieg gegen die USSR, traten Einsatzgruppen der Sicherheitspolizei und des SD in Aktion und führten neben brutalen Befriedungsmaßnahmen gegenüber der Zivilbevölkerung Massenhinschlachtungen von Juden durch.

Heydrich ließ im Jahre 1939 Weisungen ergehen, an der deutsch-polnischen Grenze Zwischenfälle zu konstruieren, die Hitler einen hinreichenden Vorwand für einen Angriff auf Polen geben würden. Sowohl Gestapo- als auch SD-Personal nahm an diesen Aktionen teil.

Die örtlichen Einheiten der Sicherheitspolizei und des SD setzten ihre Arbeit in den besetzten Gebieten fort, auch nachdem die letzteren nicht mehr Operationsgebiet waren. Die Sicherheitspolizei und der SD nahmen weitreichende Verhaftungen unter der Zivilbevölkerung dieser besetzten Länder vor, setzten viele von ihnen unter unmenschlichen Bedingungen gefangen, unterwarfen sie brutalen Methoden dritten Grades und schickten viele in Konzentrationslager. Örtliche Einheiten der Sicherheitspolizei und des SD waren ferner an den Geiselerschießungen, an der Verhaftung von Verwandten, an der Hinrichtung der ohne Gerichtsverfahren des Terrors und der Sabotage beschuldigten Personen sowie an der Durchführung des »Nacht-und-Nebel«-Erlasses beteiligt. Auf Grund dieses Erlasses wurden Menschen, die man solcher Vergehen beschuldigte, von denen man annahm, daß sie die Sicherheit der Besatzungstruppen gefährden, entweder innerhalb einer Woche hingerichtet oder insgeheim nach Deutschland verbracht, ohne daß man ihnen gestattete, sich mit ihren Familienangehörigen oder Freunden in Verbindung zu setzen.

Dienststellen der Sicherheitspolizei und des SD waren an der Durchführung des Zwangsarbeiterprogramms beteiligt. In einigen besetzten Gebieten unterstützten sie die örtlichen Arbeitsbehörden bei der Erfüllung der von Sauckel auferlegten Quoten. Gestapo-Dienststellen innerhalb Deutschlands wurden mit der Überwachung der Zwangsarbeiter beauftragt und für die Ergreifung der nicht zur Arbeit Erscheinenden verantwortlich gemacht. Die Gestapo war ferner mit der Leitung der sogenannten Arbeitserziehungslager betraut. Obgleich sowohl deutsche als auch ausländische Arbeiter in diese Lager überführt werden konnten, spielten sie beim Zwang der Fremdarbeiter, für die deutsche Kriegsindustrie zu arbeiten, eine bedeutende Rolle. In den letzten Stadien des Krieges, als die SS ein eigenes Zwangsarbeiterprogramm durchzuführen begann, wurde die Gestapo dazu verwandt, Arbeiter zu dem Zwecke zu verhaften, um eine hinreichende Belieferung der Konzentrationslager zu gewährleisten.

Die örtlichen Dienststellen der Sicherheitspolizei und des SD haben ebenfalls Kriegsverbrechen in Gestalt von Mißhandlungen und Ermordungen von Kriegsgefangenen begangen. Sowjetkriegsgefangene in Kriegsgefangenenlagern in Deutschland wurden von Einsatzkommandos unter Anleitung der örtlichen Gestapo-Dienststellen verhört. Kommissare, Juden, Mitglieder der Intelligenzschicht, »fanatische Kommunisten« und selbst solche, die man für unheilbar krank hielt, wurden als »untragbar« bezeichnet und vernichtet. Die örtlichen Dienststellen der Sicherheitspolizei und des SD waren an der Durchführung des »Kugel«-Erlasses beteiligt, der am 4. März 1944 in Kraft trat und auf Grund dessen bestimmte Gruppen von Kriegsgefangenen, die wieder aufgegriffen worden waren, nicht mehr als Kriegsgefangene behandelt, sondern insgeheim nach Mauthausen geschafft und dort erschossen wurden. Mitglieder der Sicherheitspolizei und des SD waren mit der Durchführung des Erlasses über die Erschießung von Fallschirmjägern und Kommandos beauftragt.

Schlußfolgerung.

Die Gestapo und der SD wurden für Zwecke verwandt, die gemäß des Statuts verbrecherisch waren; dazu gehören die Verfolgung und Ausrottung der Juden, Grausamkeiten und Morde in Konzentrationslagern, Ausschreitungen in der Verwaltung der besetzten Gebiete, die Durchführung des Zwangsarbeiterprogramms und Mißhandlung und Ermordung von Kriegsgefangenen. Der Angeklagte Kaltenbrunner, der ein Mitglied dieser Organisation war, gehörte zu denjenigen, die sie für diese Zwecke verwandten. Bei der Gestapo schließt der Gerichtshof alle leitenden und Verwaltungsbeamten vom Amt IV des RSHA oder solche, die sich mit Gestapo-Angelegenheiten in anderen Abteilungen des RSHA befassen, sowie sämtliche örtlichen Gestapo-Beamten ein, die sowohl innerhalb als auch außerhalb Deutschlands ihren Dienst versahen, einschließlich der Angehörigen der Grenzpolizei, jedoch mit Ausnahme der Mitglieder des Grenz- und Zollschutzes oder der Geheimen

Feldpolizei, von denen wiederum solche oben näher beschriebenen Mitglieder eingeschlossen sind.[1]

Auf Vorschlag der Anklagevertretung schließt der Gerichtshof das von der Gestapo für reine Büroarbeiten, Pförtner-, Boten- und andere nichtamtliche Aufgaben beschäftigte Personal dabei nicht ein. Was den SD anlangt, schließt der Gerichtshof die Ämter III, VI und VII des RSHA und alle anderen Mitglieder des SD ein, einschließlich aller örtlichen Vertreter und Agenten, gleichgültig, ob sie ehrenamtlich oder auf anderer Grundlage tätig waren, und gleichgültig, ob sie nominell Mitglieder der SS waren oder nicht.

Der Gerichtshof erklärt als verbrecherisch im Sinne des Statuts die Gruppe derjenigen Mitglieder der Gestapo und des SD, welche die im vorhergehenden Absatz aufgezählten Stellungen innehatten, die Mitglieder der Organisation wurden oder blieben, obwohl sie wußten, daß diese für die Ausführung von Taten benützt wurde, die gemäß Artikel 6 des Statuts für verbrecherisch erklärt worden sind und die als Mitglieder der Organisation persönlich an der Verübung solcher Verbrechen beteiligt waren. Die Grundlage für diese Urteilsfindung bildet die Beteiligung der Organisation an Kriegsverbrechen und Verbrechen gegen die Menschlichkeit im Zusammenhang mit dem Krieg; ausgeschlossen aus dieser als verbrecherisch erklärten Gruppe sind daher solche Personen, die vor dem 1. September 1939 die in dem vorhergehenden Absatz aufgezählten Stellungen aufgaben.

Die SS.

Zusammensetzung und Bestandteile: Die Anklagebehörde hat die Schutzstaffeln der Nationalsozialistischen Deutschen Arbeiterpartei – allgemein als SS bekannt – als eine Organisation namhaft gemacht, die als verbrecherisch erklärt werden sollte. Der Teil der Anklageschrift, der sich mit der SS befaßt, enthält auch den Sicherheitsdienst des Reichsführer-SS – allgemein als SD bekannt –. Die letztere Organisation, die ursprünglich ein Zweig des Nachrichtendienstes der SS war, wurde späterhin ein wichtiger Teil der

[1] Richtige Übersetzung muß lauten »... ausgeschlossen sind.«

Organisation der Sicherheitspolizei und des SD und wird in dem Urteil des Gerichtshofs über die Gestapo behandelt.

Die SS wurde ursprünglich von Hitler im Jahre 1925 als eine Elite-Abteilung der SA für politische Zwecke unter dem Vorwand, Redner bei öffentlichen Versammlungen der Nazi-Partei zu schützen, gegründet. Nachdem die Nazis an die Macht gekommen waren, wurde die SS benutzt, um Ordnung zu wahren und die Zuhörerschaft bei Massendemonstrationen zu beaufsichtigen, und durch einen Führererlaß wurde sie mit der zusätzlichen Aufgabe der Aufrechterhaltung der »inneren Sicherheit« beauftragt. Die SS spielte eine wichtige Rolle zu der Zeit der Röhm-Säuberungsaktion vom 30. Juni 1934 und wurde kurz darauf zur Belohnung für ihre Dienste in eine selbständige Einheit der Nazi-Partei verwandelt.

Als Himmler im Jahre 1929 zuerst zum Reichsführer ernannt wurde, bestand die SS aus 280 Männern, die als besonders vertrauenswürdig angesehen wurden. Im Jahre 1933 setzte sie sich aus 52000 Männern zusammen, die man aus allen Gesellschaftskreisen entnommen hatte. Der ursprüngliche Verband der SS war die Allgemeine SS, die schon im Jahre 1939 zu einem Korps von 240000 Männern, die nach militärischen Richtlinien und nach Divisionen und Regimentern organisiert waren, angewachsen war. Während des Krieges verringerte sich ihre Mitgliedszahl auf erheblich weniger als 40000.

Die SS schloß ursprünglich zwei andere Verbände in sich ein, die SS-Verfügungstruppe, eine Truppe, die aus SS-Mitgliedern bestand, welche sich für einen vierjährigen Militärdienst freiwillig gemeldet hatten, statt zwangsweise im Heer zu dienen, und die SS-Totenkopfverbände, Sondertruppen, die mit der Bewachung von Konzentrationslagern beauftragt waren und die im Jahre 1934 der SS unterstellt wurden. Die SS-Verfügungstruppe wurde als eine bewaffnete Einheit organisiert, die im Mobilmachungsfalle mit dem Heer eingesetzt werden sollte. Im Sommer des Jahres 1939 wurde die Verfügungstruppe als eine motorisierte Division ausgerüstet, um den Kern der Streitkräfte zu bilden, die im Jahre 1940 als die Waffen-SS bekannt wurden. In jenem Jahre setzte sich die Waffen-SS aus 100000 Männern zusammen, von denen 56000 von der Verfügungstruppe und der Rest von der Allgemeinen SS und den Totenkopfverbänden kamen. Bei Kriegsende wurde ihr Bestand auf ungefähr 580000 Männer und 40 Divisionen geschätzt. Die Waffen-SS stand unter dem taktischen Befehl des Heeres, aber sie wurde durch Verwaltungsorgane der SS ausgerüstet und versorgt und unterlag der SS-Disziplinargewalt.

Die Hauptorganisation der SS bestand aus 12 Hauptämtern. Die wichtigsten von ihnen waren das Reichssicherheitshauptamt (RSHA), das schon besprochen worden ist, das WVHA oder das Wirtschafts-Verwaltungshauptamt, das neben seinen anderen Aufgaben die Konzentrationslager verwaltete, ein Rasse- und ein Siedlungsamt zusammen mit Hilfsämtern für die Rückführung von Volksdeutschen (Volksdeutsche Mittelstelle). Die Hauptorganisation der SS besaß auch ein Rechtsamt, und die SS verfügte über ihr eigenes Rechtswesen, und ihre Mitglieder unterstanden der Rechtsprechung von Sondergerichten. Den SS-Hauptämtern war auch eine Forschungsstiftung angegliedert, die als Ahnenerbe-Versuche bekannt wurde. Es wird behauptet, daß die Wissenschaftler, die dieser Organisation angehörten, hauptsächlich Ehrenmitglieder der SS gewesen seien. Während des Krieges wurde ein Institut für Wehrwissenschaftliche Forschung dem Ahnenerbe angegliedert, welches umfangreiche Versuche, darunter solche an lebenden Menschen, unternahm. Ein Angestellter dieses Instituts war ein gewisser Dr. Rascher, der diese Versuche mit vollem Wissen des Ahnenerbes durchführte, das mit Hilfsgeldern unterstützt wurde und dem Schutze des Reichsführer-SS unterstand, der ein Treuhänder dieser Stiftung war.

Mit dem Jahre 1933 nahm der stufenweise fortschreitende aber gründliche Zusammenschluß der Polizei und SS seinen Anfang. Im Jahre 1936 wurde Himmler, der Reichsführer-SS, Chef der Deutschen Polizei mit Befehlsgewalt sowohl über die uniformierte Ordnungspolizei wie auch die Sicherheitspolizei. Himmler schuf ein System, unter dem Höhere SS- und Polizeiführer, die für jeden Wehrkreis ernannt wurden, als seine persönlichen Vertreter bei der Gleichschaltung der Aufgaben der Ordnungspolizei, der Sicherheitspolizei und SD und der Allgemeinen SS in ihren Befehlskreisen walteten. Im Jahre 1939 wurde das SS- und Polizeiwesen gleichgeschaltet, indem alle Beamten der Sicherheits- und Ordnungspolizei in die SS mit den ihrem Polizeirang gleichstehenden SS-Dienstgraden aufgenommen wurden.

Bis zum Jahre 1940 war die SS eine völlig freiwillige Organisation. Nach der Errichtung der Waffen-SS im Jahre 1940 fand eine sich langsam steigernde Anzahl von Zwangsaushebungen in die Waffen-SS statt. Es scheint, daß ungefähr ein Drittel der Gesamtzahl derjenigen, die in die Waffen-SS eintraten, zwangsweise eingezogen wurde und daß die Zahl der zwangsweise Eingezogenen bei Kriegsende verhältnismäßig größer war als am Anfang, daß aber eine verhältnismäßig hohe Zahl von Freiwilligen bis zum Kriegsende fortbestand.

Verbrecherische Handlungen.

SS-Einheiten waren tätige Teilnehmer an den Schritten, die zum Angriffskriege führten. Die Verfügungstruppe wurde bei der Besetzung des Sudetenlandes, Böhmens und Mährens und des Memelgebietes eingesetzt. Das Henlein-Freikorps unterstand dem Befehl des Reichsführer-SS für Operationen im Sudetenland im Jahre 1938, und die Volksdeutsche Mittelstelle finanzierte die Tätigkeit der dortigen Fünften Kolonne.

Die SS war sogar in noch größerem Umfang Teilnehmer bei der Begehung von Kriegsverbrechen gegen die Menschlichkeit. Durch ihre Überwachung der Polizeiorganisation, besonders der Sicherheitspolizei und des SD, wurde die SS in alle die Verbrechen verwickelt, die in dem Abschnitt dieses Urteils umrissen worden sind, der sich mit der Gestapo und dem SD befaßt. Andere Zweige der SS waren in demselben Ausmaß in diese verbrecherischen Pläne verwickelt. Es ist erwiesen, daß die Erschießung von unbewaffneten Kriegsgefangenen in einigen Waffen-SS-Divisionen allgemeiner Brauch war. Am 1. Oktober 1944 wurde die Aufsicht über Kriegsgefangene und Internierte auf Himmler übertragen, der seinerseits die Angelegenheiten von Kriegsgefangenen dem SS-Obergruppenführer Berger und dem SS-Obergruppenführer Pohl übergab. Das Rasse- und Siedlungsamt der SS in Gemeinschaft mit der Volksdeutschen

Mittelstelle war eifrig mit der Durchführung von Germanisierungsplänen in den besetzten Gebieten beschäftigt, im Einklang mit den Rassengrundsätzen der Nazi-Partei, und ferner mit der Deportierung von Juden und anderen ausländischen Staatsbürgern. Einheiten der Waffen-SS und Einsatzgruppen, die unmittelbar unter dem SS-Hauptamt arbeiteten, wurden für die Ausführung dieser Pläne eingesetzt. Diese Einheiten waren auch an den weit verbreiteten Ermordungen und Mißhandlungen der Zivilbevölkerung der besetzten Gebiete beteiligt. Unter dem Vorwand der Partisanenbekämpfung rotteten SS-Einheiten Juden und von der SS als politisch unerwünscht angesehene Leute aus, und ihre Berichte weisen Hinrichtungen von einer ungeheuren Anzahl von Personen auf. Divisionen der Waffen-SS waren für viele Massaker und Grausamkeiten in den besetzten Gebieten, wie zum Beispiel für die Blutbäder in Oradour und Lidice, verantwortlich.

Seit 1934 standen die Konzentrationslager unter der Bewachung und Verwaltung der SS. Die Beweisführung läßt keinen Zweifel bestehen, daß die dauernde brutale Behandlung der Konzentrationslagerinsassen als eine Folge der allgemeinen SS-Politik ausgeführt wurde, die besagte, daß die Häftlinge rassisch minderwertig und nur mit Verachtung zu behandeln wären. Es liegen Beweise dafür vor, daß, wo Einsatzerwägungen es erlaubten, Himmler seine Wachbataillone miteinander abwechseln wollte, damit alle Angehörigen der SS über die richtige Stellungnahme den minderwertigen Rassen gegenüber aufgeklärt würden. Nach 1942, als die Konzentrationslager der Aufsicht des Wirtschafts-Verwaltungshauptamtes (WVHA) unterstellt wurden, wurden sie als eine Quelle für Sklavenarbeiter benützt. Ein Übereinkommen, das mit dem Justizministerium am 18. September 1942 getroffen wurde, bestimmte, daß antisoziale Elemente, die ihre Gefängnisstrafen verbüßt hatten, der SS zu übergeben seien, um zu Tode gearbeitet zu werden. Es wurden fortlaufend Schritte unternommen, um durch Einsatz der Sicherheitspolizei und des SD und sogar der Waffen-SS sicherzustellen, daß die SS einen ausreichenden Bestand von Konzentrationslagerarbeitern für ihre Aufgaben an Hand hatte. Im Zusammenhang mit der Verwaltung der Konzentrationslager verlegte sich die SS auf eine Reihe von Experimenten an Menschen, die an Kriegsgefangenen oder den Insassen von Konzentrationslagern ausgeführt wurden. Diese Versuche bestanden in der Erfrierung[1] und der Tötung durch vergiftete Kugeln. Die SS war in der Lage, Regierungszuschüsse für diese Forschungsarbeit zu erhalten, und zwar deshalb, weil ihr Menschenmaterial zugänglich war, über das andere Dienststellen nicht verfügen konnten.

Die SS spielte eine besonders bedeutende Rolle bei der Judenverfolgung. Die SS war unmittelbar in die Kundgebungen des 10. November 1938 verwickelt. Die Räumung der Juden aus den besetzten Gebieten wurde unter den Weisungen der SS mit Hilfe von SS-Polizeieinheiten durchgeführt.

Die Ausrottung der Juden wurde unter der Leitung der SS-Zentralstellen durchgeführt. Die tatsächliche Durchführung erfolgte durch SS-Formationen. Die Einsatzgruppen führten Massenabschlachtungen der Juden aus. SS-Polizeieinheiten waren ebenfalls beteiligt. So zum Beispiel wurde das Massaker der Juden im Warschauer Ghetto unter der Anleitung von SS-Brigadeführer und Generalmajor der Polizei Stroop angerichtet. Eine Sondergruppe von der SS-Zentralstelle besorgte die Verschickung der Juden aus verschiedenen Vasallenstaaten der Achse; ihre Ausrottung wurde sodann in den Konzentrationslagern, die das WV-HA verwaltete, durchgeführt.

Es ist unmöglich, auch nur einen Teil der SS auszunehmen, der nicht an diesen verbrecherischen Handlungen teilnahm. Die Allgemeine SS nahm aktiv an der Verfolgung der Juden teil und wurde als Reservoir für die Rekrutierung von Mannschaften für die Konzentrationslager benutzt. Einheiten der Waffen-SS nahmen direkt an der Tötung von Kriegsgefangenen und an Greueltaten in den besetzten Gebieten teil. Sie stellte Personal für die Einsatzgruppen und hatte Befehlsgewalt über die Mannschaften der Konzentrationslager, nachdem die Totenkopf-SS, die diese ursprünglich kontrollierte, in ihr aufgegangen war. Ebenso wurden verschiedene SS-Polizeieinheiten weitgehend zu den Greueltaten in den besetzten Ländern und für die Aus-

[1] Singgemäß richtige Übersetzung muß lauten: »... in der Herabsetzung der Temperatur, bis der Tod eintrat ...«

rottung der dortigen Juden verwendet. Die SS-Zentralstelle überwachte die Tätigkeit dieser verschiedenen Formationen und war für solche Sonderunternehmungen, wie die Experimente an Menschen und die »Endlösung« der Judenfrage, verantwortlich.

Der Gerichtshof kommt zu dem Ergebnis, daß die Kenntnis dieser verbrecherischen Handlungen zur Genüge allgemein war, um die Erklärung zu rechtfertigen, daß die SS eine verbrecherische Organisation in dem weiter unten beschriebenen Ausmaße war.

Es scheint allerdings, daß der Versuch gemacht wurde, einige Gebiete ihrer Tätigkeit geheimzuhalten, doch war ihr verbrecherisches Programm in so weiten Kreisen verbreitet und bedeutete Abschlachtung von so ungeheurem Ausmaße, daß ihre verbrecherische Tätigkeit weitgehend bekannt sein mußte. Überdies muß man berücksichtigen, daß die verbrecherische Tätigkeit der SS sich logischerweise aus den Grundsätzen ergab, nach denen sie aufgebaut war. Alles war geschehen, um die SS zu einer hochdisziplinierten Organisation zu machen, die sich aus der Elite des Nationalsozialismus zusammensetzte. Himmler hatte festgestellt, daß es Leute in Deutschland gab, »denen schlecht wurde, wenn sie diese schwarzen Röcke sahen«, und daß er nicht erwarte, daß »sie von zu vielen geliebt werden«. Himmler sprach auch die Ansicht aus, daß es die Aufgabe der SS sei, die Eliterasse fortzupflanzen, um Europa zu einem germanischen Kontinent zu machen, und der SS wurde beigebracht, daß es ihre Bestimmung sei, die Nazi-Regierung in der schließlichen Beherrschung von Europa und der Ausmerzung aller minderwertigen Rassen zu unterstützen. Dieser mystische und fanatische Glaube an die Überlegenheit des nordischen Deutschen entwickelte sich zu bewußter Verachtung und sogar zu Haß gegen andere Rassen, welche zu den vorher beschriebenen Verbrechen führte; sie wurden zur Selbstverständlichkeit, ja zum Gegenstand des Stolzes. Die Tat eines Angehörigen der Waffen-SS, der im September 1939 ganz aus eigenem Antrieb 50 jüdische Arbeiter, die er bewachte, tötete, wurde in der Beurteilung dahingehend beschrieben, daß er als SS-Mann »besonders empfindlich gegen den Anblick von Juden« war und daß er »in jugendlichem Abenteurergeist ganz gedankenlos« gehandelt habe, und eine Strafe von 3 Jahren Gefängnis wurde unter einer Amnestie aufgehoben. Heß schrieb zutreffend, daß die Waffen-SS auf Grund ihrer weitgehenden Ausbildung in Fragen der Rasse und des Volkstums am geeignetsten für die besonderen Aufgaben wäre, die in den besetzten Ländern gelöst werden müßten.

Himmler sprach in einer Reihe von Reden, die er im Jahre 1943 hielt, von seinem Stolz auf die Fähigkeiten der SS, solche verbrecherischen Handlungen auszuführen. Er ermutigte seine Leute, »hart und rücksichtslos« zu sein, er sprach von der Erschießung »von Tausenden von führenden Polen« und dankte ihnen für ihre Mitarbeit und dafür, daß sie beim Anblicke von Hunderten und Tausenden von Leichen ihrer Opfer nicht zimperlich waren. Himmler pries die Rücksichtslosigkeit bei der Ausrottung der jüdischen Rasse und bezeichnete diesen Vorgang später als »Entlausung«.

Diese Reden zeigen, daß die allgemein in der SS vorherrschende Haltung mit diesen verbrecherischen Handlungen im Einklang stand.

Schlußfolgerung.

Die SS wurde zu Zwecken verwendet, die nach dem Statut verbrecherisch sind. Sie bestanden in der Verfolgung und Ausrottung der Juden, Brutalitäten und Tötungen in den Konzentrationslagern, Übergriffen bei der Verwaltung besetzter Gebiete, der Durchführung des Zwangsarbeiterprogramms und der Mißhandlung und Ermordung von Kriegsgefangenen.

Der Angeklagte Kaltenbrunner war ein Mitglied der SS, die in alle diese Handlungen verwickelt war. In die SS schließt der Gerichtshof alle Personen ein, die offiziell als Mitglieder in die SS aufgenommen worden waren, einschließlich der Mitglieder der Allgemeinen SS, der Mitglieder der Waffen-SS, der Mitglieder der SS-Totenkopfverbände und der Mitglieder aller verschiedenen Polizeiabteilungen, welche Mitglieder der SS waren. Der Gerichtshof begreift nicht die sogenannte Reiter-SS mit ein. Der Sicherheitsdienst des Reichsführer-SS – allgemein bekannt als SD – wird in dem Urteil des Gerichtshofs über die Gestapo und den SD behandelt.

Der Gerichtshof erklärt die Personengruppe als verbrecherisch im Sinne des Statuts, die sich aus denjenigen Personen zusammensetzte, die offiziell als Mitglieder in die SS aufgenommen waren, entsprechend der im vorhergehenden Absatz gegebenen Aufzählung, die Mitglieder der Organisation wurden oder blieben und Kenntnis davon hatten, daß sie für die Begehung von Handlungen verwendet wurden, die laut Artikel 6 des Statuts als verbrecherisch erklärt sind oder die als Mitglieder der Organisation in die Begehung solcher Verbrechen verwickelt waren; jedoch unter Ausschluß derer, die vom Staate auf solche Art in ihre Reihen gezogen wurden, daß ihnen keine andere Wahl blieb, und die keine solchen Verbrechen begingen. Grundlage dieses Urteils ist die Teilnahme der Organisation an Kriegsverbrechen und Verbrechen gegen die Menschlichkeit im Zusammenhang mit dem Kriege; diese als verbrecherisch erklärte Gruppe kann daher nicht solche Personen umfassen, welche vor dem 1. September 1939 einer der im vorangehenden Absatz aufgezählten Organisationen nicht mehr angehörten.

Die SA.

Aufbau und Bestandteile: Die Anklagevertretung hat die Sturmabteilungen der Nationalsozialistischen Deutschen Arbeiterpartei – allgemein bekannt als die SA – als eine Organisation bezeichnet, die als verbrecherisch erklärt werden sollte. Die SA ist im Jahre 1921 für politische Zwecke gegründet worden. Sie war nach militärischen Gesichtspunkten organisiert. Ihre Mitglieder trugen eigene Uniformen und unterlagen ihrer eigenen Disziplin und hatten ihre eigenen Vorschriften. Nachdem die Nazis die Macht erlangt hatten, stieg die Mitgliederzahl der SA infolge der Einbeziehung gewisser Kriegsteilnehmerorganisationen gewaltig an. Im April 1933 wurde der Stahlhelm, eine Organisation mit 1½ Millionen Mitgliedern, in Ausführung einer zwischen seinem Führer Seldte und Hitler getroffenen Vereinbarung in die SA überführt mit Ausnahme der über 45 Jahre alten und einiger anderer Mitglieder. Eine andere

Kriegsteilnehmerorganisation, der sogenannte Kyffhäuserbund, wurde in der gleichen Weise überführt, zusammen mit einer Anzahl ländlicher Reiterorganisationen.

Fraglos war bis 1933 die Mitgliedschaft in der SA freiwillig. Nach 1933 wurde auf öffentliche Angestellte ein gewisser politischer und wirtschaftlicher Druck ausgeübt, in die SA einzutreten. Mitglieder des Stahlhelm, des Kyffhäuserbundes und der ländlichen Reitervereinigungen wurden ohne ihr Wissen in die SA überführt, aber der Gerichtshof ist nicht überzeugt davon, daß diese Mitglieder im allgemeinen bestrebt waren, gegen diese Überführung zu protestieren, noch davon, daß, außer in Einzelfällen, die Folgen einer Weigerung nachweisbar sind. Der Gerichtshof stellt daher fest, daß die Mitgliedschaft in der SA im allgemeinen freiwillig war.

Bis Ende 1933 setzte sich die SA aus 4½ Millionen Mann zusammen. Als Folge von nach 1934 vorgenommenen Veränderungen zählte die SA im Jahre 1939 1½ Millionen Mann.

Tätigkeit.

In den ersten Zeiten der Nazi-Bewegung betätigten sich die Sturmgruppen der SA als der »starke Arm in der Partei«. Sie nahmen teil an Saalschlachten und wurden für Straßengefechte in Kämpfen gegen politische Widersacher eingesetzt. Die SA wurde auch zur Verbreitung der Nazi-Weltanschauung und -Propaganda verwendet und legte besonderen Nachdruck auf antisemitische Propaganda, auf die Lehre von »Lebensraum«, auf die Revision des Versailler Vertrags und die Rückgabe der deutschen Kolonien.

Nachdem die Nazis an die Macht gelangt waren und insbesondere nach den Wahlen vom 5. März 1933 spielte die SA bei Errichtung der Nazi-Schreckensherrschaft über Deutschland eine bedeutende Rolle. Die SA beging Gewalttätigkeiten gegen die Juden und wurde dazu verwendet, politische Widersacher zu verhaften und Konzentrationslager, in denen sie ihre Gefangenen brutalen Mißhandlungen aussetzte, zu bewachen.

Am 30. Juni und 1. und 2. Juli 1934 wurde eine Säuberung unter den SA-Führern vorgenommen. Als Vorwand für diese Säuberung, in deren Verlauf Röhm, der Stabschef der SA, und viele andere SA-Führer getötet wurden, wurde das Bestehen eines Komplotts gegen Hitler angegeben. Als Folge dieser Säuberung gingen Einfluß und Macht der SA gewaltig zurück. Nach 1934 nahm sie an politischer Bedeutung schnell ab.

Nach 1934 befaßte sich die SA mit gewissen militärischen oder halbmilitärischen Übungen. Die SA fuhr auch fort, sich mit der Verbreitung von Nazi-Propaganda zu befassen. Vereinzelte SA-Einheiten waren sogar mit jenen Maßnahmen verknüpft, die zum Angriffskrieg und zur Begehung von Kriegsverbrechen und Verbrechen gegen die Menschlichkeit führen sollten. SA-Einheiten waren unter den ersten Truppen, die Österreich im März 1938 besetzten. Die SA stellte eine große Anzahl der Leute und eine bedeutende Menge der Ausrüstung für das Sudetenfreikorps Henleins, obwohl dieses Korps während seiner Operationen in der Tschechoslowakei augenscheinlich unter der Befehlsgewalt der SS stand.

Nach der Besetzung Polens wurde die SA-Gruppe Sudeten für den Transport von Kriegsgefangenen eingesetzt. SA-Einheiten wurden zur Bewachung von Gefangenen in Danzig, Posen, Schlesien und den Baltischen Staaten verwendet. Einige SA-Einheiten wurden gebraucht, um bei den Juden-Pogromen des 10. und 11. November 1938 Synagogen in die Luft zu sprengen. SA-Gruppen beteiligten sich an der Mißhandlung von Juden in den Ghettos von Wilna und Kowno.

Schlußfolgerung.

Bis zu der am 30. Juni 1934 einsetzenden Säuberung war die SA zu einem großen Teile eine aus Raufbolden und Draufgängern zusammengesetzte Gruppe, die an den Nazi-Ausschreitungen jener Zeit teilnahmen. Es ist jedoch nicht dargetan worden, daß diese Roheitsakte Teil eines besonderen Planes zur Führung eines Angriffskrieges waren, und der Gerichtshof ist daher nicht der Meinung, daß diese Tätigkeit verbrecherisch im Sinne des Statuts war. Nach der Säuberung war die SA auf den Stand einer unbedeutenden Nazi-Anhängergruppe zurückgegangen. Obwohl in besonderen Fällen einige SA-Einheiten für die Begehung von

Kriegsverbrechen und Verbrechen gegen die Menschlichkeit eingesetzt wurden, kann nicht gesagt werden, daß ihre Mitglieder im allgemeinen an solchen verbrecherischen Handlungen teilnahmen oder auch nur davon wußten. Aus diesen Gründen sieht der Gerichtshof davon ab, die SA als eine im Sinn des Artikels 9 des Statuts verbrecherische Organisation zu erklären.

Die Reichsregierung.

Die Anklagevertretung bezeichnet die Reichsregierung als verbrecherische Organisation, die nach dem 30. Januar 1933 aus den Mitgliedern des gewöhnlichen Kabinetts, aus den Mitgliedern des Ministerrats für die Reichsverteidigung und aus den Mitgliedern des Geheimen Staatsrates[1] bestand. Der Gerichtshof ist der Ansicht, daß die Reichsregierung aus zwei Gründen nicht als verbrecherisch erklärt werden soll:

1. da nicht dargetan ist, daß sie nach 1937 jemals in Wirklichkeit als Gruppe oder Organisation tätig gewesen ist;

2. da die hier beschuldigte Personengruppe so klein ist, daß gegen ihre Mitglieder ohne weiteres Einzelverfahren geführt werden können, ohne daß eine Erklärung, wonach die Regierung, deren Mitglieder sie gewesen sind, verbrecherisch war, erforderlich wäre.

Was den ersten Grund für unsere Entscheidung betrifft, so muß bemerkt werden, daß von jenem Zeitpunkt an, der als Beginn des Bestehens einer Verschwörung zur Unternehmung eines Angriffskrieges angesehen werden kann, die Reichsregierung keine Körperschaft mit Regierungsfunktionen mehr bildete, sondern lediglich eine der absoluten Kontrolle Hitlers unterliegende Mehrheit von Verwaltungsbeamten war. Nach 1937 hielt die Reichsregierung nicht eine einzige Sitzung mehr ab, sondern die Gesetze wurden im Namen eines oder mehrerer Mitglieder der Regierung verkündet. Der Geheime Staatsrat[2] ist überhaupt nie zusammengetreten. Eine Anzahl der Regierungsmitglieder war zweifellos an der Verschwörung zur Führung eines Angriffskrieges beteiligt; doch waren sie als Einzel-

[1] Richtige Übersetzung muß lauten: »... des Geheimen Kabinettsrates.«
[2] Richtige Übersetzung muß lauten: »Der Geheime Kabinettsrat ...«

personen darein verwickelt, und es besteht kein Beweis dafür, daß die Regierung als Gruppe oder Organisation irgendeinen Anteil an diesen Verbrechen nahm. Man wird sich daran erinnern, daß, als Hitler die Mitteilung von den Zielen seines verbrecherischen Angriffs auf der Hoßbach-Konferenz machte, er diese Erklärung nicht vor der Regierung machte, und daß die Regierung in diesem Punkte nicht befragt wurde, sondern daß im Gegenteil die Mitteilung einer kleinen Gruppe gegenüber im geheimen gemacht wurde, auf die sich Hitler bei der Führung seines Krieges notwendigerweise stützen mußte. In gleicher Weise wurde die Invasion Polens nicht durch einen Regierungsbefehl angeordnet. Im Gegenteil: der Angeklagte Schacht bezeugt, daß er die Invasion durch einen an den Oberbefehlshaber der Armee[1] gerichteten Protest aufzuhalten suchte, mit der Begründung nämlich, daß Hitlers Befehl eine Verletzung der Verfassung darstellte, da er nicht von der Regierung genehmigt war.

Es ist jedoch offensichtlich, daß verschiedene Gesetze, die zu Handlungen ermächtigten und die nach dem Statut verbrecherisch sind, unter den Mitgliedern der Reichsregierung in Umlauf gesetzt und von jenen Mitgliedern, deren Verwaltungszweige betroffen waren, unterzeichnet wurden. Damit ist jedoch nicht bewiesen, daß die Reichsregierung nach 1937 sich jemals tatsächlich als Organisation betätigt hat.

Was den zweiten Grund betrifft, so ist es klar, daß jene Mitglieder der Reichsregierung, die sich eines Verbrechens schuldig gemacht haben, zur Verantwortung gezogen werden müssen; und eine Anzahl von ihnen steht jetzt auch vor diesem Gerichtshof. Die Zahl der Mitglieder dieser Gruppe wird auf 48 geschätzt, von denen 8 tot sind und 17 jetzt vor Gericht stehen, so daß im Höchstfall 23 verbleiben, für die die Erklärung von Bedeutung sein könnte. Alle anderen, die schuldig sind, sollen vor Gericht gestellt werden; es wäre aber nichts für die Beschleunigung oder Erleichterung ihrer Prozesse gewonnen, wenn die Reichsregierung als verbrecherische Organisation erklärt würde. Dort, wo eine Organisation mit großer Mitgliederzahl zu solchen Zwekken verwendet wurde, macht eine Erklärung es überflüssig,

[1] Richtige Übersetzung muß lauten: »... an den Oberbefehlshaber des Heeres«.

ihren verbrecherischen Charakter im Zuge späterer Prozesse festzustellen, die gegen ihre der Teilnahme an ihren verbrecherischen Zwecken durch die Tatsache ihrer Mitgliedschaft angeklagten Mitglieder geführt werden, und man spart so Zeit und Mühe. Ein derartiger Vorteil besteht jedoch nicht im Falle einer kleinen Gruppe, wie es die Reichsregierung ist.

Generalstab und Oberkommando der Wehrmacht.

Die Anklagevertretung hat auch verlangt, daß der Generalstab und das Oberkommando der deutschen Wehrmacht als verbrecherische Organisation erklärt werden. Der Gerichtshof ist der Anschauung, daß im Falle des Generalstabs und Oberkommandos keine Erklärung, daß diese eine verbrecherische Organisation seien, abgegeben werden solle. Ist auch die Anzahl der beschuldigten Personen größer als im Falle der Reichsregierung, so ist sie doch so klein, daß Einzelprozesse gegen diese Offiziere den hier verfolgten Zweck besser erreichen würden als die verlangte Erklärung. Aber ein noch zwingenderer Grund ist nach der Meinung des Gerichtshofs darin zu sehen, daß der Generalstab und das Oberkommando weder eine »Organisation« noch eine »Gruppe« im Sinne der im Artikel 9 des Statuts gebrauchten Bezeichnungen sind.

Einige erläuternde Worte über den Charakter dieser angeblichen Gruppe sind angezeigt. Laut Anklageschrift und laut dem dem Gerichtshof vorgelegten Beweismaterial besteht sie aus annähernd 130 lebenden und verstorbenen Offizieren, die zu irgendeinem Augenblick in der Zeit zwischen Februar 1938, als Hitler die Wehrmacht reorganisierte, und Mai 1945, als Deutschland kapitulierte, gewisse Stellungen in der militärischen Hierarchie bekleideten: OKH für das Heer, OKM für die Flotte und OKL für die Luftwaffe. Über ihnen stand die höchste Wehrmachtsstelle, das OKW – das Oberkommando der deutschen Wehrmacht mit Hitler als dem Obersten Befehlshaber. Die Offiziere des OKW, mit Einschluß des Angeklagten Keitel als Chef des Oberkommandos, waren in gewissem Sinne Hitlers persönlicher Stab. In weiterem Sinne koordinierten und leiteten sie die drei Waffengattungen, wobei besonderer

Nachdruck auf die Arbeit des Planens und die Operationen gelegt wurde.

Die einzelnen Offiziere dieser angeblichen Gruppe befanden sich zu einem oder dem anderen Zeitpunkt in einer der vier Kategorien: 1) Oberbefehlshaber einer der drei Waffengattungen; 2) Stabschef einer der drei Waffengattungen; 3) Oberbefehlshaber, das sind die Truppenbefehlshaber einer der drei Waffengattungen, worin selbstverständlich die bei weitem größte Anzahl dieser Personen inbegriffen war; oder 4) ein Offizier des OKW, deren es drei gab, die Angeklagten Keitel, Jodl, und der Stellvertreter des letzteren, Warlimont.

Dies ist die Bedeutung der in der Anklageschrift verwendeten Bezeichnung »Generalstab und Oberkommando«.

Die Anklagevertretung hat hier eine Abgrenzung vorgenommen. Die Anklagevertretung erhebt keine Anklage gegen die nächste Ranggruppe der militärischen Hierarchie, die aus Kommandanten der Armeekorps und gleichgestellten Offizieren der Marine und Luftwaffe besteht, noch gegen die nachfolgende Ranggruppe, die Divisionskommandeure oder gleichrangige Offiziere der anderen Waffengattung umfaßt. Die Stabsoffiziere der vier Stabskommandos, nämlich des OKW, OKH, OKM und OKL, sind nicht inbegriffen, ebensowenig die geschulten Fachoffiziere, die gewöhnlich als Generalstabsoffiziere bezeichnet werden.

Die als Mitglieder Angeklagten sind also tatsächlich die militärischen Führer Deutschlands vom höchsten Range. Es wurde kein ernstlicher Versuch gemacht zu bekräftigen, daß sie eine »Organisation« im Sinne des Artikels 9 bilden. Die Behauptung lautet eher dahin, daß sie eine »Gruppe« waren, was eine weitergespannte und umfassendere Bezeichnung ist als »Organisation«.

Der Gerichtshof erkennt nicht in diesem Sinne. Gemäß den vorgelegten Beweisen war ihre Planungstätigkeit innerhalb der Stäbe, die ständigen Besprechungen zwischen Stabsoffizieren und Truppenkommandeuren, ihre Operationstechnik im Feld und Hauptquartier so ziemlich die gleiche wie bei den Armeen, Flotten und Luftwaffen aller anderen Länder. Die im allgemeinen auf Koordination und Leitung bedachte Tätigkeit des OKW kann mit einer ähnlichen, wenn auch nicht identischen Organisationsform bei anderen Heeren wie zum Beispiel den Vereinten Anglo-Amerikanischen Stabschefs verglichen werden.

Aus dieser Schablone ihrer Tätigkeit das Bestehen einer Vereinigung oder Gruppe ableiten zu wollen, ist der Meinung des Gerichtshofs nach nicht folgerichtig. Nach einer solchen Theorie wären die höchsten Kommandanten in jeder anderen Nation auch eine solche Vereinigung, statt, was sie wirklich sind, eine Ansammlung von Militärs, eine Anzahl von Personen, die eben gerade in einem gegebenen Zeitpunkt hohe militärische Stellungen einnehmen.

Ein großer Teil der Beweisführung und der Erörterungen hat sich um die Frage gedreht, ob die Mitgliedschaft in diesen Organisationen freiwillig war oder nicht; im vorliegenden Falle scheint dem Gerichtshof diese Frage völlig abwegig zu sein. Denn diese angeblich verbrecherische Organisation hat ein Kontrollmerkmal, das sie scharf von den übrigen fünf angeklagten Organisationen unterscheidet. Wenn jemand zum Beispiel Mitglied der SS wurde, so wurde er dies freiwillig oder nicht, aber sicherlich mit dem Bewußtsein, irgendwo beizutreten. Im Falle des Generalstabs und Oberkommandos konnte er jedoch nicht wissen, daß er einer Gruppe oder Organisation beitrat, denn eine solche Organisation gab es nicht, außer nach der Anklageschrift. Er wußte nur, daß er einen gewissen hohen Rang in einer der drei Waffengattungen erlangt hatte, und es konnte ihm die Tatsache nicht bewußt werden, daß er Mitglied einer so greifbaren Sache werde, wie es eine »Gruppe« im gebräuchlichen Wortsinne ist. Seine Beziehungen zu den gleichgestellten Offizieren seiner eigenen Waffengattung und seine Beziehungen zu denen der beiden anderen Waffengattungen glichen im allgemeinen den in diesen Dienstzweigen auf der ganzen Welt üblichen.

Deshalb erklärt der Gerichtshof den Generalstab und das Oberkommando nicht als verbrecherische Organisation.

Obwohl der Gerichtshof der Meinung ist, daß die im Artikel 9 enthaltene Bezeichnung »Gruppe« etwas mehr beinhalten muß als diese Sammlung von Offizieren, hat er viele Zeugenaussagen über die Teilnahme dieser Offiziere an der Planung und Führung des Angriffskrieges und an der Begehung von Kriegsverbrechen und Verbrechen gegen die

Menschlichkeit gehört. Diese Aussagen sind mit Bezug auf viele dieser Offiziere klar und überzeugend.

Sie sind in großem Maße verantwortlich gewesen für die Leiden und Nöte, die über Millionen Männer, Frauen und Kinder gekommen sind. Sie sind ein Schandfleck für das ehrenhafte Waffenhandwerk geworden. Ohne ihre militärische Führung wären die Angriffsgelüste Hitlers und seiner Nazi-Kumpane akademisch und ohne Folgen geblieben. Wenn diese Offiziere auch nicht eine Gruppe nach dem Wortlaut des Statuts bildeten, so waren sie doch sicher eine rücksichtslose militärische Kaste. Der zeitgenössische deutsche Militarismus erlebte mit seinem jüngsten Verbündeten, dem Nationalsozialismus, eine kurze Blütezeit, wie er sie in der Vergangenheit kaum schöner gekannt hat.

Viele dieser Männer haben mit dem Soldateneid des Gehorsams gegenüber militärischen Befehlen ihren Spott getrieben. Wenn es ihrer Verteidigung zweckdienlich ist, so sagen sie, sie hätten gehorchen müssen; hält man ihnen Hitlers brutale Verbrechen vor, deren allgemeine Kenntnis ihnen nachgewiesen wurde, so sagen sie, sie hätten den Gehorsam verweigert.

Die Wahrheit ist, daß sie an all diesen Verbrechen rege teilgenommen haben oder in schweigender Zustimmung verharrten, wenn vor ihren Augen größer angelegte und empörende Verbrechen begangen wurden, als die Welt je zu sehen das Unglück hatte. Dies mußte gesagt werden.

Wo es der Sachverhalt rechtfertigt, sollen diese Leute vor Gericht gestellt werden, damit jene unter ihnen, die dieser Verbrechen schuldig sind, ihrer Bestrafung nicht entgehen.

Göring.

Göring ist nach allen vier Anklagepunkten angeklagt. Die Beweisführung zeigt, daß er nächst Hitler der bedeutendste Mann des Nazi-Regimes war. Er war Oberbefehlshaber der Luftwaffe, Generalbevollmächtigter für den Vierjahresplan und hatte ungeheuren Einfluß auf Hitler, mindestens bis 1943, als sich ihre Beziehungen verschlechterten und mit seiner Verhaftung im Jahre 1945 endeten. Er sagte aus, daß Hitler ihn über alle wichtigen militärischen und politischen Probleme auf dem laufenden hielt.

Verbrechen gegen den Frieden.

Von dem Augenblick im Jahre 1922 an, da er der Partei beitrat und die Befehlsgewalt über die Straßenkampforganisation – die SA – übernahm, war Göring der Ratgeber, der tatkräftige Handlanger Hitlers und einer der allerersten Führer der Nazi-Bewegung. Als Hitlers politischer Stellvertreter trug er weitgehend dazu bei, die Nationalsozialisten im Jahre 1933 an die Macht zu bringen, und war damit betraut, diese Macht zu festigen und die deutsche bewaffnete Macht auszudehnen. Er baute die Gestapo auf und schuf die ersten Konzentrationslager, um sie im Jahre 1934 an Himmler abzugeben, führte im selben Jahre die Röhm-Säuberungsaktion durch und leitete die schmutzigen Vorgänge ein, die zu der Entfernung von Blombergs und von Fritschs aus dem Heere führten. 1936 wurde er Generalbevollmächtigter für den Vierjahresplan und war sowohl nach außen hin als auch in Wirklichkeit der wirtschaftliche Diktator des Reiches. Kurz nach dem Münchener Abkommen kündigte er an, er werde eine Erweiterung der Luftwaffe aufs Fünffache in die Wege leiten und die Aufrüstung beschleunigen, wobei besonderes Gewicht auf Angriffswaffen gelegt werde.

Göring war einer der fünf bedeutenden Führer, die an der Hoßbach-Konferenz vom 5. November 1937 teilnahmen, und er wohnte den anderen bedeutsamen Konferenzen bei, die in diesem Urteil bereits erörtert wurden. Beim Anschlusse Österreichs war er sogar die zentrale Gestalt, der Anführer. Vor dem Gerichtshofe sagte er: »Ich muß die Verantwortung zu 100 Prozent auf mich nehmen ... Ich überwand sogar Einwände des Führers und brachte alles zu seinem endgültigen Abschluß.«

Bei der Ergreifung des Sudetenlandes spielte er seine Rolle als Chef der Luftwaffe durch die Planung einer Luftoffensive, die sich als unnötig herausstellte, und seine Rolle als Politiker, indem er die Tschechen mit falschen Freundschaftsversprechungen einlullte. In der Nacht vor dem Einfall in die Tschechoslowakei und der Aufsaugung Böhmens und Mährens drohte er bei einer Konferenz zwischen Hitler und dem Präsidenten Hacha Prag mit Bomben zu bewerfen, falls Hacha nicht nachgebe. Diese Drohung gab er in seiner Zeugenaussage zu.

Göring wohnte der Sitzung in der Reichskanzlei vom 23. Mai 1939 bei, als Hitler seinen militärischen Führern sagte: »Es entfällt also die Frage, Polen zu schonen ...« (L-79, US-27) und war anwesend, als am 22. August 1939 am Obersalzberg die Weisungen erteilt wurden. Und die Beweisführung hat ergeben, daß er an den darauffolgenden diplomatischen Manövern tätigen Anteil nahm. Mit Hitlers Mitwissen benützte er den schwedischen Geschäftsmann Dahlerus als Mittelsmann bei den Engländern, wie Dahlerus vor diesem Gerichtshof darstellte, in dem Versuch, die Britische Regierung daran zu hindern, ihre Garantie an die Polen einzuhalten.

Er befehligte die Luftwaffe beim Angriff auf Polen und während aller Angriffskriege, die darauf folgten.

Selbst wenn er sich, wie er behauptete, Hitlers Plänen gegen Norwegen und die Sowjetunion widersetzt hat, ist es doch klar, daß er dies nur aus strategischen Gründen tat; sobald Hitler nun einmal die Entscheidung getroffen hatte, folgte er ihm ohne Zögern. Aus seiner Zeugenaussage geht deutlich hervor, daß diese Meinungsverschiedenheiten niemals weltanschaulicher oder rechtlicher Natur waren. Er war »wütend« über den Einfall in Norwegen, aber nur, weil er nicht früh genug verständigt worden war, um die Offensive der Luftwaffe vorzubereiten. Er gab zu, daß er den Angriff billigte, und zwar mit den Worten: »... ich stand dem Unternehmen ... durchaus positiv gegenüber«. Er nahm tätigen Anteil an der Vorbereitung und Durchführung der Feldzüge gegen Jugoslawien und Griechenland und sagte aus, daß der Plan »Marita«, der Angriff auf Griechenland, von langer Hand vorbereitet gewesen war. Er betrachtete die Sowjetunion als »die drohende Gefahr für Deutschland«, sagte aber, daß keine unmittelbare militärische Notwendigkeit für den Angriff bestanden habe. In der Tat hatte er nichts anderes gegen den Angriffskrieg gegen die USSR einzuwenden als den Zeitpunkt, zu dem er einsetzte; aus strategischen Gründen hatte er ihn hinausziehen wollen, bis England besiegt war. Er sagte aus: »Meine Einstellung kam ausschließlich aus politischen und militärischen Gründen.«

Nach seinen eigenen Eingeständnissen vor diesem Gerichtshof, nach den Stellungen, die er bekleidete, und nach seinen öffentlichen Äußerungen kann kein Zweifel bestehen bleiben, daß Göring die treibende Kraft hinter den Angriffskriegen war und lediglich Hitler nachstand. Er war der Pläneschmied und die Hauptbewegkraft der militärischen und diplomatischen Kriegsvorbereitung Deutschlands.

Kriegsverbrechen und Verbrechen gegen die Menschlichkeit.

Im Laufe des Verfahrens hat Göring zahlreiche Eingeständnisse seiner Mitverantwortlichkeit für die Verwendung von Sklavenarbeitern gemacht:

> »Wir verwendeten diese Arbeitskräfte aus ... Erwägungen der Sicherheit, um sie nicht in ihrem Lande dem Müßiggang und damit der Arbeit und dem Kampf gegen uns zur Verfügung zu stellen, und andererseits dienten sie dazu, in dem Wirtschaftskrieg Vorteile für uns zu gewährleisten.«

Und dann wieder:

> »... daß auch die Arbeiter unter Zwangsauflagen ins Reich geholt wurden. Das habe ich nicht bestritten.«

Der Mann, der diese Worte sprach, war Generalbevollmächtigter für den Vierjahresplan und mit der Anwerbung und Zuteilung von Arbeitskräften betraut. Als Oberbefehlshaber der Luftwaffe verlangte er von Himmler zusätzlich Arbeitssklaven für seine unterirdischen Flugzeugfabriken:

> »Daß ich Konzentrationslagerhäftlinge für die Luftwaffenindustrie angefordert habe, ist richtig, ist auch in meinen Augen selbstverständlich.«[1]

Als Generalbevollmächtigter unterzeichnete Göring eine Weisung über die Behandlung polnischer Arbeiter in Deutschland und ergänzte sie durch Ausführungsbestimmungen an den SD, mit Einschluß der »Sonderbehand-

[1] Ungenaue Rückübersetzung nach dem deutschen Text des Sitzungsprotokolls verbessert.

lung«. Er gab Richtlinien heraus, sowjetische und französische Kriegsgefangene in der Rüstungsindustrie zu verwenden; er sprach davon, daß Polen und Holländer ergriffen, wenn nötig zu Kriegsgefangenen gemacht und zur Arbeit benutzt werden sollten. Er gab zu, daß russische Kriegsgefangene zur Bedienung von Luftabwehrgeschützen benutzt wurden.

Als Generalbevollmächtigter stellte Göring die tätige Behörde bei der Ausplünderung eroberter Gebiete dar. Lange vor dem Kriege gegen die Sowjetunion stellte er Pläne zur Ausplünderung des Sowjetgebietes auf. Zwei Monate vor dem Einfall in die Sowjetunion wurde Göring von Hitler die Allgemeinleitung der Wirtschaftsverwaltung dieses Gebietes übertragen. Göring setzte einen Wirtschaftsstab für diese Aufgabe ein. Von ihm, als Reichsmarschall des Großdeutschen Reiches, hieß es, »die Weisungen des Reichsmarschalls erstrecken sich auf alle Gebiete der Wirtschaft, einschließlich Ernährung und Landwirtschaft«. (USSR-10.) Seine sogenannte Grüne Mappe, die von der Wehrmacht gedruckt war, setzte einen »wirtschaftlichen Vollzugsstab Ost«[1] ein. (USSR-10.) Diese Richtlinien sahen die Plünderung und Aufgabe jedweder Industrie in den nahrungsmittelarmen Gegenden vor, und eine Umleitung von Lebensmitteln aus den Überschußgegenden zur Befriedigung des deutschen Bedarfs. Göring behauptet, daß seine Absichten mißverstanden wurden, gibt aber zu, daß »wir selbstverständlich und pflichtgemäß Rußland zu unseren Zwecken benutzt hätten«, sobald es besiegt gewesen wäre.

Er nahm an der Konferenz vom 16. Juli 1941 teil, als Hitler sagte, die Nationalsozialisten hätten nicht die Absicht, die besetzten Länder jemals zu verlassen, und daß »alle notwendigen Maßnahmen – Erschießen, Aussiedeln, etc.« (L-221, GB-317) getroffen werden sollten.

Göring verfolgte die Juden, insbesondere nach den Aufständen vom November 1938, und nicht nur in Deutschland, wo er, wie schon an anderer Stelle erwähnt, die Buße von einer Milliarde Mark auferlegte, sondern auch in den eroberten Ländern. Seine eigenen Äußerungen von damals und seine Zeugenaussagen zeigen, daß sein Interesse in er-

[1] Ungenaue Rückübersetzung; es muß heißen: »Wirtschaftsführungsstab Ost«.

ster Linie wirtschaftlich war – wie man sich des Eigentums der Juden bemächtigen und sie aus dem wirtschaftlichen Leben Europas hinausdrängen sollte. Als diese Länder vor dem Ansturme der deutschen Heere fielen, dehnte er die judenfeindlichen Gesetze des Reiches auch auf sie aus; das Reichsgesetzblatt von 1939, das von 1940 und das von 1941, enthalten mehrere judenfeindliche Verordnungen, die Göring unterzeichnete. Obwohl die Ausrottung der Juden eigentlich Himmler oblag, so war Göring weit davon entfernt, teilnahmslos oder untätig zu sein, trotz seiner Beteuerungen auf dem Zeugenstand. Mit Verordnung vom 31. Juli 1941 wies er Himmler und Heydrich an, »eine Gesamtlösung der Judenfrage im deutschen Einflußgebiet in Europa«[1] zustandezubringen. (710-PS, US-509.)

Es kann kein mildernder Umstand angeführt werden, denn Göring war oft, ja fast immer, die treibende Kraft und stand nur seinem Führer nach. Er war die leitende Persönlichkeit bei den Angriffskriegen, sowohl als politischer als auch als militärischer Führer; er war der Leiter des Sklavenarbeiterprogramms und der Urheber des Unterdrückungsprogramms gegen die Juden und andere Rassen im In- und Auslande. Alle diese Verbrechen wurden von ihm offen zugegeben. In einigen bestimmten Fällen bestehen vielleicht Widersprüche bei den Aussagen; aber im großen und ganzen sind seine eigenen Eingeständnisse mehr als weitreichend genug, um seine Schuld nachzuweisen. Diese Schuld ist einmalig in ihrer Ungeheuerlichkeit. Für diesen Mann läßt sich in dem gesamten Material keine Entschuldigung finden.

Schlußfolgerung.

Der Gerichtshof spricht den Angeklagten Göring nach allen vier Anklagepunkten der Anklageschrift schuldig.

Heß.

Heß ist unter allen vier Punkten angeklagt. Er trat der Nazi-Partei 1920 bei und beteiligte sich am Münchener

[1]Ungenaue Rückübersetzung nach Originaldokument verbessert.

Putsch vom 9. November 1923. Er war mit Hitler im Jahre 1924 in der Festung Landsberg in Gefangenschaft und wurde Hitlers engster persönlicher Vertrauter, ein Verhältnis, welches bis zum Fluge von Heß nach England fortdauerte. Am 21. April 1933 wurde er zum Stellvertreter des Führers ernannt und am 1. Dezember 1933 wurde er Reichsminister ohne Geschäftsbereich. Am 4. Februar 1938 wurde er zum Mitglied des Geheimen Kabinettsrates und am 30. August 1939 zum Mitglied des Ministerrates für die Reichsverteidigung ernannt. Im September 1939 wurde er von Hitler offiziell zum Nachfolger des Führers nach Göring bestimmt. Am 10. Mai 1941 flog er von Deutschland nach Schottland.

Verbrechen gegen den Frieden.

Als Stellvertreter des Führers war Heß der führende Mann in der Nazi-Partei, der verantwortlich für die Erledigung aller Parteiangelegenheiten war und das Recht hatte, im Namen Hitlers Entscheidungen über alle Fragen der Parteiführung zu treffen. Als Reichsminister ohne Geschäftsbereich war er befugt, jedem von den verschiedenen Reichsministern gemachten Gesetzesvorschlag zuzustimmen, bevor er Gesetzeskraft erlangen konnte.

In diesen Stellungen gewährte Heß den Vorbereitungen für den Krieg aktive Unterstützung. Das Gesetz zur Einführung der allgemeinen Wehrpflicht vom 16. März 1935 trägt seine Unterschrift. In vielen Reden unterstützte er jahrelang Hitlers Politik der energischen Wiederaufrüstung. Dem Volk sagte er, daß es für die Rüstung Opfer bringen müsse, und er wiederholte das Schlagwort »Kanonen statt Butter«. Es ist wahr, daß Heß in den Jahren 1933 bis 1937 Reden hielt, in denen er den Willen zum Frieden und eine internationale, wirtschaftliche Zusammenarbeit zum Ausdruck brachte. Jedoch kann nichts, was diese Reden enthalten, etwas an der Tatsache ändern, daß keiner der Angeklagten besser als Heß wußte, wie fest entschlossen Hitler zur Verwirklichung seiner ehrgeizigen Ziele war, keiner kannte so gut den Fanatismus und die Gewalttätigkeit dieses Mannes und wie sehr unwahrscheinlich es war, daß dieser von der Anwendung von Gewalt absehen würde, falls diese als einziges Mittel zur Erreichung seiner Ziele übrigblieb.

Heß war ein wohlinformierter und williger Teilnehmer an Deutschlands Angriffen auf Österreich, die Tschechoslowakei und Polen. Er stand mit der illegalen Nazi-Partei in Österreich während der ganzen Zeit von Dollfuß' Ermordung bis zum Anschluß in Verbindung und gab ihr während dieser Zeitspanne seine Anweisungen. Am 12. März 1938, als die deutschen Truppen einmarschierten, war Heß in Wien, und am 13. März 1938 unterzeichnete er das Gesetz für die Wiedervereinigung Österreichs mit dem Deutschen Reich. Ein Gesetz vom 10. Juni 1939 sah seine Mitarbeit bei der Verwaltung Österreichs vor. Am 24. Juli 1938 hielt er eine Rede zur Erinnerung an den fehlgeschlagenen Putsch, den österreichische Nationalsozialisten vor vier Jahren unternommen hatten, pries die Schritte, die zum Anschluß geführt hatten, und verteidigte die Besetzung Österreichs durch Deutschland.

Im Sommer 1938 stand Heß in aktiver Verbindung mit Henlein, dem Chef der Sudetendeutschen Partei in der Tschechoslowakei. Am 27. September 1938, während der Münchener Krise, sorgte er zusammen mit Keitel für die Durchführung der Anweisung Hitlers, auf Grund deren die Organisation der Nazi-Partei für geheime Mobilmachungszwecke zur Verfügung zu stellen war. Am 14. April 1939 unterschrieb Heß einen Erlaß zur Einsetzung einer Regierung des Sudetenlandes, das ein wesentlicher Teil des Reiches wurde, und eine Verordnung vom 10. Juni 1939 sah seine Mitarbeit bei der Verwaltung des Sudetenlandes vor. Am 7. November 1938 führte Heß die Übernahme der Sudetendeutschen Partei Henleins in die Nazi-Partei durch und hielt eine Rede, in welcher er betonte, daß Hitler zum Kriege entschlossen war, falls dies zur Übernahme des Sudetenlandes notwendig gewesen wäre.

Am 27. August 1939, als der Angriff auf Polen vorübergehend verschoben worden war, um zu versuchen, Großbritannien zur Aufgabe der Polen gegenüber eingegangenen Garantie zu bringen, pries Heß in der Öffentlichkeit Hitlers »großmütiges Angebot« an Polen und griff Polen wegen Aufhetzung zum Kriege und England als für Polens Haltung verantwortlich an. Nach dem Einfall in Polen unterzeichnete Heß Erlasse zur Eingliederung Danzigs und gewisser Gebiete in das Reich und zur Schaffung des polnischen Generalgouvernements.

Diese besonderen, von diesem Angeklagten zur Unterstützung von Hitlers Angriffsplänen unternommenen Schritte zeigen das Gesamtausmaß seiner Verantwortung nicht. Bis zu seinem Englandflug war Heß Hitlers nächster persönlicher Vertrauter. Das Verhältnis zwischen den beiden war derartig, daß Heß von den Angriffsplänen schon bei deren Entstehung Kenntnis gehabt haben muß. Und wenn immer die Durchführung dieser Pläne es verlangte zu handeln, dann handelte er.

Bei seinem Flug nach England führte Heß gewisse Friedensvorschläge mit sich, von denen er behauptete, daß Hitler zu ihrer Annahme bereit sei. Es ist kennzeichnend, daß dieser Flug nur zehn Tage nach dem Tage stattfand, an dem Hitler das Datum des 22. Juni 1941 für den Angriff auf die Sowjetunion festgelegt hatte.

Bei nach seiner Ankunft in England geführten Unterhaltungen unterstützte Heß von ganzem Herzen alle von Deutschland bis dahin begangenen Angriffshandlungen und versuchte Deutschlands Vorgehen in Verbindung mit Österreich, der Tschechoslowakei, Polen, Norwegen, Dänemark, Belgien und Holland zu rechtfertigen. Er bezeichnete England und Frankreich als am Kriege schuldig.

Kriegsverbrechen und Verbrechen gegen die Menschlichkeit.

Beweismaterial liegt vor, welches die Teilnahme der Parteikanzlei unter Heß an der Verteilung von Befehlen zeigt, die mit dem Begehen von Kriegsverbrechen zusammenhängen; daß Heß Kenntnis von den im Osten begangenen Verbrechen gehabt haben mag, selbst wenn er sich nicht an diesen beteiligte, daß er Gesetze gegen die Juden und Polen vorschlug und daß er Erlasse unterschrieb, die gewisse Gruppen von Polen dazu zwangen, die deutsche Staatsbürgerschaft anzunehmen. Der Gerichtshof glaubt jedoch nicht, daß dieses Beweismaterial gegen Heß ausreicht, um für diese Verbrechen einen Schuldspruch zu begründen.

Wie bereits zu einem früheren Zeitpunkt bemerkt wurde, entschied der Gerichtshof nach eingehender ärztlicher Untersuchung des Angeklagten und Berichterstattung über seinen Zustand, daß gegen ihn ohne Vertagung verhandelt werden sollte. Seitdem wurden weitere Anträge dahingehend gestellt, ihn nochmals zu untersuchen. Diese wurden vom Gerichtshof abgelehnt, nachdem er einen Bericht des Gefängnispsychiaters erhalten hatte. Es mag zutreffen, daß Heß in anomaler Weise handelt, an Gedächtnisschwund leidet und daß im Verlauf dieses Prozesses sein Geisteszustand sich verschlechtert hat. Jedoch liegen keine Anzeichen dafür vor, daß er die Art der gegen ihn erhobenen Beschuldigungen nicht begreift oder unfähig ist, sich zu verteidigen. Ein vom Gerichtshof zu diesem Zweck eingesetzter Verteidiger hat ihn bei diesem Prozeß gut vertreten. Es besteht kein Grund für die Annahme, daß Heß geistig nicht völlig gesund war, als die Taten, deren er beschuldigt ist, begangen wurden.

Schlußfolgerung.

Der Gerichtshof erklärt den Angeklagten Heß unter Punkt Eins und Zwei für schuldig und für nicht schuldig unter Punkt Drei und Vier.

Ribbentrop.

Ribbentrop ist nach allen vier Anklagepunkten angeklagt. Der Nazi-Partei trat er 1932 bei. Schon 1933 war er zum außenpolitischen Ratgeber Hitlers gemacht worden, und im selben Jahr wurde er Vertreter der Nazi-Partei in der Außenpolitik. 1934 wurde er zum Delegierten für Abrüstungsfragen ernannt, und im Jahre 1935 wurde er Botschafter zur besonderen Verwendung, in welcher Eigenschaft er das englisch-deutsche Flottenabkommen im Jahre 1935 und im Jahre 1936 den Antikominternpakt abschloß. Am 11. August 1936 wurde er zum Botschafter in England ernannt. Am 4. Februar 1938 wurde er von Neuraths Nachfolger, Reichsaußenminister im Zuge des allgemeinen Revirements, das den Entlassungen von Fritschs und von Blombergs folgte.

Verbrechen gegen den Frieden.

Bei der am 5. November 1937 abgehaltenen Hoßbach-Besprechung war Ribbentrop nicht zugegen, jedoch schickte er am 2. Januar 1938, während er noch Botschafter in England war, eine Denkschrift an Hitler, in der er seiner Meinung Ausdruck verlieh, daß eine Änderung des Status quo im Osten im Sinne Deutschlands nur mit Gewalt durchgeführt werden könne, und Maßnahmen vorschlug, um England und Frankreich von einer Einmischung in einen in Europa zur Herbeiführung einer solchen Änderung geführten Krieg abzuhalten. Als Ribbentrop Außenminister wurde, setzte ihm Hitler auseinander, daß Deutschland noch vier Probleme zu lösen habe: Österreich, das Sudetenland, Memel und Danzig, und erwähnte die Möglichkeit, sie durch »irgendeine endgültige Auseinandersetzung« oder »militärische Erledigung« zu lösen.

Am 12. Februar 1938 wohnte Ribbentrop der Besprechung zwischen Hitler und Schuschnigg bei, bei der Hitler durch Androhung einer Invasion Schuschnigg dazu zwang, eine Anzahl von Zugeständnissen zu machen, die der Stärkung der Nazis in Österreich dienen sollten, einschließlich der Ernennung Seyß-Inquarts zum Minister für Sicherheit und innere Angelegenheiten mit Kontrolle über die Polizei. Ribbentrop befand sich in London, als die eigentliche Besetzung Österreichs durchgeführt wurde; auf Grund der ihm von Göring erteilten Auskünfte teilte er der Britischen Regierung mit, daß Deutschland Österreich kein Ultimatum gestellt, sondern in Österreich nur eingegriffen habe, um einen Bürgerkrieg zu verhüten. Am 13. März 1938 unterzeichnete Ribbentrop das Gesetz über die Einverleibung Österreichs in das Deutsche Reich.

Ribbentrop nahm an den Angriffsplänen gegen die Tschechoslowakei teil. Vom März 1938 an stand er in enger Fühlung mit der Sudetendeutschen Partei und gab ihr Anweisungen, die sich dahin auswirkten, daß das sudetendeutsche Problem, das als Vorwand[1] für den von Deutschland gegen die Tschechoslowakei geplanten Angriff dienen mochte, weiterhin ein brennendes blieb. Im August 1938 nahm er

[1] Richtig übersetzt: Entschuldigung.

an einer Besprechung teil, die bezweckte, die Unterstützung Ungarns im Fall eines Krieges gegen die Tschechoslowakei zu sichern. Nach dem Münchener Abkommen fuhr er fort, diplomatischen Druck auszuüben, der die Besetzung des übrigen Teils der Tschechoslowakei zum Ziele hatte. Bei der Überredung der Slowaken, ihre Unabhängigkeit zu erklären, hatte er die Hand im Spiel. Er war bei der Besprechung vom 14. bis 15. März zugegen, bei der Hitler durch Androhung einer Invasion den Präsidenten Hacha dazu zwang, der Besetzung der Tschechoslowakei durch die Deutschen zuzustimmen. Nach dem Einmarsch der deutschen Truppen unterzeichnete Ribbentrop das Gesetz, das ein Protektorat für Böhmen und Mähren errichtete.

Ribbentrop spielte eine besonders bedeutungsvolle[1] Rolle bei den diplomatischen Vorgängen, die zum Angriff auf Polen führten. Er nahm an einer am 12. August 1939 abgehaltenen Besprechung teil, die dem Zweck diente, die Unterstützung Italiens zu erlangen, für den Fall, daß der Angriff zu einem allgemeinen europäischen Krieg führen sollte. Ribbentrop besprach die deutschen, auf Danzig und den polnischen Korridor Bezug habenden Forderungen während der Zeit vom 25. August bis zum 30. August 1939 mit dem britischen Botschafter, als er Kenntnis davon hatte, daß die deutschen Pläne für den Angriff auf Polen lediglich vorübergehend verschoben worden waren, um den Versuch zu machen, die Engländer zur Aufgabe ihrer den Polen gegebenen Garantie zu bewegen. Die Art und Weise, nach welcher er diese Besprechungen durchführte, läßt klar erkennen, daß er dabei nicht etwa in gutem Glauben den Versuch machen wollte, eine Beilegung der zwischen Polen und Deutschland bestehenden Schwierigkeiten zu erreichen.

Ribbentrop wurde im voraus von dem Angriff auf Norwegen und Dänemark und dem Angriff auf Holland und Belgien unterrichtet, und er bereitete die amtlichen Noten des Auswärtigen Amtes vor, die den Versuch darstellten, diese Angriffshandlungen zu rechtfertigen.

Ribbentrop wohnte der Besprechung vom 20. Januar 1941 bei, bei der Hitler und Mussolini den vorgeschlagenen Angriff auf Griechenland besprachen, sowie der Konferenz

[1] Richtig übersetzt: bezeichnende.

im Januar 1941, bei der Hitler von Antonescu die Erlaubnis erhielt, deutsche Truppen zu diesem Angriff auf Rumänien marschieren zu lassen. Am 25. März 1941, als Jugoslawien sich dem Dreimächtepakt der Achse anschloß, hatte Ribbentrop Jugoslawien versichert, daß Deutschland die Souveränität und territoriale Unverletzlichkeit Jugoslawiens achten werde. Am 27. März 1941 wohnte er der nach dem jugoslawischen Staatsstreich abgehaltenen Besprechung bei, bei welcher Pläne zu der von Hitler bekanntgegebenen Absicht gemacht wurden, Jugoslawien zu vernichten.

Im Mai 1941 wohnte Ribbentrop einer Besprechung zwischen Hitler und Antonescu bei, die sich mit der Teilnahme Rumäniens an dem Angriff auf die USSR beschäftigte. Er hat außerdem mit Rosenberg über die vorläufigen Pläne für die politische Ausbeutung der Sowjetgebiete beraten, und im Juli 1941, nach Ausbruch des Krieges, redete er Japan dringend zu, die Sowjetunion anzugreifen.

Kriegsverbrechen und Verbrechen gegen die Menschlichkeit.

Ribbentrop nahm an einer Besprechung am 6. Juni 1944 teil, bei der beschlossen wurde, ein Programm einzuleiten, auf Grund dessen alliierte Flieger, die im Tiefflug angriffen, gelyncht werden sollten. Im Dezember 1944 wurde Ribbentrop von den Plänen zur Ermordung eines der in Kriegsgefangenschaft befindlichen französischen Generale in Kenntnis gesetzt, und er wies seine Mitarbeiter an, Einzelheiten in der Weise auszuarbeiten, daß die Entdeckung des Planes durch die Schutzmacht verhindert werde. Ribbentrop ist auch wegen seiner sich auf die besetzten Länder und die Vasallenstaaten der Achse beziehenden Tätigkeit für Kriegsverbrechen und Verbrechen gegen die Menschlichkeit verantwortlich. Der oberste deutsche Beamte sowohl in Dänemark als auch in Vichy-Frankreich war ein Vertreter des Auswärtigen Amtes, und Ribbentrop ist daher für die allgemeinen wirtschaftlichen und politischen Methoden verantwortlich, die bei der Besetzung dieser Länder verwirklicht wurden. Er redete den Italienern dringend zu, sich in Jugoslawien und Griechenland einer rücksichtslosen Besatzungspolitik zu bedienen.

Er spielte bei Hitlers »Endlösung« des Judenproblems eine wichtige Rolle. Im September 1942 befahl er den bei verschiedenen Vasallenstaaten der Achse akkreditierten diplomatischen Vertretern, die Deportation der Juden nach dem Osten zu beschleunigen. Im Juni 1942 verlangte der Deutsche Botschafter in Vichy von Laval die Auslieferung von 50000 Juden zur Deportation nach dem Osten. Am 25. Februar 1943 beschwerte sich Ribbentrop bei Mussolini über die Langsamkeit der Italiener bei der Deportation von Juden aus der italienischen Besatzungszone Frankreichs. Am 17. April 1943 nahm er an einer Besprechung zwischen Hitler und Horthy über die Deportation von Juden aus Ungarn teil und teilte Horthy mit, daß »die Juden entweder vernichtet oder in ein Konzentrationslager gebracht werden müssen«. Im Verlauf dieser Besprechung hatte Hitler die Juden mit »Tuberkelbazillen« verglichen und erklärt, daß sie zu erschießen seien, wenn sie nicht arbeiteten.

Ribbentrops Verteidigung gegen die gegen ihn erhobenen Anschuldigungen ist, daß Hitler alle wichtigen Entscheidungen selbst getroffen habe und daß er ein so großer Bewunderer und treuer Gefolgsmann Hitlers gewesen sei, daß er Hitlers wiederholte Versicherungen seines Friedenswillens oder die Wahrheit der von Hitler zur Erklärung seiner Angriffshandlungen angeführten Gründe nie bezweifelt habe. Der Gerichtshof hält diese Erklärung nicht für wahr. Ribbentrop nahm an allen Angriffshandlungen der Nazis von der Besetzung Österreichs bis zur Invasion der Sowjetunion teil. Obwohl er persönlich mehr mit der diplomatischen als der militärischen Seite dieser Aktionen befaßt war, war seine diplomatische Tätigkeit so eng mit dem Krieg verbunden, daß der aggressive Charakter der Taten Hitlers ihm nicht unbekannt bleiben konnte. Auch bei der Verwaltung der Gebiete, deren Kontrolle Deutschland durch widerrechtliche Invasion erworben hatte, unterstützte Ribbentrop die Durchführung verbrecherischer Pläne, insbesondere jene zur Ausrottung der Juden. Außerdem gibt es mehr als ausreichendes Beweismaterial, das Ribbentrops völlige Übereinstimmung mit allen führenden Lehren des Nationalsozialismus zeigt, und das beweist, daß seine Zusammenarbeit mit Hitler und mit anderen Angeklagten bei der Begehung von Verbrechen gegen den Frieden, Kriegsverbrechen, und Verbrechen gegen die Menschlichkeit vorbehaltlos war. Ribbentrop hat Hitler so willig bis zum Schluß gedient, weil Hitlers Politik und Hitlers Pläne sich mit seinen eigenen deckten.

Schlußfolgerung.

Der Gerichtshof entscheidet daher, daß Ribbentrop nach allen vier Anklagepunkten schuldig ist.

Keitel.

Keitel ist nach allen vier Anklagepunkten angeklagt. Von 1935 bis zum 4. Februar 1938 war er Stabschef des damaligen Kriegsministers von Blomberg; am genannten Tage übernahm Hitler den Oberbefehl über die Wehrmacht und ernannte Keitel zum Chef des Oberkommandos der Wehrmacht. Keitel besaß jedoch keine Befehlsgewalt über die drei Wehrmachtsteile, welche unmittelbaren Zugang zum Obersten Befehlshaber hatten. Das OKW war in Wirklichkeit Hitlers militärischer Stab.

Verbrechen gegen den Frieden.

Keitel und zwei andere Generale nahmen an der Besprechung mit Schuschnigg im Februar 1938 teil. Er gab zu, daß ihre Anwesenheit eine »militärische Demonstration« darstellte; da er aber erst gerade eine Woche vorher zum Chef des OKW ernannt worden war, hätte er nicht gewußt, warum er zur Unterredung zugezogen worden sei. Danach fuhren Hitler und Keitel fort, mittels falscher Gerüchte, Rundfunksendungen und Truppenübungen einen Druck auf Österreich auszuüben. Keitel sorgte für die militärischen und anderen Maßnahmen, und Jodl vermerkte in seinem Tagebuch: »Die Wirkung ist schnell und stark.«

Als Schuschnigg seine Volksabstimmung ausschrieb, berichtete Keitel in jener Nacht Hitler und seinen Generalen, und Hitler gab den von Keitel paraphierten Befehl für den »Fall Otto« aus.

Am 21. April 1938 erwogen Hitler und Keitel die Ausnützung eines etwaigen »Zwischenfalles«, wie zum Beispiel die Ermordung des deutschen Gesandten in Prag, zur Einleitung des Angriffs auf die Tschechoslowakei. Keitel unterzeichnete viele Anordnungen und Denkschriften über den »Fall Grün«, einschließlich der Anordnung vom 30. Mai, die Hitlers Erklärung enthielt: »Es ist mein unabänderlicher Entschluß, die Tschechoslowakei in absehbarer Zeit durch eine militärische Aktion zu zerschlagen.« (388-PS, US-26.) Nach München paraphierte Keitel Hitlers Befehl zum Angriff auf die Tschechoslowakei und gab zwei Ergänzungen dazu. Die zweite Ergänzung besagte, daß der Angriff der übrigen Welt als »eine reine Befriedungsaktion und nicht als eine kriegerische Unternehmung erscheinen solle« (C-138, US-105). Der Chef OKW war bei den Unterhandlungen zwischen Hitler und Hacha, die mit der Kapitulation des letzteren endeten, zugegen.

Keitel war am 23. Mai 1939 dabei, als Hitler seinen Entschluß, »Polen bei der ersten geeigneten Gelegenheit anzugreifen« (L-79, US-27), bekanntgab. Damals hatte er bereits den Befehl, der die Wehrmacht dazu aufforderte, die Aufmarschtabelle[1] für den »Fall Weiß« dem OKW bis zum 1. Mai zu unterbreiten, unterzeichnet.

Am 12. Dezember 1939 besprach er mit Hitler, Jodl und Raeder die Invasion Norwegens und Dänemarks. Durch Befehl vom 27. Januar 1940 wurden die Pläne bezüglich Norwegens unter Keitels »unmittelbare und persönliche Leitung« (C-63, GB-67) gestellt. Hitler hatte am 23. Mai 1939 erklärt, daß er die Neutralität Belgiens und der Niederlande nicht achten würde, und Keitel unterzeichnete die Befehle für die entsprechenden Angriffe am 15. Oktober, 20. November und 28. November 1939. Befehle, welche diese Angriffe 17mal, bis zum Frühjahr 1940, verschoben, waren alle von Keitel oder von Jodl unterzeichnet.

Der Entwurf endgültiger[2] Pläne für Griechenland und Jugoslawien war im November 1940 begonnen worden. Am 18. März 1941 hörte Keitel, wie Hitler zu Raeder sagte, die vollständige Besetzung Griechenlands sei eine Vorbedingung für eine Regelung, und ebenso hörte er am

[1] Richtig übersetzt: Zeittafel.
[2] Richtig übersetzt: förmlicher.

27. März, wie Hitler die Vernichtung Jugoslawiens »mit unerbittlicher Härte« (1746-PS, GB-120) befahl.

Keitel hat ausgesagt, daß er sich der Invasion der Sowjetunion aus militärischen Gründen, und auch weil dies eine Verletzung des Nichtangriffspaktes darstellen würde, widersetzt hätte. Nichtsdestoweniger paraphierte er den von Hitler am 18. Dezember 1940 unterzeichneten »Fall Barbarossa« und wohnte der Besprechung des OKW mit Hitler am 3. Februar 1941 bei. Keitels Ergänzungen vom 13. März regelten das Verhältnis zwischen den militärischen und den politischen Offizieren. Am 6. Juni 1941 gab er seine Aufmarschtabelle[1] für die Invasion heraus und war bei der Besprechung vom 14. Juni, bei der die Generale ihre endgültigen Berichte vor dem Angriff machten, dabei. Er ernannte Jodl und Warlimont zu Vertretern des OKW bei Rosenberg für alle die Ostgebiete betreffenden Angelegenheiten. Am 16. Juni befahl er allen Einheiten des Heeres,[2] die von Göring im sogenannten »Fall Grün«[3] herausgegebenen wirtschaftlichen Richtlinien für die Ausbeutung von russischen Gebieten, Nahrungsmitteln und Rohprodukten[4] durchzuführen.

Kriegsverbrechen und Verbrechen gegen die Menschlichkeit.

Am 4. August 1942 erließ Keitel einen Befehl, daß Fallschirmspringer dem SD überantwortet werden sollten. Am 18. Oktober erließ Hitler den Kommandobefehl, der in mehreren Fällen ausgeführt wurde. Nach der alliierten Landung in der Normandie bestätigte Keitel den Befehl und dehnte ihn späterhin auf die mit den Partisanen kämpfenden alliierten Missionen aus. Er gibt zu, nicht an die gesetzliche Zulässigkeit[5] des Befehls geglaubt zu haben, behauptet jedoch, er hätte Hitler nicht zurückhalten können.

Als das OKW am 8. September 1941 seine überaus scharfen Bestimmungen für sowjetische Kriegsgefangene erließ,

[1] Richtig übersetzt: Zeittafel.
[2] Richtig übersetzt: wies er alle Einheiten der Wehrmacht an.
[3] Richtig übersetzt: in der sogenannten »Grünen Mappe«.
[4] Richtig übersetzt: Rohstoffen.
[5] Richtig übersetzt: Rechtmäßigkeit.

schrieb Canaris an Keitel, daß laut Völkerrecht der SD nichts damit zu tun haben dürfe. Auf dieser Denkschrift findet sich – in Keitels Handschrift datiert vom 23. September und von ihm paraphiert – folgende Anmerkung: »Die Bedenken entspringen den soldatischen Auffassungen von ritterlichem Krieg! Hier handelt es sich um die Vernichtung einer Weltanschauung. Deshalb billige ich die Maßnahme und decke sie.« (EC-338, USSR-350.) Keitel hat ausgesagt, daß er in Wirklichkeit Canaris' Auffassung teilte und mit Hitler darüber stritt, jedoch erfolglos. Der Chef OKW befahl den Militärbehörden, mit dem Einsatzstab Rosenberg zur Plünderung von Kulturgütern in den besetzten Gebieten zusammenzuarbeiten.

Lahousen hat bekundet, daß Keitel ihm am 12. September 1939 in dem Zug von Hitlers Hauptquartier gesagt hat, daß die polnische Intelligenz, der polnische Adel und die Juden vernichtet werden sollten. Am 20. Oktober sagte Hitler zu Keitel, daß die Intelligenz daran gehindert werden würde, eine herrschende Klasse zu bilden, daß der Lebensstandard niedrig bleiben und daß Polen bloß als Quelle von Arbeitskräften gebraucht werden würde. Keitel erinnert sich nicht an dieses Gespräch mit Lahousen, gibt jedoch zu, daß eine solche Politik tatsächlich bestand und daß er diesbezüglich ohne Erfolg bei Hitler protestiert hätte.

Am 16. September 1941 befahl Keitel, daß Überfällen auf Soldaten im Osten dadurch Einhalt geboten werden sollte, daß man für einen deutschen Soldaten 50 bis 100 Kommunisten umzubringen hätte, mit der Bemerkung, daß im Osten ein Menschenleben nichts gelte. Am 1. Oktober befahl er den militärischen Kommandeuren, stets Geiseln bereit zu halten, damit sie bei Überfällen auf Soldaten hingerichtet werden könnten. Als Terboven, der Reichskommissar für Norwegen, an Hitler schrieb, daß Keitels Vorschlag, die Angehörigen von Arbeitern für Sabotagehandlungen verantwortlich zu machen, nur dann Erfolg haben könne, falls Erschießungskommandos zugelassen würden, schrieb Keitel auf dieses Schreiben: »Ja, das ist das beste.« (870-PS, GB-307.)

Am 12. Mai 1941, fünf Wochen vor der Invasion der Sowjetunion, drängt das OKW bei Hitler auf einen OKH-Befehl, daß politische Kommissare durch die Wehrmacht zu erledigen seien. Keitel gab zu, daß dieser Befehl an die Befehlshaber im Felde weitergeleitet wurde. Und am 13. Mai unterzeichnete Keitel einen Befehl, daß Zivilpersonen, welche Vergehen gegenüber der Truppe verdächtig seien, ohne Gerichtsverfahren erschossen werden sollten, und daß eine Strafverfolgung deutscher Soldaten wegen Vergehen gegen Zivilpersonen unnötig sei. Am 27. Juli wurden alle Exemplare dieser Anordnung auf Befehl vernichtet, ohne daß die Anordnung ihre Gültigkeit verlor. Vier Tage früher hatte er einen anderen Befehl unterzeichnet, daß eine gesetzliche Bestrafung unzulänglich sei und daß die Truppe Terrormethoden anzuwenden habe.

Am 7. Dezember 1941 bestimmte – wie bereits in diesem Urteil besprochen – der sogenannte »Nacht-und-Nebel«-Befehl, der Keitels Unterschrift trug, daß in besetzten Gebieten Zivilpersonen, welche der Verbrechen des Widerstandes gegen das Besatzungsheer beschuldigt worden waren, nur dann abgeurteilt werden sollten, falls ein Todesurteil vorauszusehen sei; im anderen Falle sollten sie der Gestapo zwecks Verschickung nach Deutschland ausgeliefert werden.

Keitel hat angeordnet, daß russische Kriegsgefangene in der deutschen Kriegsindustrie zu verwenden seien. Am 8. September 1942 befahl er, daß französische, niederländische und belgische Staatsbürger am Atlantikwall zu arbeiten hätten. Als Hitler am 4. Januar 1944 Sauckel befahl, aus den besetzten Gebieten 4 Millionen neue Arbeitskräfte herauszupressen, war Keitel anwesend.

Angesichts dieses Beweismaterials leugnet Keitel seine Beziehungen zu diesen Handlungen nicht. Seine Verteidigung stützt sich vielmehr auf die Tatsache, daß er Soldat sei, und auf den Grundsatz des »Befehls von oben«, der auf Grund von Artikel 8 des Statuts nicht als Entschuldigung[1] zugelassen ist.

Mildernde Umstände liegen nicht vor. Befehle von oben, auch wenn einer Militärperson erteilt, können nicht als mildernder Umstand betrachtet werden, wenn derart empörende und weitverbreitete Verbrechen bewußt, rücksichtslos und ohne militärische Notwendigkeit noch irgendwelche Rechtfertigung begangen worden sind.

[1] Richtig übersetzt: als Verteidigung.

Schlußfolgerung.

Der Gerichtshof findet Keitel nach allen vier Anklagepunkten schuldig.

Kaltenbrunner.

Kaltenbrunner ist nach den Anklagepunkten Eins, Drei und Vier angeklagt. Er trat der österreichischen Nazi-Partei und der SS im Jahre 1932 bei. 1935 wurde er Führer der SS in Österreich. Nach dem Anschluß wurde er zum österreichischen Staatssekretär für die öffentliche Sicherheit ernannt, und bei Abschaffung dieses Amtes im Jahre 1941 wurde er Höherer SS- und Polizeiführer.

Am 30. Januar 1943 wurde er zum Chef der Sicherheitspolizei und des SD und Chef des Reichssicherheitshauptamtes (RSHA) ernannt, eine Stellung, die Heydrich bis zu seiner Ermordung im Juni 1942 innehatte. Er hatte den Rang eines Obergruppenführers in der SS.

Verbrechen gegen den Frieden.

Als Führer der SS in Österreich war Kaltenbrunner an der Nazi-Intrige gegen die Schuschnigg-Regierung beteiligt. In der Nacht des 11. März 1938, nachdem Göring den österreichischen Nationalsozialisten befohlen hatte, die Kontrolle der Österreichischen Regierung an sich zu reißen, umstellten 500 österreichische SS-Männer unter Leitung Kaltenbrunners das Bundeskanzleramt, und eine Sonderabteilung, die unter dem Befehl seines Adjutanten stand, drang in das Bundeskanzleramt vor, während Seyß-Inquart mit dem Präsidenten Miklas verhandelte. Es liegt jedoch kein Beweismaterial vor, durch das Kaltenbrunner mit Plänen zum Führen eines Angriffskrieges an irgendeiner anderen Front in Verbindung gebracht wird. Der Anschluß, obwohl er eine Angriffshandlung darstellt, wird nicht als Angriffskrieg unter die Anklage gebracht, und nach Ansicht des Gerichtshofs wird durch das unter Anklagepunkt Eins gegen Kaltenbrunner vorgelegte Beweismaterial seine unmittelbare Teilnahme an irgendeinem Plane zum Führen eines solchen Krieges nicht erwiesen.

Kriegsverbrechen und Verbrechen gegen die Menschlichkeit.

Als Kaltenbrunner am 30. Januar 1943 Chef der Sicherheitspolizei und des SD und Chef des RSHA wurde, übernahm er die Leitung einer Organisation, die die Hauptämter der Gestapo, des SD und der Kriminalpolizei mit einbegriff. Als Chef des RSHA hatte Kaltenbrunner die Befugnis, Schutzhaft in Konzentrationslagern und die Entlassung aus Konzentrationslagern anzuordnen. Befehle dieser Art wurden normalerweise mit seiner Unterschrift ausgegeben. Kaltenbrunner kannte die Zustände in den Konzentrationslagern. Er hatte zweifellos Mauthausen besucht, und Zeugen haben ausgesagt, daß er der Tötung von Gefangenen durch die verschiedenen Hinrichtungsmethoden, Erhängen, Genickschuß und Vergasen, als Teil einer Vorführung beigewohnt habe. Kaltenbrunner selbst befahl die Hinrichtung von Gefangenen in diesen Lagern, und sein Amt wurde dazu benützt, Hinrichtungsbefehle an die Lager weiterzugeben, die aus Himmlers Amt stammten. Am Ende des Krieges war Kaltenbrunner an den Vorkehrungen für die Evakuierung von Konzentrationslager-Insassen sowie an der Vernichtung einer großen Anzahl von ihnen beteiligt mit der Absicht, zu verhindern, daß sie von den alliierten Armeen befreit würden.

Während des Zeitraumes, da Kaltenbrunner Chef des RSHA war, verfolgte dieses ein weitreichendes Programm von Kriegsverbrechen und Verbrechen gegen die Menschlichkeit. Zu diesen Verbrechen gehörte die Mißhandlung und Ermordung von Kriegsgefangenen. Unter der Kontrolle der Gestapo arbeitende Einsatzkommandos führten die Untersuchung von sowjetischen Kriegsgefangenen durch. Juden, Kommissare und andere, von denen angenommen wurde, daß sie auf Grund ihrer Weltanschauung dem Nazi-System feindlich gegenüberstanden, wurden dem RSHA gemeldet, das ihre Überführung in ein Konzentrationslager und ihre Ermordung veranlaßte. Ein Befehl des RSHA, der während Kaltenbrunners Regime erlassen wurde, setzte den »Kugel«-Erlaß in Kraft, auf Grund dessen gewisse Kriegsgefangene, die geflohen und wieder ergriffen worden waren, nach Mauthausen gebracht und erschossen wurden.

Während Kaltenbrunner Chef des RSHA war, wurde von der Gestapo der Befehl zur Tötung von Kommandotrupps auf Fallschirmspringer ausgedehnt. Ein von Kaltenbrunner unterzeichneter Befehl wies die Polizei an, sich bei Angriffen auf abgesprungene alliierte Flieger nicht einzumischen. Im Dezember 1944 nahm Kaltenbrunner an der Ermordung eines der kriegsgefangenen französischen Generale teil.

Während des Zeitraumes, da Kaltenbrunner Chef des RSHA war, setzten die Gestapo und der SD in den besetzten Gebieten die Ermordung und Mißhandlung der Bevölkerung fort, wozu sie Methoden benutzten, zu denen Folterung und Gefangensetzung in Konzentrationslagern gehörten, im allgemeinen auf Grund von Befehlen, die mit Kaltenbrunners Namen unterzeichnet waren.

Die Gestapo war dafür verantwortlich, daß den Sklavenarbeitern eine strenge Arbeitsdisziplin aufgezwungen wurde, und Kaltenbrunner richtete zu diesem Zweck eine Anzahl von Arbeitserziehungslagern ein. Als die SS ein eigenes Sklavenarbeitsprogramm einleitete, wurde die Gestapo dazu benutzt, die benötigten Arbeiter dadurch zu beschaffen, daß sie Arbeiter in Konzentrationslager überführte.

Das RSHA spielte eine führende Rolle bei der »Endlösung« des jüdischen Problems durch Ausrottung der Juden. Eine besondere Abteilung wurde unter dem Amt IV des RSHA zur Überwachung dieses Programms geschaffen. Unter ihrer Leitung wurden ungefähr sechs Millionen Juden ermordet, von denen zwei Millionen von Einsatzgruppen und anderen Einheiten der Sicherheitspolizei getötet wurden. Kaltenbrunner war von der Tätigkeit dieser Einsatzgruppen in Kenntnis gesetzt worden, als er Höherer SS- und Polizeiführer war, und sie setzten ihre Tätigkeit fort, nachdem er Chef des RSHA geworden war.

Die Ermordung von ungefähr vier Millionen Juden in Konzentrationslagern wurde in vorstehendem bereits beschrieben. Auch dieser Teil des Programms unterstand der Aufsicht des RSHA, als Kaltenbrunner Chef dieser Organisation war, und vom RSHA ausgesandte Sondergruppen durchreisten die besetzten Gebiete und die verschiedenen Vasallenstaaten der Achse, um die Deportation der Juden nach diesen Ausrottungsinstitutionen einzurichten. Kaltenbrunner wußte über diese Tätigkeiten Bescheid. Ein von ihm am 30. Juni 1944 verfaßter Brief beschrieb die Verfrachtung von 12000 Juden nach Wien zu diesem Zweck und ordnete an, daß alle diejenigen, die nicht arbeiten konnten, zur »Sonderaktion« bereitzustellen seien, was Mord bedeutete. Kaltenbrunner verleugnete seine Unterschrift auf diesem Brief, was er auch mit Bezug auf eine große Anzahl von Befehlen getan hatte, auf die sein Name gestempelt oder mit Schreibmaschine geschrieben und in wenigen Fällen handschriftlich vorhanden war. Es ist nicht glaubhaft, daß seine Unterschrift in Angelegenheiten von so großer Wichtigkeit ohne seine Ermächtigung so oft erschienen sein könnte.

Kaltenbrunner hat behauptet, daß er sein Amt als Chef der Sicherheitspolizei und des SD und Chef des RSHA auf Grund einer Vereinbarung mit Himmler übernommen hat, die vorsah, daß er seine Tätigkeit auf Angelegenheiten des ausländischen Nachrichtendienstes beschränken solle, während er die Gesamtverantwortung für die Tätigkeit des RSHA nicht zu übernehmen hatte. Er behauptet, daß das verbrecherische Programm vor seinem Amtsantritt bereits eingesetzt hatte; daß er selten wußte, was vorging, und daß er sein möglichstes tat, es aufzuhalten, wenn er in Kenntnis gesetzt wurde. Es ist richtig, daß er für Angelegenheiten des ausländischen Nachrichtendienstes besonderes Interesse zeigte. Er hat jedoch die Kontrolle über die Tätigkeit des RSHA ausgeübt; er wußte Bescheid über die von diesem Amt begangenen Verbrechen, und an vielen hat er aktiv teilgenommen.

Schlußfolgerung.

Der Gerichtshof entscheidet, daß Kaltenbrunner nach Anklagepunkt Eins nicht schuldig ist. Er ist schuldig nach Anklagepunkt Drei und Vier.

Rosenberg.

Rosenberg ist nach allen vier Anklagepunkten angeklagt. Er trat der Nazi-Partei im Jahre 1923 bei, nahm am Münchener Putsch vom 9. November 1923 teil und versuchte die verbotene Nazi-Partei zusammenzuhalten, während Hitler im Gefängnis war. Er war der anerkannte Parteiphilosoph, der in dem von ihm herausgegebenen »Völkischen Beobachter« und den »NS-Monatsheften« sowie in zahlreichen von ihm verfaßten Büchern die Nazi-Lehren entwickelte und verbreitete. Von seinem Buch »Der Mythus des Zwanzigsten Jahrhunderts« wurden mehr als eine Million Exemplare verbreitet.

Im Jahre 1930 wurde Rosenberg in den Reichstag gewählt, und er wurde der Vertreter der Partei für Auswärtige Angelegenheiten. Im April 1933 wurde er Reichsleiter und Chef des Außenpolitischen Amtes der NSDAP (APA). Im Januar 1934 ernannte Hitler Rosenberg zum Beauftragten für die Überwachung der gesamten geistigen und weltanschaulichen Schulung der NSDAP. Im Januar 1940 wurde er zur Errichtung der »Hohen Schule« ausersehen, dem zentralen Forschungsinstitut für nationalsozialistische Weltanschauung und Erziehung, und in Verbindung mit dieser Aufgabe organisierte er den »Einsatzstab Rosenberg«. Am 17. Juli 1941 wurde er zum Reichsminister für die besetzten Ostgebiete ernannt.

Verbrechen gegen den Frieden.

Als Leiter des APA befehligte er eine Organisation, deren Agenten in allen Teilen der Welt Nazi-Intrigen betrieben. In seinen eigenen Berichten behauptet er zum Beispiel, daß der Beitritt Rumäniens zur Achse im wesentlichen auf die Tätigkeit des APA zurückzuführen sei. Als Leiter des APA spielte er eine wesentliche Rolle bei der Vorbereitung und Planung des Angriffs auf Norwegen.

Zusammen mit Raeder war Rosenberg einer der Urheber des Planes für den Angriff auf Norwegen. Rosenberg begann sich bereits im Juni 1939, als er mit Quisling verhandelte, für Norwegen zu interessieren. Quisling hatte auf die Bedeutung der norwegischen Küste im Falle eines Konfliktes zwischen Deutschland und Großbritannien hingewiesen und die Befürchtung ausgesprochen, daß Großbritannien sich möglicherweise die Hilfe Norwegens verschaffen könne. Als Ergebnis dieser Besprechung wurde es

Quisling durch Rosenberg ermöglicht, mit den Nationalsozialisten eng zusammenzuarbeiten und die politische Unterstützung der Nazis zu erhalten.

Bei Ausbruch des Krieges begann Quisling seiner Befürchtung einer britischen Einmischung in Norwegen Ausdruck zu geben. Rosenberg unterstützte diese Anschauung und übermittelte Raeder einen Vorschlag, Quisling zu einem Coup gegen Norwegen zu verwenden. Rosenberg half dabei, die Konferenzen zwischen Hitler und Quisling im Dezember 1939 zustandezubringen, die zur Vorbereitung des Angriffes auf Norwegen führten und bei denen Hitler versprach, Quisling finanzielle Unterstützung zu gewähren. Nach diesen Besprechungen wurde Rosenberg von Hitler mit der politischen Ausbeutung von Norwegen betraut. Zwei Wochen später wurde Norwegen besetzt, und Hitler sagte Rosenberg, daß er seinen Entschluß, Norwegen anzugreifen, »auf Grund der durch Reichsleiter Rosenberg vorgetragenen fortlaufenden Warnungen Quislings gefaßt habe.« (004-PS, GB-140.)[1]

Rosenberg trägt einen großen Teil der Verantwortung für die Planung und Ausführung der Besatzungspolitik in den besetzten Ostgebieten. Er wurde bereits am 2. April 1941 von Hitler über den bevorstehenden Angriff auf Rußland unterrichtet und erklärte sich bereit, in der Eigenschaft als »Politischer Berater« seine Dienste zur Verfügung zu stellen. Am 20. April 1941 wurde er zum Leiter der Zentralstelle für Fragen im Zusammenhang mit dem osteuropäischen Raum bestellt. Im Verlauf seiner Vorbereitung der Besatzungspläne hatte er zahlreiche Besprechungen mit Keitel, Raeder, Göring, Funk, Ribbentrop und anderen hohen Reichsfunktionären. Im April und Mai 1941 arbeitete er mehrere Entwürfe für die Richtlinien zur Errichtung einer Verwaltung in den besetzten Ostgebieten aus. Am 20. Juni 1941, zwei Tage vor dem Angriff auf die UdSSR, hielt er vor seinen Mitarbeitern über Besatzungsprobleme und -methoden eine Rede. Rosenberg war bei Hitlers Konferenz vom 16. Juli 1941 zugegen, bei welcher die bei der Verwaltung und Besetzung anzuwendende Politik erörtert wurde. Am 17. Juli 1941 ernannte Hitler Rosenberg zum

[1] Nach dem Originaldokument korrigiert.

Minister für die besetzten Ostgebiete und übertrug ihm offiziell die Verantwortung für die Zivilverwaltung.

Kriegsverbrechen und Verbrechen gegen die Menschlichkeit.

Rosenberg ist für ein System organisierter Plünderung öffentlichen und privaten Eigentums in allen überfallenen Ländern Europas verantwortlich. Auf Grund der Befehle Hitlers zur Errichtung der »Hohen Schule« vom Januar 1940 organisierte und leitete er den Einsatzstab Rosenberg, der Museen und Bibliotheken plünderte, Kunstschätze und Sammlungen beschlagnahmte und Privathäuser ausraubte. Seine eigenen Berichte geben ein Bild von dem Umfang der Beschlagnahme. Bei der »Aktion M« (Möbel), die im Dezember 1941 auf Rosenbergs Vorschlag eingeleitet wurde, wurden 69619 jüdische Wohnungen im Westen, 38000 allein in Paris, geplündert. Man benötigte 26984 Eisenbahnwagen, um die beschlagnahmten Möbel nach Deutschland zu schaffen. Bis zum 14. Juli 1944 hatte der Einsatzstab im Westen mehr als 21903 Kunstgegenstände, darunter berühmte Gemälde und Museumsstücke, weggeschafft.

Durch seine Ernennung zum Reichsminister für die besetzten Ostgebiete am 17. Juli 1941 bekam Rosenberg die Oberherrschaft über diese Gebiete.[1] Er hat bei der Formulierung der Germanisierungs-, Ausbeutungs- und Sklavenarbeiterpolitik[2] mitgeholfen sowie bei der Ausrottung der Juden und der Gegner der Nazi-Herrschaft, und er schuf die Verwaltung, die sie durchführte. Er nahm an der Besprechung vom 16. Juli 1941 teil, bei der Hitler erklärte, daß sie der Aufgabe gegenüberstünden, »den riesenhaften Kuchen handgerecht zu zerlegen, damit wir ihn erstens beherrschen, zweitens verwalten und drittens ausbeuten können«. (L-221.)

Bei dieser Besprechung deutete Hitler an, daß ein rücksichtsloses Vorgehen in Aussicht genommen sei. Am nächsten Tage erklärte Rosenberg, daß er das Amt annehme.

Rosenberg wußte Bescheid über die brutale Behandlung und den Terror, denen die Völker des Ostens ausgesetzt

[1] Richtig übersetzt: wurde Rosenberg die oberste Autorität für diese Gebiete.
[2] Richtig übersetzt: Zwangsarbeit.

waren. Er verfügte, daß die Haager Regeln über die Landkriegsführung in den besetzten Ostgebieten nicht anwendbar seien. Er wußte Bescheid über die Entblößung der Ostgebiete von Rohmaterialien und Nahrungsmitteln, die nach Deutschland gesandt wurden, und beteiligte sich aktiv daran. Er erklärte, daß die Ernährung des deutschen Volkes auf dem ersten Platz auf seiner Liste der an den Osten zu stellenden Anforderungen stehe und daß das Sowjetvolk darunter leiden werde. Seine Anweisungen sahen die Absonderung der Juden, und zwar als Endziel in Ghettos vor. Seine Untergebenen begingen Massenmorde an Juden, und seine Zivilverwaltung im Osten war der Ansicht, daß es notwendig sei, den Osten von Juden zu reinigen. Im Dezember 1941 machte er Hitler den Vorschlag, bei einem Fall von Erschießungen von 100 Geiseln ausschließlich Juden dafür zu nehmen. Rosenberg wußte Bescheid über die Verschickung von Arbeitern aus dem Osten, über die Methoden der »Rekrutierung« und die Schrecken der Beförderung sowie über die Behandlung, die die Ostarbeiter im Reich erfuhren. Er gab den Beamten seiner Zivilverwaltung die Zahlen der Arbeiter an, die ins Reich geschickt werden mußten, und die, einerlei auf welche Weise, erreicht werden mußten. Der Befehl vom 14. Juni 1944 für die Heu-Aktion, die Ergreifung von 40000 bis 50000 Jugendlichen im Alter von 10 bis 14 Jahren zum Abtransport ins Reich, trägt seine Genehmigungsunterschrift.

Gelegentlich wandte sich Rosenberg gegen die von seinen Untergebenen begangenen Ausschreitungen und Grausamkeiten, besonders in dem Falle Koch, aber diese Ausschreitungen nahmen ihren Fortgang, und er blieb bis zum Ende im Amte.

Schlußfolgerung.

Der Gerichtshof hat Rosenberg nach allen vier Anklagepunkten für schuldig befunden.

Frank.

Frank ist unter Punkt Eins, Drei und Vier angeklagt. Frank trat der Nazi-Partei im Jahre 1927 bei. Er wurde

Mitglied des Reichstages im Jahre 1930, bayerischer Justizminister im Jahre 1933 und Reichsminister ohne Portefeuille, als diese Behörde in die Reichsregierung im Jahre 1934 eingegliedert wurde. 1933 wurde er zum Reichsleiter der Nazi-Partei für Rechtsangelegenheiten ernannt, und im gleichen Jahr wurde er Vorsitzender der Akademie für Deutsches Recht. Außerdem wurde Frank der Ehrenrang eines SA-Obergruppenführers verliehen. Im Jahre 1942 wurde er wegen des Rechtssystems, das in Deutschland gültig sein sollte, in einen vorübergehenden Streit mit Himmler verwickelt. Im gleichen Jahre wurde er als Reichsleiter der Nazi-Partei und als Vorsitzender der Akademie für Deutsches Recht entlassen.

Verbrechen gegen den Frieden.

Das Beweismaterial konnte den Gerichtshof nicht überzeugen, daß Frank mit dem Plan, Angriffskriege zu führen, eng genug verbunden war, um ihn gemäß Punkt Eins für schuldig zu erklären.

Kriegsverbrechen und Verbrechen gegen die Menschlichkeit.

Frank wurde zum Chef der Zivilverwaltung für die besetzten polnischen Gebiete ernannt und erhielt am 12. Oktober 1939 den Posten eines Generalgouverneurs der besetzten polnischen Gebiete. Am 3. Oktober 1939 umschrieb er folgendermaßen die Politik, die er zu verfolgen beabsichtigte: »Polen soll wie eine Kolonie behandelt werden, die Polen werden die Sklaven des Großdeutschen Weltreiches werden«. (EC-344, US-297.)[1] Das Beweismaterial hat ergeben, daß diese Besatzungspolitik auf der vollständigen Zerstörung Polens als nationale Einheit und einer rücksichtslosen Ausbeutung seiner menschlichen und wirtschaftlichen Hilfsquellen für den deutschen Kriegseinsatz aufgebaut war. Jeder Widerstand wurde mit äußerster Härte niedergeschlagen. Ein Terrorregime wurde eingeführt, das von Polizeischnellgerichten unterstützt war, die Maßnahmen wie öffentliche Erschießungen von Gruppen

[1] Nach dem Originaldokument korrigiert.

von 20 bis 200 Polen und weitverbreitete Geiselerschießungen anordneten. Das Konzentrationslagersystem wurde im Generalgouvernement durch die Errichtung der berüchtigten Lager von Treblinka und Maidanek eingeführt. Frank gab einen Hinweis auf das Ausmaß seines Terrorregimes schon am 6. Februar 1940, als er einem Zeitungsberichterstatter mit Bezug auf von Neuraths Anschläge, die die Hinrichtung tschechischer Studenten bekanntgaben, zynisch erklärte: »Wenn ich für je sieben erschossene Polen ein Plakat aushängen lassen wollte, dann würden die Wälder Polens nicht ausreichen, um das Papier herzustellen für solche Plakate.« (2233-PS, USSR-223.)[1]

Am 30. Mai 1940 erklärte Frank auf einer Polizeisitzung, daß er sich die Offensive im Westen zunutze machen werde, die die Aufmerksamkeit der Welt von Polen ablenken werde, um Tausende von Polen zu vernichten, die möglicherweise der deutschen Herrschaft über Polen Widerstand entgegensetzen könnten, einschließlich »der führenden Vertreter der polnischen Intelligenz«. (2233-PS, USSR-223.) Diesen Anweisungen folgend wurde die brutale A-B-Aktion begonnen, in deren Verlauf die Sicherheitspolizei und der SD diese Vernichtungen durchführten, die nur teilweise den Beschränkungen eines gerichtlichen Verfahrens unterworfen waren. Am 2. Oktober 1943 gab Frank einen Erlaß heraus, demzufolge jeder Nicht-Deutsche, der deutsche Aufbauarbeiten im Generalgouvernement sabotierte, Schnellgerichten der Sicherheitspolizei und des SD zuzuführen und zum Tode zu verurteilen war.

Die an das Generalgouvernement gestellten wirtschaftlichen Anforderungen überstiegen bei weitem den Bedarf der Besatzungsarmee und standen in gar keinem Verhältnis zu den Hilfsquellen des Landes. Die aus Polen fortgeführten Nahrungsmittel wurden in einem so großen Umfang nach Deutschland geschickt, daß die Rationen der Bevölkerung in den besetzten Gebieten auf ein Hungerniveau herabgedrückt wurden und Seuchen weiteste Verbreitung fanden. Zwar wurden einige Schritte unternommen, um die Ernährung der landwirtschaftlichen Arbeiter, die zur Einbringung der Ernte benötigt wurden, sicherzustellen; die

[1] Nach dem Originaldokument korrigiert.

Bedürfnisse der übrigen Bevölkerung jedoch fanden keine Beachtung. Es ist zweifellos richtig, daß, wie der Verteidiger anführte, eine gewisse Not im Generalgouvernement als Ergebnis der Kriegsverwüstungen und des sich daraus ergebenden wirtschaftlichen Chaos unvermeidlich war. Aber die Not wurde durch gewollte wirtschaftliche Ausbeutungspolitik erhöht.

Frank führte die Deportation von Sklavenarbeitern nach Deutschland schon in den ersten Anfängen seiner Verwaltungstätigkeit ein. Am 25. Januar 1940 gab er seine Absicht bekannt, eine Million Arbeiter nach Deutschland zu deportieren, und am 10. Mai 1940 schlug er den Gebrauch von Polizeirazzien zur Aufbringung dieses Kontingentes vor. Am 18. August 1942 berichtete Frank, daß er bereits 800000 Arbeiter für das Reich geliefert habe und erwarte, in der Lage zu sein, 140000 weitere vor Jahresende zu liefern.[1]

Bei Beginn seiner Aussage erklärte Frank, daß er eine »schreckliche Schuld« wegen der in den besetzten Gebieten verübten Grausamkeiten empfinde. Trotzdem war seine Verteidigung zum großen Teil dem Versuch gewidmet, den Nachweis zu erbringen, daß er tatsächlich nicht verantwortlich gewesen sei; daß er nur die notwendigen Befriedungsmaßnahmen angeordnet habe; daß die Ausschreitungen der Tätigkeit der nicht unter seiner Kontrolle stehenden Polizei zuzuschreiben sei; und daß er nichts von den Vorgängen in den Konzentrationslagern gewußt habe. Es ist ebenfalls angeführt worden, daß die Hungersnot den Nachwirkungen des Krieges und der im Zeichen des Vierjahresplanes verfolgten Politik zuzuschreiben sei; daß das Zwangsarbeitsprogramm unter der Leitung Saukkels gestanden habe, und daß die Ausrottung der Juden durch die Polizei und die SS auf direkten Befehl Himmlers vorgenommen worden sei.

[1] In der deutschen Fassung fehlen hier folgende in der englisch-sprachigen Originalfassung enthaltenen Sätze: Die Verfolgung der Juden wurde im Generalgouvernement sofort begonnen. Das Gebiet enthielt ursprünglich 2500000 bis 3500000 Juden. Sie wurden zwangsweise in Ghettos gesetzt, benachteiligenden Gesetzen unterworfen, der zur Vermeidung von Hungersnot notwendigen Nahrungsmittel beraubt und schließlich systematisch und brutal ausgerottet. Am 16. Dezember 1941 sagte Frank zu dem Kabinett des Generalgouvernements: »Wir müssen die Juden vernichten, wo immer wir sie finden und wo immer es möglich ist, um den Bau des Reiches als Ganzes aufrechtzuerhalten.« Am 5. Januar 1944 schätzte Frank, daß nur 100000 Juden übriggeblieben seien.

Es ist zweifellos zutreffend, daß der größte Teil des verbrecherischen Programms, das Frank zum Vorwurf gemacht wird, von der Polizei durchgeführt wurde, daß Frank Kompetenzstreitigkeiten mit Himmler bezüglich der Kontrolle der Polizei hatte und daß Hitler viele dieser Streitigkeiten zugunsten Himmlers entschieden hatte. Es mag auch wahr sein, daß einige der im Generalgouvernement begangenen Verbrechen ohne Franks Kenntnis und gelegentlich sogar gegen seinen Willen begangen worden sind. Es mag ebenso zutreffend sein, daß einige der verbrecherischen Unternehmungen, die im Generalgouvernement ausgeführt wurden, nicht von Frank ausgingen, sondern auf aus Deutschland stammende Befehle zurückzuführen waren. Aber es ist ebenso wahr, daß Frank ein williger und wissender Mitwirkender war, sowohl bei der Anwendung von Terror in Polen, bei der wirtschaftlichen Ausbeutung Polens, in einer Weise, die zum Hungertod einer großen Anzahl Menschen führte, bei der Deportation von mehr als einer Million Polen als Sklavenarbeiter nach Deutschland, und einem Programm, das den Mord von mindestens drei Millionen Juden zur Folge hatte.

Schlußfolgerung.

Der Gerichtshof erkennt, daß Frank nach Punkt Eins der Anklageschrift nicht schuldig, dagegen nach Punkt Drei und Vier schuldig ist.

Frick.

Frick ist unter allen vier Punkten angeklagt. Bekannt als der führende Nazi-Spezialist und Bürokrat wurde er Reichsinnenminister in Hitlers erstem Kabinett. Diese wichtige Stellung behielt er bis August 1943, als er zum Reichsprotektor von Böhmen und Mähren ernannt wurde. In Verbindung mit seinen Pflichten im Mittelpunkt der inneren Verwaltung wurde er preußischer Minister des Innern, Reichsdirektor für die Wahlen, Generalbevollmächtigter für die Verwaltung des Reiches und Mitglied des Reichsverteidigungsrates, des Ministerrates für die Reichsverteidigung und des »Dreimännerkollegiums«. Als die verschiedenen, in das Reich einverleibten Länder überrannt wurden, wurde er an die Spitze der Zentralämter für ihre Einverleibung gestellt.

Obwohl Frick der Nazi-Partei erst im Jahre 1925 offiziell beitrat, hatte er sich doch schon vorher mit Hitler und der nationalsozialistischen Sache während des Münchener Putsches verbündet, als er damals Beamter der Münchener Polizeiabteilung war. Im Jahre 1924 in den Reichstag gewählt, wurde er als Führer der nationalsozialistischen Reichstagsfraktion Reichsleiter.

Verbrechen gegen den Frieden.

Als eifriger Nazi war Frick weitgehend dafür verantwortlich, daß die deutsche Nation unter die vollständige Kontrolle der NSDAP gebracht wurde. Nachdem Hitler Reichskanzler geworden war, begann der neue Innenminister unverzüglich, die Länderregierungen in die Reichsoberhoheit einzugliedern. Gesetze, die er entwarf, unterschrieb und anwandte, hoben alle Oppositionsparteien auf und bereiteten den Weg für die Gestapo und deren Konzentrationslager, die jeden Einzelwiderstand vernichteten. Er war weitgehend für die Gesetzgebung verantwortlich, die die Gewerkschaften, die Kirche und die Juden unterdrückte. Er erfüllte seine Aufgabe mit rücksichtsloser Energie.

Vor dem Angriff auf Österreich war Frick nur mit der inneren Verwaltung des Reiches befaßt. Das Beweismaterial ergibt nicht, daß er an einer der Besprechungen teilgenommen hätte, in denen Hitler seine Angriffsabsichten entwickelte. Infolgedessen nimmt der Gerichtshof den Standpunkt ein, daß Frick kein Mitglied des gemeinsamen Plans oder der gemeinsamen Verschwörung zur Führung eines Angriffskrieges gemäß der in diesem Urteil enthaltenen Begriffsbestimmung gewesen ist.

Sechs Monate nach der Besitzergreifung Österreichs wurde Frick im Sinne der Bestimmungen des Reichsverteidigungsgesetzes vom 4. September 1938 Generalbevollmächtigter für die Verwaltung des Reichs. Er wurde für die Kriegsverwaltung mit Ausnahme der militärischen und wirtschaftlichen Belange verantwortlich für den Fall, daß

Hitler den Verteidigungszustand verkündigen sollte. Die Reichsministerien für Justiz, Erziehung und das Amt für Raumplanung wurden ihm unterstellt. In Erfüllung der ihm übertragenen Pflichten baute Frick eine Verwaltungsorganisation für Kriegsverhältnisse auf. Nach seiner eigenen Angabe wurde diese Organisation tatsächlich in Kraft gesetzt, nachdem sich Deutschland für eine kriegerische Politik entschieden hatte.

Frick unterschrieb am 13. März 1938 das Gesetz, das Österreich mit dem Reich vereinigte, und er wurde mit dessen Durchführung betraut. Zur Einrichtung der deutschen Verwaltung in Österreich gab er Verordnungen heraus, durch die das deutsche Recht, die Nürnberger Gesetze und die Militärdienstpflicht eingeführt wurden, und er sorgte für die polizeiliche Sicherheit unter Himmler. Er unterschrieb auch die Gesetze, durch die das Sudetenland, Memel, Danzig, die Ostgebiete (Westpreußen und Posen) und Eupen-Malmedy und Moresnet dem Reich einverleibt wurden. Ihm wurde die eigentliche Einverleibung dieser Gebiete und die Errichtung der deutschen Verwaltung daselbst übertragen. Er unterschrieb das Gesetz, durch welches das Protektorat von Böhmen und Mähren geschaffen wurde.

Als Leiter der Zentralämter für Böhmen und Mähren, für das Generalgouvernement und für Norwegen oblag es ihm, eine enge Zusammenarbeit zwischen den deutschen Beamten in diesen besetzten Ländern und den höchsten Reichsstellen zu erzielen. Er stellte die deutschen Beamten für die Verwaltung in allen besetzten Gebieten und beriet Rosenberg hinsichtlich der Beamtenernennungen in den besetzten Ostgebieten. Er unterschrieb die Gesetze, in denen Terboven zum Reichsstatthalter in Norwegen und Seyß-Inquart in Holland ernannt wurden.

Kriegsverbrechen und Verbrechen gegen die Menschlichkeit.

Immer ein wilder Antisemit, entwarf, unterzeichnete und wendete Frick zahlreiche Gesetze an, die den Zweck hatten, die Juden aus Deutschlands Leben und Wirtschaft auszuschalten. Seine Tätigkeit schuf die Basis für die Nürnberger Gesetze, und er war bei ihrer Durchsetzung tätig. Er war verantwortlich für das Verbot, auf Grund dessen Juden zahlreiche Berufe nicht ausüben durften, und für die Einziehung ihres Besitzes, er unterschrieb 1943 nach der Massenausrottung von Juden im Osten einen endgültigen Erlaß, der sie »außerhalb des Gesetzes« stellte und der Gestapo übergab. Diese Gesetze ebneten den Weg zur »Endlösung« und wurden von Frick auf die einverleibten Gebiete und gewisse besetzte Gebiete ausgedehnt.

Während er Reichsprotektor von Böhmen und Mähren war, wurden Tausende von Juden vom Ghetto in Theresienstadt in der Tschechoslowakei nach Auschwitz überführt, wo sie getötet wurden. Er gab einen Erlaß heraus, der ein besonderes Strafgesetz für Juden und Polen im Generalgouvernement enthielt.

Die Polizei gehörte offiziell in die Zuständigkeit des Reichsinnenministers, doch übte Frick tatsächlich nur geringe Kontrolle über Himmler und Polizeiangelegenheiten aus. Er unterschrieb jedoch sowohl das Gesetz, durch das Himmler zum Leiter der deutschen Polizei ernannt wurde, als auch die Verordnungen, die der Gestapo die Zuständigkeit über die Konzentrationslager übertrugen und die Ausführung der Schutzhaftbefehle regelten. Aus der großen Zahl der an ihn gerichteten Beschwerden und aus den Aussagen der Zeugen schließt der Gerichtshof, daß Frick von den in diesen Lagern begangenen Grausamkeiten wußte. In Kenntnis der Methoden Himmlers unterschrieb Frick Verordnungen, die Himmler ermächtigten, in gewissen eingegliederten Gebieten die notwendigen Sicherheitsmaßnahmen zu treffen. Worauf diese »Sicherheitsmaßnahmen« hinausliefen, ist bereits behandelt worden.

Als oberste Reichsbehörde in Böhmen und Mähren trägt Frick allgemein die Verantwortung für die Unterdrückungsmaßnahmen in diesem Gebiet vom 20. August 1943 an, wie zum Beispiel die Terrorisierung der Einwohner, Sklavenarbeit und die Deportation der Juden in Konzentrationslager zum Zwecke der Ausrottung. Es ist richtig, daß die Pflichten Fricks als Reichsprotektor wesentlich mehr eingeschränkt waren als die seines Vorgängers, und daß er keine gesetzgebende und persönlich nur beschränkte vollziehende Gewalt im Protektorat hatte. Nichtsdestoweniger war sich Frick der damals angewandten Nazi-Besatzungsmethoden in Europa, insbesondere gegenüber den Juden, völlig bewußt, und durch die Annahme des Amtes des Reichsprotektors übernahm er für die Durchführung dieser Methoden in Böhmen und Mähren die Verantwortung.

Die Angelegenheit der deutschen Staatsbürgerschaft unterstand ihm sowohl in den besetzten Gebieten wie auch im Reich, während er Innenminister war. Nachdem er ein Rassenregister für Personen deutscher Abstammung geschaffen hatte, verlieh Frick die deutsche Staatsbürgerschaft an gewisse Gruppen von Bürgern fremder Länder. Er trägt die Verantwortung für die Germanisierung in Österreich, dem Sudetenland, Memel, Danzig, den Ostgebieten (Westpreußen und Posen) und Eupen-Malmedy und Moresnet. Den Bürgern dieser Gebiete zwang er deutsches Recht, deutsche Gerichte, deutsche Erziehung, deutsche Polizei und Militärdienstpflicht auf.

Während des Krieges unterstanden Frick Privatkliniken, Krankenhäuser und Irrenhäuser, in welchen der Gnadentod zur Anwendung kam, der an einer anderen Stelle dieses Urteils beschrieben ist. Es war ihm bekannt, daß geistig Defekte, Kranke und altersschwache Personen, »nutzlose Esser«, systematisch umgebracht wurden. Beschwerden über diese Morde erreichten ihn, jedoch tat er nichts, um ihnen Einhalt zu gebieten. In einem Bericht der tschechoslowakischen Kommission für Kriegsverbrechen wird geschätzt, daß 275 000 geistes- und altersschwache Personen, für deren Wohl er verantwortlich war, den Morden zum Opfer fielen.

Schlußfolgerung.

Der Gerichtshof erkennt, daß Frick nicht schuldig nach Punkt Eins ist. Er ist schuldig jedoch nach Punkt Zwei, Drei und Vier.

Streicher.

Streicher ist unter Punkt Eins und Vier angeklagt. Als eines der frühesten Mitglieder trat er im Jahre 1921 der

Nazi-Partei bei und nahm am Münchener Putsch teil. Er war Gauleiter von Franken von 1925 bis 1940. 1933 wurde er in den Reichstag gewählt; er hatte den Ehrenrang eines Generals in der SA. Er war berüchtigt für seine Verfolgung der Juden.[1] Von 1923 bis 1945 war er der Herausgeber einer antisemitischen Wochenschrift »Der Stürmer«, deren Schriftleiter er bis 1933 war.

Verbrechen gegen den Frieden.

Streicher war ein unerschütterlicher Nazi und Anhänger Hitlers und seiner wesentlichen politischen Ziele. Es liegt kein Beweis dafür vor, daß er je zum inneren Kreis der Ratgeber Hitlers gehört hat. Auch war er während seiner Laufbahn nicht eng mit der Planung der Politik verbunden, die zum Krieg geführt hatte. Zum Beispiel war er niemals bei einer der wichtigen Besprechungen zugegen, wenn Hitler seinen Führern seine Entschlüsse erklärte. Obwohl er Gauleiter war, liegen keine Beweise dafür vor, daß er von diesen politischen Plänen Kenntnis hatte. Nach Ansicht des Gerichtshofs wird die Verbindung mit der Verschwörung oder dem gemeinsamen Plan zur Führung von Angriffskriegen, so wie diese Verschwörung an einer anderen Stelle dieses Urteils umrissen ist, durch das Beweismaterial nicht belegt.

Verbrechen gegen die Menschlichkeit.

Auf Grund von 25 Jahren Reden, Schreiben und Predigen des Judenhasses war Streicher als »Judenhetzer Nummer Eins« weitgehend bekannt. In seinen Woche um Woche, Monat um Monat erscheinenden Reden und Artikeln verseuchte er die Gedankengänge der Deutschen mit dem Giftstoff des Antisemitismus und hetzte das deutsche Volk zur aktiven Verfolgung auf. Jede Ausgabe des »Stürmers«, der 1935 eine Auflage von 600000 erreichte, war mit solchen oft pornographischen und widerlichen Artikeln angefüllt.
Streicher war der Leiter des Judenboykotts vom 1. April 1933. Er befürwortete die Nürnberger Gesetze des Jahres 1935. Er war für die Zerstörung der Synagoge in Nürnberg

[1] Richtig übersetzt: Seine Verfolgung der Juden war allgemein bekannt.

am 10. August 1938 verantwortlich, und am 10. November setzte er sich öffentlich für das Judenpogrom, das zu dieser Zeit stattfand, ein.

Jedoch nicht nur in Deutschland allein vertrat dieser Angeklagte seine Lehren. Schon 1938 begann er, die Ausrottung der jüdischen Rasse zu fordern. 23 verschiedene Artikel aus den Ausgaben des »Stürmer« aus den Jahren 1938 bis 1941, die die Ausrottung »mit Stumpf und Stiel« predigen, sind als Beweismittel vorgelegt worden. Ein Leitartikel im September 1938 war typisch für seine Lehren, in denen der Jude als Bazillus und Pest bezeichnet wird und nicht als menschliches Wesen, sondern als »ein Schmarotzer, ein Feind, ein Übeltäter, ein Krankheitsverbreiter, der im Interesse der Menschheit vernichtet werden muß«. Andere Artikel heben hervor, daß nur nach Vernichtung des Weltjudentums das jüdische Problem als gelöst zu betrachten sei, und sagten voraus, daß in fünfzig Jahren die Judengräber »vielleicht künden werden, daß dieses Mörder- und Verbrechervolk doch noch sein verdientes Ende fand«. (D-810, GB-332.) Im Februar 1940 veröffentlichte Streicher einen Brief eines Lesers des »Stürmer«, der Juden mit Heuschreckenschwärmen verglich, die völlig ausgerottet werden müßten. Das war die Art, wie Streicher die Gedankengänge Tausender von Deutschen vergiftete, und dies war der Anlaß dafür, daß die Deutschen der nationalsozialistischen Politik der Verfolgung und Vernichtung der Juden Folge leisteten. Ein Leitartikel des »Stürmer« vom Mai 1939 beweist klar sein Ziel.

> »Es muß eine Strafexpedition über die Juden in Rußland kommen. Eine Strafexpedition, die ihnen dasselbe Ende bereitet, wie es jeder Mörder und Verbrecher zu erwarten hat. Das Todesurteil, die Hinrichtung! Die Juden in Rußland müssen getötet werden. Sie müssen ausgerottet werden mit Stumpf und Stiel.« (D-811, GB-333).[1]

Als der Krieg in seinen erfolgreichen Anfangsphasen dem Reich immer mehr und mehr Gebiete zuführte, verstärkte Streicher noch seine Anstrengungen, das deutsche Volk zum Haß gegen die Juden aufzureizen. Die Akten enthalten 26 Artikel aus dem »Stürmer« aus der Zeit vom August

[1] Text nach dem Originaldokument korrigiert.

1941 bis September 1944; 12 von diesen sind von Streicher selbst verfaßt und verlangen in unmißverständlichen Ausdrücken die Vernichtung und Ausrottung. Am 25. Dezember 1941 schrieb und veröffentlichte er folgendes:

> »Soll die Gefahr der Weiterzeugung jenes Gottesfluches im jüdischen Blute endlich ihr Ende finden, dann gibt es nur einen Weg: die Ausrottung des Volkes, dessen Vater der Teufel ist.« (D-832, GB-358).[1]

Und im Februar 1944 schrieb er einen Artikel:

> »Wer aber tut, was ein Jude tut, ist ein Lump, ein Verbrecher. Und der, der als Nachsager es ihm gleichtun will, verdient das gleiche Ende, die Vernichtung, den Tod.« (D-788, GB-376).[1]

In Kenntnis der Ausrottung der Juden in den besetzten Ostgebieten fuhr der Angeklagte fort, seine Mordpropaganda zu schreiben und zu veröffentlichen. In seiner Aussage in diesem Prozeß leugnete er aufs schärfste jegliche Kenntnis von den Massenhinrichtungen der Juden ab. Das Beweismaterial ergibt jedoch klar, daß er unausgesetzt laufend Informationen von den Fortschritten der »Endlösung« erhielt. Sein Pressephotograph wurde zum Besuch der Ghettos im Frühjahr 1943, dem Zeitpunkt der Zerstörung des Warschauer Ghettos, nach dem Osten geschickt. Die jüdische Zeitung »Israelitisches Wochenblatt«, die Streicher erhielt und las, brachte in jeder ihrer Ausgaben Berichte über die Greueltaten gegen die Juden im Osten und Angaben über die Zahl der Juden, die deportiert und getötet wurden. Zum Beispiel berichteten im Sommer und Herbst 1942 erschienene Ausgaben über den Tod von 72729 Juden in Warschau, 17542 in Lodz, 18000 in Kroatien, 125000 in Rumänien, 14000 in Litauen, 85000 in Jugoslawien, 700000 in ganz Polen. Im November 1943 zitierte Streicher wörtlich einen Artikel aus dem »Israelitischen Wochenblatt«, in dem es hieß, daß die Juden sozusagen aus Europa verschwunden seien, und bemerkte hierzu: »Das ist kein Judenschwindel.« (1965-PS, GB-176.) Im Dezember 1942 sagte Streicher mit Bezug auf einen Artikel in der Londoner »Times« über die die Ausrottung bezweckenden Greueltaten, daß Hitler davor gewarnt hätte,

[1] Text nach dem Originaldokument korrigiert.

daß der zweite Weltkrieg zur Vernichtung des Judentums führen werde. Im Januar 1943 schrieb und veröffentlichte er einen Artikel, in dem es hieß, daß Hitlers Prophezeiung nun in Erfüllung gegangen sei und daß das Weltjudentum nun ausgerottet würde und daß es herrlich sei zu wissen, daß Hitler die Welt von ihren jüdischen Quälern befreie.

Angesichts der dem Gerichtshof vorliegenden Beweise ist es für Streicher nutzlos zu behaupten, daß die von ihm begünstigte Lösung des jüdischen Problems strengstens auf die Kennzeichnung der Juden als Fremde und den Erlaß einer Ausnahmegesetzgebung, wie die Nürnberger Gesetze, beschränkt gewesen sei, wenn möglich ergänzt durch ein internationales Abkommen über die Schaffung eines jüdischen Staates irgendwo in der Welt, wohin alle Juden auswandern sollten.

Streichers Aufreizung zum Mord und zur Ausrottung, die zu einem Zeitpunkt erging, als die Juden im Osten unter den fürchterlichsten Bedingungen umgebracht wurden, stellt eine klare Verfolgung aus politischen und rassischen Gründen in Verbindung mit solchen Kriegsverbrechen, wie sie im Statut festgelegt sind, und ein Verbrechen gegen die Menschlichkeit dar.

Schlußfolgerung.

Der Gerichtshof stellt daher fest, daß Streicher unter Anklagepunkt Eins nicht schuldig, jedoch unter Punkt Vier schuldig ist.

Funk.

Funk ist unter allen vier Punkten angeklagt. Funk, der früher Wirtschaftsjournalist gewesen war, trat 1931 in die Nazi-Partei ein und wurde bald darauf einer von Hitlers persönlichen Wirtschaftsberatern. Am 30. Januar 1933 wurde er Pressechef der Reichsregierung, am 11. März 1933 Unterstaatssekretär im Propagandaministerium und bald darauf eine führende Persönlichkeit in den verschiedenen Nazi-Organisationen, die zur Kontrolle der Presse, des Films, der Musik und der Verlage benutzt wurden. Zu Beginn des Jahres 1938 übernahm er die Ämter des Reichswirtschaftsministers und Generalbevollmächtigten für die Kriegswirtschaft, und im Januar 1939 das des Reichsbankpräsidenten. In diesen drei Stellungen war er Schachts Nachfolger. Er wurde zum Mitglied des Ministerrates für die Reichsverteidigung im August 1939 und zum Mitglied der Zentralen Planung im September 1943 ernannt.

Verbrechen gegen den Frieden.

Nachdem der Nazi-Plan, Angriffskriege zu führen, klar festgelegt worden war, wurde Funk auf dem Gebiete der Wirtschaft aktiv. Einer seiner Vertreter wohnte einer Sitzung am 14. Oktober 1938 bei. Auf dieser Sitzung kündigte Göring eine ungeheure Rüstungssteigerung an und wies den Wirtschaftsminister an, die Ausfuhr zu steigern, um die notwendigen Devisen zu erlangen. Am 28. Januar 1939 sandte einer der Untergebenen Funks an das OKW ein Memorandum über die Verwendung von Kriegsgefangenen zum Ausgleich des Arbeitermangels, der im Falle einer Mobilisierung entstehen würde. Am 30. Mai 1939 war der Unterstaatssekretär des Wirtschaftsministeriums bei einer Sitzung anwesend, auf der genaue Pläne für die Finanzierung des Krieges entworfen wurden.

Funk schrieb am 25. August 1939 einen Brief an Hitler, in welchem er seine Dankbarkeit dafür zum Ausdruck brachte, daß er an solch welterschütternden Ereignissen teilnehmen dürfe, und worin er berichtete, daß seine Pläne zur »Kriegsfinanzierung«, für die Lohn- und Preiskontrolle und für die Stärkung der Reichsbank fertiggestellt seien, und daß er unauffällig alle in Deutschland verfügbaren Devisenguthaben in Geld verwandelt habe.[1] Nach Kriegsbeginn, am 14. Oktober 1939, hielt er eine Rede, in welcher er feststellte, daß diejenigen deutschen Wirtschafts- und Finanzbehörden, die dem Vierjahresplan unterstanden, schon über ein Jahr geheime wirtschaftliche Vorbereitungen für den Krieg getroffen hatten.

Funk nahm an der dem Angriff auf die Sowjetunion vorausgehenden wirtschaftlichen Planung teil. Sein Stellvertreter hielt tägliche Besprechungen mit Rosenberg über die

[1] Richtig übersetzt: alle Devisenguthaben, die für Deutschland verfügbar waren, in Gold verwandelt habe.

wirtschaftlichen Probleme ab, die sich aus der Besetzung sowjetischen Gebietes ergeben würden. Funk selbst nahm an dem Plan des Drucks von Rubelscheinen in Deutschland vor dem Angriff teil, die als Besatzungswährung in der USSR dienen sollten. Nach dem Angriff hielt er eine Rede, in welcher er die Pläne beschrieb, die er für die wirtschaftliche Ausnutzung der »riesigen Gebiete der Sowjetunion« gemacht hatte, die als Rohstoffquellen für Europa dienen sollten.

Funk war keine der Hauptpersonen bei der Nazi-Planung des Angriffskrieges. Seine Tätigkeit im Wirtschaftsleben unterstand Göring in dessen Eigenschaft als Generalbevollmächtigter für den Vierjahresplan. Er wirkte jedoch an der wirtschaftlichen Vorbereitung bestimmter Angriffskriege mit, vor allem an dem gegen Polen und die Sowjetunion; aber seine Schuld kann in ausreichender Weise unter Punkt Zwei der Anklage dargetan werden.

Kriegsverbrechen und Verbrechen gegen die Menschlichkeit.

In seiner Eigenschaft als Unterstaatssekretär im Propagandaministerium und als zweiter Vorsitzender der Reichskulturkammer spielte Funk eine Rolle in dem frühen Nazi-Programm der wirtschaftlichen Entrechtung der Juden. Am 12. November 1938, nach den Novemberpogromen, war er bei einer Besprechung zugegen, die unter dem Vorsitz Görings die Lösung der Judenfrage zu erörtern hatte, und er schlug eine Verordnung vor, welche alle Juden aus dem gesamten Geschäftsleben entfernen sollte, und die am gleichen Tag von Göring als Bevollmächtigten des Vierjahresplanes erlassen wurde. Zwar hat Funk ausgesagt, daß er von den Ausbrüchen des 10. November erschüttert gewesen sei, aber am 15. November hat er eine Ansprache gehalten, in welcher er diese Ausbrüche als eine »gewaltige Explosion des Abscheus des deutschen Volkes über den verbrecherischen jüdischen Anschlag auf das deutsche Volk« beschrieb. Er behauptete, daß die Ausschaltung der Juden aus dem Wirtschaftsleben logisch ihrer Ausschaltung aus dem politischen Leben folge.

Im Jahre 1942 traf Funk mit Himmler ein Abkommen, auf Grund dessen die Reichsbank gewisses Gold, Juwelen und Barmittel von der SS erhalten würde, und gab seinen Untergebenen, die die Einzelheiten auszuarbeiten hatten, die Anweisung, keine unnötigen Fragen zu stellen. Als Ergebnis dieses Abkommens lieferte die SS an die Reichsbank die persönliche Habe und Wertgegenstände, die den Opfern, die in Konzentrationslagern umgebracht worden waren, abgenommen waren. Die Reichsbank behielt die Münzen und Banknoten zurück und schickte die Juwelen, Uhren und persönlichen Gegenstände an die städtischen Pfandleihämter in Berlin. Das von Brillen stammende Gold sowie Goldzähne und Plomben wurden in den Gewölben der Reichsbank aufbewahrt. Funk hat den Einwand gemacht, daß er nicht gewußt habe, daß die Reichsbank Gegenstände dieser Art erhalten habe. Der Gerichtshof ist der Ansicht, daß er entweder wußte, welche Gegenstände eingingen, oder daß er bewußt seine Augen demgegenüber verschloß.

Als Wirtschaftsminister und Reichsbankpräsident nahm Funk an der wirtschaftlichen Ausbeutung der besetzten Gebiete teil. Er war Präsident der Kontinentalen Öl-Gesellschaft, deren Aufgabe es war, die Ölquellen der besetzten Ostgebiete auszunutzen. Er war für die Beschlagnahme der Goldreserven der Tschechoslowakischen Nationalbank und für die Liquidierung der Jugoslawischen Nationalbank verantwortlich. Sein Stellvertreter sandte am 6. Juni 1942 ein Schreiben an das OKW mit der Bitte, Gelder des französischen Besatzungskostenfonds für Schwarz-Markt-Käufe zur Verfügung zu stellen. Durch seine Anwesenheit bei einer Sitzung am 8. August 1942 ist bewiesen, daß er mit den deutschen Besatzungsmethoden vertraut war; Göring wandte sich damals an eine Anzahl deutscher Besatzungsbeamter, gab ihnen zu verstehen, welche Erzeugnisse von ihren Gebieten benötigt würden, und fügte hinzu: »Es ist mir völlig gleichgültig, ob sie mir daraufhin sagen, daß ihre Leute hungern werden.«

Im Herbst 1943 war Funk Mitglied der Zentralen Planung, die über die Gesamtzahl der von der deutschen Industrie benötigten Arbeiter entschied und von Sauckel verlangte, sie zu liefern, meist mittels Deportation aus den besetzten Gebieten. Funk schien sich nicht besonders für diesen Teil des Zwangsarbeiterprogramms zu interessieren und schickte meistens einen Stellvertreter zu diesen Besprechungen, oft den SS-General Ohlendorf, früher Chef des SD innerhalb Deutschlands und Befehlshaber der Einsatzgruppe D. Funk war sich jedoch der Tatsache bewußt, daß die Körperschaft, deren Mitglied er war, die Einfuhr von Sklavenarbeitern verlangte und dieselben verschiedenen ihrer Kontrolle unterstehenden Industrien zuwies.

Als Präsident der Reichsbank war Funk auch mittelbar verantwortlich für die Verwendung von Konzentrationslager-Arbeitskräften. Unter seiner Leitung gewährte die Reichsbank der SS einen Dauerkredit von zwölf Millionen Reichsmark für den Bau von Fabriken, zur Verwendung von Konzentrationslager-Arbeitskräften.

Trotz der Tatsache, daß Funk hohe Posten innehatte, war er doch nie eine beherrschende Figur in den verschiedenen Programmen, an denen er mitwirkte. Dies ist ein Milderungsgrund, den das Gericht in Erwägung zieht.

Schlußfolgerung.

Der Gerichtshof erkennt, daß Funk nicht schuldig ist unter Anklagepunkt Eins, daß er aber unter Punkt Zwei, Drei und Vier schuldig ist.

Schacht.

Schacht wird angeklagt nach den Anklagepunkten Eins und Zwei der Anklage. Schacht diente in den Jahren 1923 bis 1930 als Währungskommissar und Reichsbankpräsident. Am 17. März 1933 wurde er von neuem zum Präsidenten der Reichsbank ernannt, im August 1934 zum Wirtschaftsminister und im Mai 1935 zum Generalbevollmächtigten für die Kriegswirtschaft. Im November 1937 trat er von diesen zwei Ämtern zurück und wurde zum Minister ohne Geschäftsbereich ernannt. Am 16. März 1937 wurde er wiederum zum Reichsbankpräsidenten auf ein Jahr bestellt, und am 9. März 1938 auf vier Jahre; er ist jedoch am 20. Januar 1939 entlassen worden. Als Minister ohne Geschäftsbereich wurde er am 22. Januar 1943 entlassen.

Verbrechen gegen den Frieden.

Schacht hat die Nazi-Partei, bevor sie am 30. Januar 1933 zur Macht gelangte, aktiv unterstützt und befürwortete die Ernennung Hitlers zum Kanzler. Danach spielte er eine wichtige Rolle bei dem energisch durchgeführten Aufrüstungsprogramm, das aufgestellt wurde, wobei er die Hilfsquellen der Reichsbank für die deutschen Aufrüstungsbestrebungen weitestgehend benutzte. Die Reichsbank in ihrer traditionellen Eigenschaft als Finanzvertretung der deutschen Regierung legte langfristige Regierungsanleihen auf, deren Ertrag für die Aufrüstung benutzt wurde. Er erfand ein System, bei dem fünfjährige Schuldverschreibungen, bekannt als MEFO-Wechsel, die von der Reichsbank garantiert, aber in Wahrheit durch nichts weiter gedeckt waren als ihre Stellung als Ausgabebank, dazu benutzt wurden, um vom kurzfristigen Geldmarkt große Summen für die Aufrüstung zu erhalten. Als Wirtschaftsminister und Generalbevollmächtigter für die Kriegswirtschaft war er bei der Organisierung der deutschen Wirtschaft für den Krieg tätig. Er entwarf ins einzelne gehende Pläne zur industriellen Mobilisierung und für das Zusammenwirken der Wehrmacht mit der Industrie im Kriegsfall. Er hat sich besonders mit der Rohstoffknappheit befaßt und leitete einen Plan zur Ansammlung von Vorräten ein sowie ein System der Devisenkontrolle, um zu verhüten, daß Deutschlands schwache Devisenlage den Erwerb von ausländischen, für die Aufrüstung benötigten Rohstoffen verhindere. Am 3. Mai 1935 sandte er an Hitler eine Denkschrift des Inhaltes »... daß die Durchführung des Rüstungsprogramms nach Tempo und Ausmaß die Aufgabe der deutschen Politik ist, daß demnach alles andere untergeordnet werden muß«. (1168-PS, US-37.)[1]

Im April 1936 hatte Schacht begonnen, seinen Einfluß als Zentralfigur bei den deutschen Aufrüstungsanstrengungen zu verlieren, nachdem Göring die Kontrolle der Rohstoffe und Devisen übertragen worden war. Göring befürwortete ein stark erweitertes Programm zur Produktion von synthetischen Rohstoffen, dem sich Schacht mit der Begründung widersetzte, daß die daraus erwachsende finan-

[1] Nach dem Originaldokument korrigiert.

zielle Überspannung eine Inflation zur Folge haben könnte. Schachts Einfluß verminderte sich weiter, als Göring am 18. Oktober 1936 zum Beauftragten für den Vierjahresplan ernannt wurde mit der Aufgabe, »die gesamte Wirtschaft in 4 Jahren kriegsbereit zu stellen habe«. (EC-408, US-579.)[1] Schacht hatte sich der Ankündigung dieses Planes und der Ernennung Görings zur Leitung desselben widersetzt, und es ist offensichtlich, daß Hitlers Entschluß die Entscheidung bedeutete, daß Schachts Wirtschaftspolitik für die drastische Aufrüstungspolitik, die Hitler einschlagen wollte, zu konservativ war.

Nach Görings Ernennung wurden Schacht und Göring bald in eine Reihe von Auseinandersetzungen verwickelt. Obgleich eine gewisse persönliche Gegnerschaft bei diesen Zwistigkeiten mit im Spiel war, so wich doch Schacht auch in seiner Auffassung von gewissen grundsätzlichen politischen Fragen von Göring ab. Aus finanziellen Gründen befürwortete Schacht eine Einschränkung des Aufrüstungsprogramms, widersetzte sich einem großen Teil der vorgeschlagenen Ausdehnung der Produktionsmöglichkeiten, besonders in bezug auf synthetische Stoffe, weil sie unwirtschaftlich seien, drängte auf eine drastische Einschränkung des Regierungskredites und eine zurückhaltende Politik hinsichtlich der deutschen Devisenreserven. Als Folge dieser Auseinandersetzung und eines bitteren Streites, bei dem Hitler Schacht beschuldigte, daß er mit seinen finanziellen Methoden seine Pläne störe, nahm Schacht am 5. September 1937 Urlaub vom Wirtschaftsministerium und trat am 16. November 1937 von seinem Posten als Wirtschaftsminister und Generalbevollmächtigter für die Kriegswirtschaft zurück.

Als Reichsbankpräsident wurde Schacht noch in Streitigkeiten verwickelt. Während des ganzen Jahres fuhr die Reichsbank fort, bei der Auflegung von langfristigen Regierungsanleihen zur Finanzierung der Aufrüstung als Finanzvertretung der deutschen Regierung zu wirken. Aber am 31. März 1938 hörte Schacht auf, kurzfristige, von der Reichsbank garantierte Schuldverschreibungen für die Rüstungsaufgaben aufzulegen. In einem Versuch, durch die Reichsbank die Kontrolle über die Finanzpolitik wieder zu

[1] Nach dem Original korrigiert.

gewinnen, verweigerte Schacht Ende 1938 die Gewährung eines Sonderkredites zur Bezahlung von Beamtengehältern, die aus den vorhandenen Mitteln nicht gedeckt werden konnten, um den der Reichsfinanzminister dringend gebeten hatte. Am 2. Januar 1939 hatte Schacht eine Konferenz mit Hitler, in der er ihn dringend bat, die Ausgaben für Rüstungen herabzusetzen. Am 7. Januar 1939 legte Schacht Hitler einen von den Direktoren der Reichsbank unterzeichneten Bericht vor, der eine drastische Beschränkung der Rüstungsausgaben und ein ausgeglichenes Budget als das einzige Mittel zur Verhütung einer Inflation forderte. Am 19. Januar entließ Hitler Schacht als Präsidenten der Reichsbank, und am 22. Januar 1943 als Reichsminister ohne Geschäftsbereich wegen seiner »ganzen Haltung während des gegenwärtigen Schicksalskampfes des deutschen Volkes«. Am 23. Juli 1944 wurde Schacht von der Gestapo verhaftet und bis zum Ende des Krieges in einem Konzentrationslager eingesperrt.

Es ist klar, daß Schacht eine Zentralfigur bei Deutschlands Wiederaufrüstungsprogramm darstellte, und daß die Maßnahmen, die er ergriff, besonders in den ersten Tagen des Nazi-Regimes, für Nazi-Deutschlands schnellen Aufstieg als Militärmacht verantwortlich waren. Aber die Aufrüstung an sich ist nach dem Statut nicht verbrecherisch. Wenn sie ein Verbrechen gegen den Frieden laut Artikel 6 des Statuts darstellen sollte, so müßte gezeigt werden, daß Schacht diese Aufrüstung als einen Teil des Nazi-Plans zur Führung von Angriffskriegen durchführte.

Schacht hat behauptet, daß er nur deshalb an dem Aufrüstungsprogramm teilnahm, weil er ein starkes und unabhängiges Deutschland aufbauen wollte, das eine Auslandspolitik führen würde, die auf der Basis der Gleichberechtigung mit anderen europäischen Ländern Achtung genießen würde; daß er, als er entdeckte, daß die Nazis für Angriffszwecke aufrüsteten, versuchte, das Tempo der Aufrüstung herabzusetzen, und daß er nach der Verabschiedung von von Fritsch und von Blomberg an Plänen zur Entfernung Hitlers, zuerst durch seine Absetzung und später durch Ermordung, teilnahm.

Schon im Jahre 1936 begann Schacht eine Begrenzung des Aufrüstungsprogramms aus finanziellen Gründen zu befürworten. Wenn die von ihm befürwortete Politik in die Tat umgesetzt worden wäre, so wäre Deutschland auf einen allgemeinen europäischen Krieg nicht vorbereitet gewesen. Das Bestehen auf seiner Politik führte schließlich zu seiner Entlassung aus allen Stellen von wirtschaftlicher Bedeutung in Deutschland. Auf der anderen Seite war Schacht mit seiner gründlichen Kenntnis der deutschen Finanzen in einer besonders günstigen Lage, um die wahre Bedeutung von Hitlers wahnsinniger Aufrüstung zu verstehen und um zu erkennen, daß die Wirtschaftspolitik, wie sie verfolgt wurde, nur mit dem Krieg als Endziel vereinbar war.

Außerdem fuhr Schacht fort, am deutschen Wirtschaftsleben teilzunehmen und selbst, wenn auch in geringerem Maße, an einigen der anfänglichen Nazi-Angriffe. Vor der Besetzung Österreichs legte er einen Wechselkurs für die Mark und den Schilling fest. Nach der Besetzung Österreichs hat er die Einverleibung der österreichischen Nationalbank in die Reichsbank durchgeführt und eine stark nazifreundliche Rede gehalten, in der er ausführte, daß die Reichsbank, solange er mit ihr zusammenhänge, immer nazistisch sein würde, Hitler pries, die Besetzung Österreichs verteidigte, die Einwände gegen die Art und Weise ihrer Durchführung verspottete und dann mit »unserem Führer ein dreifaches Sieg-Heil« endete. (EC-297a, US-632.) Er hat nicht behauptet, daß diese Rede seine damalige Meinung nicht wiedergebe. Nach der Besetzung des Sudetenlandes hat er die Währungskonvertierung eingerichtet und für die Einverleibung der örtlichen tschechischen Notenbanken in die Reichsbank gesorgt. Am 29. November 1938 hielt er eine Rede, in der er mit Stolz auf seine Wirtschaftspolitik hinwies, die den hohen Grad der deutschen Rüstung ermöglicht hatte, und hinzufügte, daß diese Aufrüstung die deutsche Außenpolitik ermöglicht habe.

Schacht war bei der Planung der nach Anklagepunkt Zwei besonders aufgeführten Angriffskriege nicht beteiligt. Seine Beteiligung an der Besetzung Österreichs und des Sudetenlandes (die nicht als Angriffskriege angeklagt sind) war derartig beschränkt, daß sie nicht als Teilnahme an dem unter Anklagepunkt Eins genannten gemeinsamen Plan zu bezeichnen ist. Es ist klargeworden, daß er nicht zu dem inneren Kreise um Hitler gehörte, der am engsten an diesem gemeinsamen Plan beteiligt war. Er wurde von dieser Gruppe sogar mit unverschleierter Feindseligkeit betrachtet. Die Aussage Speers zeigt, daß Schachts Verhaftung am 23. Juli 1944 ebensosehr auf Hitlers Feindseligkeit gegenüber Schacht beruhte, die auf dessen Haltung vor dem Kriege zurückzuführen war, wie auf dem Verdacht seiner Teilnahme an dem Bombenattentat. Der Tatbestand gegen Schacht hängt demnach von der Annahme ab, daß Schacht tatsächlich von den Nazi-Angriffsplänen wußte.

Mit Bezug auf diese außerordentlich wichtige Frage ist Beweismaterial für die Anklagebehörde vorgelegt worden sowie eine beträchtliche Menge von Beweismaterial für die Verteidigung. Der Gerichtshof hat das gesamte Beweismaterial mit großer Sorgfalt erwogen und kommt zu dem Schluß, daß diese notwendige Annahme nicht über einen vernünftigen Zweifel hinaus bewiesen worden ist.

Schlußfolgerung.

Der Gerichtshof hat entschieden, daß Schacht nach dieser Anklage nicht schuldig ist, und ordnet an, daß er vom Marschall des Gerichtes entlassen werde, sobald sich der Gerichtshof jetzt vertagt.

Dönitz.

Dönitz ist unter Punkt Eins, Zwei und Drei angeklagt. 1935 übernahm er das Kommando über die erste U-Boot-Flottille, die seit 1918 in Dienst gestellt worden war, wurde 1936 Befehlshaber der Unterseebootwaffe, 1940 Vize-Admiral, 1942 Admiral und am 30. Januar 1943 Oberbefehlshaber der deutschen Kriegsmarine. Am 1. Mai 1945 wurde er als Nachfolger Hitlers Staatsoberhaupt.

Verbrechen gegen den Frieden.

Obwohl Dönitz die deutsche U-Bootwaffe aufgebaut und ausgebildet hat, ergibt die Beweisaufnahme nicht, daß er in die Verschwörung zur Führung von Angriffskriegen eingeweiht war oder solche vorbereitete und begann. Er war Berufsoffizier, der rein militärische Aufgaben ausführte. Er war bei den wichtigen Besprechungen, in denen Pläne für Angriffskriege verkündet wurden, nicht zugegen, und es liegt kein Beweis dafür vor, daß er über die dort getroffenen Entscheidungen unterrichtet war. Dönitz hatte jedoch Angriffskriege im Sinne des Statuts geführt. Der Unterseebootskrieg, der sofort bei Ausbruch des Krieges einsetzte, wurde mit den übrigen Wehrmachtsteilen völlig in eine Linie gebracht. Es ist klar, daß seine U-Boote, deren es damals nur wenige gab, für den Krieg vollständig vorbereitet waren.

Es ist richtig, daß er bis Januar 1943 kein »Oberbefehlshaber« war. Mit dieser Feststellung wird jedoch die Bedeutung von Dönitz' Stellung unterschätzt. Er war kein bloßer Armee- oder Divisionsbefehlshaber. Die U-Bootwaffe war der Hauptteil der deutschen Flotte, und Dönitz war ihr Führer. Die Hochseeflotte unternahm einige kleinere, wenn auch aufsehenerregende Angriffe während der ersten Kriegsjahre, der Hauptschaden jedoch wurde dem Feind fast ausschließlich von ihren U-Booten zugefügt, wie die Millionen Tonnen alliierten und neutralen versenkten Schiffsraumes beweisen. Dönitz allein war mit der Führung dieses Krieges beauftragt. Das Oberkommando der Kriegsmarine behielt sich lediglich die Entscheidung über die Anzahl der U-Boote in den einzelnen Gebieten vor. Im Zusammenhang mit der Invasion Norwegens zum Beispiel machte er im Oktober 1939 Vorschläge für U-Bootstützpunkte, von denen er jetzt behauptet, daß sie nicht mehr als eine Stabsstudie gewesen seien, und im März 1940 gab er die Operationsbefehle für die Nachschub-U-Boote heraus, worüber an anderer Stelle des Urteils gesprochen wird.

Ein beredter Beweis dafür, daß seine Bedeutung für die deutsche Kriegsführung auch in diesem Lichte gesehen wurde, ist die Tatsache, daß Raeder Dönitz zu seinem Nachfolger empfahl und daß er von Hitler am 30. Januar 1942 zum Oberbefehlshaber der Kriegsmarine ernannt wurde. Hitler wußte ebenfalls, daß der Unterseebootkrieg den wichtigsten Teil des deutschen Seekrieges bildete.

Von Januar 1943 an wurde Dönitz von Hitler fast ständig zu Rate gezogen. Die Beweisführung hat ergeben, daß sie im Verlaufe des Krieges ungefähr 120 Besprechungen über Marinefragen abgehalten haben.

Noch im April 1945, einem Zeitpunkt, in dem, wie er selbst zugibt, er den Kampf als hoffnungslos erkannte, hat Dönitz als Oberbefehlshaber die Marine zur Fortführung des Kampfes aufgefordert. Am 1. Mai 1945 wurde er Staatsoberhaupt und befahl als solches der Wehrmacht, den Krieg im Osten fortzusetzen, bis am 9. Mai 1945 die Kapitulation erfolgte. Dönitz erklärte, daß der Grund für diese Befehle darin bestand, die Evakuierung der deutschen Zivilbevölkerung sowie einen geordneten Rückzug der deutschen Truppen aus dem Osten zu gewährleisten.

Nach Ansicht des Gerichtshofs ergibt die Beweisaufnahme, daß Dönitz an der Führung von Angriffskriegen aktiv teilgenommen hat.

Kriegsverbrechen.

Dönitz wird beschuldigt, einen uneingeschränkten Unterseebootkrieg unter Verletzung des Flottenabkommens von 1936 geführt zu haben, dem Deutschland beigetreten war und das die in dem Londoner Flottenabkommen von 1930 niedergelegten Vorschriften für den Unterseebootkrieg neuerlich bestätigte.

Die Anklagevertretung hat vorgetragen, daß die deutsche U-Bootwaffe am 3. September 1939 begann, allen Handelsschiffen gegenüber unter zynischer Mißachtung des Abkommens einen uneingeschränkten U-Bootkrieg zu führen, und zwar ohne Rücksicht darauf, ob es sich um feindliche oder neutrale Schiffe handelte. Sie hat ferner vorgetragen, daß Dönitz während des ganzen Krieges sich in raffinierter Weise bemüht hat, diese Methoden durch heuchlerische Hinweise auf das Internationale Recht und auf angebliche Verletzungen desselben seitens der Alliierten zu tarnen.

Dönitz besteht darauf, daß die Marine sich stets an das Internationale Recht und das Abkommen gehalten habe. Er hat bekundet, daß bei Ausbruch des Krieges maßgebend für den Unterseebootkrieg die Deutsche Prisenordnung war, die fast wörtlich dem Flottenabkommen entnommen war, daß er, gemäß der deutschen Auffassung, die Unterseeboote angewiesen habe, alle in Geleitzügen fahrenden Schiffe sowie alle Schiffe, die sich weigerten, anzuhalten oder die bei Sicht eines Unterseebootes Funkmeldungen abgaben, anzugreifen. Als dann ihm zugehende Berichte erkennen ließen, daß britische Handelsschiffe zur funktelegraphischen Nachrichtenübermittlung verwandt wurden, daß sie bewaffnet wurden und Unterseeboote bei Sicht angriffen, befahl er seinen U-Booten am 17. Oktober 1939, alle feindlichen Schiffe im Hinblick auf den zu erwartenden Widerstand ohne Warnung anzugreifen. Bereits am 21. September 1939 waren Befehle erteilt worden, sämtliche Schiffe, einschließlich der neutralen, die nachts im Kanal ohne Licht fuhren, anzugreifen.

Am 24. November 1939 erließ die Reichsregierung eine Warnung an die neutrale Schiffahrt, des Inhalts, daß infolge der häufigen Gefechte, die in den Gewässern um die britischen Inseln und längs der französischen Küste zwischen U-Booten und alliierten Handelsschiffen stattfanden, die bewaffnet waren und die die Weisung hatten, von ihren Waffen Gebrauch zu machen und auch U-Boote zu rammen, die Sicherheit der neutralen Schiffe in diesen Gewässern nicht länger als gewährleistet angesehen werden könne. Am 1. Januar 1940 befahl das deutsche Unterseeboot-Kommando auf Weisung Hitlers den U-Booten, alle griechischen Handelsschiffe in den Gewässern um die britischen Inseln, die von den Vereinigten Staaten ihren eigenen Schiffen verboten waren, anzugreifen, sowie alle Handelsschiffe jeder Nationalität innerhalb des Sperrgebietes des Bristol-Kanals. Fünf Tage später erging ein weiterer Befehl an die U-Boote zum »sofortigen und vollen Waffeneinsatz gegen alle Schiffe«[1] in einem Gebiete der Nordsee, dessen Grenzen bestimmt wurden (C-21, UK-53). Am 18. Januar 1940 schließlich wurden die Unterseeboote ermächtigt, ohne Warnung sämtliche Schiffe »in den Seegebieten vor den feindlichen Küsten ... zu versenken«..., »in denen die Vortäuschung von Mineneinsatz möglich ist«.[1] Ausnahmen sollten im Falle von nordamerikanischen, italienischen, japanischen und sowjetrussischen Schiffen gemacht werden.

Kurz nach Ausbruch des Krieges bewaffnete die Britische Admiralität in Übereinstimmung mit ihrem Handbuch für Anweisungen an die Handelsmarine vom Jahre 1938 ihre

[1] Korrigiert nach dem deutschen Originaldokument.

Handelsschiffe, ließ sie in vielen Fällen unter bewaffnetem Geleit segeln, gab Anweisung, bei Sichtung von Unterseebooten Positionsberichte zu funken, und baute somit die Handelsschiffe in das Warnsystem des Marinenachrichtendienstes ein. Am 1. Oktober 1939 verkündete die Britische Admiralität, daß die britischen Handelsschiffe angewiesen worden seien, U-Boote wenn möglich zu rammen.

Auf Grund dieses Tatbestandes kann der Gerichtshof Dönitz für seine Führung des Unterseebootkrieges gegen bewaffnete britische Handelsschiffe nicht schuldig erklären.

Jedoch stellt die Verkündung von Operationsgebieten und die Versenkung von neutralen Handelsschiffen, die diese Zonen befuhren, eine andere Frage dar. Diese Methode wurde von Deutschland im Kriege 1914–1918 angewandt und von Großbritannien als Repressalie übernommen. Der Konferenz von Washington von 1922, dem Londoner Flottenabkommen von 1930 und dem Protokoll von 1936 war man mit dem vollen Bewußtsein beigetreten, daß man mit solchen Gebieten im vorigen Kriege operierte. Das Protokoll jedoch machte für Operationsgebiete keine Ausnahmen. Dönitz' Befehl, neutrale Schiffe ohne Warnung zu versenken, falls sie in diesen Gebieten angetroffen würden, war daher nach Ansicht des Gerichtshofs eine Verletzung des Protokolls.

Es wird ferner behauptet, daß die deutsche U-Bootwaffe die Warn- und Rettungsvorschriften des Protokolls nicht nur nicht befolgt hat, sondern daß Dönitz vorsätzlich die Tötung von Überlebenden sinkender Schiffe, ganz gleich, ob es sich um Feinde oder Neutrale handelte, befahl. Die Anklagevertretung hat im Zusammenhang mit zwei Befehlen Dönitz', dem Kriegsbefehl Nummer 154, der 1939 erlassen wurde, und dem sogenannten »Laconia«-Befehl von 1942, umfangreiches Beweismaterial eingereicht. Die Verteidigung wendet ein, daß diese Befehle sowie das sie erhärtende Beweismaterial eine derartige Politik nicht zeigen, und legte umfangreiches Material für den Beweis des Gegenteils vor. Der Gerichtshof ist der Ansicht, daß die Beweisaufnahme nicht mit der erforderlichen Sicherheit darlegt, daß Dönitz die Tötung schiffbrüchiger Überlebender vorsätzlich befahl. Die Befehle waren zweifellos zweideutig und verdienen stärkste Kritik.

Die Beweisaufnahme zeigt ferner, daß die Rettungsbestimmungen nicht befolgt worden sind und daß der Angeklagte angeordnet hatte, daß sie nicht ausgeführt werden sollten. Die Verteidigung wendet ein, daß die Sicherheit des Unterseebootes als erste Vorschrift auf See wichtiger ist als Rettungsarbeiten und daß die Entwicklung der Luftwaffe die Rettungsarbeiten unmöglich machte. Dies mag zutreffen, das Protokoll ist jedoch unmißverständlich. Wenn der Kommandant keine Rettungsarbeiten durchführen kann, darf er, gemäß seinen Bestimmungen, ein Handelsschiff nicht versenken, und sollte ihm gestatten, unbeschädigt sein Periskop zu passieren. Diese Befehle beweisen daher, daß Dönitz der Verletzung des Protokolls schuldig ist.

In Anbetracht dieser Beweise und insbesondere eines Befehls der Britischen Admiralität vom 8. Mai 1940, des Inhalts, daß alle Schiffe im Skagerrak bei Sicht versenkt werden sollten, und in Anbetracht der Beantwortung des Fragebogens durch Admiral Nimitz, daß im Pazifischen Ozean von den Vereinigten Staaten vom ersten Tage des Eintritts dieser Nation in den Krieg der uneingeschränkte U-Bootkrieg durchgeführt worden ist, ist die Dönitz zuteil werdende Strafe nicht auf seine Verstöße gegen die internationalen Bestimmungen für den U-Bootkrieg gestützt.

Dönitz wurde ferner der Verantwortlichkeit für Hitlers Kommandobefehl vom 18. Oktober 1942 beschuldigt. Dönitz hat zugegeben, daß er den Befehl erhalten und von ihm gewußt habe, als er Befehlshaber der U-Boote war, hat jedoch die Verantwortung abgelehnt. Er betont, daß der Befehl im Verlauf von Seekriegsaktionen gefangengenommene Personen ausschließt, daß die Marine keine Truppen auf dem Lande hatte und daß U-Boots-Kommandanten niemals auf Kommando-Soldaten treffen würden.

In einem Falle, als Dönitz Oberbefehlshaber der Kriegsmarine war, wurde 1943 die Besatzung eines alliierten Torpedoboots von deutschen Marinestreitkräften gefangengenommen. Sie wurde für den zuständigen Admiral zu Informationszwecken vernommen und dann auf seinen Befehl hin dem SD überstellt und dann erschossen. Dönitz hat erklärt, daß, falls die Besatzung von der Marine gefangengenommen worden sei, ihre Hinrichtung eine Verletzung des Kommandobefehles darstelle, daß die Hinrichtung nicht im Wehrmachtbericht erwähnt worden und daß er niemals von dem Vorfall unterrichtet worden sei. Er hat darauf hingewiesen, daß der betreffende Admiral ihm befehlsmäßig nicht unterstand, sondern dem General des Heeres, der Befehlshaber der norwegischen Besatzungskräfte war. Dönitz duldete jedoch, daß der Befehl weiterhin in vollem Umfange in Kraft blieb, als er Oberbefehlshaber wurde, und insofern ist er verantwortlich.

Dönitz hat auf einer Konferenz am 11. Dezember 1944 erklärt, daß »12000 Kz-Häftlinge als zusätzliche Arbeitskräfte in den Schiffswerften beschäftigt werden würden« (C-195, GB-211). Damals hatte er keine Befehlsgewalt über den Schiffsbau und behauptet, daß dies lediglich ein Vorschlag während der Konferenz gewesen sei, damit die verantwortlichen Personen wegen des Schiffsbaues etwas unternehmen, und daß er selbst keine Schritte unternommen habe, um diese Arbeitskräfte zu erhalten, da dies nicht unter seine Befehlsgewalt fiel. Er erklärt, daß er nicht wisse, ob sie jemals beschafft worden seien. Er gibt zu, daß er von den Konzentrationslagern wußte. Ein Mann seiner Stellung mußte notwendigerweise wissen, daß Bewohner aus den besetzten Ländern in großer Anzahl in Konzentrationslagern gefangengehalten waren.

Im Jahre 1945 bat Hitler Jodl und Dönitz um ihre Meinung darüber, ob die Genfer Konvention gekündigt werden solle. Gemäß den Notizen, die über das Treffen der beiden militärischen Führer am 20. Februar 1945 gemacht worden sind, äußerte Dönitz sich dahingehend, daß die Nachteile eines solchen Schrittes die Vorteile überwiegen würden. Die Zusammenfassung von Dönitz' Einstellung, die sich aus den Notizen eines Offiziers ergibt, enthielt folgenden Satz:

> »Es sei besser, die für notwendig gehaltenen Maßnahmen ohne Ankündigung zu treffen und nach außen hin auf alle Fälle das Gesicht zu wahren.« (C-158, GB-209.)[1]

Die Anklagevertretung hat darauf bestanden, daß mit den erwähnten »Maßnahmen« gemeint war, daß die Konvention nicht gekündigt, sondern einfach gebrochen werden solle. Die Erklärung der Verteidigung ist, daß Hitler die Konvention aus zwei Gründen brechen wollte: um den

[1] Korrigiert nach dem Originaldokument.

deutschen Truppen den Schutz der Konvention zu nehmen und sie auf diese Weise daran zu verhindern, sich in großen Gruppen den Briten und Amerikanern zu ergeben; und dann, um Repressalien wegen der alliierten Bombenangriffe gegen alliierte Kriegsgefangene zu gestatten. Dönitz behauptet, daß er mit »Maßnahmen« Disziplinarmaßnahmen gegen deutsche Truppen meinte, die verhindern sollten, daß sie sich ergaben, und daß sie sich nicht auf Maßnahmen gegen die Alliierten bezögen, daß dies lediglich ein Vorschlag gewesen sei und daß auf jeden Fall keinerlei derartige Maßnahmen weder gegen Alliierte noch gegen Deutsche jemals getroffen worden seien. Der Gerichtshof glaubt diese Erklärung jedoch nicht. Die Genfer Konvention ist allerdings von Deutschland nicht gekündigt worden. Die Verteidigung hat mehrere Affidavits vorgelegt, die beweisen sollen, daß gefangene britische Seeleute in unter Dönitz' Befehlsgewalt stehenden Lagern streng nach den Bestimmungen der Konvention behandelt worden sind. Der Gerichtshof trägt dieser Tatsache Rechnung und betrachtet sie als mildernden Umstand.

Schlußfolgerung.

Der Gerichtshof erklärt Dönitz nicht schuldig nach Punkt Eins der Anklage, jedoch schuldig nach Punkt Zwei und Drei.

Raeder.

Raeder ist unter Punkt Eins, Zwei und Drei angeklagt. Im Jahre 1928 wurde er Chef der Marineleitung und im Jahre 1935 Oberbefehlshaber der Kriegsmarine (OKM); im Jahre 1939 wurde er von Hitler zum Großadmiral ernannt. Er gehörte dem Reichsverteidigungsrat an. Am 30. Januar 1943 wurde er auf eigenen Wunsch durch Dönitz ersetzt, und er erhielt den Titularrang Admiralinspekteur der Marine.

Verbrechen gegen den Frieden.

Während der 15 Jahre seiner Befehlsführung baute Raeder die deutsche Marine auf und leitete sie; er übernimmt volle Verantwortung bis zu seinem Rücktritt im Jahre 1943. Er gibt zu, daß die Marine den Versailler Vertrag verletzte, besteht aber darauf, daß es »die Ehrensache eines jeden Mannes« war, dies zu tun, und behauptet, daß die Verletzungen meistenteils unbedeutend waren und daß Deutschland weniger als die ihm zustehende Stärke baute. Diese Verletzungen, sowie die des englisch-deutschen Flottenabkommens vom Jahre 1935 sind schon an einer anderen Stelle dieses Urteils behandelt worden.

Raeder empfing am 24. Juni 1937 durch von Blomberg die Weisung, die Sondervorbereitungen für einen Krieg gegen Österreich forderte. Er war einer der fünf Führer, die bei der Hoßbach-Besprechung am 5. November 1937 zugegen waren. Er behauptet, daß Hitler durch diese Konferenz das Heer nur zu einer schnelleren Aufrüstung anspornen wollte, besteht darauf, daß er des Glaubens war, daß die österreichische und die tschechoslowakische Frage friedlich gelöst werden würden, wie es auch geschah, und verweist auf das neue Flottenabkommen mit England, das gerade unterzeichnet worden war. Es seien ihm keine Befehle für eine Beschleunigung des U-Bootbaues zugegangen, was bedeutete, daß Hitler keinen Krieg plante.

Raeder erhielt Weisungen bezüglich des »Falles Grün« und solche über den »Fall Weiß«, die mit der des 3. April 1939 ihren Anfang nahmen; die letztere gab der Marine die Anweisung, das Heer durch das Eingreifen von der See aus zu unterstützen. Er war auch einer der wenigen Hauptführer, die bei der Konferenz vom 23. Mai 1939 anwesend waren. Er war ferner bei der Befehlserteilung am 22. August 1939 auf dem Obersalzberg zugegen.

Der Gedanke der Invasion Norwegens entstand zuerst in Raeders Hirn und nicht in dem Hitlers. Obwohl Hitler, wie aus seiner Weisung vom Oktober 1939 hervorgeht, wünschte, Skandinavien neutral zu halten, unterzog die Marine die Vorteile der dortigen Flottenstützpunkte schon im Oktober einer Prüfung. Admiral Carls schlug ursprünglich Raeder die begehrenswerten Aussichten der Gewinnung von Stützpunkten in Norwegen vor. Ein Fragebogen vom 3. Oktober 1939, der die Ansichten über die Erwünschtheit solcher Stützpunkte forderte, machte in der Seekriegsleitung (SKL) die Runde. Am 10. Oktober besprach Raeder diese Angelegenheit mit Hitler; die Eintragung in seinem Kriegstagebuch für diesen Tag besagt, daß Hitler beabsichtigte, diese Angelegenheit in Erwägung zu ziehen. Einige Monate später sprach Hitler zu Raeder, Quisling, Keitel und Jodl; das Oberkommando der Wehrmacht (OKW) begann mit seiner Planung, und die Seekriegsleitung arbeitete mit OKW-Stabsoffizieren zusammen. Raeder erhielt Keitels Weisung für Norwegen am 27. Januar 1940 und die darauffolgende Weisung vom 1. März, die von Hitler unterschrieben war.

Raeder verteidigt seine Handlungen mit der Begründung, daß sie Schachzüge waren, um den Engländern zuvorzukommen.[1] Es ist unnötig, noch einmal diesen Einwand zu diskutieren, der vom Gerichtshof bereits eingehend mit dem Ergebnis behandelt worden ist, daß die deutsche Invasion Norwegens und Dänemarks eine Angriffskriegshandlung war. In einem Schreiben an die Marine führte Raeder aus: »Die Kampfhandlungen der Marine bei der Besetzung Norwegens werden für alle Zeiten der große Beitrag der Marine zu diesem Kriege bleiben.«

Raeder empfing die Weisungen einschließlich der unzähligen Aufschübe für Angriff im Westen. Bei einer Konferenz mit Hitler am 18. März 1941 drängte er auf die Besetzung ganz Griechenlands. Er behauptet, daß dies nur geschehen sei, nachdem die Engländer eine Landung vorgenommen hatten und Hitler den Angriff befohlen hatte, und weist darauf hin, daß die Marine nicht an Griechenland interessiert war. Er empfing Hitlers Weisung über Jugoslawien.

Raeder versuchte, Hitler von einem Angriffsunternehmen gegen die UdSSR abzubringen. Im September 1940 drängte er Hitler zu einer Angriffspolitik im Mittelmeer als Ersatz[2] für einen Angriff auf Rußland. Am 14. November 1940 drängte er auf einen Krieg gegen England »als unseren Hauptgegner« und die Fortsetzung des Unterseeboot- und Marineflugzeugbaues. Aufzeichnungen der deutschen Seekriegsleitung zufolge brachte er »schwerwiegende Einwendungen gegen den russischen Feldzug vor der Niederlage

[1] Der Satz lautet auf englisch: »Raeder defends his actions on the ground it was a move to forestall the British.«

[2] Englisch: »alternative.«

Englands« zum Ausdruck. Er behauptet, daß seine Einwendungen auf der Verletzung des Nichtangriffspaktes sowie strategischen Gründen aufgebaut gewesen seien. Nachdem jedoch der Entschluß einmal gefaßt war, gab er sechs Tage vor dem Angriff auf die Sowjetunion seine Einwilligung zu Angriffen auf russische Unterseeboote in der Ostsee innerhalb eines festgesetzten Warnungsgebietes und verteidigt diese Maßnahmen mit der Begründung, daß diese Unterseeboote die deutschen Unternehmungen »ausspionieren« wollten.

Dieses Beweismaterial zeigt klar, daß Raeder an der Planung und Führung eines Angriffskrieges teilnahm.

Kriegsverbrechen.

Raeder ist der Kriegsverbrechen auf hoher See beschuldigt. Die »Athenia«, ein unbewaffnetes englisches Passagierschiff, wurde am 3. September 1939 auf ihrem Wege nach Amerika versenkt. Zwei Monate später erhoben die Deutschen die Beschuldigung, daß Mr. Churchill die »Athenia« absichtlich versenkt habe, um die feindselige Haltung Amerikas gegenüber Deutschland zu stärken. Tatsächlich aber wurde sie durch das deutsche U-Boot 30 versenkt. Raeder behauptet, daß ein unerfahrener U-Boot-Kommandant sie in Verwechslung mit einem bewaffneten Handelskreuzer versenkt habe, daß dies erst einige Wochen nach dem Dementi, als das U-30 zurückkehrte, bekanntgeworden sei und daß Hitler dann der Marine und dem Auswärtigen Amt die Weisung gegeben habe, bei der Ableugnung zu bleiben. Raeder leugnete jegliche Kenntnis eines Propagandafeldzugs, der Mr. Churchill angriff.

Die schwerste Beschuldigung gegen Raeder ist die Führung des uneingeschränkten Unterseebootkrieges, einschließlich der Versenkung unbewaffneter Handelsschiffe, Neutraler, der Nichtbergung und Beschießung von Schiffbrüchigen mit Maschinengewehren unter Verletzung des Londoner Protokolls von 1936.

Der Gerichtshof kommt in bezug auf Raeder für die Zeitspanne bis zum 30. Januar 1943, als er in den Ruhestand trat, zur gleichen Entscheidung hinsichtlich dieser Beschuldigung wie im Falle Dönitz, die bereits verkündet wurde.

Der Kommandobefehl vom 18. Oktober 1942, der sich ausdrücklich nicht auf den Seekrieg bezog, wurde den untergeordneten Marinebefehlshabern durch die Seekriegsleitung mit der Weisung übermittelt, daß er durch die Flotillenführer und Abteilungsbefehlshaber mündlich an ihre Untergebenen weiterzugeben sei. Am 10. Dezember 1942 wurden in Bordeaux zwei Kommandosoldaten durch die Marine, und nicht durch den SD, hingerichtet. Die Erklärung der Seekriegsleitung dafür war, daß dies »... dem besonderen Befehl des Führers entsprechen« würde, »... jedoch, da die Soldaten Uniform trugen, ein völkerrechtliches Novum« bilde. (D-658, GB-229.)[1] Raeder gibt zu, daß er den Befehl auf dem Dienstwege weiterleitete und daß er keinen Einspruch bei Hitler erhob.

Schlußfolgerung.

Der Gerichtshof stellt fest, daß Raeder unter Punkt Eins, Zwei und Drei schuldig ist.

Von Schirach.

Von Schirach ist unter Anklagepunkten Eins und Vier angeklagt. Er trat der Nazi-Partei und der SA im Jahre 1925 bei. Im Jahre 1929 wurde er Führer des Nationalsozialistischen Studentenbundes. Im Jahre 1931 wurde er zum Reichsjugendführer der Nazi-Partei ernannt mit Kontrolle über alle Nazi-Jugendorganisationen einschließlich der Hitler-Jugend. Im Jahre 1933, nachdem die Nazis die Kontrolle über die Regierung erlangt hatten, wurde von Schirach zum Jugendführer des Deutschen Reiches ernannt, eine Stellung, die ursprünglich zum Innenministerium gehörte; aber nach dem 1. Dezember 1936 wurde es eine Stelle im Reichskabinett. Im Jahre 1940 trat von Schirach als Leiter der Hitler-Jugend und Reichsjugendführer zurück, behielt aber seine Stellung als Reichsleiter mit der Kontrolle über die Jugenderziehung bei. Im Jahre 1940 wurde er zum Gauleiter von Wien, zum Reichsstatthalter von Wien und Reichsverteidigungskommissar für dieses Gebiet ernannt.

[1] Abgeändert auf Grund des deutschen Originaldokuments.

Verbrechen gegen den Frieden.

Nach der Machtübernahme durch die Nazis löste von Schirach mit Hilfe von Gewalt und offiziellem Druck alle mit der Hitler-Jugend konkurrierenden Jugendverbände entweder auf oder übernahm sie. Ein Hitler-Erlaß vom 1. Dezember 1936 gliederte die gesamte deutsche Jugendbewegung in die Hitler-Jugend ein. Als im Jahre 1940 der Beitrittszwang offiziell eingeführt wurde, waren 97 Prozent der in Frage kommenden Jugendlichen schon Mitglieder.

Von Schirach benutzte die Hitler-Jugend, um die deutsche Jugend »im nationalsozialistischen Geiste« zu erziehen und unterwarf sie einem intensiven Nazi-Propagandaprogramm. Er machte aus der Hitler-Jugend eine Nachschubquelle[1] für die Nazi-Parteiformationen. Im Oktober 1938 traf er eine Abmachung mit Himmler, derzufolge Mitglieder der Hitler-Jugend, die den SS-Anforderungen genügten, als Hauptnachschubquelle[1] für die SS betrachtet werden sollten.

Von Schirach benützte die Hitler-Jugend auch für die vormilitärische Ausbildung. Spezialeinheiten wurden eingerichtet, deren Hauptzweck es war, Fachleute für die verschiedenen Dienstzweige auszubilden. Am 11. August 1939 traf er ein Abkommen mit Keitel, demzufolge die Hitler-Jugend sich damit einverstanden erklärte, ihre vormilitärische Betätigung den Anforderungen der Wehrmacht anzugleichen, und die Wehrmacht sich bereit erklärte, jährlich 30000 Hitler-Jugend-Instruktoren auszubilden. Die Hitler-Jugend legte besonderen Wert auf militärischen Geist, und ihr Ausbildungsprogramm betonte die Wichtigkeit der Wiedergewinnung der Kolonien, die Notwendigkeit, Lebensraum zu gewinnen, und die edle Bestimmung der deutschen Jugend, für Hitler zu sterben. Trotz der kriegsähnlichen Tätigkeit der Hitler-Jugend hat es jedoch nicht den Anschein, als ob[2] von Schirach in die Ausarbeitung des Hitlerschen Planes für territoriale Ausdehnung durch Angriffskriege verwickelt war oder als ob er an der Planung oder Vorbereitung irgendeines der Angriffskriege beteiligt war.

[1] Englischer Text: »source of replacements.«
[2] Englischer Text: »it does not appear that ...«

Verbrechen gegen die Menschlichkeit.

Im Juli 1940 wurde von Schirach zum Gauleiter von Wien ernannt. Gleichzeitig wurde er Reichsstatthalter von Wien und Reichsverteidigungskommissar, ursprünglich für den Wehrkreis 17, der die Gaue Wien, Oberdonau und Niederdonau umfaßte, und nach dem 17. November 1942 nur für den Gau Wien. Als Reichsverteidigungskommissar hatte er die Kontrolle über die zivile Kriegswirtschaft. Als Reichsstatthalter war er Chef der Stadtverwaltung der Stadt Wien, und unter der Oberaufsicht des Innenministers wurde ihm die Verwaltung der Belange der Reichsregierung in Wien übertragen.

Von Schirach ist nicht der Begehung von Kriegsverbrechen in Wien beschuldigt, sondern nur der Begehung von Verbrechen gegen die Menschlichkeit. Wie bereits erwähnt, wurde Österreich in Verfolgung eines gemeinsamen Angriffsplanes besetzt. Seine Besetzung ist daher ein »Verbrechen, für das der Gerichtshof zuständig ist«, gemäß Artikel 6c des Statuts. Demnach stellen »Ermordung, Ausrottung, Versklavung, Verschleppung und andere unmenschliche Handlungen«, sowie »Verfolgungen aus politischen, rassischen oder religiösen Gründen« in Verbindung mit dieser Besetzung ein unter diesen Artikel fallendes Verbrechen gegen die Menschlichkeit dar.

Als Gauleiter von Wien fiel von Schirach unter den vom 6. April 1942 datierten Sauckel-Erlaß, durch den die Gauleiter zu Sauckels Bevollmächtigten für den Arbeitseinsatz wurden mit der Befugnis, den Einsatz und die Behandlung der Arbeitskräfte innerhalb ihrer Gaue zu überwachen. Sauckels Anweisungen gingen dahin, die Zwangsarbeiter so zu ernähren, unterzubringen und zu behandeln, daß sie bei kleinstmöglichen Ausgaben bis zur höchstmöglichen Leistung ausgebeutet würden.

Als von Schirach Gauleiter von Wien wurde, hatten die Judendeportationen bereits begonnen, und von den ursprünglich 190000 Juden Wiens waren nur noch 60000 übrig. Am 2. Oktober 1940 wohnte er einer Besprechung in Hitlers Büro bei und teilte Frank mit, daß er 50000 Juden in Wien habe, die das Generalgouvernement von ihm übernehmen müsse. Am 3. Dezember 1940 erhielt von Schirach ein Schreiben von Lammers, demzufolge Hitler auf Grund des von Schirach gemachten Berichtes befohlen hatte, die noch in Wien verbliebenen 60000 Juden wegen der in Wien herrschenden Wohnungsknappheit ins Generalgouvernement zu deportieren. Darauf setzte die Deportation der Juden aus Wien ein, die bis zum Frühherbst 1942 fortgesetzt wurde. Am 15. September 1942 hielt von Schirach eine Rede, in der er seine Handlungsweise mit der Begründung verteidigte, er habe »Zehntausende und aber Zehntausende von Juden in das Ghetto des Ostens« getrieben als »Beitrag zur europäischen Kultur.« (3048-PS, US-274.)

Während die Juden aus Wien deportiert wurden, liefen bei von Schirach im Amt Berichte ein, die an ihn in seiner amtlichen Eigenschaft gerichtet waren und die aus dem Büro des Chefs der Sicherheitspolizei und des SD stammten. Diese Berichte enthielten eine Beschreibung der Tätigkeit der Einsatzgruppen bei der Judenvernichtung. Viele dieser Berichte waren von einem Hauptstellvertreter von Schirachs paraphiert. Am 30. Juni 1944 erhielt von Schirachs Dienststelle auch ein Schreiben Kaltenbrunners, in dem er ihm mitteilte, daß ein Transport von 12000 Juden für wichtige Kriegsarbeiten auf dem Wege nach Wien sei und daß alle Arbeitsunfähigen für die »Sonderaktion« in Bereitschaft zu halten seien.

Der Gerichtshof ist zur Überzeugung gelangt, daß von Schirach zwar nicht Urheber der Politik der Deportation der Juden aus Wien gewesen ist, jedoch, nachdem er Gauleiter von Wien geworden war, an dieser Deportation teilgenommen hat. Er wußte, daß das Günstigste, was die Juden erhoffen konnten, ein elendes Dasein in den Ghettos des Ostens sein würde. Mitteilungen über die Ausrottung der Juden lagen in seinem Dienstraum.

Während er Gauleiter von Wien war, fuhr von Schirach fort, als Reichsleiter für Jugenderziehung tätig zu sein. In dieser Eigenschaft wurde er von der Teilnahme der Hitler-Jugend an dem Plan in Kenntnis gesetzt, demzufolge im Herbst 1944 50000 junge Leute zwischen 10 und 20 Jahren aus von den Sowjetstreitkräften zurückeroberten Gebieten nach Deutschland evakuiert wurden und als Lehrlinge in der deutschen Industrie und als Hilfskräfte in Einheiten der deutschen Streitkräfte Verwendung fanden.

Im Sommer 1942 telegraphierte von Schirach an Bormann mit der Empfehlung, einen Bombenangriff auf ein englisches Kulturzentrum[1] durchzuführen als Vergeltungsmaßnahmen für den Mord an Heydrich, der, wie er behauptete, von den Engländern geplant worden war.

Schlußfolgerung.

Der Gerichtshof hat von Schirach unter Anklagepunkt Eins für nicht schuldig befunden. Er ist schuldig nach Anklagepunkt Vier.

Sauckel.

Sauckel ist nach allen vier Punkten der Anklage angeklagt. Sauckel trat der Nazi-Partei im Jahre 1923 bei und wurde im Jahre 1927 Gauleiter von Thüringen; von 1927 bis 1933 war er Mitglied des Thüringischen Landtags, wurde im Jahre 1932 zum Reichsstatthalter von Thüringen ernannt und im Mai 1933 zum Thüringischen Innenminister und zum Leiter des Thüringischen Staatsministeriums.[2] Er hatte den offiziellen[3] Rang eines Obergruppenführers sowohl in der SA als auch in der SS.

Verbrechen gegen den Frieden.

Das Beweismaterial hat den Gerichtshof nicht davon überzeugt, daß Sauckel in einem solchen Umfange mit dem allgemeinen Plan zur Führung eines Angriffskrieges in Verbindung gestanden hatte oder in einem solchen Umfange in Planung oder Führung der Angriffskriege verwickelt war, um den Gerichtshof zu veranlassen, ihn nach Anklagepunkt Eins oder Zwei zu verurteilen.

[1] Englischer Text: »cultural town.«

[2] an Stelle: »wurde im Jahre 1932 zum Reichsstatthalter von Thüringen ernannt und im Mai 1933 zum Thüringischen Innenminister und zum Leiter des Thüringischen Staatsministeriums«, muß es richtig heißen: wurde im Jahre 1932 Thüringischer Innenminister und Leiter des Thüringischen Staatsministeriums und im Mai 1933 zum Reichsstatthalter von Thüringen ernannt.

[3] Englischer Text: »formal.«

Kriegsverbrechen und Verbrechen gegen die Menschlichkeit.

Am 21. März 1942 ernannte Hitler Sauckel zum Generalbevollmächtigten für den Arbeitseinsatz mit der Vollmacht, »den Einsatz aller verfügbaren Arbeitskräfte, einschließlich der im Ausland angeworbenen Arbeiter und von Kriegsgefangenen« unter einheitliche Kontrolle zu bringen (1666-PS, US-208). Sauckel wurde angewiesen, innerhalb des Rahmens des Vierjahresplanes zu operieren, und am 27. März 1942 erließ Göring als Beauftragter für den Vierjahresplan eine Verordnung, die seine Abteilungen für Arbeitseinsatz auf Sauckel übertrug. Am 30. September 1942 erteilte Hitler Sauckel Vollmacht, Kommissare in den verschiedenen besetzten Gebieten zu ernennen und »alle notwendigen Maßnahmen zur Durchführung« der Verordnung vom 21. März 1942 zu treffen. (1903-PS, US-206.)

Auf Grund der Vollmacht, die er durch diese Verordnungen erhielt, stellte Sauckel ein Programm zur Mobilisierung aller für das Reich verfügbaren Arbeitskräfte auf.

Ein wichtiger Teil dieser Mobilisierung war die systematische, gewaltsame Ausbeutung der Arbeiterquellen der besetzten Gebiete. Kurz nachdem Sauckel sein Amt angetreten hatte, veranlaßte er die Regierungsbehörden, in den verschiedenen besetzten Gebieten Verordnungen zu erlassen, die Zwangsarbeitsdienst in Deutschland einführten. Auf Grund dieser Verordnungen beschafften sich Sauckels Kommissare, unterstützt von den Polizeibehörden der besetzten Gebiete, die Arbeiter, die zur Auffüllung der ihnen von Sauckel aufgegebenen Quoten nötig waren, und sandten sie nach Deutschland. Er beschrieb die sogenannte »freiwillige« Anwerbung durch »einen ganzen Haufen männlicher und weiblicher Agenten, genauso wie es in alten Zeiten beim Schanghaien gemacht wurde« (R-124, US-179). Daß die wirklich freiwillige Anwerbung eher die Ausnahme als die Regel war, wird durch Sauckels Angabe vom 1. März 1944 bewiesen, daß »von den fünf Millionen ausländischen Arbeitern, die nach Deutschland gekommen sind, keine 200000 freiwillig gekommen sind« (R-124, US-179). Obgleich er nun behauptet, daß diese Angabe nicht richtig ist, so lassen doch die Umstände, unter denen sie gemacht wurde, genauso wie das dem Gerichtshof vorgelegte Beweismaterial keinen Zweifel darüber, daß sie im wesentlichen richtig war.

Die Art und Weise, in welcher die unglücklichen Sklavenarbeiter zusammengetrieben und nach Deutschland transportiert wurden, und was mit ihnen nach ihrer Ankunft geschah, ist schon beschrieben worden. Sauckel macht geltend, daß er für diese Übergriffe bei der Durchführung des Programms nicht verantwortlich ist. Er sagt, daß die Gesamtzahl der zu beschaffenden Arbeiter durch die Anforderungen der Landwirtschaft und der Industrie bestimmt wurde; daß die Beschaffung der Arbeiter die Aufgabe der Besatzungsbehörden war, der Transport nach Deutschland diejenige der deutschen Eisenbahn und ihre Fürsorge in Deutschland diejenige des Arbeits- und des Landwirtschaftsministeriums, der Deutschen Arbeitsfront und der verschiedenen betroffenen Industrien. Er sagte aus, daß er, soweit er irgendwelche Autorität hatte, fortwährend auf menschliche Behandlung drängte.

Es steht jedoch außer allem Zweifel, daß Sauckel die Gesamtverantwortlichkeit für das Sklavenarbeitsprogramm hatte. Zur Zeit der in Frage stehenden Ereignisse hat er nicht verfehlt, über die Angelegenheiten, welche er nun als die Alleinverantwortlichkeit anderer bezeichnet, die Kontrolle auszuüben. Seine Verordnungen waren es, die seinen Kommissaren Vollmacht zur Beschaffung von Arbeitern erteilten, und er war dauernd draußen, um die getroffenen Maßnahmen zu überwachen. Er war sich bewußt, daß rücksichtslose Methoden zur Beschaffung von Arbeitern angewendet wurden, und hat sie tatkräftig mit der Begründung unterstützt, daß sie zur Erfüllung der Quoten notwendig waren.

Sauckels Verordnungen sahen auch vor, daß er die Verantwortung für den Transport der Arbeiter nach Deutschland, für ihre Zuweisung an Arbeitgeber und für ihre Betreuung hatte und daß die andern mit diesen Maßnahmen befaßten Stellen ihm unterstellt waren. Er war über die bestehenden schlechten Bedingungen unterrichtet. Es hat nicht den Anschein, als ob[1] er Brutalität als Selbstzweck

[1] Englischer Text: »It does not appear that ...«

befürwortete oder für ein Programm wie zum Beispiel Himmlers Plan zur Ausrottung durch Arbeit eintrat. Seine Einstellung wurde folgendermaßen in einer Verordnung ausgedrückt:

> »Alle diese Menschen müssen so ernährt, untergebracht und behandelt werden, daß sie bei denkbar sparsamstem Einsatz die größtmögliche Leistung hervorbringen.« (016-PS, US-168.)[1]

Das Beweismaterial zeigt, daß Sauckel die oberste Verantwortung für ein Programm trug, das die Deportation von mehr als fünf Millionen Menschen zum Zwecke der Zwangsarbeit erforderte, wobei viele von ihnen schreckliche Grausamkeiten und Leiden erdulden mußten.

Schlußfolgerung.

Sauckel ist nicht schuldig nach Anklagepunkt Eins und Zwei. Er ist schuldig nach Anklagepunkt Drei und Vier.

Jodl.

Jodl wird nach allen vier Anklagepunkten angeklagt. Von 1935 bis 1938 war er der Chef der Abteilung Landesverteidigung beim Oberkommando. Nach einem Jahr als Truppenbefehlshaber kehrte er im August 1939 zurück und wurde Chef des Wehrmachtführungsstabes im Oberkommando der Wehrmacht. Obwohl der Angeklagte Keitel sein unmittelbarer Vorgesetzter war, berichtete er über Operationsangelegenheiten unmittelbar an Hitler. Im streng militärischen Sinne fiel Jodl die eigentliche Planung des Krieges zu, und er war in hohem Maße für die Strategie und die Leitung der Operationen verantwortlich.

Jodl verteidigt sich damit, daß er ein zum Gehorsam vereidigter Soldat gewesen sei und kein Politiker, und daß ihm seine Stabs- und Planungsarbeit keine Zeit für andere Angelegenheiten übrig ließ. Er sagte aus, daß er bei dem Unterzeichnen und Paraphieren von Verordnungen, Denkschriften und Briefen für Hitler handelte, oftmals in Ab-

[1] Die im englischen Urtext zitierte Übersetzung dieser Stelle lautet: »All the men must be fed, sheltered and treated in such a way as to exploit them to the highest possible extent at the lowest conceivable degree of expenditure.«

wesenheit Keitels. Obwohl er behauptet, daß er als Soldat Hitler zu gehorchen hatte, sagte er aus, daß er häufig versuchte, bestimmte Maßnahmen durch Aufschub zu hindern, was gelegentlich auch gelang, wie zum Beispiel, als er sich Hitlers Forderung widersetzte, Weisungen zu erlassen, daß alliierte »Terrorflieger« gelyncht werden.

Verbrechen gegen den Frieden.

Eintragungen in dem Tagebuch Jodls (1780-PS) vom 13. und 14. Februar 1938 zeigen, daß Hitler sowohl ihn als auch Keitel anwies, den militärischen Druck gegen Österreich, mit dem während der Schuschnigg-Konferenz durch das Vortäuschen militärischer Maßnahmen begonnen worden war, weiter aufrechtzuerhalten, und daß diese ihr Ziel erreichten. Als Hitler den Beschluß faßte, Schuschniggs Volksabstimmung »nicht zu dulden«, brachte Jodl den »alten Entwurf«, das heißt den bestehenden Stabsplan, mit in die Konferenz. Sein Tagebuch führt für den 10. März an, daß Hitler dann die Vorbereitungen zum »Fall Otto« anordnete, und der Befehl wurde von Jodl paraphiert. Am 11. März erließ Jodl zusätzliche Anordnungen und paraphierte Hitlers Invasionsbefehl am gleichen Tage.

Bei der Planung des Angriffs auf die Tschechoslowakei war Jodl, den Schmundt-Aufzeichnungen zufolge, sehr eifrig tätig. Er paraphierte die Punkte 14, 17, 24, 36 und 37 in den Aufzeichnungen. Jodl gibt zu, daß er mit dem OKH übereinstimmte, daß der »Zwischenfall«, der zum deutschein Eingreifen führen sollte, spätestens um 14.00 Uhr am X-minus-1-Tag stattfinden müsse, dem Tage vor dem Angriff, und führte aus, daß er zu einer festgesetzten Zeit bei gutem Flugwetter stattfinden müsse. Jodl beriet sich mit den Propagandafachmännern über »unmittelbar bevorstehende gemeinsame Aufgaben«, wie zum Beispiel die deutschen Verletzungen des Völkerrechts, ihre Auswertung durch den Feind und die Widerlegungen durch die Deutschen, eine »Aufgabe«, die Jodl als »von besonderer Wichtigkeit« ansah.

Nach München schrieb Jodl:

> »Die Tschechoslowakei ist als eine Macht erledigt... Das Genie des Führers und seine Entschlossenheit, sogar

vor einem Weltkrieg nicht zurückzuschrecken, haben wieder einmal den Sieg errungen, ohne daß Gewaltanwendung erforderlich war. Es verbleibt die Hoffnung, daß die Ungläubigen, die schwachen Leute und die Zweifler bekehrt werden und bekehrt worden sind.« (1780-PS, S. 140.)

Kurz nach der Besetzung des Sudetenlandes wurde Jodl zum Befehlshaber einer Garnison ernannt, und erst Ende August 1939 wurde er Chef des Wehrmachtführungsstabes im Oberkommando der Wehrmacht (OKW).

Jodl besprach die Invasion Norwegens mit Hitler, Keitel und Raeder am 12. Dezember 1939; sein Tagebuch ist mit späteren Eintragungen über seine Tätigkeit bei der Vorbereitung dieses Angriffs reichlich versehen. Jodl erklärt seine Bemerkung, daß Hitler noch immer nach einer »Ausrede« suche, um vorzugehen, damit, daß er zuverlässige Nachrichten über die britischen Pläne erwartet habe, und verteidigt die Invasion als eine erforderliche Maßnahme, um diesen zuvorzukommen. Seine Aussage zeigt, daß vom Oktober 1939 an Hitler einen Angriff auf den Westen durch Belgien plante, daß er aber bis Mitte November über einen etwaigen Einfall in Holland im Zweifel war. Am 6. Februar 1940[1] besprachen Jodl, sein Stellvertreter Warlimont und Jeschonnek, der Planungssachverständige für die Luftwaffe, die »neue Idee« eines Angriffs auf Norwegen, Dänemark und Holland, aber unter Gewährleistung der Neutralität Belgiens (1809-PS). Viele der 17 Befehle, die den Angriff im Westen aus verschiedenen Gründen, einschließlich Wetterbedingungen, bis zum Mai 1940 verschoben, wurden von Jodl unterzeichnet.

Er war auch bei der Planung gegen Griechenland und Jugoslawien tätig. Der Hitler-Befehl vom 11. Januar 1941, in Albanien einzugreifen, trägt Jodls Paraphe. Am 20. Januar, vier Monate vor dem Angriff, erklärte Hitler einer Versammlung deutscher und italienischer Generale im Beisein Jodls, daß deutsche Truppenzusammenziehungen in Rumänien gegen Griechenland eingesetzt werden sollten. Jodl war am 18. März anwesend, als Hitler Raeder erklärte, daß ganz Griechenland besetzt werden müsse, bevor irgendein Ausgleich[2] erreicht werden könne. Am 27. März, als

[1] Englischer Text irrtümlich: 8. Februar 1940.
[2] Englischer Text: »settlement.«

Hitler dem deutschen Oberkommando erklärte, daß die Zerstörung Jugoslawiens mit »unbarmherziger Härte« erreicht werden solle und die Entscheidung zur Bombardierung von Belgrad ohne jegliche Kriegserklärung getroffen wurde, war er auch anwesend.

Jodl sagte aus, daß Hitler einen Angriff Rußlands befürchtete und daß er deshalb zuerst angriff. Diese Vorbereitung hat fast ein Jahr vor der Invasion begonnen. Jodl befahl Warlimont schon am 29. Juli 1940, die Pläne vorzubereiten, da Hitler sich zum Angriff entschlossen habe; und Hitler sagte Warlimont späterhin, daß er geplant hätte, im August 1940 anzugreifen, daß er den Angriff aber aus militärischen Gründen verschoben hätte. Jodl paraphierte Hitlers Weisung vom 12. November 1940, daß mündlich befohlene Vorbereitungen fortgesetzt werden sollten, und am 18. Dezember hat er auch den »Fall Barbarossa« paraphiert. Am 3. Februar 1941 besprachen Hitler, Jodl und Keitel die Invasion, und er war am 14. Juni zugegen, als die endgültigen Berichte über den »Fall Barbarossa« einliefen.

Kriegsverbrechen und Verbrechen gegen die Menschlichkeit.

Am 18. Oktober 1942 erließ Hitler den Kommandobefehl und einen Tag später eine zusätzliche Erklärung, die nur an befehlshabende Offiziere gerichtet war. Das Begleitschreiben wurde von Jodl unterzeichnet. Vorentwürfe dieses Befehls wurden von dem Stabe Jodls mit seinem Wissen hergestellt. Jodl sagte aus, daß er aus moralischen und rechtlichen Gründen stark dagegen eingestellt gewesen sei, aber er habe die Weiterleitung nicht ablehnen können. Er besteht darauf, daß er versucht habe, die Härte des Befehls bei der Durchführung zu mildern, indem er Hitler nicht mitteilte, wenn er nicht ausgeführt wurde. Er paraphierte die Denkschrift des Oberkommandos der Wehrmacht (OKW) vom 25. Juni 1944, die nach der Landung in der Normandie den Befehl wiederholte.

Ein Plan zur Beseitigung der Sowjetkommissare war in der Weisung für den »Fall Barbarossa« enthalten. Die Entscheidung, ob sie ohne Gerichtsverfahren getötet werden sollten, war von einem Offizier zu treffen. Ein Entwurf, der

Jodls Handschrift enthält, schlägt vor, daß dies als Vergeltungsmaßnahme behandelt werde, und er sagte aus, daß dies sein Versuch gewesen sei, den Plan zu umgehen.

Als Hitler im Jahre 1945 die Kündigung der Genfer Konvention in Erwägung zog, vertrat Jodl die Auffassung, daß die Nachteile eines solchen Schrittes größer seien als seine Vorteile. Am 21. Februar sagte er Hitler, daß das Festhalten an dieser Konvention auf die Kriegführung keine störende Wirkung haben würde, und führte als Beispiel das Versenken eines britischen Lazarettschiffes als Vergeltungsmaßnahme an, was dann als Versehen bezeichnet worden war. Er hat gesagt, daß er diesen Gesichtspunkt vertreten habe, weil er der einzige war, den Hitler in Erwägung ziehen würde, daß moralische oder rechtliche Gründe wirkungslos gewesen seien, und stellt sich auf den Standpunkt, daß er auf diese Weise Hitler an der Kündigung der Konvention verhinderte.

Es gibt wenige Anhaltspunkte dafür, daß sich Jodl mit dem Zwangsarbeitsprogramm befaßte, und er scheint sich auf seine Aufgabe – die strategische Planung – konzentriert zu haben. Jedoch sagte er in seiner Ansprache vom 7. Dezember 1943 an die Gauleiter, daß es erforderlich sei, »mit gefühlloser Kraft und Entschlossenheit« in Dänemark, Frankreich und in den Niederlanden vorzugehen, um durchzudrücken, daß die Arbeit an dem Atlantik-Wall ausgeführt werde. (L-172, US-34.)

Am 28. Oktober 1944 befahl Jodl durch Fernschreiben die Evakuierung aller Personen aus Nord-Norwegen und die Niederbrennung ihrer Häuser, damit sie den Russen keinen Beistand gewähren konnten. Jodl erklärt, daß er dagegen war, daß Hitler es aber befohlen hätte und daß der Befehl nicht vollkommen durchgeführt worden sei. Eine Urkunde der Norwegischen Regierung besagt, daß eine derartige Evakuierung tatsächlich in Nord-Norwegen stattfand und daß 30000 Häuser beschädigt wurden. Am 7. Oktober 1941 unterschrieb Jodl einen Befehl, in dem es hieß, daß Hitler kein Übergabeangebot Leningrads oder Moskaus annehmen werde, sondern im Gegenteil darauf bestehe, daß diese Städte vollständig zerstört werden. Er erklärt, daß dies geschehen sei, weil die Deutschen fürchteten, diese Städte würden von den Russen genauso unterminiert werden wie Kiew. Eine Übergabe ist niemals angeboten worden. Seine Verteidigung, im kurzen genommen, besteht aus der Lehre der »Befehle von oben«,[1] die von Artikel 8 des Statuts als Verteidigung ausgeschlossen wird. Es sind keine mildernden Umstände vorhanden. Die Teilnahme an Verbrechen dieser Art ist noch nie von einem Soldaten verlangt worden, und er kann sich jetzt nicht hinter einem Scheinverlangen nach militärischem Gehorsam um jeden Preis als Entschuldigung für diese Verbrechen verbergen.[2]

Schlußfolgerung.

Der Gerichtshof hat Jodl nach allen vier Anklagepunkten für schuldig befunden.

Von Papen.

Von Papen ist nach den Anklagepunkten Eins und Zwei angeklagt. Er wurde am 1. Juni 1932 zum Reichskanzler ernannt, und am 2. Dezember 1932 wurde von Schleicher sein Nachfolger. In der Regierung Hitlers wurde von Papen am 30. Januar 1933 Vizekanzler und am 13. November 1933 Bevollmächtigter für das Saargebiet. Am 26. Juli 1934 wurde er zum Gesandten in Wien ernannt, und am 4. Februar 1938 wurde er abberufen. Am 29. April 1939 wurde er Botschafter in der Türkei. Er kehrte nach Deutschland zurück, als die Türkei im August 1944 die diplomatischen Beziehungen zu Deutschland abbrach.

Verbrechen gegen den Frieden.

Von Papen war in den Jahren 1932 und 1933 bemüht, Hitler bei der Bildung der Koalitionsregierung zu unterstützen, und er wirkte bei Hitlers Ernennung zum Kanzler am 30. Januar 1933 mit. Als Vizekanzler in jener Regierung nahm er teil an der Festigung der Nazi-Kontrolle im Jahre

[1] Englischer Text: »His defense, in brief, is the doctrine of »superior orders...«
[2] Englischer Text: »... he cannot now shield himself behind a mythical requirement of soldierly obedience at all costs as his excuse for commission of these crimes.«

1933. Am 16. Juni 1934 hielt jedoch von Papen in Marburg eine Rede, in der er sowohl die Nazi-Versuche, die Freiheit der Presse und der Kirche zu unterdrücken, bekämpfte, als auch auf das Bestehen einer Schreckensherrschaft und auf »150prozentige Nazis« hinwies, die »Vitalität mit Brutalität« verwechselten. Im Verlaufe der Gewaltakte, die am 30. Juni 1934 die sogenannte Röhm-Säuberungsaktion begleiteten, wurde von Papen durch die SS in Haft genommen, sein Büropersonal wurde verhaftet, und zwei seiner Mitarbeiter, darunter der Mann, der ihm bei der Ausarbeitung seiner Marburger Rede geholfen hatte, wurden ermordet. Von Papen wurde am 3. Juli 1934 freigelassen.

Trotz der Ermordung seiner Mitarbeiter nahm von Papen den Posten des Gesandten in Österreich am 26. Juli 1934 an, am Tag nach der Ermordung von Dollfuß. Seine Ernennung wurde in einem Brief Hitlers bekanntgegeben, in dem er angewiesen wurde, die Beziehungen zwischen den beiden Ländern »in normale und freundschaftliche Bahnen« zu lenken und in dem er des »vollständigen und unbeschränkten Vertrauens« Hitlers versichert wurde. Als Gesandter in Österreich war von Papen eifrig bemüht, die Stellung der Nazi-Partei in Österreich zu stärken mit dem Zweck, den Anschluß herbeizuführen. Anfang 1935 wohnte er einer Zusammenkunft in Berlin bei, auf der die Politik beschlossen wurde, alles zu vermeiden, was den Anschein einer deutschen Intervention in die inneren Angelegenheiten Österreichs erwecken könnte. Trotzdem veranlaßte er, daß monatlich 200000 Mark »den verfolgten nationalsozialistischen Duldern in Österreich« überwiesen wurden. Am 17. Mai 1935 berichtete er Hitler über das Ergebnis einer Besprechung mit Hauptmann Leopold, dem Führer der österreichischen Nazis, und redete Hitler stark zu, eine Erklärung abzugeben, in der die nationale Unabhängigkeit Österreichs anerkannt werde, wobei er voraussagte, daß das Ergebnis davon sein könnte, die Bildung einer gegen Starhemberg gerichteten Koalitionsregierung zwischen den Christlich-Sozialen Schuschniggs und den österreichischen Nazis zu ermöglichen. Am 27. Juli 1935 berichtete von Papen an Hitler, daß die Vereinigung Österreichs und Deutschlands nicht durch äußeren Druck zustandegebracht werden könnte, sondern nur durch die Stärke der nationalsozialistischen Bewegung. Er trat dafür ein, daß die österreichische Nazi-Partei ihren Charakter ändere und als zentralistisch geleitete reichsdeutsche Partei ein Sammelpunkt für alle nationalen Deutschen werde.

Von Papen hatte bei gelegentlichen politischen Demonstrationen der Nazis die Hand im Spiele, unterstützte die Propagandatätigkeit der Nazis und reichte eingehende Berichte über die Tätigkeit der Nazi-Partei sowie die üblichen Berichte über die militärische Verteidigung Österreichs ein. Seine österreichische Politik führte zum Abkommen vom 11. Juli 1936, das scheinbar die Beziehungen zwischen Deutschland und Österreich in »normaler und freundschaftlicher Form« wieder herstellte, jedoch einen geheimen Zusatz hatte, in dem eine Amnestie für die österreichischen Nazis, die Aufhebung der Zensur der Nazi-Zeitungen, die Wiederaufnahme politischer Tätigkeit durch die Nazis und die Ernennung von nazi-freundlichen Leuten zum Schuschnigg-Kabinett vorgesehen war.

Nach der Unterzeichnung dieses Abkommens bot von Papen seinen Rücktritt an, der jedoch nicht angenommen wurde. Hierauf ging er daran, die Österreichische Regierung unter dauerndem Druck zu halten, um Nazis in das Kabinett Schuschnigg zu bringen und ihnen wichtige Stellungen in der Vaterländischen Front, der einzigen legalen Partei Österreichs, zu verschaffen. Am 1. September 1936 schrieb von Papen an Hitler und verständigte ihn davon, daß Nazi-Gegner im österreichischen Sicherheitsministerium das Eindringen der Nazis in die Österreichische Regierung aufhielten, und empfahl, »langsam einen verstärkten Druck in der Richtung eines Systemwechsels« zur Anwendung zu bringen.

Am 4. Februar 1938 wurde von Papen von seiner Abberufung vom Gesandtenposten in Österreich verständigt, und zwar zur selben Zeit, als von Fritsch, von Blomberg und von Neurath ihrer Stellung enthoben wurden. Er sagte Hitler, daß er seine Abberufung bedauere, da er seit November 1937 bestrebt gewesen war, Schuschnigg zur Abhaltung einer Besprechung mit Hitler zu veranlassen, und Schuschnigg hierzu seine Bereitwilligkeit ausgedrückt hatte. Hitlers Weisungen zufolge kehrte von Papen sodann nach Österreich zurück und bereitete die Besprechungen vor, die am 12. Februar 1938 in Berchtesgaden abgehalten wurden. Von Papen begleitete Schuschnigg zu dieser Konferenz und riet Schuschnigg zum Schluß, den Forderungen Hitlers nachzukommen. Am 10. März 1938 befahl Hitler, daß von Papen nach Berlin zurückkehre. Von Papen war am 11. März in der Reichskanzlei, als die Besetzung Österreichs angeordnet wurde. Kein Beweismaterial ist vorgelegt worden, aus dem hervorgegangen wäre, daß von Papen die gewaltsame Besetzung Österreichs befürwortete, und er hat ausgesagt, daß er Hitler von diesem Schritt stark abgeraten habe.

Nach der Annektierung Österreichs zog sich von Papen ins Privatleben zurück, und es liegt kein Beweis dafür vor, daß er an der Politik irgendeinen Anteil nahm. Im April 1939 übernahm er den Posten des Botschafters in der Türkei, doch wurde kein Beweis dafür erbracht, daß ihn seine Tätigkeit in dieser Stellung in Verbrechen verwickelt hätte.

Laut dem Beweismaterial unterliegt es keinem Zweifel, daß das Hauptziel von Papens als Gesandter in Österreich darin bestand, das Schuschniggsche Regime zu unterhöhlen und die österreichischen Nazis zu stärken, um den Anschluß herbeizuführen. Um diesen Plan durchzuführen, hat er sowohl Intrigen betrieben als auch Drohungen gebraucht. Das Statut hat jedoch solche Verletzungen der politischen Moral nicht als verbrecherisch bezeichnet, so übel sie auch sein mögen. Nach dem Statut kann von Papen nur dann für schuldig befunden werden, wenn er an der Planung eines Angriffskrieges teilgenommen hat. Es liegen keine Beweise dafür vor, daß er an den Plänen, bei denen die Besetzung Österreichs einen Schritt in der Richtung weiterer Angriffshandlungen darstellte, teilgenommen hätte, oder gar, daß er an Plänen, Österreich, wenn notwendig, durch einen Angriffskrieg zu besetzen, beteiligt gewesen wäre. Da es aber nicht über jeden vernünftigen Zweifel hinaus feststeht, daß dies das Ziel seiner Tätigkeit war, so kann der Gerichtshof nicht entscheiden, daß er an dem in Anklagepunkt Eins bezeichneten gemeinsamen Plan oder an der in Anklagepunkt Zwei bezeichneten Planung von Angriffskriegen beteiligt war.

Schlußfolgerung.

Der Gerichtshof entscheidet daher, daß von Papen nach dieser Anklageschrift nicht schuldig ist, und ordnet an, daß er durch den Marschall entlassen werde, sobald der Gerichtshof sich demnächst vertagt.

Seyß-Inquart.

Seyß-Inquart ist unter allen vier Punkten angeklagt. Seyß-Inquart, ein österreichischer Rechtsanwalt, wurde auf deutschen Druck hin im Mai 1937 zum österreichischen Staatsrat ernannt. Er hatte seit 1931 Fühlung mit der österreichischen Nazi-Partei, hatte aber oft Schwierigkeiten mit ihr und wurde erst am 13. März 1938 Parteimitglied. Er wurde gemäß einer der Bedingungen, die Hitler in der Berchtesgadener Konferenz vom 12. Februar 1938 Schuschnigg aufgezwungen hatte, zum österreichischen Sicherheits- und Innenminister ernannt.

Tätigkeit in Österreich.

Seyß-Inquart nahm an den letzten Phasen der Nazi-Intrige, die der deutschen Besetzung Österreichs voranging, teil und wurde unter dem Druck deutscher Invasionsdrohungen zum österreichischen Kanzler ernannt.

Am 12. März 1938 traf Seyß-Inquart Hitler in Linz und hielt eine Ansprache, in der er die deutschen Truppen willkommen hieß und sich für eine Wiedervereinigung Deutschlands mit Österreich einsetzte. Am 13. März erlangte er die Annahme eines Gesetzes, demzufolge Österreich ein Teil Deutschlands werden sollte, und löste Miklas, den Präsidenten Österreichs, ab, da Miklas lieber zurücktrat, als dieses Gesetz zu unterschreiben. Am 15. März wurde Seyß-Inquarts Titel in Reichsstatthalter für Österreich umgewandelt, und am gleichen Tage wurde ihm der Rang eines SS-Generals verliehen. Am 1. Mai 1939 wurde er Reichsminister ohne Geschäftsbereich.

Am 11. März 1939 stattete er der Slowakischen Regierung in Preßburg einen Besuch ab und veranlaßte sie, ihre Unabhängigkeit in einer Weise zu erklären, die gut zu Hitlers Angriff[1] auf die Unabhängigkeit der Tschechoslowakei paßte.

Als Reichsstatthalter in Österreich führte Seyß-Inquart die Beschlagnahme jüdischen Eigentums durch. Unter seinem Regime wurden die Juden gezwungen auszuwandern, sie wurden in Konzentrationslager geworfen und Pogromen ausgesetzt. In der Endphase seines Regimes arbeitete er mit der Sicherheitspolizei und dem SD zusammen, um die Deportation der Juden von Österreich nach dem Osten durchzuführen. Während er Reichsstatthalter in Österreich war, wurden politische Gegner der Nazis durch die Gestapo in Konzentrationslager geschafft, mißhandelt und in vielen Fällen getötet.

Verbrecherische Betätigung in Polen und den Niederlanden.

Seyß-Inquart wurde im September 1939 zum Chef der Zivilverwaltung von Südpolen ernannt. Am 12. Oktober 1939 wurde er Stellvertreter des Generalgouverneurs in dem Frank unterstehenden Generalgouvernement. Seyß-Inquart wurde am 18. Mai 1940 Reichskommissar für die besetzten Niederlande. Auf diese Weise[2] übernahm er die Verantwortung für die Verwaltung von Gebieten, die durch Angriffskriege besetzt worden waren und deren Verwaltung eine Lebensfrage für den deutschen Angriffskrieg war.

Als Stellvertreter des Generalgouverneurs im polnischen Generalgouvernement unterstützte Seyß-Inquart die harten Besatzungsmaßnahmen, die in Kraft gesetzt wurden. Im Verlauf einer Inspektionsreise durch das Generalgouvernement stellte er im November 1939 fest, daß Polen derart zu verwalten sei, daß seine Wirtschaftsvorräte zugunsten Deutschlands ausgebeutet werden würden. Seyß-Inquart setzte sich auch für die Verfolgung der Juden ein und war über den Beginn der AB-Aktion unterrichtet, die die Ermordung vieler polnischer Intellektueller bedeutete.

Als Reichskommissar für die besetzten Niederlande übte Seyß-Inquart unbarmherzigen Terror zur Unterdrückung allen Widerstandes gegen die deutsche Besatzung, ein Pro-

[1] Englischer Text: »offensive«.
[2] Englischer Text: »In these positions ...«

gramm, das er selbst als »Vernichtung« der Gegner bezeichnete. In Zusammenarbeit mit den örtlichen Höheren SS- und Polizeiführern hatte er mit der Erschießung der Geiseln zu tun, die wegen Angriffen gegen die Besatzungsbehörden festgenommen waren, und ferner mit der Einweisung in Konzentrationslager all derer, darunter Geistliche und Erzieher, die einer feindlichen Haltung gegen die Besatzungsmethoden verdächtig waren. Viele holländische Polizisten wurden durch Androhung von Vergeltungsmaßnahmen gegen ihre Familien zur Beteiligung an diesen Aktionen gezwungen, auch holländische Gerichtshöfe wurden zur Teilnahme an diesen Programmen genötigt. Als sie aber zu verstehen gaben, daß sie zögerten, Freiheitsstrafen zu verhängen, weil tatsächlich so viele Gefangene getötet wurden, wurde in größerem Maße von Polizei-Schnellgerichten Gebrauch gemacht.

Die wirtschaftliche Verwaltung der Niederlande führte Seyß-Inquart durch, ohne die Regeln der Haager Konvention, die er als veraltet bezeichnete, zu beachten. Statt dessen wurde eine Politik der größtmöglichen Ausnutzung der wirtschaftlichen Kraft der Niederlande angenommen und durchgeführt, ohne daß man sich viel um ihre Auswirkung auf die Bevölkerung kümmerte. Öffentlicher und privater Besitz wurde im großen Stil geplündert, und solchen Maßnahmen wurde der Anschein der Legalität durch Anordnungen Seyß-Inquarts verliehen; sie wurden unterstützt durch die Machenschaften der Finanzinstitute der Niederlande, die seiner Kontrolle unterstanden.

Sofort, nachdem Seyß-Inquart Reichskommissar für die Niederlande geworden war, begann er, Sklavenarbeiter nach Deutschland zu schicken. Bis 1942 war die Arbeit in Deutschland theoretisch eine freiwillige, wurde aber tatsächlich durch starken wirtschaftlichen und staatlichen Druck erzwungen. Im Jahre 1942 ordnete Seyß-Inquart formell den Zwangsarbeitsdienst an und machte von den Diensten der Sicherheitspolizei und des SD Gebrauch, um eine Umgehung dieses Befehls zu verhüten. Während der Besetzung wurden 500000 Menschen von den Niederlanden nach dem Reich als Arbeiter gesandt, und nur ein ganz geringer Bruchteil davon waren tatsächlich Freiwillige.

Eine der ersten Maßnahmen, die Seyß-Inquart als Reichskommissar für die Niederlande ergriff, war der Erlaß einer Reihe von Gesetzen, die die wirtschaftliche Schlechterstellung der Juden erzwang. Darauf folgten Verordnungen, die ihnen auferlegten, sich registrieren zu lassen, Verordnungen, die sie zwangen, in Ghettos zu wohnen und den Davidstern zu tragen, sporadische Verhaftungen und Einsperrungen in Konzentrationslager und schließlich auf Vorschlag Heydrichs die Massenverschleppung von fast 120000 der 140000 Juden Hollands nach Auschwitz und zur »Endlösung«. Seyß-Inquart gibt zu, daß er wußte, daß sie nach Auschwitz kamen, behauptet aber, daß er von Leuten, die in Auschwitz gewesen waren, gehört hätte, daß es den Juden dort verhältnismäßig gut gehe, und daß er gedacht habe, daß man sie dort für die Neuansiedlung nach dem Kriege festhalte. Auf Grund des Beweismaterials und in Ansehung seiner Amtsstellung ist es unmöglich, diesen Behauptungen Glauben zu schenken.

Seyß-Inquart behauptet ferner, daß er nicht verantwortlich sei für viele der Verbrechen, die während der Besetzung der Niederlande begangen wurden, da sie entweder aus dem Reich angeordnet waren und von der Armee, über die er nichts zu sagen hatte, ausgeführt wurden oder vom deutschen Höheren SS- und Polizeiführer, welcher, wie er sagt, unmittelbar an Himmler berichtete. Es trifft zu, daß für einige der Ausschreitungen die Armee verantwortlich war, und daß der Höhere SS- und Polizeiführer, obschon er Seyß-Inquart zur Verfügung stand, stets direkt an Himmler berichten konnte. Es ist ebenfalls wahr, daß in gewissen Fällen Seyß-Inquart gegen besonders scharfe Maßnahmen, die von anderen Dienststellen getroffen wurden, protestierte, wie zum Beispiel, als er die Armee erfolgreich daran hinderte, die Politik der verbrannten Erde zur Anwendung zu bringen, und ferner, daß er beim Höheren SS- und Polizeiführer darauf drang, die Zahl der zu erschießenden Geiseln herabzusetzen. Dennoch bleibt die Tatsache bestehen, daß Seyß-Inquart ein wissender und freiwilliger Teilnehmer an Kriegsverbrechen und Verbrechen gegen die Menschlichkeit war, die während der Besetzung der Niederlande begangen wurden.

Schlußfolgerung.

Der Gerichtshof erkennt, daß Seyß-Inquart schuldig ist unter Anklagepunkt Zwei, Drei und Vier, aber nicht schuldig unter Punkt Eins.

Speer.

.Speer ist nach allen vier Anklagepunkten angeklagt. Speer trat der Nazi-Partei im Jahre 1932 bei. Im Jahre 1934 wurde er der Architekt Hitlers und einer seiner engen persönlichen Vertrauten. Kurz darauf wurde er Abteilungsleiter in der Deutschen Arbeitsfront und Beauftragter für Städtebau im Stabe des Stellvertreters des Führers. Diese Stellungen behielt er bis 1941 bei. Am 15. Februar 1942, nach dem Tode Fritz Todts, wurde Speer zum Chef der Organisation Todt und zum Reichsminister für Bewaffnung und Munition (ab 2. September 1943 für Bewaffnung und Kriegserzeugung) ernannt. Diese Stellungen wurden vervollständigt durch seine Ernennung zum Generalbevollmächtigten für Bewaffnung und zum Mitglied der Zentralen Planung im März und April 1942, beides zum Vierjahresplan gehörend. Speer war Mitglied des Reichstages von 1941 bis Kriegsende.

Verbrechen gegen den Frieden.

Der Gerichtshof ist der Ansicht, daß die Tätigkeit Speers nicht darauf hinzielte, Angriffskriege einzuleiten, zu planen oder vorzubereiten oder sich zu diesem Zwecke zu verschwören. Chef der Rüstungsindustrie wurde er lange nachdem alle Kriege bereits begonnen hatten und im Gange waren. Seine Betätigungen, als ihm der deutsche Kriegseinsatz unterstand, dienten dem Kriegseinsatz genauso, wie jede Erzeugungsstätte der Kriegführung half; der Gerichtshof ist jedoch nicht der Ansicht, daß eine solche Tätigkeit die Teilnahme an einem gemeinsamen Plan, Angriffskriege zu führen, darstellt im Sinne des Anklagepunkts Eins oder Angriffskriege zu führen im Sinne des Anklagepunkts Zwei.

Kriegsverbrechen und Verbrechen gegen die Menschlichkeit.

Das gegen Speer nach den Anklagepunkten Drei und Vier vorgebrachte Beweismaterial bezieht sich zur Gänze auf seine Teilnahme am Zwangsarbeiterprogramm. Speer hatte keine unmittelbare verwaltungsmäßige Verantwortlichkeit für dieses Programm. Obwohl er die Ernennung eines Generalbevollmächtigten für den Arbeitseinsatz befürwortet hatte, weil er eine zentrale Behörde wünschte, mit der er Arbeitsfragen behandeln konnte, erlangte er doch nicht verwaltungsmäßige Kontrolle über Sauckel. Sauckel wurde unmittelbar von Hitler mit Erlaß vom 21. März 1942 ernannt, welcher vorsah, daß er Göring als dem Beauftragten für den Vierjahresplan unmittelbar verantwortlich war.

Als Reichsminister für Bewaffnung und Munition und Generalbevollmächtigter für Bewaffnung unter dem Vierjahresplan verfügte Speer über weitgehende Vollmachten auf dem Gebiete der Produktion. Seine ursprüngliche Vollmacht erstreckte sich auf die Konstruktion und die Erzeugung von Waffen für das OKH. Diese wurde nach und nach ausgedehnt, so daß sie Marinerüstung, zivile Produktion und endlich, am 1. August 1944, auch die Luftrüstung einschloß. Als das führende Mitglied der Zentralen Planung, welche oberste Gewalt über die Ausrichtung der deutschen Produktion und die Zuteilung und Entwicklung von Rohstoffen hatte, vertrat Speer die Ansicht, daß der Ausschuß befugt war, Anweisungen an Sauckel zu erteilen, Arbeitskräfte für die seiner Kontrolle unterstehenden Industrien herbeizuschaffen; und es gelang ihm, diese Haltung trotz der Einwände Sauckels zu befestigen. Es entwickelte sich nun die Übung, daß Speer an Sauckel eine Schätzung der Gesamtzahl des Bedarfs an Arbeitern übermittelte, Sauckel die Arbeitskräfte herbeischaffte und sie den verschiedenen Industrien zuteilte im Einklang mit Anweisungen, die ihm von Speer erteilt wurden.

Wenn Speer seine Anforderungen an Sauckel stellte, so wußte er, daß sie mit Fremdarbeitern, die unter Zwang dienten, erfüllt werden würden. Er nahm an Sitzungen teil, auf deren Tagesordnung die Ausdehnung des Zwangsarbeiterprogramms zum Zwecke der Befriedigung seiner

Anforderungen stand. Er war bei einer Besprechung mit Hitler und Sauckel anwesend, die während der Zeit vom 10. bis 12. August 1942 stattfand und auf der man sich dahin einigte, daß Sauckel mit Gewalt Arbeitskräfte aus den besetzten Gebieten beibringen sollte, wo immer dies nötig war, um den Arbeitermangel der unter der Kontrolle Speers stehenden Industrien zu beheben. Speer war auch auf der Konferenz in Hitlers Hauptquartier am 4. Januar 1944, wobei die Entscheidung getroffen wurde, daß Sauckel »mindestens vier Millionen neue Arbeitskräfte aus den besetzten Gebieten« herbeischaffen sollte, um das von Speer gestellte Verlangen nach Arbeitskräften zu befriedigen, obwohl Sauckel feststellte, daß er dies nur mit Hilfe Himmlers tun könne (1292-PS, US-225).

Sauckel informierte Speer und seine Stellvertreter fortlaufend, daß Fremdarbeiter mit Gewalt herangezogen werden. Bei einer Sitzung am 1. März 1944 befragte Speers Stellvertreter Sauckel sehr eingehend über seine Nichterfüllung der Verpflichtung, vier Millionen Arbeitskräfte aus den besetzten Gebieten herbeizuschaffen. In einigen Fällen verlangte Speer Arbeitskräfte aus bestimmten fremden Ländern. So wurde Sauckel auf der Konferenz vom 10. bis 12. August 1942 angewiesen, Speer »eine weitere Million russischer Arbeitskräfte für die deutsche Rüstungsindustrie bis einschließlich Oktober 1942« zu verschaffen (R-124, US-179). Bei einer Sitzung der Zentralen Planung am 22. April 1943 erörterte Speer Pläne, russische Arbeitskräfte für die Kohlengruben zu bekommen, und sprach sich glatt gegen den Vorschlag aus, daß dieser Arbeitermangel von deutschen Arbeitern aufgefüllt werden sollte.

Speer brachte vor, daß er die Reorganisation des Arbeitsprogramms befürwortete, um mehr Wert auf die Verwendung deutscher Arbeitskräfte im Kriegseinsatz in Deutschland zu legen und auf die Verwendung von Arbeitskräften in besetzten Ländern zur Erzeugung von Verbrauchsgütern, die früher in Deutschland erzeugt worden waren.[1] Speer unternahm Schritte in dieser Richtung, indem er die sogenannten »Sperrbetriebe« in den besetzten Gebieten er-

[1] Englischer Text: »... to place a greater emphasis on utilization of German labour in war production in Germany and on the use of labour in occupied countries in local production of consumer goods formerly produced in Germany.«

richtete, die dazu benutzt wurden, Waren für den Versand nach Deutschland zu erzeugen. Beschäftigte dieser Betriebe waren gefeit gegen die Verschickung nach Deutschland, und jeder Arbeiter, der den Befehl bekam, nach Deutschland zu gehen, konnte die Deportation vermeiden, wenn er in einem Sperrbetrieb zur Arbeit ging. Dieses System, obwohl etwas weniger unmenschlich als die Verschickung nach Deutschland, war dennoch ungesetzlich.[1] Das System der Sperrbetriebe spielte nur eine kleine Rolle in dem großen Zwangsarbeiterprogramm, und dennoch drängte Speer auf Zusammenarbeit mit dem Zwangsarbeiterprogramm, da er wußte, auf welche Art und Weise es tatsächlich gehandhabt wurde.[2] In einem offiziellen Sinn war er dessen hauptsächlichster Nutznießer, und er drängte fortwährend auf dessen Ausdehnung.

Auch als Chef der Organisation Todt war Speer unmittelbar an der Verwendung von Zwangsarbeitern beteiligt. Die Organisation Todt betätigte sich hauptsächlich in den besetzten Gebieten an solchen Projekten wie dem Atlantikwall und dem Bau von Militärstraßen, und Speer hat zugegeben, daß er sich auf Zwangsarbeit verließ, um diese, mit den erforderlichen Arbeitskräften versehen, zu halten. Auch verwandte er Arbeitskräfte aus den Konzentrationslagern in den Industrien, die seiner Kontrolle unterstanden. Ursprünglich traf er Anstalten, um diese Arbeitsquelle zur Verwendung in kleinen, entlegenen Fabriken heranzuziehen; und später, aus Angst vor Himmlers Kompetenzehrgeiz, machte er den Versuch, so wenig Arbeiter wie möglich aus den Konzentrationslagern zu verwenden.

Auch war Speer an der Verwendung von Kriegsgefangenen in der Rüstungsindustrie beteiligt, behauptet aber, daß er sowjetische Kriegsgefangene nur in den Industrien verwandte, die unter die Genfer Konvention fallen.

Die Stellung Speers war derart, daß er nicht unmittelbar mit den Grausamkeiten in der Durchführung des Zwangsarbeiterprogramms zu tun hatte, obschon er davon wußte.

[1] Englischer Text: »illegal.«

[2] Englischer Text: »The system of blocked industries played only a small part in the overall slave labour programme and although Speer urged its cooperation with the slave labour programme knowing the way in which it was actually being administered.«

Beispielsweise wurde er bei Sitzungen der Zentralen Planung davon in Kenntnis gesetzt, daß seine Forderungen nach Arbeitskräften so groß waren, daß sie gewaltsame Werbungsmethoden notwendig machten. Bei einer Sitzung der Zentralen Planung am 30. Oktober 1942 gab Speer seiner Meinung Ausdruck, daß viele Zwangsarbeiter, die sich krank meldeten, Drückeberger seien, und sagte: »SS und Polizei könnten hier ruhig hart zufassen und die Leute, die als Bummelanten bekannt sind, in KZ-Betriebe stekken.« Allerdings bestand Speer darauf, den Zwangsarbeitern angemessene Ernährung und Arbeitsbedingungen zu gewähren, so daß sie tüchtig[1] arbeiten konnten.

Als mildernder Umstand muß anerkannt werden, daß Speers Errichtung von Sperrbetrieben viele Arbeiter zu Hause hielt, und daß er im Endstadium des Krieges einer der wenigen Männer war, die den Mut hatten, Hitler zu sagen, daß der Krieg verloren sei, und Schritte zu unternehmen, um – sowohl in den besetzten Gebieten als in Deutschland – die sinnlose Vernichtung von Produktionsstätten zu verhüten. Er führte seine Opposition zu Hitlers Politik der verbrannten Erde in einigen westlichen Ländern und in Deutschland durch, indem er diese unter beträchtlicher persönlicher Gefahr bewußt sabotierte.

Schlußfolgerung.

Der Gerichtshof erkennt, daß Speer nicht schuldig ist nach Anklagepunkt Eins und Zwei, aber schuldig ist nach Anklagepunkt Drei und Vier.

Von Neurath.

Von Neurath ist in allen vier Punkten angeklagt. Er ist Berufsdiplomat, der von 1930 bis 1932 Deutscher Botschafter in Großbritannien war. Am 2. Juni 1932 wurde er zum Außenminister im Kabinett von Papen ernannt und behielt diese Stellung in den Kabinetten von Schleicher und Hitler bei. Am 4. Februar 1938 trat von Neurath als Außenminister zurück und wurde Reichsminister ohne Geschäftsbe-

[1] Englischer Text: »efficiently.«

reich, Präsident des Geheimen Kabinettsrats und Mitglied des Reichsverteidigungsrates. Am 18. März 1939 wurde er zum Reichsprotektor von Böhmen und Mähren ernannt und verblieb in dieser Eigenschaft bis zum 27. September 1941. Er bekleidete nominell[1] den Rang eines Obergruppenführers in der SS.

Verbrechen gegen den Frieden.

Als Außenminister beriet von Neurath Hitler beim Austritt aus der Abrüstungskonferenz und dem Völkerbund am 14. Oktober 1933; bei der Einführung der Wiederaufrüstung; bei der am 16. März 1935 erfolgten Annahme des Gesetzes betreffend die allgemeine Wehrpflicht und bei der am 21. Mai 1935 erfolgten Annahme des geheimen Reichsverteidigungsgesetzes. Bei den am 18. Juni 1935 zwischen Deutschland und England angeknüpften Verhandlungen bezüglich eines Flottenabkommens spielte er die maßgebende Rolle.[2] Er hatte bedeutenden Anteil an der Entscheidung Hitlers über die Wiederbesetzung des Rheinlandes am 7. März 1936 und sagte voraus, daß diese Besetzung ohne irgendwelche Vergeltungsmaßnahmen seitens der Franzosen werde durchgeführt werden können. Am 18. Mai 1936 sagte er dem Amerikanischen Botschafter in Frankreich, daß es die Politik der Deutschen Regierung sei, in auswärtigen Angelegenheiten nichts zu unternehmen, bis »das Rheinland verdaut ist«, und daß, sobald die Befestigungen im Rheinland errichtet wären und die Länder Zentraleuropas erkannt haben würden, daß Frankreich nicht beliebig in Deutschland eindringen könne, »alle diese Länder beginnen werden, sich außenpolitisch gänzlich umzustellen, und daß sich eine neue Konstellation entwickeln werde«. (L-150, US-65.)

Von Neurath nahm am 5. November 1937 an der Hoßbach-Konferenz teil. Er hat ausgesagt, daß er über Hitlers Mitteilungen so entsetzt war, daß er eine Herzattacke bekam. Kurz darauf bot er seinen Rücktritt an, der am 4. Februar 1938 angenommen wurde, zur gleichen Zeit, als von

[1] Englischer Text: »formal.«

[2] Der Satz lautet auf Englisch: »He was a key figure in the negotiation of the Naval Accord entered into between Germany and England on June 18, 1935.«

Fritsch und von Blomberg entlassen wurden. Trotz seiner Kenntnis von Hitlers Angriffsplänen hielt er doch eine formelle Beziehung zum Nazi-Regime als Reichsminister ohne Geschäftsbereich, als Präsident des Geheimen Kabinettsrates und als Mitglied des Reichsverteidigungsrates aufrecht. Zur Zeit der Besetzung Österreichs übernahm er das Auswärtige Amt, versicherte dem Britischen Botschafter, daß dieses Ereignis nicht durch ein deutsches Ultimatum verursacht worden sei, und ließ den Tschechoslowakischen Gesandten wissen, daß Deutschland beabsichtigte, an seinem Schiedsvertrag mit der Tschechoslowakei festzuhalten. Von Neurath nahm an der letzten Phase der dem Münchener Abkommen vorangehenden Verhandlungen teil, behauptet jedoch, sich in diese Besprechungen nur eingeschaltet zu haben, um Hitler zur größten Anstrengung für eine Beilegung dieser Angelegenheit auf friedlichem Wege zu veranlassen.

Verbrecherische Tätigkeit in der Tschechoslowakei.

Am 18. März 1939 wurde von Neurath zum Reichsprotektor von Böhmen und Mähren ernannt. Böhmen und Mähren wurden durch militärische Streitkräfte besetzt. Hachas Zustimmung, die ihm ja unter Zwang abgenötigt worden war, kann nicht als Rechtfertigung dieser Besetzung angesehen werden.

Hitlers Gesetz vom 16. März 1939, mit dem das Protektorat errichtet wurde, erklärt, daß dieses neue Gebiet »in Zukunft zum Gebiet des Deutschen Reiches gehört«, woraus zu entnehmen war, daß die Tschechoslowakische Republik nicht mehr bestehe. Das Gesetz beruhte aber gleichzeitig auf der Annahme, daß Böhmen und Mähren ihre Souveränität beibehielten, vorbehaltlich nur der Interessen Deutschlands, wie sie im Bestehen des Protektorats zum Ausdruck kamen. Selbst wenn daher die Doktrin von der Unterwerfung auf ein durch eine Angriffshandlung erobertes Gebiet als anwendbar angesehen wird, so glaubt doch der Gerichtshof nicht, daß diese Proklamation einer Einverleibung gleichkam, die hinreichen würde, um diese Doktrin zur Anwendung zu bringen. Die Besetzung Böhmens und Mährens muß daher als eine militärische Besetzung angesehen werden, die den Regeln der Kriegführung unterliegt. Obwohl die Tschechoslowakei kein Mitglied der Haager Konvention von 1907 war, stellen doch die in dieser Konvention enthaltenen Landkriegsregeln das bestehende Völkerrecht dar[1] und sind daher anzuwenden.

Als Reichsprotektor führte von Neurath in Böhmen und Mähren eine Verwaltung ein, die der in Deutschland bestehenden ähnlich war. Die freie Presse, die politischen Parteien und die Gewerkschaften wurden unterdrückt. Alle Gruppen, die als Opposition hätten wirken können, wurden außerhalb des Gesetzes gestellt. Die tschechoslowakische Industrie wurde in den Aufbau der deutschen Kriegsproduktion eingefügt und der deutschen Kriegsrüstung dienstbar gemacht. Auch wurde die antisemitische Politik und Gesetzgebung der Nazis eingeführt. Juden wurden von führenden Stellungen in Regierung und Wirtschaftsleben ausgeschlossen.

Im August 1939 erließ von Neurath eine Proklamation, in der er vor Sabotageakten warnte und erklärte, daß »die Verantwortung für alle Sabotageakte nicht nur die einzelnen Täter, sondern die ganze tschechische Bevölkerung trifft«. (3772-PS, USSR-60.) Als am 1. September 1939 der Krieg ausbrach, wurden in Böhmen und Mähren 8000 führende Tschechen durch die Sicherheitspolizei verhaftet und in Schutzhaft genommen; viele von ihnen starben in Konzentrationslagern infolge von Mißhandlungen.

Im Oktober und November 1939 veranstalteten tschechoslowakische Studenten eine Reihe von Demonstrationen. Als Ergebnis wurden auf Befehl Hitlers alle Universitäten geschlossen, 1200 Studenten eingesperrt und die neun Führer der Demonstration von der Sicherheitspolizei und dem SD erschossen. Von Neurath sagte aus, daß er über diese Aktion nicht im voraus informiert gewesen sei, doch ist sie mittels einer Proklamation, die seine Unterschrift trug und auf Plakaten im ganzen Protektorat verbreitet wurde, angekündigt worden, was jedoch nach seiner Behauptung ohne seine Genehmigung geschehen ist.

Am 31. August 1940 übermittelte von Neurath eine von

[1] Englischer Text: »are declaratory of ...«

ihm verfaßte Denkschrift an Lammers, in der er sich mit der Zukunft des Protektorats befaßte, und gleichzeitig damit eine mit seiner Zustimmung von Karl Hermann Frank verfaßte Denkschrift über den gleichen Gegenstand. Beide befaßten sich mit der Frage der Germanisierung und schlugen vor, daß die Mehrheit der Tschechen in rassischer Hinsicht vom deutschen Volke aufgesogen[1] werden soll. Beide befürworteten die Ausschaltung der tschechoslowakischen Intelligenz und anderer Gruppen, die sich etwa der Germanisierung widersetzen könnten, und zwar empfahl von Neuraths Denkschrift die Ausweisung, Franks Denkschrift die Ausweisung oder »Sonderbehandlung«.

Von Neurath hat geltend gemacht, daß die eigentliche Durchführung der Unterdrückungsmaßnahmen in den Händen der Sicherheitspolizei und des SD gelegen habe, die sich unter der Kontrolle seines Staatssekretärs Karl Hermann Frank befanden, der auf Empfehlung von Himmler ernannt worden war und als Höherer SS- und Polizeiführer direkt Himmler unterstand. Von Neurath macht ferner geltend, daß die antisemitischen Maßnahmen sowie die Maßnahmen der wirtschaftlichen Ausnützung als Ergebnis der im Reiche beschlossenen Politik im Protektorat in Kraft gesetzt worden seien. Wie dem immer sein möge, er war im Protektorat der oberste deutsche Beamte zu einer Zeit, in der die Verwaltung dieses Gebietes eine bedeutsame Rolle in den Angriffskriegen spielte, welche Deutschland gegen Osten[2] führte, und er wußte, daß Kriegsverbrechen und Verbrechen gegen die Menschlichkeit unter seiner Herrschaft begangen wurden.

Zwecks milderer Beurteilung muß daran erinnert werden, daß er bei der Sicherheitspolizei und dem SD für die Freilassung vieler am 1. September 1939 verhafteter Tschechoslowaken und für die Freilassung später im Herbst verhafteter Studenten eintrat. Am 23. September 1941 wurde er zu Hitler gerufen und davon in Kenntnis gesetzt, daß er nicht streng genug wäre und daß Heydrich in das Protektorat zur Bekämpfung der tschechoslowakischen Widerstandsgruppen gesandt werde. Von Neurath versuchte

[1] Englischer Text: »assimilated«.
[2] Englischer Text: »in the East«.

Hitler von der Entsendung Heydrichs abzubringen und bot, als er damit keinen Erfolg hatte, seinen Rücktritt an, ging am 27. September 1941 auf Urlaub und weigerte sich, nach diesem Zeitpunkt als Protektor zu amtieren. Sein Rücktritt wurde im August 1943 offiziell angenommen.

Schlußfolgerung.

Der Gerichtshof hat von Neurath in allen vier Punkten für schuldig befunden.

Fritzsche.

Fritzsche ist angeklagt nach Punkt Eins, Drei und Vier. Er war hauptsächlich bekannt als Rundfunkkommentator, der einmal in der Woche die Tagesereignisse in seinem eigenen Programm »Hans Fritzsche spricht« erörterte. Er begann im September 1932 Rundfunkansprachen zu halten; im gleichen Jahre wurde er der Leiter des Drahtlosen Nachrichtendienstes, einer Einrichtung der Reichsregierung. Als die Nationalsozialisten am 1. Mai 1933 diese Einrichtung ihrem Reichsministerium für Volksaufklärung und Propaganda einverleibten, trat Fritzsche in die Nazi-Partei und in das Ministerium ein. Im Dezember 1938 wurde er der Leiter der Abteilung Deutsche Presse des Ministeriums; im Oktober 1942 wurde er zum Ministerialdirektor befördert. Nachdem er für kurze Zeit an der Ostfront in einer Propagandakompanie Dienst getan hatte, wurde er im November 1942 Leiter der Rundfunkabteilung des Propagandaministeriums und Generalbevollmächtigter für die politische Organisation des Großdeutschen Rundfunks.

Verbrechen gegen den Frieden.

Als Leiter der Abteilung Deutsche Presse beaufsichtigte Fritzsche die deutsche Presse, die aus 2300 Tageszeitungen bestand. Im Verfolg dieser Aufgabe hielt er tägliche Pressekonferenzen, um diesen Zeitungen die Anweisungen des Propagandaministeriums mitzuteilen. Er unterstand jedoch dem Reichspressechef Dietrich, der wiederum Goebbels unterstand. Dietrich erhielt die Anweisungen für die Presse von Goebbels und anderen Reichsministern und stellte sie als Anordnungen zusammen, die er dann Fritzsche zur Weitergabe an die Presse aushändigte.

Von Zeit zu Zeit wiesen diese »Tagesparolen des Reichspressechefs«, wie jene Anweisungen genannt wurden, die Presse an, dem Volk gewisse Themen vorzutragen, wie zum Beispiel das Führerprinzip, die Judenfrage, das Problem des Lebensraumes und andere Nazi-Standardideen. Vor jeder größeren Angriffsoperation wurde ein heftiger Propagandafeldzug durchgeführt. Während Fritzsche der Leiter der Abteilung Deutsche Presse war, erteilte er der Presse Anweisungen, wie die Aktionen oder Kriege gegen Böhmen und Mähren, Polen, Jugoslawien und die Sowjetunion behandelt werden sollten. Fritzsche hatte die Formulierung dieser Propagandamaßnahmen nicht zu bestimmen. Er war lediglich der Übermittler der Anweisungen, die Dietrich ihm für die Presse gab. Im Februar 1939 und vor der Eingliederung Böhmens und Mährens zum Beispiel erhielt er von Dietrich den Befehl, die Aufmerksamkeit der Presse auf die slowakischen Unabhängigkeitsbemühungen und die antideutschen Anschauungen und Maßnahmen der damaligen Prager Regierung zu lenken. Dieser an Dietrich ergangene Befehl kam vom Auswärtigen Amt.

Die Rundfunkabteilung, deren Leiter Fritzsche im November 1942 wurde, war eine der zwölf Abteilungen des Propagandaministeriums. Anfänglich beeinflußten Dietrich und andere Abteilungschefs die Politik, die der Rundfunk zu befolgen hatte. Gegen Kriegsende jedoch wurde Fritzsche allein maßgebend für Radioangelegenheiten innerhalb des Ministeriums. In dieser Eigenschaft formulierte er und gab täglich »Parolen« an alle Reichspropagandastellen aus, die im Einklang mit den allgemeinen politischen Richtlinien des Nazi-Regimes standen und die den Weisungen der Radiopolitischen[1] Abteilung des Auswärtigen Amtes und der persönlichen Überwachung durch Goebbels unterlagen.

Mit anderen Beamten des Propagandaministeriums nahm Fritzsche an den täglichen Stabsbesprechungen bei Goebbels teil. Dort erhielten sie ihre täglichen Instruktionen über

[1] Die Abteilung hieß: Rundfunkabteilung.

die tägliche Nachrichten- und Propagandalinie.[1] Nach 1943 hielt Fritzsche gelegentlich diese Besprechungen selbst ab, aber nur, wenn Goebbels und seine Staatssekretäre abwesend waren. Und auch dann war seine einzige Aufgabe, die Goebbelsschen Anweisungen, die ihm fernmündlich zugegangen waren, weiterzugeben.

Dies ist in Kürze über die Stellung Fritzsches und seinen Einfluß im Dritten Reich zu sagen. Nie galt er als wichtig genug,[2] um zu den Planungsbesprechungen zugezogen zu werden, die zu Angriffskriegen führten. Seine eigene unwidersprochen gebliebene Aussage behauptet, daß er niemals selbst mit Hitler gesprochen habe. Auch liegt kein Material vor, das zeigen würde, daß er über die auf diesen Sitzungen getroffenen Entscheidungen unterrichtet war. Man kann nicht sagen, daß seine Tätigkeit unter die in diesem Urteil gegebene Definition für einen gemeinsamen Plan zur Führung von Angriffskriegen fiele.

Kriegsverbrechen und Verbrechen gegen die Menschlichkeit.

Die Anklagebehörde hat behauptet, daß Fritzsche zur Begehung von Kriegsverbrechen aufhetzte und ermunterte dadurch, daß er bewußt Nachrichten derart verfälschte, daß er die Leidenschaften im deutschen Volke zur Begehung von Greueln unter Punkt Drei und Vier aufstachelte. Jedoch seine Stellung und Dienstpflichten waren nicht von ausreichender Wichtigkeit, daß man schließen dürfte, er habe an der Urheberschaft oder Planung von Propagandafeldzügen Anteil gehabt.

Die vorliegenden Auszüge aus seinen Ansprachen beweisen, daß er ausgesprochen antisemitisch eingestellt war. Er behauptete zum Beispiel im Rundfunk, daß die Juden am Krieg schuld seien und daß ihr Schicksal »so ungemütlich, wie es der Führer vorausgesagt hat«, geworden sei (3064-PS, US-123). Aber diese Ansprachen forderten nicht zur Verfolgung oder Ausrottung der Juden auf. Es liegen keinerlei Beweise vor, daß er von der im Osten vor sich

[1] Der englische Text lautet: »Here they were instructed in the news and propaganda policies of the day.«

[2] Der englische Text lautet: »Never did he achieve sufficient stature ...«

gehenden Vernichtung wußte. Darüber hinaus zeigt das Beweismaterial, daß er zweimal den wenn auch erfolglosen Versuch unternahm, die antisemitische Veröffentlichung »Der Stürmer« zu unterdrücken.

Manchmal verbreitete Fritzsche unwahre Nachrichten in seinen Rundfunkansprachen, aber der Beweis ist nicht erbracht worden, daß er wußte, daß sie falsch waren. Er berichtete beispielsweise, daß kein deutsches U-Boot in der Nähe der »Athenia« gewesen sei, als sie versenkt wurde. Dies war unwahr. Aber da Fritzsche diese Meldung von der deutschen Marine erhalten hatte, hatte er keinen Grund zu der Annahme, daß sie falsch sei.

Sicher hat Fritzsche in seinen Rundfunkreden hie und da heftige Erklärungen propagandistischer Art gemacht. Der Gerichtshof nimmt jedoch nicht an, daß diese das deutsche Volk aufhetzen sollten, Greueltaten an besiegten Völkern zu begehen, und man kann daher nicht behaupten, daß er an den Verbrechen, deren er beschuldigt ist, teilgenommen habe. Sein Ziel war, die Volksstimmung für Hitler und die deutsche Kriegsanstrengung zu erwecken.

Schlußfolgerung.

Der Gerichtshof erkennt, daß Fritzsche nicht schuldig im Sinne dieser Anklage ist und ordnet an, daß er, wenn sich dieser Gerichtshof demnächst vertagt, durch den Gerichtsmarschall entlassen werde.

Bormann.

Bormann ist nach den Anklagepunkten Eins, Drei und Vier angeklagt. Er trat der Nationalsozialistischen Partei im Jahre 1925 bei, war von 1928 bis 1930 ein Mitglied des Stabes der Obersten SA-Führung, verwaltete die Hilfskasse der Partei und war Reichsleiter von 1933 bis 1945. Von 1933 bis 1941 war er Stabsleiter im Amt des Stellvertreters des Führers und wurde nach Heß' Flucht[1] nach England Leiter der Parteikanzlei, am 12. Mai 1941. Am 12. April 1943 wurde er Sekretär des Führers. Er war der politische und

[1] Englischer Text: »flight« hier wohl besser im Sinne »Flug«.

organisatorische Leiter des Volkssturms und General der SS.

Verbrechen gegen den Frieden.

Anfänglich nur ein unbedeutender Nazi, gewann Bormann allmählich immer mehr an Macht, und besonders in den Tagen, da es zu Ende ging, hatte er großen Einfluß auf Hitler. Er war rege tätig beim Aufstieg der Partei zur Macht und noch mehr bei Festigung dieser Macht. Einen großen Teil seiner Zeit widmete er der Verfolgung der Kirchen und der Juden in Deutschland.

Es liegen keine Beweise vor, daß Bormann von Hitlers Plänen, Angriffskriege vorzubereiten, einzuleiten und zu führen, wußte. Er wohnte keiner der wichtigen Besprechungen, auf denen Hitler Stück für Stück diese Angriffspläne enthüllte, bei. Man kann auch nicht eine derartige Kenntnis überzeugend aus den von ihm bekleideten Stellungen ableiten. Erst als er im Jahre 1941 Leiter der Parteikanzlei und später, im Jahre 1943, Sekretär des Führers wurde und dabei vielen der Besprechungen Hitlers beiwohnte, gaben ihm diese Stellungen entsprechenden Zutritt. Berücksichtigt man die an anderer Stelle besprochene Ansicht des Gerichtshofs über den Tatbestand der Verschwörung zur Führung eines Angriffskrieges, dann reichen die vorliegenden Beweise nicht aus, um Bormann laut dem Anklagepunkt Eins schuldig zu erklären.

Kriegsverbrechen und Verbrechen gegen die Menschlichkeit.

Laut Verordnung vom 29. Mai 1941 übernahm Bormann die bisher von Heß bekleideten Ämter und Vollmachten; die Verordnung vom 24. Januar 1942 erweiterte diese Vollmachten und gab ihm Kontrollgewalt über alle von Hitler erlassenen Gesetze und Richtlinien. Damit war er also verantwortlich für die seitdem erlassenen Gesetze und Befehle. Am 1. Dezember 1942 wurden alle Gaue zu Reichsverteidigungsbezirken, und die Bormann verantwortlichen Gauleiter der Partei wurden zu Reichsverteidigungskommissaren ernannt. Die Wirkung hiervon war, daß diese wirkliche Leiter des gesamten zivilen Kriegseinsatzes wurden. Das war nicht nur der Fall in Deutschland, sondern auch in jenen Gebieten, die von aufgesogenen und eroberten Ländern[1] dem Reich eingegliedert worden waren.

Mittels dieses Mechanismus beherrschte Bormann die rücksichtslose Ausbeutung der unterworfenen Bevölkerung. Sein Befehl vom 12. August 1942 stellte alle Parteiorgane dem Himmlerschen Programm für Zwangsumsiedlung und Entnationalisierung in den besetzten Gebieten zur Verfügung. Drei Wochen nach dem Einmarsch in Rußland nahm er am 16. Juli 1941 mit Göring, Rosenberg und Keitel an der Besprechung in Hitlers Feldquartier teil; Bormanns Bericht zeigt, daß genau umrissene Pläne zur Versklavung und Ausrottung der Bevölkerung jener Gebiete besprochen und abgefaßt wurden. Am 8. Mai 1942 beriet er mit Hitler und Rosenberg die zwangsweise Ansiedlung von Niederländern[2] in Lettland, das Ausrottungsprogramm in Rußland und die wirtschaftliche Ausbeutung der Ostgebiete. Er war an der Beschlagnahme von Kunstgegenständen und anderer Vermögenswerte im Osten interessiert. Sein Brief vom 11. Januar 1944 forderte die Gründung einer großangelegten Organisation, um Gebrauchsgegenstände aus den besetzten Gebieten der ausgebombten deutschen Bevölkerung zur Verfügung zu stellen.

Bormann betätigte sich emsig an der Judenverfolgung nicht bloß in Deutschland, sondern auch in den einverleibten oder eroberten Ländern. Er nahm teil an den Besprechungen, welche zur Überführung von 60000 Juden aus Wien nach Polen unter Mitwirkung der SS und der Gestapo führten. Er unterzeichnete die Verordnung vom 31. Mai 1941, welche die Wirkung der Nürnberger Gesetze auf die einverleibten Ostgebiete ausdehnte. In einem Befehl vom 9. Oktober 1942 erklärte er, daß die dauernde Ausschaltung der Juden aus dem Gebiete Großdeutschlands nicht mehr durch Auswanderung erfolgen könne, sondern nur durch Anwendung »rücksichtsloser Gewalt« in den Sonderlagern des Ostens. Am 1. Juli 1943 unterzeichnete er eine Verordnung, welche den Juden den

[1] Englischer Text: »absorbed and conquered territories«.
[2] Englischer Text: »Dutch personnel«.

Schutz der Gerichte entzog und sie der ausschließlichen Rechtsprechung der Gestapo Himmlers unterstellte.

Bormann nahm hervorragenden Anteil am Zwangsarbeiterprogramm. Die Parteileiter beaufsichtigten in ihren jeweiligen Gauen die Zwangsarbeitsangelegenheiten mit Einschluß von Beschäftigung, Arbeitsbedingungen, Ernährung und Unterbringung. Durch Rundschreiben vom 5. Mai 1943 an das Korps der Politischen Leiter, welches bis herunter zu den Ortsgruppenleitern verteilt wurde, erließ er Bestimmungen zur Regelung der Behandlung der Fremdarbeiter, wobei er unterstrich, daß diese in Sicherheitsfragen der Überwachung durch die SS unterstanden, und er ordnete an, daß die bis dahin verübten Mißhandlungen aufzuhören hätten. Ein Bericht vom 4. September 1942 über die Verschickung von 500000 weiblichen Dienstboten aus dem Osten nach Deutschland zeigt, daß Sauckel, Himmler und Bormann diese Aktion beaufsichtigen sollten. Mit der Verordnung vom 8. September wies Sauckel die Kreisleiter an, die Verteilung und die Einweisung dieser weiblichen Dienstboten zu beaufsichtigen.

Bormann erließ auch eine Reihe von Befehlen an die Parteileiter über die Behandlung von Kriegsgefangenen. Am 5. November 1941 untersagte er würdige Begräbnisse russischer Kriegsgefangener. Am 25. November 1943 befahl er den Gauleitern, Fälle von milder Behandlung Kriegsgefangener zu melden. Und am 13. September 1944 befahl er den Kreisleitern, sich mit den Lagerkommandanten zur Zwangsarbeit in Verbindung zu setzen. Am 29. Januar 1943 übermittelte er seinen Leitern Erlasse des OKW, welche den Gebrauch von Feuerwaffen erlaubten ebenso wie Körperstrafen für widersetzliche Kriegsgefangene, im Gegensatz zu den Bestimmungen der Landkriegsordnung. Am 30. September 1944 unterzeichnete er eine Verordnung, welche dem OKW die Rechtsprechung über Kriegsgefangene entzog und dieselben Himmler und der SS überantwortete.

Bormann trägt die Verantwortlichkeit für das Lynchen alliierter Flieger. Am 30. Mai 1944 verbot er das Eingreifen der Polizei oder die Einleitung von Strafverfahren gegen Personen, die am Lynchen alliierter Flieger teilgenommen hatten. Dies war von einem Goebbelsschen Propagandafeldzug begleitet, welcher das deutsche Volk zu derartigen Handlungen aufhetzte, und die Besprechung vom 6. Juni 1944, wo Regeln über das Lynchen erörtert wurden, gehört hierzu.

Sein Verteidiger, der seine Tätigkeit unter schwierigen Umständen auszuüben hatte, war nicht imstande, dieses Beweismaterial zu widerlegen. Angesichts der Dokumente, welche Bormanns Unterschrift tragen, kann man schwerlich einsehen, ob ihm dies gelungen wäre, selbst wenn der Angeklagte zugegen gewesen wäre. Sein Verteidiger brachte vor, daß Bormann tot sei und daß der Gerichtshof nicht von Artikel 12 des Statuts, welcher ihm das Recht zu einem Strafverfahren in absentia gibt, Gebrauch machen möge. Aber es liegen keine überzeugenden Beweise für Bormanns Tod vor, und daher beschloß der Gerichtshof, wie schon früher bemerkt, ihn in absentia abzuurteilen. Sollte Bormann noch am Leben sein und späterhin verhaftet werden, so bleibt es laut Artikel 29 des Statuts dem Kontrollrat für Deutschland überlassen, irgendwelche mildernde Umstände in Erwägung zu ziehen, und, falls es ihm angezeigt erscheint, das Urteil abzuändern oder zu mildern.

Schlußfolgerung.

Der Gerichtshof findet Bormann nicht schuldig nach Anklagepunkt Eins, aber schuldig nach Anklagepunkt Drei und Vier.

1. Oktober 1946

Unterschrift: Geoffrey Lawrence, Präsident
Unterschrift: Francis Biddle
Unterschrift: H. Donnedieu de Vabres
Unterschrift: Nikitchenko
Unterschrift: Norman Birkett
Unterschrift: John J. Parker
Unterschrift: R. Falco
Unterschrift: A. Wolchkow

Abweichende Meinung des Sowjetischen Mitgliedes des Internationalen Militärgerichtshofes.

Zu dem Urteil gegen die Angeklagten Schacht, von Papen, Fritzsche und Heß sowie der angeklagten Organisationen: Reichskabinett, Generalstab und OKW.

Der Gerichtshof hat folgende Entscheidung getroffen:

a) Die Angeklagten Hjalmar Schacht, Franz von Papen und Hans Fritzsche freizusprechen,

b) den Angeklagten Rudolf Heß zu lebenslänglichem Gefängnis zu verurteilen und

c) von der Erklärung, daß die Organisationen: Reichskabinett, Generalstab und OKW verbrecherisch sind, Abstand zu nehmen.

Mit diesem Teil der Entscheidung des Tribunals kann ich mich nicht einverstanden erklären, weil er dem tatsächlichen Tatbestand nicht entspricht und auf unrichtigen Schlußfolgerungen beruht.

I. Unbegründeter Freispruch des Angeklagten Schacht.

Die Beweisstücke, die dem Tribunal in bezug auf Schacht vorgelegt wurden, bestätigen folgende Tatsachen:

a) Schacht nahm mit Göring seit Dezember 1930 und mit Hitler seit Anfang 1931 Verbindung auf. Später setzte er sich mit der Führung der Nazi-Partei und den bedeutendsten Vertretern der deutschen Industrie und des Finanzwesens in Verbindung. Dies wird unter anderem durch die Aussagen des Zeugen Severing bestätigt (Protokoll der Nachmittagssitzung vom 23. Mai 1946 und Dokument US-615).

b) Im Juli 1932 forderte Schacht Franz von Papen auf, daß er den Posten des Reichskanzlers an Hitler abtrete. Diese Tatsache wird durch die Aussagen von Papens während der Voruntersuchung und durch die Aussagen Schachts vor Gericht bestätigt (Protokoll der Nachmittagssitzung vom 2. Mai 1946).

c) Im November 1932 befaßte sich Schacht mit dem Sammeln von Unterschriften deutscher Industrieller. Seine Absicht dabei war, sie zu bewegen, für die Ernennung Hitlers zum Reichskanzler einzutreten. Am 12. November 1932 schrieb Schacht an Hitler: »... Es unterliegt für mich gar keinem Zweifel, daß die Entwicklung der Dinge nur das eine Ende haben kann, und das ist Ihre Kanzlerschaft. Es scheint, als ob unser Versuch, eine Reihe von Unterschriften aus der Wirtschaft dafür zu bekommen, doch nicht ganz umsonst ist...« (Dokumente EC-456, US-773, 3901-PS, US-837.)

d) Im Februar 1933 organisierte Schacht die Finanzierung des Wahlkampfes, der von der Nazi-Partei durchgeführt wurde, wobei er bei der Besprechung, die Hitler und Göring mit den Industriellen hatten, forderte, daß die Industriellen dazu 3 Millionen Mark zur Verfügung stellen (Dokument D-203). Schacht gestand vor Gericht, daß er auf die Notwendigkeit, diese Summe den Nazi-Führern zur Verfügung zu stellen, hingewiesen habe (Protokoll der Nachmittagssitzung vom 3. Mai 1946), und der Angeklagte Funk und das ehemalige Direktionsmitglied der I. G. Farbenindustrie Schnitzler, die bei dieser Besprechung zugegen waren, bestätigen, daß gerade Schacht der Urheber der Finanzierung des Wahlkampfes war (Protokoll vom 4. Juli 1946 und das Dokument EC-439, US-618).

e) Schacht benützte seine Stellung dazu, wie er selbst zugestand, um in seinen wiederholten öffentlichen Ansprachen zur Unterstützung der Nazi-Partei und Hitlers bei den Wahlen aufzurufen (Dokumente US-615, US-616, Protokoll der Nachmittagssitzung vom 2. Mai 1946).

Am 29. August 1932 schrieb Schacht an Hitler: »Wo immer mich die Arbeit in der nächsten Zeit hinführt – auch wenn Sie mich einmal innerhalb der Festung erblicken sollten – Sie können auf mich zählen als Ihren zuverlässigen Helfer.« (Dokument EC-457, US-619.)

Schacht unterstützte folglich bewußt und absichtlich die Nazi-Partei und verhalf den Nazisten aktiv zur Machtergreifung in Deutschland.

Noch vor seiner Ernennung zum Generalbevollmächtigten für die Kriegswirtschaft begann Schacht sofort nach der Machtergreifung durch die Nazisten, die Planung und die Herstellung der deutschen Rüstung zu leiten.

a) Am 17. März 1933 wurde Schacht zum Präsidenten der Reichsbank ernannt (Dokument 3021-PS, US-11), die, wie er selbst in seiner Rede vor den Beamten der Reichsbank am 21. März 1938 ausführte, unter seiner Führung »immer nur eine nationalsozialistische sein wird« (Protokoll der Vormittagssitzung vom 3. Mai 1946).

b) Im August 1934 wurde Schacht zum Reichswirtschaftsminister ernannt (Dokument 3021-PS, US-11). Sein Ministerium »erhielt den Auftrag, den Krieg wirtschaftlich vorzubereiten« (Dokument EC-128, US-123). Durch einen besonderen Erlaß erhielt Schacht als Wirtschaftsminister unbeschränkte Vollmachten auf dem Gebiete der Wirtschaft. (Reichsgesetzblatt 1934, Teil I, Seite 565).

c) Auf Grund der von ihm erhaltenen Vollmachten begann Schacht im Jahre 1934 den von ihm ausgearbeiteten »Neuen Plan« zu verwirklichen (Reichsgesetzblatt 1934, Teil I, Seite 826), der, wie Schacht selbst in seiner Rede vom 29. November 1938 hervorhob, zur Durchführung der Aufrüstung beigetragen hat (Dokument EC-611, US-622).

d) Um den »Neuen Plan« möglichst tatkräftig durchzuführen, verwendete Schacht das Vermögen der politischen Gegner des Nazi-Regimes, die dem Terror zum Opfer fielen oder gezwungen waren, auszuwandern (Memorandum Schachts an Hitler vom 3. Mai 1939, Dokument 1168-PS, US-137).

Schacht bediente sich gaunerischer Machenschaften und des Zwanges, um Rohstoffe und Devisen für die Aufrüstung zu bekommen (eidesstattliche Versicherung des Vizepräsidenten der Reichsbank Puhl, Dokument EC-437, US-624).

e) Schon in den ersten Tagen nach seiner Berufung in die Reichsbank gab Schacht eine Reihe von Verordnungen heraus (vom 27. Oktober 1933, 23. März 1934, 19. Februar 1935), die es ihm ermöglichten, ein weitgehendes Finanzierungsprogramm der Aufrüstung zu verwirklichen, das von ihm ausgearbeitet war und mit dessen Hilfe er, wie er aussagte, »einen Weg zur Finanzierung der Rüstungen fand«.

In einer Rede in Leipzig am 4. März 1935 erklärte Schacht, nachdem er das Fazit seiner bisherigen wirtschaftlichen und finanziellen Tätigkeit gezogen hatte: »... alles, was ich sage und mache, geschieht mit vollem Einverständnis des Führers, und ich sage in der Zukunft nichts und mache nichts, was der Führer nicht billigt«. (Protokoll der Nachmittagssitzung vom 3. Mai 1946.)

Nachdem Schacht Generalbevollmächtigter für die Kriegswirtschaft geworden war, vereinigte er in seinen Händen die Führung der gesamten deutschen Wirtschaft, und durch seine Bemühungen wurde die Schaffung der Kriegsmaschine Hitlers gewährleistet.

a) In dem geheimen Gesetz vom 21. Mai 1935, nach dem Schacht zum Generalbevollmächtigten für die Kriegswirtschaft ernannt wurde, hieß es: »Aufgabe des Generalbevollmächtigten für die Kriegswirtschaft ist es, alle wirtschaftlichen Kräfte in den Dienst der Kriegführung zu stellen.« Von ihm wird verantwortlich die Finanzierung der Kriegführung im Bereich des Reichsministeriums und der Reichsbank geleitet. (Dokument 2261-PS, US-24.)

b) Schacht finanzierte die deutsche Rüstung durch das System der »Mefo«-Wechsel, die ein beispielloses staatliches Gaunerabenteuer darstellten, dessen günstiger Ausgang von der Verwirklichung der Angriffspläne Hitler-Deutschlands abhing. Eben deshalb gab Schacht das Jahr 1942 als Frist zur Einlösung der »Mefo«-Wechsel an und unterstrich in seiner Rede am 29. November 1938 die Verbindung zwischen der »wagemutigen Kreditpolitik« der Reichsbank und den Zielen der Hitlerschen Außenpolitik (Dokument EC-611, US-622).

c) Schacht nützte seine Vollmachten vollkommen aus, indem er einen weitgehenden Plan der Mobilisierung der Wirtschaft ausarbeitete und in die Tat umsetzte, welcher es den Hitlerschen Führern ermöglichte, zu beliebiger, ihnen günstig erscheinender Zeit einen Angriffskrieg zu entfesseln. Es ist insbesondere aus einem Vortrag von Schachts Stellvertreter, Wohltat, über die »Vorbereitung zur Mobilisierung, die von dem Bevollmächtigten für die Kriegswirtschaft durchgeführt wird,« ersichtlich, daß Schacht bis in die geringsten Einzelheiten das System der Ausnutzung der deutschen Wirtschaft im Kriege ausarbeitete, angefangen von der Ausnutzung der Industriebetriebe, der Rohstoffquellen und der Arbeitskraft bis zur Verteilung von 80 Millionen Lebensmittelkarten (Dokument EC-258, US-625). Es ist bezeichnend, daß dieser Vortrag einen Monat nach Hitlers Rede bei der Besprechung vom 5. November 1937 gehalten wurde, jener Rede Hitlers, in der er seine konkreten Angriffspläne auseinandersetzte. (Dokument 386-PS, US-25).

Im Januar 1937 schrieb Schacht, indem er die vollbrachte Arbeit zusammenfaßte: »Ich bin mit der Vorbereitung der Kriegswirtschaft betraut nach dem Grundsatz, daß unsere Kriegswirtschaftsorganisation in Friedenszeiten so eingeführt sein muß, daß im Notfall die Kriegswirtschaft direkt aus dieser Friedensorganisation umgewandelt werden kann, so daß dies nicht nach Ausbruch des Krieges zu geschehen braucht.«

Schacht bestätigte vor Gericht, daß er diese Ausführungen gemacht habe (Protokoll der Nachmittagssitzung vom 2. Mai 1946).

Schacht bereitete Deutschland bewußt und absichtlich auf den Krieg vor.

d) Der ehemalige Kriegsminister von Blomberg sagte aus: »Schacht kannte den Plan für die Ausgestaltung der Wehrmacht sehr wohl, da wir ihm in jedem Jahr die Aufstellungen neuer Formationen, für die wir Geld ausgegeben hatten, mitteilten.« (Dokument US-838.)

Am 31. August 1936 teilte von Blomberg Schacht mit, daß die »Aufstellung aller Formationen der Luftwaffe am 1. April 1937 abgeschlossen sein soll; es müssen deshalb 1936 erhebliche Aufwendungen gemacht werden.« (Dokument 1301-PS, US-123.) Im Frühling 1937 nahm Schacht an den wehrwirtschaftlichen Kriegsspielen in Godesberg teil (Dokument EC-174).

e) Im Memorandum an Hitler vom 3. Mai 1935, das die Überschrift »Finanzierung der Rüstung« trug, schrieb Schacht: »Die nachfolgenden Ausführungen gehen davon aus, daß die Durchführung des Rüstungsprogramms nach Tempo und Ausmaß die Aufgabe der deutschen Politik ist, daß demnach alles andere diesem Zweck untergeordnet werden muß, soweit nicht durch Vernachlässigung anderer Fragen das eine Hauptziel etwa gefährdet wird ...« (Dokument 1168-PS, US-37.)

In seiner Rede vom 29. November 1938 erklärte Schacht, daß »sich Deutschland mit Hilfe dieser Kreditpolitik eine Rüstung geschaffen hat, die der keines anderen Staates nachsteht, und diese Rüstung hat wiederum die Erfolge unserer Politik ermöglicht«. (Dokument EC-611, US-622.)

Die Annahme, daß Schacht nicht wußte, welcher Politik diese Rüstung dienen sollte – wenn man ihr beispielloses Ausmaß und eine offensichtliche Vorliebe für Angriffswaffen (schwere Panzer, Kampfflugzeuge usw.) in Betracht zieht –, muß als vollkommen ausgeschlossen erachtet werden.

Außerdem sah Schacht sehr gut, daß kein Land mit Deutschland Krieg zu führen beabsichtigte und keine Gründe dazu hatte.

a) Schacht nützte die unter seiner Leitung wachsende Kriegsmacht Deutschlands als Vorbedingung dazu aus, territoriale Forderungen zu stellen, die entsprechend der Vergrößerung der Rüstung wuchsen.

Schacht sagte vor Gericht aus, daß er sich zuerst in seinen Forderungen auf »Kolonien« beschränkte, »die früher Deutschland gehörten«. (Protokoll der Vormittagssitzung vom 3. Mai 1946.)

Im September 1934 wies Schacht in seiner Aussprache mit dem amerikanischen Botschafter Dodd darauf hin, daß er Annektionen wünsche – wenn möglich ohne Krieg, aber durch Krieg, wenn die USA sich heraushalten würden (Dokument EC-461, US-58).

Im Jahre 1935 erklärte Schacht dem amerikanischen Konsul Fuller: »Kolonien sind für Deutschland notwendig. Wenn möglich, werden wir sie durch Verhandlungen erhalten, aber wenn nicht, werden wir sie uns nehmen.« (Dokument EC-450, US-629.)

Schacht gestand vor Gericht, daß die Ausübung eines militärischen Drucks auf die Tschechoslowakei »in mancher Hinsicht das Ergebnis, die Frucht seiner Arbeit war«. (Protokoll der Vormittagssitzung vom 3. Mai 1946.)

b) Schacht beteiligte sich persönlich an der Ausplünderung des privaten und staatlichen Eigentums der Länder, die Hitlers Angriff zum Opfer gefallen waren. In der Niederschrift der Sitzung des Wehrwirtschaftsstabes vom 11. März 1938, bei der Schacht zugegen war, heißt es, daß den Anwesenden die letzte Anweisung Hitlers über den Einmarsch in Österreich bekanntgegeben wurde. Ferner heißt es in der Niederschrift: »Auf Vorschlag Schachts soll ... alles auf Basis 2 Schilling = 1 RM. in Reichsmark bezahlt werden.« (Dokument EC-421, US-645.)

Schacht gestand vor Gericht, daß er die Inbesitznahme der tschechoslowakischen Nationalbank persönlich leitete, nachdem die Tschechoslowakei besetzt worden war. (Protokoll vom 3. Mai 1946, Vormittagssitzung.)

c) Anfang 1940 bot Schacht Hitler an, ihm einen Dienst zu erweisen, und durch Verhandlungen mit den Vereinigten Staaten von Amerika zu bewirken, daß sie aufhörten, England Beistand zu leisten. Er verständigte davon auch Göring. (Dokument 3700-PS, US-780.)

d) Schacht hielt es für seine Pflicht, Hitler offen zu begrüßen und ihm Glückwünsche zu senden, nachdem die Waffenstillstandsbedingungen mit Frankreich unterzeichnet worden waren, obwohl Schacht den aggressiven Charakter dieser Bedingungen besser erkennen mußte als irgendwer sonst. (deutscher Dokumentarfilm – Dokument US-635.)

e) In einem Schreiben vom 17. Oktober 1940 an Funk machte Schacht den Vorschlag einer wirksameren Ausnutzung der besetzten Gebiete. Auch in diesem Fall handelte Schacht nach eigener Initiative. (Dokument EC-504, US-830.)

Schacht beteiligte sich an den Judenverfolgungen.

a) Schacht sagte vor dem Gerichtshof aus, daß er mit der Politik der Judenverfolgungen »im Prinzip immer übereingestimmt habe« (Protokoll der Nachmittagssitzung vom 2. Mai 1946), obwohl, wie Schacht erklärte, die Frage des Gewissens hier »in gewissem Maße« berührt sei, was aber »nicht wichtig genug war, um einen Bruch zu riskieren,« – zwischen ihm und den Nazisten. (Dasselbe Protokoll und Dokument US-616.)

b) Von Schacht als Wirtschaftsminister wurde eine Reihe von Weisungen gezeichnet, denen zufolge das Eigentum der Juden in Deutschland strafloser Ausplünderung ausgesetzt wurde. (Dokumente US-832 und US-616.) Schacht bestätigte vor dem Gerichtshof, daß er eine Reihe der gegen die Juden gerichteten Anweisungen gezeichnet habe. (Protokoll der Vormittagssitzung vom 2. Mai 1946.)

Die dem Gerichtshof vorgelegten Beweise stellen über die Gründe des Rücktritts Schachts vom Posten des Wirtschaftsministers und des Generalbevollmächtigten für die Kriegswirtschaft im November 1937, vom Posten des Reichsbankpräsidenten am 20. Januar 1939, wie auch vom

Posten des Ministers ohne Portefeuille im Januar 1943 folgendes fest:

a) Es sind keine Gründe, die beweisen, daß Schacht die wirtschaftliche Vorbereitung zu Angriffskriegen mißbilligt hätte.

Schacht schrieb an Göring drei Wochen vor seinem Rücktritt als Wirtschaftsminister und von seinem Posten als Generalbevollmächtigter für die Kriegswirtschaft wie folgt: »... Ich lasse auch dahingestellt, ob meine von Ihrer Wirtschaftspolitik abweichende Ansicht richtig ist oder nicht.« (Dokument 497-EC, US-675.)

Im Antwortbrief Görings heißt es:

»... Ich weiß es und habe es begrüßt, daß Sie zu Beginn des Vierjahresplans mir Ihre loyalste Unterstützung und Mitarbeit zugesagt und daß Sie diese Zusage auch wiederholt erneuert haben, nachdem die ersten Meinungsverschiedenheiten eingetreten und in eingehenden Besprechungen aus dem Wege geräumt waren ...« (Dokument EC-493, US-62.)

Schacht sagte vor dem Gerichtshof aus, daß er mit Göring nur »über die Art und Weise des Vorgehens nicht einig war«. (Protokoll der Vormittagssitzung vom 3. Mai 1946.)

Während der Voruntersuchung sagte Göring aus, daß Schachts Rücktritt aus der Reichsbank »in keiner Verbindung mit dem Wiederaufrüstungsprogramm stand.« (Dokument US-648.)

Vizepräsident der Reichsbank Puhl bestätigte, daß Schachts Austritt aus der Reichsbank dadurch zu erklären sei, daß Schacht »mehr und mehr darauf bedacht war, sich aus der gefährlichen Lage herauszuwinden«, in die er durch seine gaunerhaften Finanzoperationen geraten war. (Dokument EC-438, US-646.)

b) Daß Schacht den Massenterror der Hitlerleute mißbilligt hätte, war nicht der Grund seines Austrittes.

Der Entlastungszeuge Gisevius sagte aus, daß er Schacht laufend über die verbrecherische Tätigkeit der Gestapo berichtete, die von Göring gegründet worden war, und daß Schacht nichtsdestoweniger bis zum Ende 1936 Görings Unterstützung suchte. (Protokoll der Vormittagssitzung vom 26. April 1946.)

In seinem Brief vom 24. Dezember 1935 an von Blomberg schlug Schacht vor, die Gestapo solle »die Gesetzlosigkeit erheblich herabmindern«, weil offener Terror »unsere Aufrüstungsaufgaben beeinträchtigt.« (Protokoll der Nachmittagssitzung vom 2. Mai 1946.)

Am 30. Januar 1937 wurde Schacht durch Hitler das Goldene Parteiabzeichen verliehen. (Dokument EC-500, Protokoll der Nachmittagssitzung vom 2. Mai 1946.)

Wie es in einer deutschen offiziellen Publikation heißt, »hat er ihr (der Partei) ... besser helfen können, als wenn er offiziell Parteimitglied geworden wäre«. (Dokument EC-460, US-617.)

Erst im Jahre 1943 nahm Schacht, weil er eher als viele andere Deutsche den zwangsläufigen Zusammenbruch des Hitlerregimes eingesehen hatte, Verbindung mit oppositionellen Kreisen auf, ohne aber etwas zum Sturze dieses Regimes zu unternehmen. Es ist daher kein Zufall, daß Hitler ihn nicht hinrichten ließ, nachdem er von dieser Verbindung erfahren hatte.

Es ist damit unbestritten festgestellt:

1. Schacht trug zur Machtergreifung durch die Nazisten viel bei;
2. Zwölf Jahre lang arbeitete Schacht mit Hitler zusammen;
3. Schacht schuf eine wirtschaftliche und finanzielle Basis für den Aufbau der Kriegsmaschine Hitlers;
4. Schacht bereitete die Wirtschaft Deutschlands auf Angriffskriege vor;
5. Schacht nahm an den Judenverfolgungen und an den Ausplünderungen der durch die Deutschen besetzten Gebiete teil.

Es ist also Schachts ausschlaggebende Rolle in der Vorbereitung und Durchführung des verbrecherischen Gesamtplanes bewiesen.

Die Entscheidung über die Freisprechung Schachts kommt damit in deutlichen Widerspruch zu den vorliegenden Beweisen.

II. Unbegründeter Freispruch des Angeklagten von Papen.

Die Tatsache, daß von Papen Hitler den Weg zum Posten des Reichskanzlers gebahnt und zur Machtergreifung der Nazisten aktiv beigetragen hat, wird im Urteil nicht bestritten.

Papen selbst hat in seiner Ansprache am 2. November 1933 dazu erklärt: »Wie ich damals bei der Übernahme der Kanzlerschaft dafür geworben habe, der jungen kämpfenden Freiheitsbewegung den Weg zur Macht zu ebnen, wie ich am 30. Januar durch ein gütiges Geschick dazu bestimmt war, die Hände unseres Kanzlers und Führers in die Hand des geliebten Feldmarschalls zu legen, so fühle ich heute wieder die Verpflichtung, dem deutschen Volk und allen, die mir ihr Vertrauen bewahrt haben, zu sagen: Der liebe Gott hat Deutschland gesegnet, daß er ihm in Zeiten tiefer Not einen Führer gab.« (Dokument 3375-PS.)

Papen hob Brünings Erlaß über die Auflösung der SS und SA auf, und bot damit den Nazisten die Möglichkeit, den Massenterror durchzuführen. (Dokument A-631.)

Der Angeklagte beseitigte die sozialdemokratische Regierung von Braun-Severing durch die Anwendung nackter Gewalt. (Aussage von Severing, Protokoll der Sitzung vom 14. Juni 1946, nachmittags.)

Am 4. Januar 1933 hielt Papen eine Besprechung mit Hitler, Heß und Himmler ab. (Dokument D-632.)

Papen nahm Anteil an der Säuberung der Staatsverwaltung von allen vom Standpunkt der Nazisten unzuverlässigen Beamten, *unterzeichnete* am 21. März 1933 *den Erlaß über die Bildung von Sondergerichten für politische Angelegenheiten*, ferner den Erlaß über die Amnestie derjenigen, die im Laufe der »nationalsozialistischen Revolution« kriminelle Verbrechen begangen hatten, er beteiligte sich an der Ausarbeitung des Gesetzes »zur Sicherung der Einheit von Partei und Staat« usw.

Papen diente dem Hitlerregime in der Folgezeit treu. Nach dem Putsch 1934 befahl er seinem Mitarbeiter Tschirsky, sich bei der Gestapo zu melden, obwohl er im voraus wußte, welches Los ihn erwarte. (Dokument D-684.)

Papen trug dazu bei, daß dieses Blutgericht geheim gehalten wurde. (Dokument D-717, D-718.)

Der Angeklagte hat eine sehr große Rolle bei der Verwirklichung von Hitlers Plänen bezüglich der Eroberung Österreichs gespielt. Drei Wochen nach der Ermordung Dollfuß' teilte Hitler am 26. Juli 1934 Papen dessen Ernennung zum Gesandten in Wien mit und betonte in diesem Schreiben besonders: »Sie besaßen und besitzen seit unserer Zusammenarbeit im Kabinett mein vollstes und uneingeschränktes Vertrauen.« (Dokument 2799-PS.)

In diesem Zusammenhang darf man nicht die Aussagen des amerikanischen Botschafters Messersmith über die Äußerungen Papens außer acht lassen, daß »die Gewinnung der Kontrolle über Österreich der erste Schritt sei« und daß er, Papen, sich in Österreich befinde, um die »Österreichische Regierung zu schwächen«. (Dokument 1760-PS, US-57.) Der Angeklagte war der Hauptberater Hitlers in Fragen, die die Durchführung der Pläne zu Eroberung Österreichs betrafen. Er war es, der die Vorschläge über verschiedene taktische Methoden machte, die einerseits die Wachsamkeit der öffentlichen Meinung einschläfern und andererseits Deutschland die Möglichkeit geben sollten, Kriegsvorbereitungen zu Ende zu führen.

Das geht aus der Erklärung Papens, die er an den österreichischen Minister Berger-Waldenegg (Dokument 1760-PS) abgegeben hat, aus dem Bericht des Gauleiters Rainer vom 6. Juli 1939 (Dokument 812-PS, US-61), dem Bericht Papens an Hitler vom 21. 8. 1936 (Dokument D-706), dem Bericht Papens an Hitler vom 1. 9. 1936 (Dokument 2246-PS, US-67) und einer Reihe anderer Dokumente, die als Beweisstücke vorgelegt wurden, mit Bestimmtheit hervor. Papen spielte dieses Spiel, bis der Befehl über die Vorbereitung der deutschen Wehrmacht zum Einmarsch in Österreich (Dokument C-175, US-69) erteilt wurde. Er nahm an dem Zustandekommen der Besprechung zwischen Hitler und Schuschnigg am 12. 2. 1938 (Dokument C-175, US-69) teil.

Papen hat in seinem Schreiben an Hitler finanzielle Unterstützung der österreichischen nazistischen Organisation »Freiheitsbund«, und zwar »mit Bezug auf die Weiterführung ihres Kampfes gegen das Judentum« (Dokument 2830-PS) dringend empfohlen.

Die Tatsache der Eroberung Österreichs durch die Nazisten und der Teilnahme Papens an der Durchführung dieses Angriffs ist unbestreitbar. Nach der Eroberung Österreichs hat Hitler Papen das Goldene Parteiabzeichen verliehen. (Dokument D-632.)

Bei der Bewertung der Tätigkeit Papens auf dem Posten des Deutschen Botschafters in der Türkei darf man nicht die provokatorische Tätigkeit Papens als Diplomat außer acht lassen.

Zu jener Zeit hatte der Posten des Botschafters in der Türkei eine große Bedeutung für die Verwirklichung der Hitlerschen Aggressionspläne. Der offizielle nazistische Biograph schrieb über von Papen: »Kurz danach (nach der Eroberung Österreichs) bedurfte der Führer wieder seiner (Papens) Dienste, und er ernannte am 18. April 1939 von Papen zum deutschen Botschafter in Ankara.« (Dokument D-632.)

Es muß festgestellt werden, daß Papen für seine Tätigkeit in der Türkei von Hitler mit dem »Ritterkreuz zum Kriegsverdienstkreuz« ausgezeichnet wurde. (Dokument D-632.)

Aus den vorhandenen Beweisen ergibt sich mit Bestimmtheit:

1. Papen trug zur Machtergreifung durch die Nazisten sehr aktiv bei;
2. Papen benutzte alle seine Kräfte und Verbindungen zur Einführung und Festigung des Hitlerschen Terrorregimes in Deutschland;
3. Papen nahm aktiven Anteil an der Verwirklichung der Angriffspläne der Hitleristen bezüglich der Eroberung Österreichs;
4. Papen diente Hitler treu bis zum Schluß, indem er seine Kräfte und diplomatische Gewandtheit für die Verwirklichung der nazistischen Angriffspläne benutzte.

Folglich fällt auf den Angeklagten von Papen ein sehr großer Teil der Verantwortlichkeit für die Verbrechen des Hitlerregimes.

Aus diesen Gründen kann ich mich mit der Freisprechung des Angeklagten von Papen nicht einverstanden erklären.

III. Unbegründeter Freispruch des Angeklagten Fritzsche.

Die Freisprechung des Angeklagten Hans Fritzsche geht davon aus, daß Fritzsche angeblich im nationalsozialistischen Deutschland nicht die Dienststellung erreicht hat, die ihn für die Verbrechen des Hitlerregimes verantwortlich macht, seine unmittelbare Tätigkeit sei andererseits jedoch nicht verbrecherisch. Er wird im Urteilsspruch als zweitrangige Figur behandelt, welche die Weisungen von Goebbels, Ribbentrop und Reichspressechef Dietrich ausführte.

Dabei wird außer acht gelassen, daß gerade Fritzsche der Mann war, der bis 1942 tatsächlich die Deutsche Presse leitete und ab 1942, wie er sich ausdrückte, »Oberbefehlshaber des deutschen Rundfunks« wurde. (Protokoll der Vormittagssitzung vom 23. 1. 1946.)

Zur richtigen Klarstellung der Rolle des Angeklagten Fritzsche ist es unbedingt notwendig, davon auszugehen, daß der Propagandadienst im allgemeinen und der Rundfunkpropagandadienst im besonderen von Hitler und seinen nächsten Mitkämpfern (z. B. Göring) als einer der wichtigsten und grundlegendsten Faktoren der aggressiven Kriegführung angesehen wurden. Im Hitler-Deutschland war die Propaganda ein sehr wichtiges Instrument bei der Vorbereitung und Durchführung der aggressiven Akte und ein sehr wichtiges Instrument für die Erziehung gehorsamer Organe der verbrecherischen Pläne des Nationalsozialismus.

Der Verwirklichung dieser Ziele diente ein sehr großer und streng zentralisierter Propagandaapparat. Mit Hilfe des Polizeisystems und der Zensur wurden die Redefreiheit und die Pressefreiheit völlig aus der Welt geschafft.

Das Hauptmittel der propagandistischen Tätigkeit der Hitlerleute war die lügenhafte Verdrehung der Tatsachen. Das hat Hitler ganz offen in seinem Buch »Mein Kampf« zum Ausdruck gebracht, indem er sagte: »Durch kluge und dauernde Anwendung von Propaganda kann einem Volke selbst der Himmel als Hölle vorgemacht werden und umgekehrt das elendeste Leben als Paradies.«

Die Verbreitung der provokatorischen Lügen und der dauernde Betrug der Öffentlichkeit waren dem Hitlerregime für die Erfüllung seiner Absichten ebenso nötig wie die Rüstungsproduktion und die Ausarbeitung der Kriegspläne. Ohne Propaganda, die auf völliger Abschaffung der Presse- und Redefreiheit fußte, hätte der deutsche Nazismus die Angriffspläne nicht durchführen, die Massenkriegsverbrechen und die Verbrechen gegen die Humanität nicht begehen können. In dem Propaganda-System des Hitler-Staates waren die Tagespresse und der Rundfunk die wichtigsten Elemente. Als der Angeklagte Göring in seinen Aussagen vor Gericht drei Faktoren kennzeichnete, die die erfolgreiche Führung des Krieges ermöglicht hatten, hob er folgendes hervor:

1. Die Kriegsleistungen der Wehrmacht,
2. den Wirtschaftskrieg,
3. die Propaganda.

Dabei sagte er: »Die Propaganda hat große Bedeutung, *besonders jene Propaganda, die im Rundfunk geführt wird*, und Deutschland weiß das auf Grund seiner Erfahrungen besser als jemand anders.« (Protokoll der Nachmittagssitzung vom 15. März 1946.)

Bei solchem Sachverhalt kann man nicht annehmen, daß die oberste Reichsführung es für möglich hielt, mit einem unbedeutenden Mann den Posten des Rundfunkleiters zu besetzen, der die Aufsicht über alle Rundfunkgesellschaften auszuüben hatte und die operative Leitung der Propagandatätigkeit dieser Gesellschaften innehatte.

Diese Ansicht widerspricht den vorgelegten Beweisstücken und dem wirklichen Sachverhalt. Von 1942 bis 1945 war Fritzsche nicht nur Leiter der Rundfunkabteilung im Reichspropagandaministerium, sondern auch Beauftragter für die politische Gestaltung des Großdeutschen Rundfunks.

Dieser Umstand ist durch die eigene eidesstattliche Erklärung Fritzsches bewiesen. (Dokument 3469-PS, US-721.) Fritzsche war also nicht nur »einer der Leiter der zwölf Abteilungen im Reichspropagandaministerium«, der nur in der letzten Phase des Krieges die Funktion eines Mannes, der für den Reichsrundfunkdienst verantwortlich war, innehatte, wie es im Urteil behauptet wird. Die politische Leitung des deutschen Rundfunks behielt Fritzsche bis 1945, also bis zum Zusammenbruch und der Kapitulation des nazistischen Deutschlands. Deswegen trägt Fritzsche Verantwortung für die lügenhafte und provokatorische Tätigkeit des deutschen Rundfunks in den Kriegsjahren.

Als Leiter der Abteilung »Deutsche Presse« stand Fritzsche an der Spitze der deutschen Presse, die 2300 Tageszeitungen zählte. Er schuf und vervollkommnete von Grund auf die Informationsabteilung und veranlaßte, daß zu diesem Zweck die Reichsleitung die Subsidien um das Zehnfache erhöhte, die die Naziregierung den Zeitungen zur

Verfügung stellte (von 400 000 auf 4 Millionen RM.). Weiter beteiligte sich Fritzsche aktiv an der propagandistischen Aktion, die zu der Vorbereitung der Angriffe gegen die Tschechoslowakei und Polen durchgeführt wurde. (Protokoll der Vormittagssitzung vom 23. Januar 1946.)

Eine ebenso aktive propagandistische Tätigkeit, die die Angriffsakte vorbereitete, wurde von Fritzsche entfaltet, bevor der Angriff gegen Jugoslawien stattgefunden hatte, was der Angeklagte selbst in seinen eidlichen Aussagen zugestanden hat. (Protokoll vom 23. Januar 1946). Bevor der Angriff gegen die Sowjetunion unternommen wurde, hatte man Fritzsche in einer Sitzung bei Rosenberg vorzeitig über die Pläne des Einmarsches in Kenntnis gesetzt. (Dokument 1039-PS, US-146, schriftlicher Bericht Rosenbergs an Hitler über die vorläufige Ausarbeitung der Osteuropäischen Fragen.) Fritzsche leitete jene deutsche Presseaktionen, welche die Angriffskriege, die Deutschland gegen Frankreich, England, Norwegen, die Sowjetunion, USA und andere Staaten führte, in ein falsches Licht zu stellen hatten. Die Behauptung, daß Fritzsche über die Kriegsverbrechen und die Verbrechen gegen die Menschlichkeit, die von den Hitlerleuten in den besetzten Gebieten begangen wurden, nicht informiert war, ist unrichtig. Aus den Aussagen, die Fritzsche vor Gericht machte, ist ersichtlich, daß man ihn bereits im Mai 1942, als er in einer Propagandakompanie der 6. Armee tätig war, mit dem Befehl Hitlers, mit dem sogenannten »Kommissarbefehl«, über die Ermordung der sowjetischen politischen Funktionäre und Intellektuellen bekannt gemacht hatte. (Protokoll der Nachmittagssitzung vom 27. Juni 1946.) Es ist auch festgestellt, daß schon im Anfang des Krieges Fritzsche darüber unterrichtet war, daß der deutsche Nazismus die Juden in Europa vernichten wollte. Als Fritzsche die Worte Hitlers »Das Ergebnis (eines Krieges) wird die Vernichtung der jüdischen Rasse in Europa sein«, erläuterte, erklärte er, daß das Schicksal des Judentums in Europa so unangenehm ausgefallen sei, wie der Führer es für den Fall eines europäischen Krieges vorausgesagt hatte. (Protokoll der Vormittagssitzung vom 23. Januar 1946.) Es ist ferner festgestellt, daß der Angeklagte dauernd die menschenhassende Rassentheorie propagierte und die Völker, die in Ländern lebten, welche der

Aggression zum Opfer fielen, als »Untermenschen« bezeichnete. (Protokoll der Nachmittagssitzung vom 27. Juni 1946, 28. Juni 1946, Vormittagssitzung.)

In jener Periode, als das Schicksal des nazistischen Deutschlands schon entschieden war, hat sich Fritzsche energisch für den Angeklagten Martin Bormann und andere fanatische Hitlerleute, die eine illegale terroristische Organisation der nazistischen Partei, den sogenannten »Wehrwolf« schufen, eingesetzt. So hat Fritzsche am 7. April 1945 in seiner Rundfunkansprache Propaganda für die aktive Beteiligung der Zivilbevölkerung Deutschlands an dieser illegalen terroristischen Organisation der Hitlerleute getrieben. Er erklärte: »Es möge sich deshalb niemand wundern, wenn in den vor kurzem besetzten Gebieten die Zivilbevölkerung am Kampfe teilnimmt; insofern ist dieses außerordentliche Phänomen ohne jede Vorbereitung aus dem bloßen Lebensinstinkt heraus entstanden, dieses Phänomen, das wir ›Wehrwolf‹ nennen.« (USSR-496.)

In seinen Rundfunkansprachen billigte Fritzsche die Anwendung der neuen terroristischen Methoden der Kriegführung, insbesondere der Raketen »V«, seitens Deutschlands. Als er einen Vorschlag über den Einsatz von biologischen Kriegsmitteln erhielt, wies er diesen Vorschlag sofort dem OKW zwecks Verwirklichung zu. (USSR-484, Beweise, die in der Nachmittagssitzung des 28. Juni 1946 vorgelegt wurden.)

Ich bin der Meinung, daß Fritzsches Schuld völlig bewiesen ist. Seine Tätigkeit bei der Vorbereitung und Durchführung der Angriffskriege und bei der Begehung anderer Verbrechen des Hitlerregimes war von grundlegender Bedeutung.

IV. Über das Strafmaß für den Angeklagten Rudolf Heß.

Das Urteil des Gerichtshofes gibt ein richtiges und vollständiges Bild der besonderen Stellung, die der Angeklagte Rudolf Heß im System der Führung der Hitler-Partei und des Staates einnahm.

Er war in der Tat »der am nächsten zu Hitler stehende Vertrauensmann«.

Heß wurde mit außerordentlich großen Vollmachten betraut.

In diesem Zusammenhang genügt es, auf Hitlers Erlaß über die Ernennung von Heß zu seinem Stellvertreter hinzuweisen. Es hieß dort: »Hiermit ernenne ich Heß zu meinem Stellvertreter und erteile ihm Vollmacht, in allen Fragen der Parteiführung in meinem Namen zu entscheiden.« (Protokoll der Nachmittagssitzung vom 7. Februar 1946.)

Aber Heß' Befugnisse beschränkten sich bei weitem nicht auf die Fragen der Parteiführung.

In der offiziellen Publikation der NSDAP »Nationalsozialistisches Jahrbuch 1941« heißt es:

»Dem Stellvertreter des Führers sind neben der Aufgabe der Parteiführung weitgehende Befugnisse im Bereich des Staates zugewiesen, und zwar:

1. Beteiligung an der Reichs- und Landesgesetzgebung einschließlich der Vorbereitung von Führererlassen. Der Stellvertreter des Führers bringt dabei die Auffassung der Partei als Hüterin der nationalsozialistischen Weltanschauung zur Geltung.

2. Zustimmung des Stellvertreters des Führers zu Ernennungsvorschlägen für Beamte und Arbeitsdienstführer.

3. Sicherung des Einflusses der Partei auf die Selbstverwaltung der Gebietskörperschaften.« (Dokument US-770, 3163-PS.)

Heß war entschiedener Anhänger der Aggressionspolitik Hitlers. Die von ihm begangenen Verbrechen gegen den Frieden sind in genügendem Maße im Urteil des Gerichtshofes berücksichtigt. Als das letzte von diesen Verbrechen ist die Mission, die Heß bei seinem Fluge nach England übernahm, zu betrachten, die darauf abgestellt war, die Durchführung des Angriffes gegen die Sowjetunion zu erleichtern, was durch eine zeitweilige Befriedung mit England erreicht werden sollte.

Das Mißlingen dieser Mission führte zur Isolierung von Heß, und er nahm keinen unmittelbaren Anteil an der Planung und Begehung der darauffolgenden Verbrechen des Hitlerismus. Es unterliegt aber keinem Zweifel, daß Heß alles, was von ihm abhing, tat, um diese Verbrechen vorzubereiten.

Heß trat neben Himmler in der Rolle des Schöpfers derjenigen SS- und Polizeiorganisationen des Nazismus auf, die in der Folgezeit bestialische Verbrechen gegen die Menschheit begingen. Der Angeklagte wies direkt auf die besonderen Aufgaben hin, die von den SS-Einheiten in den besetzten Gebieten erfüllt werden sollten.

Bei der Schaffung der Waffen-SS erließ er durch die Parteikanzlei einen Befehl, in dem er die Organe der Hitlerpartei verpflichtete, auf alle nur mögliche Weise die Einbeziehung von Parteimitgliedern in diese Verbände zu fördern. Er faßte in folgenden Worten die Aufgaben, vor denen damals die Waffen-SS stand, zusammen: »Die aus Nationalsozialisten bestehenden Einheiten der Waffen-SS sind infolge ihrer intensiven nationalsozialistischen Schulung über Fragen der Rasse und des Volkstums für die besonderen, in den besetzten Ostgebieten zu lösenden Aufgaben geeigneter als andere bewaffnete Verbände.« (Dokument GB-207, 3245-PS.)

Noch im Jahre 1934 trat der Angeklagte als Urheber des Vorschlages auf, den sogenannten »SD des Reichsführers SS« (Sicherheitsdienst) mit außerordentlichen Vollmachten zu betrauen und auf diese Weise zur herrschenden Macht im Nazi-Deutschland zu machen.

Am 9. Juni 1934 gab Heß einen Erlaß heraus, nach dem der »SD des Reichsführers SS« als »einziger politischer Nachrichten- und Abwehrdienst der NSDAP, ihrer Gliederungen und angeschlossenen Verbände, eingesetzt wurde«. (Dokument 3385-PS, GB-257.) Der Angeklagte nahm folglich einen unmittelbaren Anteil an der Schaffung und Festigung des Systems der speziellen Polizeiorgane, die für das Begehen von Verbrechen in den besetzten Gebieten vorbereitet wurden. Heß trat stets als folgerichtiger Anhänger der menschenhassenden Theorie der Herrenrasse auf. In einer Rede, die er noch am 16. Januar 1937 hielt, wies er, indem er von der Erziehung des deutschen Volkes sprach, auf folgendes hin:

»Sie müssen so erzogen werden, daß sie den Deutschen stets höher stellen als Angehörige einer fremden Nation, ohne Rücksicht auf Stand oder Herkunft.« (Dokument GB-253, 3124-PS.)

Heß unterschrieb auch das sogenannte »Gesetz zum Schutze des deutschen Blutes und der deutschen Ehre« vom 15. September 1935. (Dokument US-200, 3179-PS.)

In diesem Gesetz wurde darauf hingewiesen, daß »der Stellvertreter des Führers die zur Durchführung des Gesetzes erforderlichen Rechts- und Verwaltungsvorschriften erläßt«. Am 14. November 1935 gab Heß auf Grund des Reichsbürgergesetzes einen Erlaß heraus, nach dem alle Juden ihr Wahlrecht verloren und öffentliche Ämter nicht besetzen durften. (Dokument GB-258, 1417-PS.)

Am 20. Mai 1938 traten die Nürnberger Gesetze durch einen von Heß gezeichneten Erlaß auch in Österreich in Kraft. (Dokument GB-259, 2124-PS.)

Am 12. Oktober 1939 unterschrieb Heß den Erlaß »Über dic Verwaltung der besetzten polnischen Gebiete«. (Reichsgesetzblatt 1939, Teil I Seite 2077.) Paragraph 2 dieses Erlasses gab dem Angeklagten Frank die Rechte eines Diktators in Polen.

Es liegen schwerwiegende Beweise vor, die davon zeugen, daß der Angeklagte sich nicht auf diese allgemeinen Verfügungen beschränkte, die in den besetzten Gebieten Polens eigentlich das Regime der Willkür einführten.

Wie es aus dem Brief des Reichsjustizministers an den Chef der Reichskanzlei vom 17. April 1941 hervorgeht, war Heß der Urheber der »besonderen Strafgesetze« für die Polen und Juden in den besetzten Ostgebieten. Die Rolle des Angeklagten in der Schaffung dieser »Gesetze« ist von dem Reichsjustizminister wie folgt charakterisiert:

»... Schon bisher bin ich in Übereinstimmung mit der Auffassung des Stellvertreters des Führers davon ausgegangen, daß der Pole gegen den Vollzug einer gewöhnlichen Freiheitsstrafe weniger empfindlich ist ...«

»Bei diesen neuen Strafarten sollen die Gefangenen außerhalb der Strafanstalten in Lagern untergebracht und dort mit schwerer und schwerster Arbeit beschäftigt werden.«

»... Nicht aufgenommen in den Entwurf ist die vom Stellvertreter des Führers zur Erörterung gestellte Einführung der Prügelstrafe ... Mit dieser Strafart kann ich mich nicht einverstanden erklären.«

»... Das Klageerzwingungsverfahren ... wurde abgeschafft, weil es unerträglich erscheint, daß Polen und Juden auf diesem Wege den deutschen Staatsanwalt zur Erhebung einer Anklage zwingen können. Polen und Juden wurde auch die Erhebung der Privatklage und Nebenklage untersagt.«

»...Von vornherein war vorgesehen, ... Sondertatbestände zu vermehren, sobald ein Bedürfnis dafür zutage trat. Diesem inzwischen bekanntgewordenen Bedürfnis sollte die in dem Schreiben des Stellvertreters des Führers erwähnte Verordnung...dienen.« (Dokument GB-288, R-96.)

Es unterliegt also keinem Zweifel, daß Heß neben den anderen Hauptkriegsverbrechern für die Begehung von Verbrechen gegen die Humanität schuldig ist. Mit Rücksicht darauf, daß Heß der drittwichtigste politische Führer im Hitler-Deutschland war, daß er eine entscheidende Rolle bei der Begehung der Verbrechen des Nazi-Regimes spielte, halte ich als einzig richtiges Strafmaß für ihn die Todesstrafe.

V. Unrichtige Entscheidung über das Reichskabinett.

Der Ausschuß der Anklagevertreter stellte beim Gerichtshof den Antrag, die Reichsregierung des nazistischen Deutschlands für eine verbrecherische Organisation zu erklären. Der Urteilsspruch weist als unbegründet den Vorschlag der Anklagevertreter zurück, und die Hitlerregierung wird nicht für eine verbrecherische Organisation erklärt. Mit dieser Entscheidung kann ich mich nicht einverstanden erklären. Der Gerichtshof hat als eine festgestellte Tatsache anerkannt, daß die Hitlerleute unzählige und ungeheure Verbrechen, in der Regel absichtlich und organisiert, nach im voraus ausgearbeiteten Plänen und Richtlinien begangen hatten. (Plan »Barbarossa«, »Nacht und Nebel«, »Kugel-Erlaß« u. a.) Der Gerichtshof hat einige Massenorganisationen des Hitlerregimes, die von den Hitlerleuten zur Erfüllung ihrer Pläne geschaffen wurden, für verbrecherisch erklärt. Unter diesen Umständen scheint es desto unbegründeter und grundsätzlich falsch zu sein, von der Anerkennung der Hitlerregierung als verbrecherischer Organisation Abstand zu nehmen, einer Regierung, die einen führenden Stab darstellte und unmittelbar an der Ausarbeitung dieser verbrecherischen Pläne teilgenommen hat. Die Mitglieder dieses Stabes waren mit großen Vollmachten ausgestattet, leiteten entsprechende Ressorts, welche jeweils in ihrem Bereich an der Einzelausarbeitung und Verwirklichung dieser Pläne teilnahmen.

Zur Bestätigung dessen scheint es angebracht, hier einige Tatsachen als Beispiele anzuführen.

1. Gleich nachdem die Nazisten die Macht ergriffen hatten – am 24. März 1933 – wurde das »Gesetz zur Behebung der Not von Volk und Reich« herausgegeben, welches der Reichsregierung neben dem Reichstag das Gesetzgebungsrecht einräumte. Am 26. Mai 1933 wird von der Reichsregierung ein Gesetz über die Einziehung kommunistischen Vermögens herausgegeben, und am 14. Juli desselben Jahres wird das Eigentum der sozialdemokratischen Organisationen beschlagnahmt. Am 1. Dezember 1933 veröffentlicht die Reichsregierung ein Gesetz zur Sicherung der Einheit von Partei und Staat. Die Liquidierung der demokratischen Einrichtungen fortsetzend, schafft die Reichsregierung durch das »Gesetz über den Neuaufbau des Reiches« 1934 die demokratischen Wahlen zu den zentralen und örtlichen Vertretungen der Länder ab. Der Reichstag wird zur Einrichtung ohne Bedeutung. (Protokoll der Nachmittagssitzung vom 22. November 1945.) Durch das Gesetz vom 7. April 1933 und auch andere Gesetze wurden alle Staatsbeamten, auch die Richter, die vermutlich jemals antifaschistisch gesinnt waren oder den linken Organisationen angehört haben, so auch Juden, aus dem Dienst entlassen, und ihre Stellen wurden von Nazis besetzt. Nach den grundlegenden Bestimmungen des deutschen Beamtengesetzes vom 26. Januar 1937 ist die »innere Verbundenheit des Beamten mit der Partei Voraussetzung für seine Ernennung ... Der Beamte soll der Vollstrecker des Willens des von der NSDAP getragenen Staates sein«. (Dokument der Verteidigung Nr. 28.)

Am 1. Mai 1934 wird das Reichsministerium für Wissenschaft, Erziehung und Volksbildung gegründet, welches den Auftrag erhält, die Studierenden im Sinne des Militarismus, des Rassenhasses und im Sinne der durch die wahnsinnigen nazistischen Ideen entstellten Vorstellungen zu erziehen. (Dokument 2078-PS.)

Die freien Gewerkschaften werden vernichtet, ihr Eigentum wird beschlagnahmt, und die meisten Funktionäre werden in Gefängnisse gesteckt. Zum Zwecke der Unterdrükkung des Widerstandes werden von der Regierung die Gestapo und die Konzentrationslager geschaffen. Ohne ein gerichtliches Verfahren einzuleiten, ohne eine konkrete Anklage zu erheben, werden Hunderttausende von Menschen nur um des Verdachts einer antinazistischen Gesinnung willen verhaftet und hingemordet.

Es werden sogenannte Nürnberger Gesetze gegen die Juden erlassen. Die Mitglieder der Reichsregierung Heß und Frick haben zur Ergänzung dieser Gesetze zusätzliche Verordnungen veröffentlicht. Die Tätigkeit der Hitlerregierung führte zum Krieg, der Millionen von Menschenleben forderte und den Völkern einen unberechenbaren materiellen Schaden und unsägliche Leiden zufügte.

Am 4. Februar 1938 hat Hitler den Geheimen Kabinettsrat geschaffen. Er umriß seine Aufgabe mit folgenden Worten: »Zu meiner Beratung in der Führung der Außenpolitik setze ich einen Geheimen Kabinettsrat ein.« (Reichsgesetzblatt 1938, Teil I, Seite 112, Dokument 2031-PS.)

Die Außenpolitik der Hitlerregierung war eine Angriffspolitik. Deshalb müssen die Mitglieder des Geheimen Kabinettsrats als verantwortlich für diese Politik erklärt werden.

Im Prozeß hat man den Versuch gemacht, den Geheimen Kabinettsrat als etwas Fiktives, das überhaupt keinerlei Tätigkeit ausübte, hinzustellen. Aber man kann sich damit nicht einverstanden erklären. Man muß sich nur den Brief Rosenbergs an Hitler ins Gedächtnis zurückrufen, um die Bedeutung dieses Geheimen Kabinettsrats ermessen zu können. In diesem Brief will Rosenberg seine Ernennung zum Mitglied des Geheimen Kabinettsrats hartnäckig durchsetzen. Eine noch größere Bedeutung für die praktische Vorbereitung der Angriffskriege hatte der von Hitler und Göring geleitete Reichsverteidigungsrat. Wie bekannt, waren als Mitglieder des Reichsverteidigungsrates folgende verzeichnet: Heß, Frick, Funk, Keitel, Raeder, Lammers. (Dokument: 2194-PS, 2018-PS.)

Die Bedeutung und die Rolle des Reichsverteidigungsrates in der Vorbereitung des Krieges wurde in der Sitzung vom 23. Juni 1939 folgendermaßen geschildert: »Der Reichsverteidigungsrat *ist das entscheidende Instrument im Reich für die Fragen der Vorbereitung des Krieges.*« (Dokument 3787-PS, US-782.)

Damals hat Göring noch besonders hervorgehoben, »daß

die Sitzungen des Verteidigungsrates zur Fassung der wichtigsten Entscheidungen einberufen werden«. Aus den von der Anklagevertretung vorgelegten Niederschriften der Sitzungen des Reichsverteidigungsrates ist deutlich zu ersehen, daß tatsächlich der Reichsverteidigungsrat sehr wichtige Entschlüsse faßte. Aus diesen Protokollen kann man auch ersehen, daß neben den Mitgliedern des Verteidigungsrates an den Besprechungen der *Kriegsvorbereitungsmaßnahmen* auch andere Minister teilnahmen. So z. B. nahmen an der Sitzung am 23. Juni 1939 folgende Minister teil: Arbeitsminister, Ernährungs- und Landwirtschaftsminister, Finanzminister, Minister für das Verkehrswesen u. a., und das Protokoll der Sitzung wurde an alle Minister versandt. (Dokument US-782.)

Mit Recht hebt der Urteilsspruch des Gerichtshofes einige besondere Merkmale der Hitlerregierung als eines leitenden Staatsorgans hervor: keine regelmäßigen Kabinettssitzungen, in einigen Fällen Veröffentlichung der Gesetze durch einzelne Minister, die außerordentlich selbständig waren, eine außerordentlich große persönliche Macht Hitlers.

Diese Merkmale aber widerlegen nicht, sondern bestätigen die Schlußfolgerung, daß die Hitlerregierung keine gewöhnliche Regierung, sondern eine verbrecherische Organisation gewesen ist.

Natürlich verfügte Hitler über eine bedeutende persönliche Macht, aber diese kann in keiner Weise die Verantwortung von dem Reichskabinett nehmen, dessen Mitglieder überzeugte Anhänger Hitlers und seine engsten führenden Mitarbeiter waren, die tatsächlich seine Maßnahmen billigten und durchführten, bis zu dieser Stunde, wo sie diese Maßnahmen nun auch verantworten müssen.

Ich glaube, daß alle Gründe vorlagen, die Hitlerregierung für eine verbrecherische Organisation zu erklären.

VI. Unrichtige Entscheidung über den Generalstab und das OKW.

Im Urteil wird die Anklage wegen der verbrecherischen Tätigkeit des Generalstabes und Oberkommandos der Wehrmacht (OKW) als unrichtig zurückgewiesen. Der Verzicht, den Generalstab und das OKW für eine verbrecherische Organisation zu erklären, widerspricht der wirklichen Lage der Dinge und den Beweisdokumenten, die im Laufe des Verfahrens vorgelegt wurden.

Es unterliegt keinem Zweifel, daß die Führung der Wehrmacht des nationalsozialistischen Deutschlands zusammen mit dem Parteiapparat und den Dienststellen der SS eines der wichtigsten Organe zur Vorbereitung und Verwirklichung der aggressiven und menschenhassenden Pläne war. Das wurde mit vollkommener Bestimmtheit von Hitlerleuten selbst in ihren amtlichen Veröffentlichungen, die für das Offizierkorps der Wehrmacht bestimmt waren, anerkannt und betont. In der Veröffentlichung der nationalsozialistischen Partei »Offizier und Politik« wurde ohne Umschweife gesagt, daß das nationalsozialistische Regime von zwei »Säulen« geführt und unterstützt wird: der Partei und der Wehrmacht. Sie sind Ausdrucksformen derselben Lebensphilosophie.... Partei und Wehrmacht in unlösbarer Verbundenheit gemeinsamer Verantwortung.... Beide Faktoren auf Gedeih und Verderb aufeinander angewiesen.« (Dokument 4060-PS, US-928.)

Die organische Verbindung zwischen dem nationalsozialistischen Parteiapparat, SS-Dienststellen und der Wehrmacht war besonders stark auf der oberen Stufe der Militärhierarchie, die die Anklageschrift zum Begriff der verbrecherischen Organisation »der Generalstab und das OKW« zusammenfaßt.

Die Offiziere in Hitlerdeutschland konnten nur dann dem OKW angehören, wenn sie dem Regime Ergebenheit entgegenbrachten und bereit waren, die Durchführung der Angriffe mit der Ausführung der verbrecherischen Weisungen bezüglich der Behandlung von Kriegsgefangenen und der Zivilbevölkerung in den besetzten Gebieten zu vereinigen.

Die Führung der Wehrmacht bestand nicht etwa aus Offizieren, die bestimmte Stufen der Militärhierarchie erreicht haben. Sie war vor allem eine geschlossene Gruppe, der besonders geheim gehaltene Pläne der Hitlerschen Führung anvertraut wurden. Die vorgelegten Dokumente bestätigen in vollem Maße, daß die militärischen Führer dieses Vertrauen vollkommen rechtfertigten und daß sie überzeugte Anhänger und leidenschaftliche Vollzieher von Hitlers Plänen waren.

Das ist kein Zufall, daß an der Spitze des Oberkommandos der Luftwaffe der »zweite Mann des nationalsozialistischen Reiches«, Göring, stand; an der Spitze des Oberkommandos der Kriegsmarine stand Dönitz, der in späterer Zeit von Hitler zu seinem Nachfolger ernannt wurde; das Oberkommando der Wehrmacht war in der Hand Keitels, der die meisten Weisungen über die Vernichtung von Kriegsgefangenen und der Zivilbevölkerung der besetzten Gebiete unterschrieben hat.

Deshalb können die Parallelen mit dem Aufbau der obersten militärischen Führung in den alliierten Staaten nicht als angebracht bezeichnet werden. In einem demokratischen Lande wird kein militärischer Fachmann, der sich selbst achtet, die Ausarbeitung rein militärischer Pläne mit Maßnahmen zur Durchführung von Massenrepressalien gegenüber der Zivilbevölkerung oder absichtlich rücksichtsloser Behandlung und Ermordung von Kriegsgefangenen verbinden.

Die obersten Führer des Generalstabes und OKW des nationalsozialistischen Deutschlands befaßten sich jedoch gerade mit Derartigem. Die Tatsache, daß sie die schwersten Verbrechen gegen den Frieden, Kriegsverbrechen und Verbrechen gegen die Humanität verübt haben, wird nicht nur nicht bestritten, sondern ganz besonders im Urteil des Gerichtshofes betont. Jedoch ist aus dieser Tatsache keine gebührende Folgerung gezogen worden.

Im Urteil ist gesagt: »... Sie sind ein Schandfleck für das ehrenhafte Waffenhandwerk geworden. Ohne ihre militärische Führung wären die Angriffsgelüste Hitlers und seiner Nazi-Kumpane akademisch und ohne Folgen geblieben ...« Weiter: »... Viele dieser Männer haben mit dem Soldateneid des Gehorsams gegenüber militärischen Befehlen ihren Spott getrieben. Wenn es in ihrer Verteidigung zweckdienlich ist, so sagen sie, sie hatten zu gehorchen; hält man ihnen Hitlers brutale Verbrechen vor, deren allgemeine Kenntnis ihnen nachgewiesen wurde, so sagten sie, sie hätten den Gehorsam verweigert. Die Wahrheit ist, daß sie an all diesen Verbrechen rege teilgenommen haben oder in stillschweigender Zustimmung verharrten, wenn vor ihren Augen größer angelegte und empörendere Verbrechen begangen wurden, als die Welt je zu sehen das Unglück hatte. Dies mußte gesagt werden.«

All diese Behauptungen des Urteils sind gerecht und auf zahlreiche glaubwürdige Urkunden gestützt. Es ist nur nicht klar, warum diese »hundert höheren Offiziere«, die der Welt und ihrem eigenen Lande so viel Leid angetan haben, nicht für eine verbrecherische Organisation erklärt worden sind.

Zur Begründung dessen werden im Urteil die den Tatsachen widersprechenden Behauptungen angegeben,

a) daß die angeführten Verbrechen von den Vertretern des Generalstabs und OKW als einzelne Personen und nicht als Mitglieder einer verbrecherischen Vereinigung verübt wurden, und

b) daß der Generalstab und das OKW nur eine Waffe in der Hand der Verschwörer und einfache Interpretatoren ihres Willens waren. Zahlreiche Beweise widerlegen diese Folgerungen.

1. *Die führenden Vertreter des Generalstabs und OKW wurden zusammen mit dem engen Kreis der höchsten Beamten von den Verschwörern zur Ausarbeitung und Durchführung der Angriffspläne benutzt, nicht als passive Vollstrecker, sondern als aktive Teilnehmer an der Verschwörung gegen den Frieden und die Menschlichkeit.*

Ohne ihre Ratschläge und aktive Mitwirkung hätte Hitler diese Fragen überhaupt nicht lösen können.

In den meisten Fällen war ihre Meinung die entscheidende. Es ist unmöglich sich vorzustellen, wie man die Angriffspläne des Hitlerdeutschlands hätte verwirklichen können, wenn die Hauptführung der Wehrmacht sie nicht in vollem Maße unterstützt hätte.

Hitler hat seine verbrecherischen Pläne und die ihn leitenden Motive am wenigsten vor den Vertretern des militärischen Kommandos verheimlicht. So z. B. hat er schon am 29. Mai 1939, als er den Angriff auf Polen vorbereitete, in der Besprechung mit den obersten Führern in der neuen Reichskanzlei erklärt:

»Es handelt sich für uns um die Arrondierung des Lebensraumes im Osten ...«

»... Es entfällt also die Frage, Polen zu schonen, und bleibt der Entschluß, bei erster passender Gelegenheit Polen anzugreifen.« (Dokument L-79.)

Noch lange vor der Eroberung der Tschechoslowakei

hat Hitler in der Weisung vom 30. Mai 1938, indem er sich an die Vertreter des militärischen Kommandos wandte, zynisch erklärt:

»Militärisch und politisch am günstigsten ist blitzschnelles Handeln auf Grund eines Zwischenfalles, durch den Deutschland in unerträglichster Weise provoziert wurde und der wenigstens einem Teil der Weltöffentlichkeit gegenüber die moralische Berechtigung zu militärischen Maßnahmen gibt.« (Dokument 388–PS.)

Vor der Besetzung Jugoslawiens schrieb Hitler in einer Weisung, die am 27. März 1941 erschien, und in der er sich an die Vertreter der oberen Kommandobehörden wendete:

»Jugoslawien muß auch dann, wenn es zunächst Loyalitätserklärungen abgibt, als Feind betrachtet und daher so rasch als möglich zerschlagen werden.« (Dokument 1746-PS.)

Im Zuge der Vorbereitung des Angriffs auf die Sowjetunion zog Hitler die Vertreter des Generalstabes und OKW zur Ausarbeitung der damit verbundenen Pläne und Richtlinien heran, und zwar durchaus nicht als einfache Militärfachleute.

In den Richtlinien über Handhabung der Propaganda im Raum »Barbarossa«, die vom OKW im Juni 1941 erlassen wurden, hieß es:

»Zunächst ist eine Propaganda zu führen, die auf die Spaltung der Sowjetunion abgestellt ist.« (Dokument 477-PS.) Schon am 13. Mai 1951 schrieb das OKW den Truppen vor, beliebig Terrormaßnahmen gegen die Zivilbevölkerung der zeitweilig besetzten Gebiete der Sowjetunion vorzunehmen.

Dort wurde auch besonders darauf hingewiesen: »daß nur solche Urteile bestätigt werden sollen, die den politischen Absichten der Führung entsprechen«. (Dokument C-50.)

2. *OKW und Generalstab erließen die bestialischsten Weisungen und Befehle über rücksichtslose Maßnahmen gegen die wehrlose Zivilbevölkerung und Kriegsgefangene.*

In dem »Erlaß über die Ausübung der Kriegsgerichtsbarkeit im Gebiet Barbarossa ...« hob das OKW den Eingriff der Militärgerichte auf, indem es einzelnen Offizieren und Soldaten das Recht zur willkürlichen Behandlung der Zivilbevölkerung übertrug. Es hieß dort unter anderem:

»Straftaten feindlicher Zivilpersonen sind der Zuständigkeit der Kriegsgerichte und der Standgerichte bis auf weiteres entzogen ...«

»... tatverdächtige Elemente werden sofort einem Offizier vorgeführt. Dieser entscheidet, ob sie zu erschießen sind ...«

»... Es wird ausdrücklich verboten, verdächtige Täter zu verwahren, um sie ... an die Gerichte abzugeben.« Dort wurde auch angeordnet: »... unverzüglich ... kollektive Gewaltmaßnahmen durchzuführen, wenn die Umstände eine rasche Feststellung einzelner nicht gestatten ...«

In derselben Weisung gewährleistete das OKW den Kriegsverbrechern aus dem deutschen Heer im voraus Straffreiheit. Dort hieß es: »... Für Handlungen, die Angehörige der Wehrmacht und des Gefolges gegen feindliche Zivilpersonen begehen, besteht kein Verfolgungszwang, auch dann nicht, wenn die Tat zugleich ein militärisches Verbrechen oder Vergehen ist ...«

Während des Krieges befolgte das deutsche Oberkommando konsequent diese Linie, indem es den Terror gegen Kriegsgefangene und die Zivilbevölkerung der besetzten Gebiete verstärkte.

In der Weisung des OKW vom 16. 9. 1941 hieß es:

»Dabei ist zu bedenken, daß ein Menschenleben in den betroffenen Ländern vielfach nichts gilt, und eine abschrekkende Wirkung nur durch ungewöhnliche Härte erreicht werden kann.« (Dokument 389-PS.)

Am 23. Juli 1941 gab das OKW in einem Befehl an die Oberbefehlshaber der Heeresgruppen einen direkten Hinweis darauf, daß: »Nicht in der Anforderung weiterer Sicherungskräfte, sondern in der Anwendung entsprechender drakonischer Maßnahmen müssen die Befehlshaber die Mittel finden, um ihre Sicherungsräume in Ordnung zu halten.« (Dokument 459-PS.)

In der Weisung des OKW vom 16. 12. 1941 hieß es:

»... Die Truppe ist aber berechtigt und verpflichtet, ... ohne Einschränkung, auch gegen Frauen und Kinder, jedes Mittel anzuwenden, wenn es nur zum Erfolg führt ...« (Dokument USSR-16.)

Zu den grausamen Anweisungen des OKW über die Behandlung der Kriegsgefangenen gehört der als »Kugel-Erlaß« bezeichnete Befehl. Zur Begründung für die Verhängung der Todesstrafe über Kriegsgefangene dienten Verstöße, die der Internationalen Konvention gemäß überhaupt keine Strafe zur Folge haben konnten, z. B. Flucht aus dem Lager.

In einer anderen Weisung, bekannt als »Nacht- und Nebel-Erlaß«, hieß es:

> »... Bei solchen Taten werden Freiheitsstrafen, auch lebenslängliche Zuchthausstrafen, als Zeichen von Schwäche gewertet. Eine wirksame und nachhaltige Abschreckung ist nur durch die Todesstrafe oder durch Maßnahmen zu erreichen, die die Angehörigen und die Bevölkerung über das Schicksal des Täters im Ungewissen halten...« (Dokument L-90, US-224, Protokoll der Nachmittagssitzung vom 25. 1. 1946.)

Während der Gerichtsverhandlungen wurden die Beweise für die Anwendung dieser Befehle in großem Umfange vorgelegt. Eines der Beispiele für Verbrechen dieser Art ist die Tötung von 50 britischen Fliegeroffizieren. Die Tatsache, daß dieses Verbrechen seitens des Oberkommandos der Wehrmacht inspiriert wurde, unterliegt keinem Zweifel. Das OKW gab eine Anweisung über die Vernichtung der »Kommandotrupps« weiter. Dem Gerichtshof ist das Original dieses Befehls unterbreitet. (Dokument 498-PS, US-501.) Die den »Kommandotrupps« angehörigen Soldaten und Offiziere der alliierten Armeen sollten gemäß dem Befehl erschossen werden, mit Ausnahme der Fälle, in denen eine Vernehmung vorzunehmen war, nach der sie allerdings ebenfalls erschossen wurden.

Der Befehl wurde durch die Armeeoberkommandos unentwegt ausgeführt. Rundstedt, Oberbefehlshaber der deutschen Truppen im Westen, meldete im Juni 1944, daß der Befehl Hitlers »Über die Behandlung feindlicher Kommandotrupps bisher durchgeführt wurde ...« (Dokument 531-PS, US-550.)

3. *Das Oberkommando der Wehrmacht ist neben der SS und Polizei für alle grausamen Polizeimaßnahmen in den besetzten Gebieten verantwortlich.*

In den Ausführungsbestimmungen für besondere Gebiete, die vom OKW am 13. 3. 1941 herausgegeben wurden, wurde die Notwendigkeit vorgesehen, die durch die

AOKs und den Reichsführer SS durchzuführenden Handlungen in Einklang zu bringen. Wie sich aus den Aussagen des Chefs des Amtes III des RSHA und gleichzeitig des Chefs der Einsatzgruppe D, Otto Ohlendorf, und des Chefs des Amtes VI des RSHA, Walter Schellenberg, ergibt, wurde zur Erfüllung der Anweisungen des OKW ein Abkommen zwischen dem Generalstab und dem RSHA über Gründung der »Einsatzgruppen« der Sicherheitspolizei und des SD, die den entsprechenden Heeresgruppen zugewiesen werden sollten, abgeschlossen.

Als Beweis dieser Verbindung ist der nachstehende Auszug aus dem Bericht der »Einsatzgruppe A« besonders bezeichnend:

> »... Es handelte sich nun darum, in aller Eile persönlich mit den Armeeführern wie auch mit dem Befehlshaber des rückwärtigen Heeresgebietes Fühlung aufzunehmen. Von vornherein kann betont werden, daß die Zusammenarbeit mit der Wehrmacht im allgemeinen gut, in Einzelfällen, wie z. B. mit der Panzergruppe 4 unter Generalobersten Höppner, sehr eng, ja fast herzlich war...« (Dokument L-180.)

4. *Die Vertreter des OKW handelten überall wie Mitglieder einer verbrecherischen Gruppe.*

Die Anweisungen des OKW und Generalstabes, die offensichtliche Verstöße gegen Völkerrecht und Regeln der Kriegführung enthielten, riefen durchaus keine Einsprüche seitens der höheren Generalstabsoffiziere und der einzelnen Heeresgruppenkommandos hervor. Im Gegenteil, sie wurden von ihnen unentwegt ausgeführt und durch neue Anweisungen, die noch grausamer waren, ergänzt. In diesem Zusammenhang ist eine an die Soldaten gerichtete Ansprache des Oberbefehlshabers einer Heeresgruppe, Feldmarschall von Reichenau, kennzeichnend:

> »Der Soldat ist im Ostraum nicht nur ein Kämpfer nach den Regeln der Kriegskunst, sondern auch Träger einer unerbittlichen völkischen Idee...«

Ferner rief Reichenau zur Ausrottung der Juden auf, indem er schrieb:

> »... Deshalb muß der Soldat für die Notwendigkeit der harten, aber gerechten Sühne am jüdischen Untermenschentum volles Verständnis haben...« (Dokument D-411, US-556.)

Als Beispiel könnte man sich auch auf die Ansprache des Feldmarschalls von Manstein an die Soldaten beziehen. In diesem Befehl rief der Feldmarschall zynisch dazu auf, »diesen Kampf nicht in hergebrachter Form ... allein nach europäischen Kriegsregeln« zu führen. (Dokument 4064-PS, US-927.)

In der Beweisaufnahme ist in vollem Ausmaß festgestellt, daß Generalstab und Oberkommando der Hitlerschen Wehrmacht eine sehr gefährliche verbrecherische Organisation darstellen.

Ich hielt es für die Pflicht des Richters, meine abweichende Meinung in den wichtigen Fragen niederzulegen, in denen ich mit der Entscheidung des Gerichtshofes nicht einverstanden bin.

Sowjetisches Mitglied des Internationalen Militärgerichtshofes

Generalmajor der Justiz

Unterschrift: L. T. Nikitchenko

1. Oktober 1946.

Gemäß Artikel 27 des Statuts wird nun der Internationale Militärgerichtshof die Strafen über die Angeklagten aussprechen, die nach der Anklageschrift verurteilt wurden.

Angeklagter Hermann Wilhelm Göring! Gemäß den Punkten der Anklageschrift, unter welchen Sie schuldig befunden wurden, verurteilt Sie der Internationale Militärgerichtshof zum Tode durch den Strang.

Angeklagter Rudolf Heß! Gemäß den Punkten der Anklageschrift, unter welchen Sie schuldig befunden wurden, verurteilt Sie der Internationale Militärgerichtshof zu lebenslänglichem Gefängnis.

Angeklagter Joachim von Ribbentrop! Gemäß den Punkten der Anklageschrift, unter welchen Sie schuldig befunden wurden, verurteilt Sie der Internationale Militärgerichtshof zum Tode durch den Strang.

Angeklagter Wilhelm Keitel! Gemäß den Punkten der Anklageschrift, unter welchen Sie schuldig befunden wurden, verurteilt Sie der Internationale Militärgerichtshof zum Tode durch den Strang.

Angeklagter Ernst Kaltenbrunner! Gemäß den Punkten der Anklageschrift, unter welchen Sie schuldig befunden wurden, verurteilt Sie der Internationale Militärgerichtshof zum Tode durch den Strang.

Angeklagter Alfred Rosenberg! Gemäß den Punkten der Anklageschrift, unter welchen Sie schuldig befunden wurden, verurteilt Sie der Internationale Militärgerichtshof zum Tode durch den Strang.

Angeklagter Hans Frank! Gemäß den Punkten der Anklageschrift, unter welchen Sie für schuldig befunden wurden, verurteilt Sie der Internationale Militärgerichtshof zum Tode durch den Strang.

Angeklagter Wilhelm Frick! Gemäß den Punkten der Anklageschrift, unter denen Sie für schuldig befunden wurden, verurteilt Sie der Internationale Militärgerichtshof zum Tode durch den Strang.

Angeklagter Julius Streicher! Gemäß den Punkten der Anklageschrift, unter denen Sie für schuldig befunden wurden, verurteilt Sie der Internationale Militärgerichtshof zum Tode durch den Strang.

Angeklagter Walter Funk! Gemäß den Punkten der Anklageschrift, unter denen Sie für schuldig befunden wurden, verurteilt Sie der Internationale Militärgerichtshof zu lebenslänglichem Gefängnis.

Angeklagter Karl Dönitz! Gemäß den Punkten der Anklageschrift, unter denen Sie für schuldig befunden wurden, verurteilt Sie der Internationale Militärgerichtshof zu 10 Jahren Gefängnis.

Angeklagter Erich Raeder! Gemäß den Punkten der Anklageschrift, unter denen Sie für schuldig befunden wurden, verurteilt Sie der Internationale Militärgerichtshof zu lebenslänglichem Gefängnis.

Angeklagter Baldur von Schirach! Gemäß den Punkten der Anklageschrift, unter denen Sie für schuldig befunden wurden, verurteilt Sie der Internationale Militärgerichtshof zu 20 Jahren Gefängnis.

Angeklagter Fritz Sauckel! Gemäß den Punkten der Anklageschrift, unter denen Sie für schuldig befunden wurden, verurteilt Sie der Internationale Militärgerichtshof zum Tode durch den Strang.

Angeklagter Alfred Jodl! Gemäß den Punkten der Anklageschrift, unter denen Sie für schuldig befunden wurden, verurteilt Sie der Internationale Militärgerichtshof zum Tode durch den Strang.

Angeklagter Arthur Seyß-Inquart! Gemäß den Punkten der Anklageschrift, unter denen Sie für schuldig befunden wurden, verurteilt Sie der Internationale Militärgerichtshof zum Tode durch den Strang.

Angeklagter Albert Speer! Gemäß den Punkten der Anklageschrift, unter denen Sie für schuldig befunden wurden, verurteilt Sie der Internationale Militärgerichtshof zu 20 Jahren Gefängnis.

Angeklagter Constantin von Neurath! Gemäß den Punkten der Anklageschrift, unter denen Sie für schuldig befunden wurden, verurteilt Sie der Internationale Militärgerichtshof zu 15 Jahren Gefängnis.

Der Gerichtshof verurteilt den Angeklagten Martin Bormann wegen der Punkte der Anklageschrift, unter denen er für schuldig befunden wurde, zum Tode durch den Strang.

Tabelle der Strafaussprüche

30. September 1946[1]

Angeklagter	Punkte, nach denen die Verurteilung erfolgt ist	Strafausspruch
Hermann Wilhelm Göring	1, 2, 3, 4	Tod durch den Strang
Rudolf Heß	1, 2	Lebenslängliches Gefängnis
Joachim von Ribbentrop	1, 2, 3, 4	Tod durch den Strang
Wilhelm Keitel	1, 2, 3, 4	Tod durch den Strang
Ernst Kaltenbrunner	3, 4	Tod durch den Strang
Alfred Rosenberg	1, 2, 3, 4	Tod durch den Strang
Hans Frank	3, 4	Tod durch den Strang
Wilhelm Frick	2, 3, 4	Tod durch den Strang
Julius Streicher	4	Tod durch den Strang
Walter Funk	2, 3, 4	Lebenslängliches Gefängnis
Hjalmar Schacht	nicht schuldig	
Karl Dönitz	2, 3	10 Jahre Gefängnis
Erich Raeder	1, 2, 3	Lebenslängliches Gefängnis
Baldur von Schirach	4	20 Jahre Gefängnis
Fritz Sauckel	3, 4	Tod durch den Strang
Alfred Jodl	1, 2, 3, 4	Tod durch den Strang
Franz von Papen	nicht schuldig	
Arthur Seyß-Inquart	2, 3, 4	Tod durch den Strang
Albert Speer	3, 4	20 Jahre Gefängnis
Constantin von Neurath	1, 2, 3, 4	15 Jahre Gefängnis
Hans Fritzsche	nicht schuldig	
Martin Bormann	3, 4	Tod durch den Strang

Unterschrift: Geoffrey Lawrence, Vorsitzender
Unterschrift: Francis Biddle
Unterschrift: H. Donnedieu de Vabres
Unterschrift: Nikitchenko

Für die Richtigkeit der Abschrift:

Unterschrift: John E. Ray, Oberst, FA

[1] Dieser Urteilsspruch wurde in öffentlicher Gerichtssitzung durch den Vorsitzenden am 1. Oktober 1946 verlesen.

Romane
Erzählungen
Lyrik

nbuch
für
Anspruchsvolle

1	Heinrich Böll	Irisches Tagebuch
2	Marguerite Yourcenar	Ich zähmte die Wölfin
3	Friedrich Sieburg	Nur für Leser
4	Christian Morgenstern	Palmström – Palma Kunkel
·· 5	Bruce Marshall	Auf Heller und Pfennig
6	Stefan Andres	Der Knabe im Brunnen
·· 9	Romain Gary	Die Wurzeln des Himmels (Okt. 1961)
10	Eugen Roth	Ernst und heiter (Okt. 1961)
11	Isaak Babel	Budjonnys Reiterarmee (Okt. 1961)
14	Enno Littmann	Arabische Märchen (Nov. 1961)
15	Karl Heinrich Waggerl	Brot (Nov. 1961)
··16	Willi Heinrich	Das geduldige Fleisch (Nov. 61)
··19	Thomas Wolfe	Briefe an die Mutter (Dez. 1961)
20	Ludwig Thoma	Jozef Filsers Briefwexel (Dez. 1961)
21	Felix Timmermans	Franziskus (Dez. 1961)
22	Selma Lagerlöf	Nils Holgerssons schönste Abenteuer (Dez. 1961)
··25	Andrey Belyj	Petersburg (Jan. 1962)
26	Henry de Montherlant	Die jungen Mädchen (Jan. 1962)
27	Georges Bernanos	Die tote Gemeinde (Jan. 1962)
30	Marek Hlasko	Der achte Tag der Woche (Febr. 1962)
31	André Gide	Theseus – Prometheus (Febr. 1962)
32	Charles Morgan	Herausforderung an Venus (Febr. 1962)
35	Ignazio Silone	Das Geheimnis des Luca (März 1962)

Deutscher
Taschenbuch Verlag
München 13

Normalband DM 2.50
Großband·· DM 3.60

Wi… …enbuch
Phil…
dtv-dokumente … …nspruchsvolle

·· 7	Karl Jaspers	Die Atombombe und die Zukunft des Menschen
12	Oswald Spengler	Jahre der Entscheidung (Okt. 1961)
17	José Ortega y Gasset	Der Mensch und die Leute (Nov. 1961)
··23	Egon Friedell	Aufklärung und Revolution (Dez. 1961)
28	H. A. und E. Frenzel	Daten deutscher Dichtung. Erster Teil (Jan. 1962)
··33	Raymond Cartier	Europa erobert Amerika (Febr. 1962)
37	Karl Kraus	Literatur und Lüge (März 1962)
38	Romano Guardini	Christliches Bewußtsein (März 1962)

In der Reihe dtv-dokumente veröffentlicht der Deutsche Taschenbuch Verlag Dokumente und Daten der Historie, der Zeitgeschichte, der Literatur und der Kunst- und Geisteswissenschaft mit authentischen Texten und Kommentaren.

·· 8 Das Urteil von Nürnberg 1946
13 Deutsche Reden und Rufe (Okt. 1961)
··18 Meister der deutschen Kritik 1730–1830. Hrsg. G. F. Hering (Nov. 1961)
24 Der Prozeß Jeanne d'Arc 1431 · 1456 (Dez. 1961)
29 Ein Tagebuch aus Prag 1945/46 (Jan. 1962)
··34 Letzte Briefe zum Tode Verurteilter 1939/1945 (Febr. 1962)
··39 Der Ruf. Eine deutsche Nachkriegszeitschrift (März 1962)

Deutscher	Normalband	DM 2.50
Taschenbuch Verlag	Großband··	DM 3.60
München 13	Doppelband···	DM 4.80